启真馆 出品

启 真 讲 堂

雨果十八讲

程曾厚　撰文/摄影

ZHEJIANG UNIVERSITY PRESS
浙江大学出版社

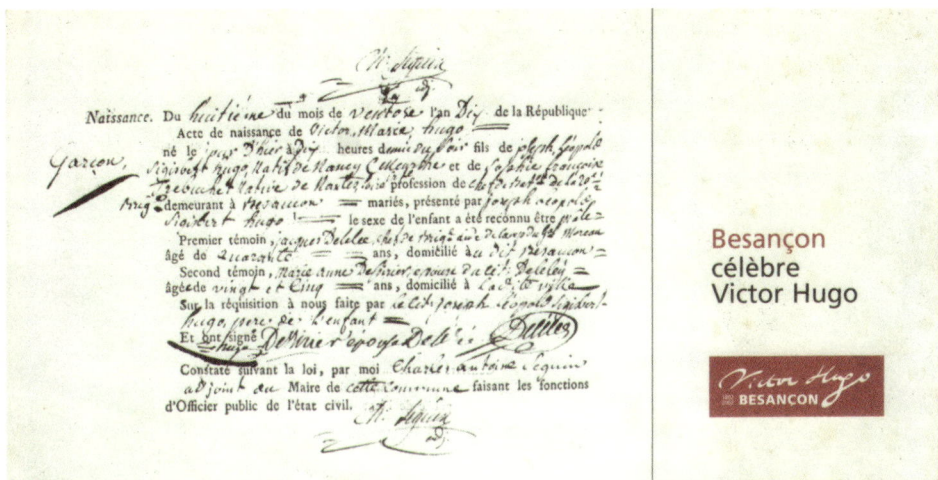

2002 年，雨果 200 周年诞辰，法国贝桑松市政府发行"雨果出生证"纪念明信片，程曾厚收藏（本书图片，如无特殊说明，均为作者本人的原创摄影作品）

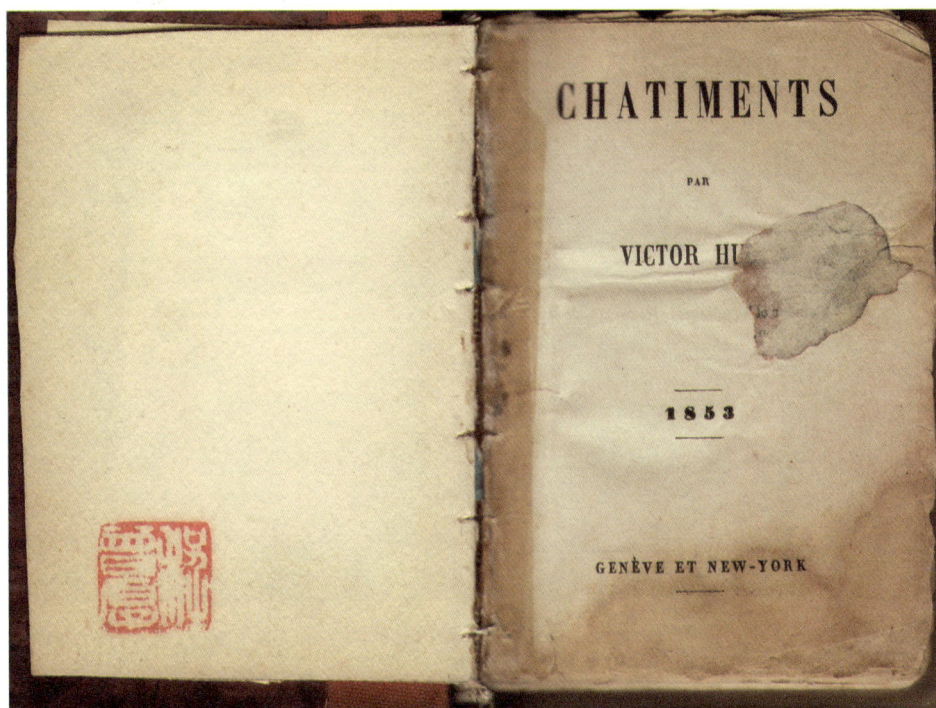

1853 年初版的雨果诗集《惩罚集》，程曾厚藏书

1838 年，昂热的达维德（David d'Anger）为雨果塑造的大理石胸像，时年雨果 36 岁，今存巴黎雨果故居

罗丹雕刻的雨果大理石头像，今存巴黎历史博物馆

英吉利海峡群岛英属根西岛上坎迪公园里的雨果全身雕像，这是 1914 年 7 月 7 日法国政府送给英国根西岛的礼物

罗丹的《雨果和缪斯》青铜雕像

罗丹的雨果青铜头像，卢森堡菲安登的雨果故居

巴黎雨果大街 124 号大门之上的雨果头像。大楼正墙右侧有铭牌："此地原为维克多·雨果 1885 年 5 月 22 日逝世的住宅。"

Histoire de Paris
Dernière demeure de Victor Hugo

En juin 1878, une congestion cérébrale a raison des facultés créatrices du patriarche au faite de sa gloire littéraire et politique. Après des vacances à Guernesey, il s'installe avec Juliette Drouet dans un petit hôtel particulier, loué à la princesse de Lusignan. Le 26 février 1881, l'entrée du poète dans sa 80ème année est célébrée comme une fête nationale, avec arc de triomphe et défilé de six cent mille admirateurs; peu après, l'avenue d'Eylau est rebaptisée de son vivant, insigne honneur, et ses amis peuvent désormais lui écrire: "à monsieur Victor Hugo, en son avenue". Il meurt le 22 mai 1885, victime d'une congestion pulmonaire; à l'heure de l'agonie, un ouragan de tonnerre et de grêle se déchaîne sur Paris. Ses dernières paroles ont été: "Je vois de la lumière noire". En signe de deuil national, le Sénat et la Chambre lèvent leur séance. La nuit du 31 mai, son corps est exposé sous l'Arc de Triomphe et le 1er juin, deux millions de personnes l'escortent en cortège funèbre et triomphal jusqu'au Panthéon, rendu, en son honneur, à sa destination de sépulture des grands hommes.

巴黎市政府在雨果大街上树立的"巴黎历史"铭牌:"维克多·雨果的最后居所"

1878 年 6 月,正当他文学和政治的荣誉达到顶峰时,一次脑中风损坏了这位长者的创作能力。他几次去根西岛休假后,和朱丽叶·德鲁埃住进一处私人的小公馆,是向鲁西尼昂公主租住的。1881 年 2 月 26 日,诗人步入八十高龄,如同全民的节日,搭建凯旋门楼,60 万崇拜者列队游行;不久,艾洛大街又一次改名,这在他生前是莫大的荣誉,此后,友人们给他写信时可以写:"维克多·雨果大街,先生本人收。"1885 年 5 月 22 日,他患肺充血逝世;弥留之际,巴黎的上空狂风暴雨,雷声隆隆,冰雹铺天盖地。参议院和众议院休会,表示全国哀悼。5 月 31 日夜,遗体陈列在凯旋门下,6 月 1 日,200 万人的出殡队伍,浩浩荡荡,护送他来到先贤祠,而先贤祠也因他恢复了原先作为伟人归葬处的建造目的。

阿黛儿·富谢像，路易·布朗热画，雨果夫人时年 35 岁，今存巴黎雨果故居

雨果情人朱丽叶·德鲁埃像，Champmartin 画于 1827 年，朱丽叶时年 21 岁，今存巴黎雨果故居

朱丽叶·德鲁埃像，Bastien-Lepage 作于 1883 年，朱丽叶时年 77 岁，今存巴黎雨果故居

雨果长女莱奥波尔迪娜像，Chatillon 约作于 1835 年，她当年大约 11 岁，今存巴黎雨果故居

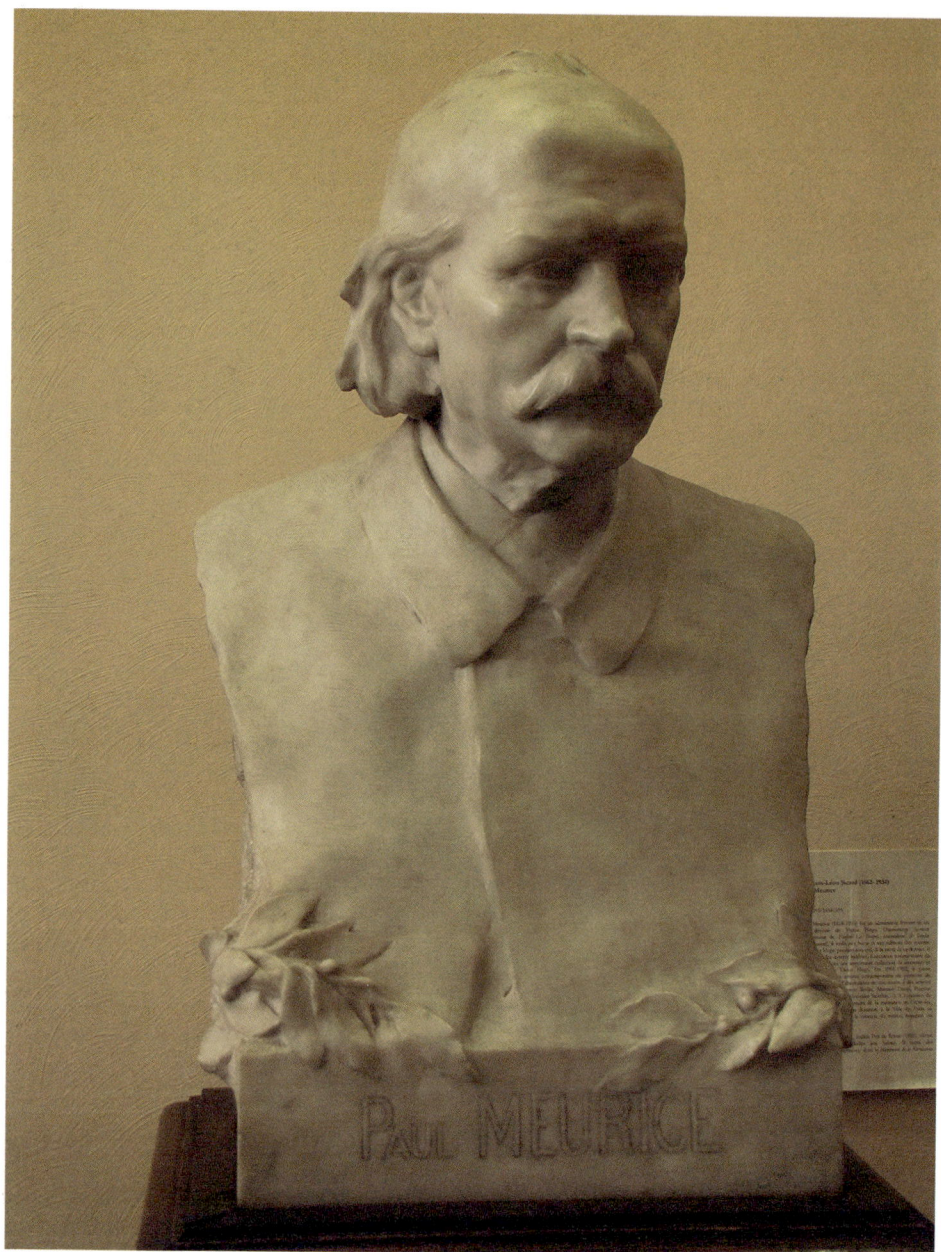

雨果的挚友、遗嘱执行人和雨果故居纪念馆创办人保尔·默里斯的大理石胸像，巴黎雨果故居

雨果的挚友和遗嘱执行人奥古斯特·瓦克里的晚年像，Got 画，维勒基埃雨果纪念馆

　　英吉利海峡群岛根西岛的雨果故居高城居。高城居门口有白底红字的铭牌：高城居是雨果 1856—1870 年的流亡故居，由让娜·雨果和乔治·雨果的后人于 1927 年捐赠给巴黎市政府

高城居的雨果卧室。卧室里有中国的官箱、竹枕、竹笔筒，床榻前有一对竹凳，不对外开放

高城居的"畅观楼"（look-out）。这是雨果创作的"圣地"，俯临大海

高城居二楼的"红厅"。"红厅"的丝绸天盖已经破残，是雨果从英国军官手里买来的圆明园文物

高城居二楼"蓝厅"里的中国紫铜寿桃形香炉,有盖,红木底座。这是大仲马 1860 年从巴黎来根西岛时送给雨果一家的礼物

高城居里有很多中国出口的"外销瓷"。这是硬质瓷的盖缸,中国图案

高城居花园里的水池。注意照片左侧的中国"龙头"

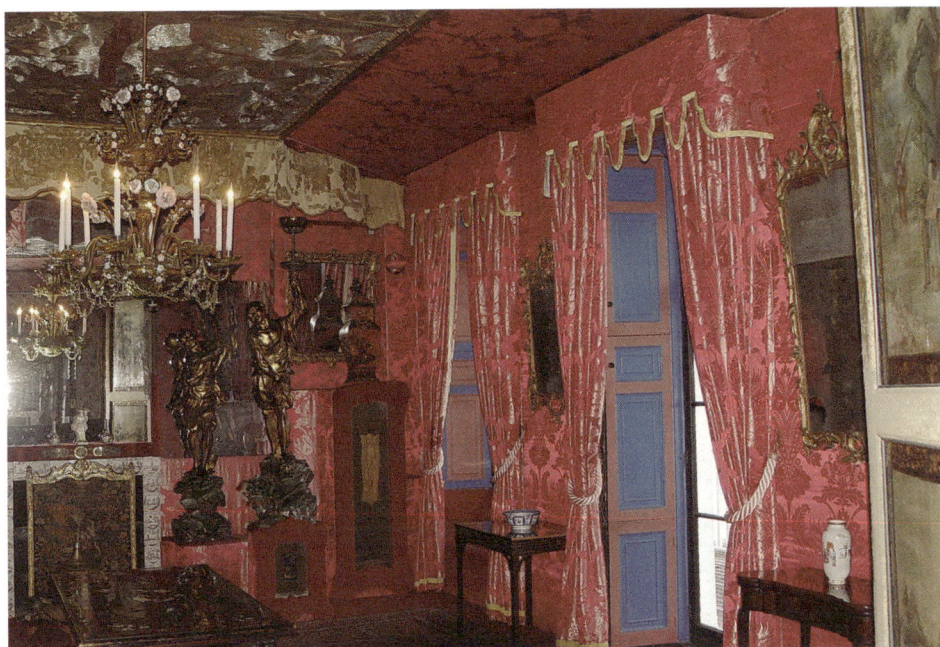

高城居"红厅"面对花园的一侧。两张边桌上各有中国瓷瓶和瓷碗

高城居里的图书室。1927年雨果后人捐赠高城居时，图书室原有一册"中文书"，可惜现在已经失踪

高城居底层的"陶瓷廊"（le Couloir aux faïences），两侧和天花板上陈列有很多中国瓷盘

高城居底层的木隔板，主题是中国民间传说"钟馗嫁妹"

高城居花园里的陶狮。从形态看，应是广东佛山烧制的"南狮"

高城居花园里杜鹃刚谢，落英缤纷

高城居花园里的陶制龙头。专家估计是中国宫殿建筑的屋脊构件

高城居二楼"蓝厅"一侧的门，配有四幅蓝色调的中国画

高城居二楼"红厅"的门，配有四幅红色调的中国描金画

高城居底层大门内的玻璃饰板

英属根西岛发行的雨果故居"高城居"纪念邮票，全套四枚，图案分别为"高城居"、"坎迪公园的雨果像"、"欧罗巴合众国橡树"和"挂毯厅"

2002年，雨果逝世200周年，根西岛邮局发行一套六枚的纪念邮票。这是纪念邮票的首日封，是根西岛邮局赠送给"雨果之友学会"每一个会员的礼物

根西岛北部海边的石桌坟（dolmen）。雨果在《历代传说集》中有哲理长诗《黑暗的大口在说话》（*Ce que dit la Bouche d'Ombre*）。石桌坟第一块大石的缺口正是长诗中的"黑暗的大口"

雨果海外流亡的第一站，是泽西岛上的"海景台"（Marine-Terrace）。1989年4月，海景台的遗址上，正在兴建"雨果大厦"

雨果抗议圆明园被毁的信件《致巴特勒上尉的信》手稿第一页，共两页，今存国立法兰西图书馆手稿部。
注意：原信手稿上既没有收信人的抬头，也没有写信的日期和地址

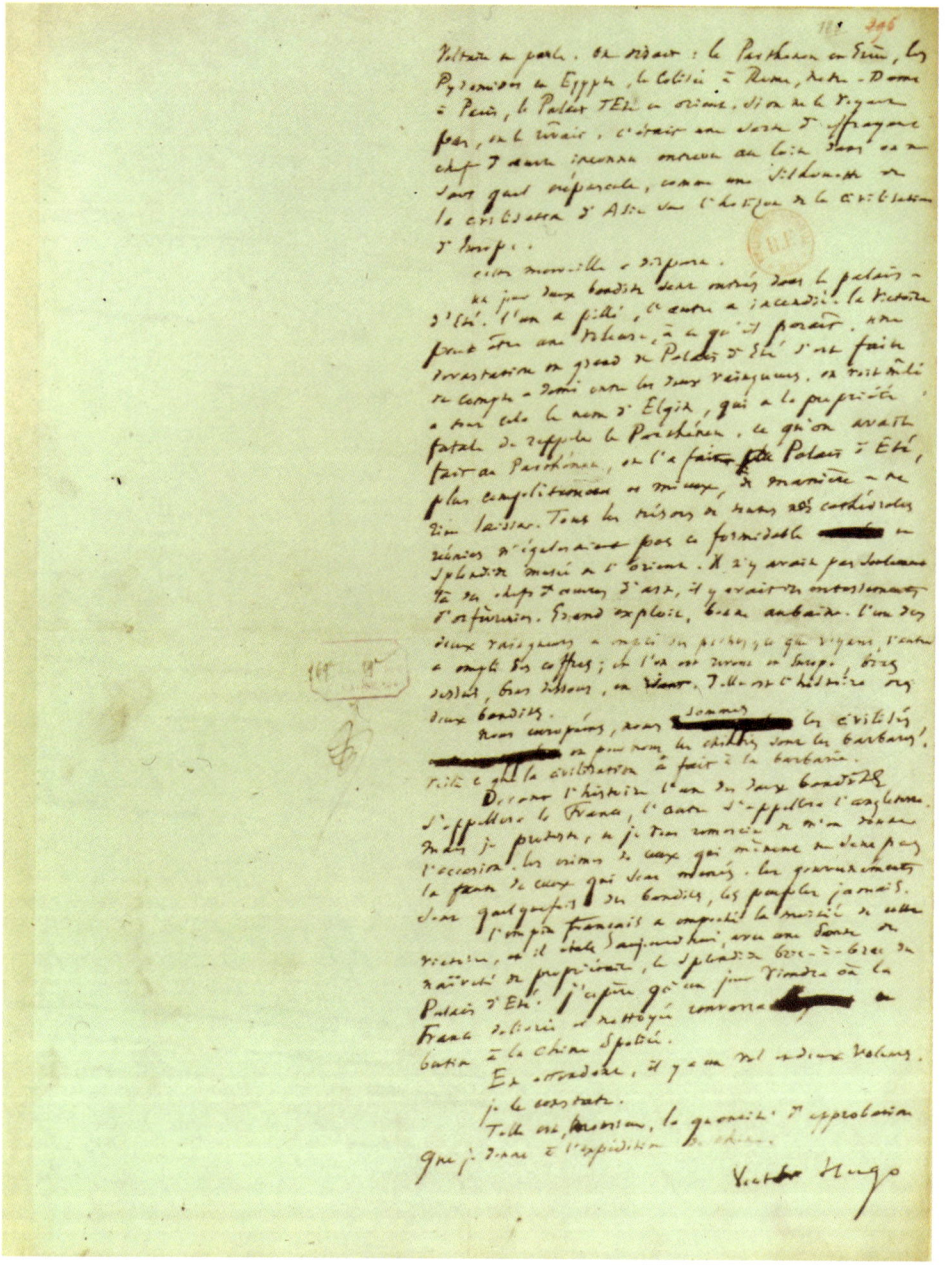

雨果抗议圆明园被毁的信件《致巴特勒上尉的信》原信手稿第二页

巴黎孚日广场6号，是雨果故居纪念馆。三色国旗是法国公立博物馆的标志

　　雨果故居三楼"中国客厅"里陈列的青花盖缸，有红木底座。注意，盖缸已破损，有三枚中国民间的瓷补丁

雨果故居"中国客厅"（Salon chinois）的主墙北墙的布置。中西合璧，中式为主

中国客厅南墙的布置，中国元素更加突出，有大量雨果创作的中国题材"烙画"

"中国客厅"里的中国年画《福禄寿三星》，此画在东窗右边，正是保安座位的后门，所以不易见到

"中国客厅"里雨果的烙画《杂技少年》。注意中国少年倒立在墙上的影子，是维克多·雨果（Victor Hugo）的缩略签名：V +H

2002 年 12 月 20 ~ 24 日，北京人民大会堂演出法国音乐剧《巴黎圣母院》。爱丝梅拉达姑娘的扮演者诗海莱（Shirel）的签名照片，程曾厚收藏

诺曼底维勒基埃镇教堂边的墓园。雨果女儿和女婿的合葬墓墓碑上的文字：夏尔·瓦克里，26 岁，和莱奥波尔迪娜·瓦克里，19 岁，于 1843 年 2 月 15 日结婚，9 月 4 日逝世

维勒基埃镇雨果纪念馆里复原的雨果女儿莱奥波尔迪娜的婚床

维勒基埃雨果纪念馆，屋前是花园，花园前是女儿和女婿新婚后双双溺毙的塞纳河

VICTOR HUGO
A PASSE UNE PARTIE DE SON ENFANCE
DE 1808 A 1813
DANS LES BATIMENTS
DE L'ANCIEN COUVENT DES FEUILLANTINES
QUI OCCUPAIT CET EMPLACEMENT

1912

巴黎斐扬派修女院路上的大理石铭牌：维克多·雨果 1808—1813 年在原斐扬派修女院度过部分童年，原址在此。巴黎市政府 1912 年立

巴黎西南郊比埃弗村的石居城堡（château des roches），19 世纪 30 年代雨果全家应邀来此度假。1989 年，日本创价学会买下城堡，成立"雨果文学之家"

16ᵉ Arrᵗ

AVENUE
VICTOR HUGO

1802 - 1885

ÉCRIVAIN, POÉTE ET HOMME POLITIQUE

巴黎雨果大街的路名牌：雨果，作家、诗人和政治家

JULIETTE

DROUET

1806 - 1883

———

QUAND JE NE SERAI PLUS QU'UNE CENDRE GLACÉE,

QUAND MES YEUX FATIGUÉS SERONT FERMÉS AU JOUR,

DIS-TOI, SI DANS TON CŒUR MA MÉMOIRE EST FIXÉE:

LE MONDE A SA PENSÉE.

MOI, J'AVAIS SON AMOUR!

(Victor Hugo)

———

　　巴黎东郊圣芒代的老公墓里，有朱丽叶·德鲁埃的墓。墓石上刻有雨果的诗句：

　　　当我变成的一堆死灰已完全冰凉，
　　　当我对阳光闭上自己疲倦的眼睛，
　　　你说，心中对我的思念并没有变样：
　　　　世界得到他的思想。
　　　　我呢，得到他的爱情！

巴黎卢森堡公园里的青铜雕像《卖面具的小贩》。小贩手里高高举起雨果的头像

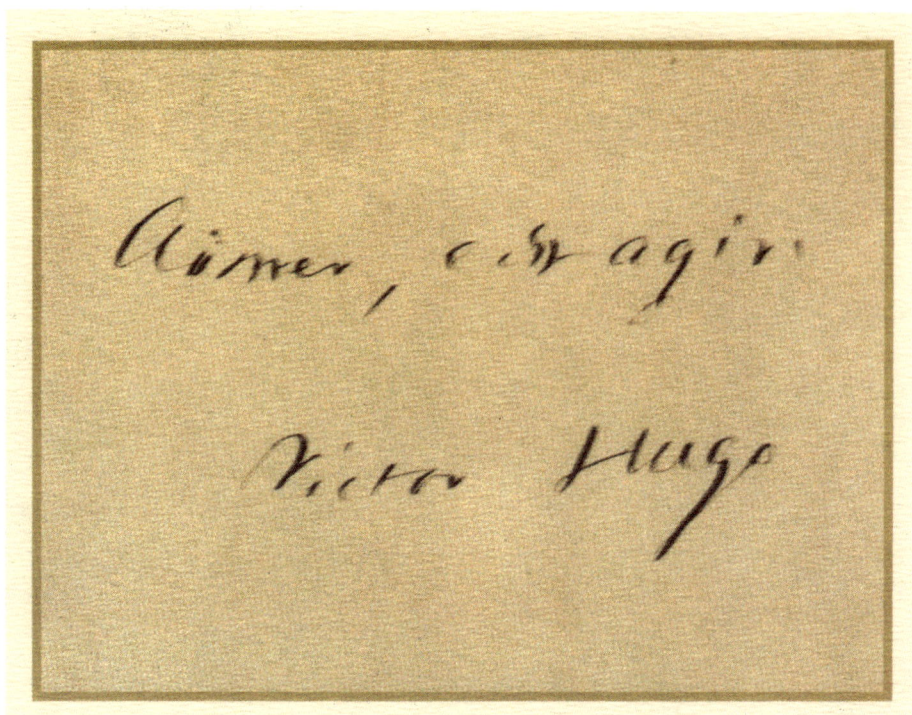

雨果逝世前最后的遗墨："爱，就是行动。维克多·雨果"，今存雨果文学之家。明信片，程曾厚藏品

1985 年，雨果逝世 100 周年，法国发行雨果纪念邮票，这是雨果纪念邮票四联张，程曾厚藏品

目　录

> 一个诗人的身上蕴藏着一个世界。
>
> 《历代传说集》《一个诗人的身上蕴藏着一个世界……》
>
> Un poëte est un monde enfermé dans un homme.
>
> 《*La Légende des Siècles*》
>
> 《*Un poëte est un monde enfermé dans un homme*》

"没有自我，就没有抒情诗。"[1] 理解诗人雨果，必须熟悉雨果的一生。

1802 年 2 月 26 日，法国作家维克多·雨果（Victor Hugo，1802—1885）出生在法国东部城市贝桑松（Besançon）。雨果的父亲莱奥波特·雨果（Léopold Hugo）是拿破仑麾下的军人，洛林的南锡人，当时是派驻附近吕内维尔的司令。母亲索菲·特雷布谢（Sophie Trébuchet）是布列塔尼的南特人。两人于 1797 年结婚，夫妇育有三个儿子：长子阿贝尔（Abel），次子欧仁（Eugène），维克多是第三个儿子。

> 本世纪正好两岁！罗马替代斯巴达 [2]，
>
> 拿破仑脱颖而出，本来只是波拿巴 [3]，
>
> 这时候在贝桑松，一座西班牙古城，
>
> 有个布列塔尼和洛林的孩子诞生，
>
> 有风刮起，他像颗种子便落地安身……
>
> 《秋叶集》:《本世纪正好两岁……》[4]

1802 年，法国处于以拿破仑将军为首的执政府时代。法国和周边国家战事频仍。雨果将军戎马倥偬，追随未来拿破仑皇帝的兄

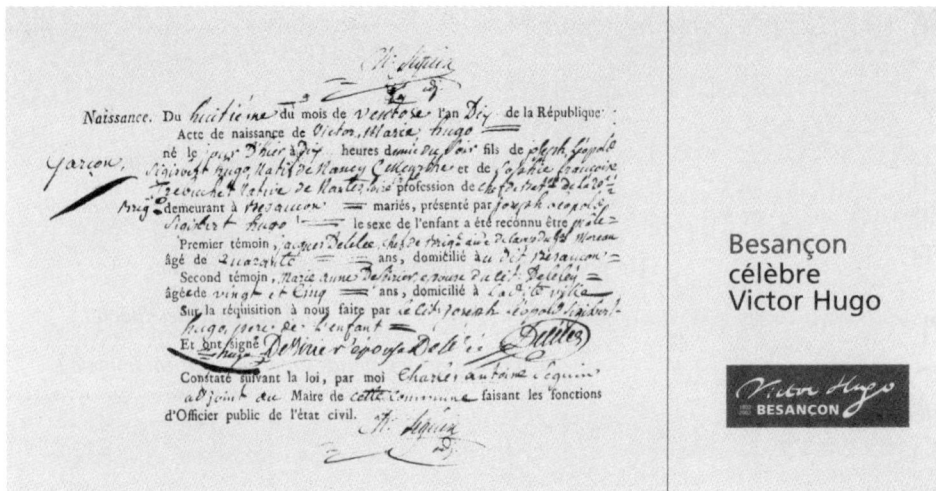

01 | 2002 年，雨果 200 周年诞辰，贝桑松市政府特制的"雨果出生证"明信片

长约瑟夫·波拿巴，转战意大利和西班牙各地。战争年代，雨果将军夫妇合少分多。索菲·特雷布谢不时拖着三个儿子，去和丈夫会合。1802 年底，父亲调防，刚刚出生的小雨果和两个哥哥被父亲带往马赛、科西嘉岛和厄尔巴岛。1803 年，父亲擢升为上校，被派往意大利担任那不勒斯附近的阿维里诺省省长，索菲带儿子去意大利探亲。1808 年，雨果父亲追随约瑟夫·波拿巴去西班牙，1811 年 3 月，约瑟夫国王力促索菲和孩子们来西班牙和已经是雨果将军的丈夫团聚。

> 皇帝所到处，世界跟着他地覆天翻，
>
> 威风凛凛的命运，使人人心惊胆战，
>
> 毫不费力地把我挟走，如狂风呼啸，
>
> 将我的童年随风在各处颠簸飘摇。

《秋叶集》:《本世纪正好两岁……》[5]

从巴黎来马德里，旅程历时三个月，风尘仆仆，在 1863 年出版的《雨果夫人见证录》里，有精彩的介绍。途中，年仅九岁的小维克多第一次遇见让他脸红的小姑娘罗丝，西班牙境内的第一个村庄叫"埃尔那尼"(Ernani)，透过马车的车窗玻璃第一次看到犯人的碎尸挂在树上，在马德里的玛塞拉诺宫中见到第一个中国的花瓶。雨果和二哥欧仁进贵族学校读书。小小年纪，坐在驿车里横贯法国的长途旅行，西班牙色彩对比强烈的生活，都给雨果幼小的心灵留下难忘的回忆。他日后用诗句回忆说：

> 我还不懂事，就在被制服了的欧洲
> 随着我们得胜的营帐而东奔西走。
>
> 连亲爱的法兰西还呀呀说得不清，
> 　我就使异族人闻声丧胆……
>
> 我回来了。我曾在远方的国土游逛，
> 我似乎带回一束迷迷糊糊的闪光。

　　　　　　　　　　　　　　　《颂歌集》:《我的童年》[6]

　　这几年，雨果将军和妻子的关系迅速恶化。分居不是主要原因。夫妇双方的气质不同，又是兵荒马乱的不稳定环境促成的婚姻，加上聚少离多，导致婚姻最后失败。1809 年和 1812 年，索菲带欧仁和维克多两次回巴黎，住在从前是斐扬派修女院的屋子里，有一座废弃的花园。雨果出生后对贝桑松没有多少印象。他真正的童年生活是在巴黎度过的。《悲惨世界》里的男主角马吕斯有雨果自己的影子。书中的马吕斯"出生"在巴黎，雨果两岁时随母亲到了巴黎。

　　斐扬派修女院的童年生活是幸福的，是自由自在的。这是诗人雨果的摇篮，是他一生想象力起飞的地方。

　　雨果在兵荒马乱里度过童年，定居巴黎后并没有正规中学的学历。他自称有三个老师：

> 在我满头金发的童年，唉！可惜太短！
> 有三个老师：母亲，老神父，一个花园。

　　　　　　　　　　　　　　　《光影集》:《1813 年斐扬派修道院纪事》[7]

02 | 雨果的大理石胸像，昂热的达维德作于1838年，雨果时年36岁，今存巴黎雨果故居

03 | 雨果的父亲莱奥波德·雨果将军像，今存雨果故居

母亲呵护着孩子的成长，温柔的母爱滴进孩子幼小的心灵，母亲又是精神导师，保王的思想滴进孩子天真的脑袋。一座小花园，就是他的整个大自然：

园中有花朵开放，就像眼睛在张开，
红色的小甲虫在石头上跑得飞快，
充满嗡嗡声，充满模糊的声响一片。
花园深处像树林，中间就像是农田。

而老神父，"饱读荷马和塔西佗，博古通今"。我们知道，雨果是勤奋的孩子，基本上是自学成才，但他博闻强记，知识结构扎实，受过良好的人文教育的洗礼。他从小之所以能饱读拉丁文诗歌和历史，还得益于一位自己不便提及而更重要的老师名字：拉奥里将军。他是母亲的情人，因为阴谋推翻拿破仑而被追捕，躲在花园深处的小教堂内。拉奥里经常抱着小雨果，讲述罗马历史之余，告诫说："孩子，自由高于一切啊！"[8] 他很小便懂得了流亡的意义。1810年12月30日，小雨果亲眼看见拉奥里被警察从家里的餐桌上被抓走。斐扬派修女院的另一件美事，是雨果两兄弟在花园里有个美丽的小伙伴阿黛尔。这里藏匿了一段雨果和阿黛尔青梅竹马的故事。

19世纪初，法国的文学艺术创作开始复苏。诗歌是受人尊敬的文学样式。雨果在母亲的鼓励下，很早开始练习写诗。雨果早熟，而且多产。

雨果14岁写成诗体悲剧《伊尔塔梅娜》，献给母亲：

> 妈妈，啊！这些习作虽然是都很渺小，
>> 请你要宽厚地看上一眼；
> 妈妈，请你要带着母亲应有的微笑，
>> 把儿子的这些孩子接见！……[9]

他1817年参加图卢兹百花诗社的比赛获奖，颁奖的老诗人弗朗索瓦·德·纳夏多对获奖者的小小年龄大为吃惊。1848年1月8日，雨果回忆自己17岁时，第一次收到来信，"我在信中被称作'文学家'"[10]。他18岁因为写《贝里公爵之死》一首

04 ｜ "维克多·雨果从1808—1813年，在原斐扬派修女院度过部分童年，原址在此。"巴黎市政府1912年立

颂歌，感动得年过六旬的国王路易十八老泪纵横，赐下 500 法郎的赏金。

传闻夏多布里昂对少年雨果有"神童"的美誉。雨果很早表现出是个有志向、有抱负的年轻人。1816 年 7 月 10 日，雨果 14 岁，立下豪言壮语："我要成为夏多布里昂，否则别无他志。"1817 年，雨果在本子上写道："我 15 岁，写得不好，我会写得更好的。"[11] 1818 年，雨果写诗《告别童年》，16 岁生日前，以诗言志，写下长诗《渴求光荣》，渴望成功的欲望和与命运抗争的决心十分迫切。数十年后，雨果把自己少年时代的"习作"不无骄傲地一棍子打死，说成是"我诞生以前所干的蠢事"[12]。

雨果当年有少年老成的思想特点，小小年纪，写诗作文，忧国忧民的意识已经初露端倪，16 岁时写下洋洋洒洒的《诗人在革命中》。雨果当年崇拜的文学偶像是夏多布里昂。夏多布里昂是浪漫主义的先驱之一，又是作家，又是政治家。夏多布里昂曾创办《保守者报》。雨果和两个哥哥醉心文学，合办刊物《文学保守者》。从 1819 年 12 月至 1821 年 3 月，16 个月期间，雨果独挑大梁，先后发表 112 篇文章和 22 首诗。年轻人受过的写作技巧训练非常扎实。

雨果 20 岁出版诗集《颂歌集》的初版《颂诗和杂诗集》。其实，在此以前，他已经实践过各种诗体，独自偷偷写下上万行的习作。1819 年，17 岁的雨果，在生病母亲的催促下，一夜之间，写成《重建亨利四世雕像颂》，120 行的格律诗浩浩荡荡而来，一夜之间，一气呵成：

> 全体人民纪念你，为你树起这铜像……
> 收下每个法国人爱你的崇高表示，
> 亨利，我们铸成的你的铜像，完全是
> 　　寡妇捐一分，孤儿捐一毫。[13]

天才出于勤奋，雨果是个很好的例证。1821 年 11 月 19 日，雨果将军给儿子写信泄露"天机"，说儿子"是在从吕内维尔到贝桑松的一次旅行中，在孚日山脉的一座最高峰上受胎的"。[14] 以此证明他有凌空出世的天才。小雨果心里明白，成就并非如此轻松。

综观雨果童年时代的种种特点，可以认为：年轻的作者在多方面预示着一个大作家的诞生。但是，要成长为站在历史前沿，引领时代风骚，还欠缺两个条件：一是就思想而言，跟上时代的步伐，改变脚下站立的立场；二是就艺术而言，仅有文笔熟练还不够，仅有文字老到还不够，更要有自己鲜明的特色。少年诗人应有尽有，只是没有特色。我们拭目以待。

雨果小时候另一个不容忽视的特点，是在母亲逝世后，度过一段孤苦伶仃、无依无靠的岁月，体验过生活的艰难和人间的辛酸。

> 傍晚，透过半开的家门，有行人看见
> 在一本《圣经》旁边，在空荡荡的床前，
> 两个幼小的孩子跪在地上在祈祷。

《颂歌集》:《外婆》[15]

小说《悲惨世界》中主人公马吕斯的遭遇重现了雨果的这段经历。这一点，对雨果成年后形成理解、同情、支持穷苦人的社会立场，不是没有意义的。

1822 年 10 月 12 日，雨果和阿黛尔喜结良缘。从两小无猜的相爱，到步入圣叙尔比斯教堂，这过程艰难而又辛酸。索菲·雨果坚信儿子有光明的前途，生前反对儿子和老同事女儿阿黛尔·富谢的婚事。1821 年，母亲逝世，第一道障碍排除。是年 7 月 16 日，富谢一家在外地度假，雨果没有乘坐驿车的 25 个法郎，头顶烈日，步行 60 公里，去会见心中的情人，去向未来的岳父求亲。

> 唉！人也在躲避人；常常年龄还幼小，
> 不幸已偷偷溜进高贵、纯洁的心中……
>
> 枉然，他在路途中无人能为他撑腰，
> 人世间无人能为他有欢乐而欢笑，
>   无人能为他流泪而哭泣！

《颂歌集》:《致谢里济山谷》[16]

05 | 雨果妻子阿黛尔·富谢像，今存雨果故居

06 | 雨果和阿黛尔于 1822 年结婚，这是他们结婚的巴黎圣叙尔比斯教堂

没有职业，没有收入，没有家庭的支持，仅仅靠勇气和决心要说服小康之家的岳父母是不容易的。雨果闯过了这一关。雨果又成功地和已经退休并续弦的雨果将军恢复正常的父子关系，父亲正式代儿子向老同事富谢求亲。"告别童年"的雨果，"渴求光荣"的雨果，勤奋写作，既写小说，更写诗歌。1822 年 6 月，保王色彩浓浓的《颂诗和杂诗集》出版，作者收益 750 法郎，又意外地得到国王赐下的 1200 法郎的年金。这是写作的收获。操办婚事现在有了着落。

新婚之夜，雨果的二哥欧仁狂暴的精神病大肆发作。欧仁比弟弟大两岁，两人一起成长，一起游玩，一起写诗，一般可爱，一般健康，一般爱上阿黛尔。1837 年 3 月 5 日，在远离巴黎的夏朗东精神病院，欧仁无声无臭地离开人世。雨果对二哥的死一直心怀内疚。[17]

诗人，既然是上帝要让你无法防守；

既然是上帝高兴以他强劲的大手，

紧紧挤压你的脑袋；

《心声集》:《致雨 X 子爵欧仁》[18]

这是雨果的过错吗？同一块土壤发育出两粒健硕的种子，大自然只允许一棵苗出来，雨果第一个破土而出。

19 世纪 20 年代，法国文艺界浪漫派和古典派的新旧之争，阵营日益明朗，斗争日益激烈。雨果成家之后，为养家糊口孜孜创作的同时，开始把目光转向外面，把精力投向社会。雨果参加期刊《法兰西诗神》的写作活动，参加"兵工厂图书馆"客厅的文人聚会，广交朋友，讨论时局。随着《环球报》的创刊，社会上吹起一阵又一阵自由之风。年轻的诗人虽然密切关注这一场争论，但并不急于表态。这是雨果的成熟，也是他的老练。

随着父子关系的恢复，母亲教导的暴君拿破仑的形象在淡化，而开始出现民族英雄拿破仑的光环。雨果通过自己的创作，尤其是戏剧创作，逐渐发现，艺术创作的自由和社会生活的自由是息息相通的。自由主义的立场开始替代保王派的立场。

1827 年，雨果 25 岁，写成一部篇幅长得难以搬上舞台的《克伦威尔》(Cromwell)，紧接着写出一篇洋洋洒洒的长序，序文喧宾夺主，被尊为浪漫主义的宣言书。雨果一夜之间成为浪漫主义运动的青年领袖。《〈克伦威尔〉序》观点之新颖和大胆，行文之激烈和雄辩，同时代人的感受远比我们今天深切。《序言》向一切权威挑战的咄咄逼人的气势，是青年人不满旧传统、争取新秩序的精神写照："艺术不会指望平庸。艺术对平庸无所要求，不知平庸为何物，平庸对艺术是不存在的。艺术给的是翅膀，而不是拐杖。"[19]

《序言》提出：人类历史可分为三个时期，每个时期对应一种诗体。远古是"抒情时代"，产生颂歌；古代是"史诗时代"，而近代是"正剧时代"，可以以莎士比亚为代表。《序言》针对古典主义的教条，提出四条新的原则：一是"滑稽"和"崇高"并存，反映完整的人；二是取消"三一律"，废除时间的一致和地点的一致，只保留情节的一致；三是强调"地方色彩"；四是提倡艺术自由，反对模仿。

雨果不是第一个倡导浪漫主义的人，早在 1823 年，斯丹达尔出版《拉辛与莎

07 | 巴黎孚日广场 6 号，雨果故居

08 | "巴黎市政府 / 雨果故居"的铭牌

士比亚》；以后，诗人维尼于 1829 年发表《关于艺术中真实性的思考》。但是，一场历史运动只有一次历史性的宣言。《〈克伦威尔〉序》立场鲜明，气势磅礴，文采华丽，旁征博引。作家戈蒂耶说："《〈克伦威尔〉序》在我们眼前像西奈山上的'摩西十诫'一般闪闪发光。"[20] 时至今日，《〈克伦威尔〉序》仍然是法国文学史上公认的"美文"，是法语散文的典范作品。

雨果精力充沛，很早便诗歌、小说和戏剧三管齐下。1829 年出版的诗集《东方集》，是显示其艺术技巧的杰作，把节奏和诗韵摆弄到出神入化的境地。诗人不仅诗中有画，还步英国诗人拜伦之后尘，支持希腊的民族解放斗争。雨果接近而立之年。1830 年 2 月 25 日，剧本《埃尔那尼》在法兰西剧院首演成功，把古典主义从统治将近二百年的舞台上赶下台来，在社会上掀起轩然大波，确立浪漫主义在法国的胜利。1831 年 3 月，勤奋的雨果出版历史小说《巴黎圣母院》。1831 年 11 月，诗集《秋叶集》问世。这是一册抒情诗集，温情脉脉，多愁善感。诗人提出自己是"响亮的回声"，不仅关心家事，也关心国事和天下事。雨果的努力，雨果的活力，令同时代人侧目。雨果作为浪漫主义大师的地位牢固地确立了。

雨果的成绩，有目共睹，客观存在，这也会招来非议和责难。雨果的思想和言论，雨果的活动和著作，使诗人经常成为舆论关注的中心。这可能是好事，但也不尽然如此。2008 年 2 月，我们在法国"大学校际雨果研究会"的会议纪要上看到一份材料：从 1833 年 10 月 24 日到 11 月 6 日，共 15 个平淡无奇的日子，期间雨果没有任何作品出版，而近时两位雨果专家伊夫琳·布鲁尔（Evelyn Blewer）和尼科尔·萨维（Nicole Savy）查阅到有六十多篇文章和报道出现在巴黎四十多种刊物和报纸上。雨果很早成为公众人物，而对公众人物，当然会有褒有贬。

此时，雨果已经是争取文学自由的自由派，保王党的思想已经远去了。

19 世纪 30 年代初，雨果靠一支笔，有了成就，有了声誉，也多少有了点钱财。1832 年 10 月 8 日，雨果一家迁入高级住宅区的 "王家广场"（Place Royale）（今孚日广场，Place des Vosges）6 号。祸兮福所倚，福兮祸所伏。19 世纪 30 年代，也是雨果个人生活发生重大转折的时期。正当雨果全身心投入文学斗争、整天为排演《埃尔那尼》在法兰西剧院和守旧的大牌演员交手、对自己家事无暇顾及的时候，后院空虚。其貌不扬的评论家圣伯夫乘虚而入。

雨果和阿黛尔从小是青梅竹马。两人书信来往，身后缉成一册《写给未婚妻的信》存世。雨果当年是富于激情的情郎，"贞洁得要名"[21]，情郎在情诗中把阿黛尔理想化。阿黛尔却很清醒，早就坦言说："我根本不像天使，你应当把这个想法从头脑中去掉。我可是个地上的凡人。"[22] 1830 年，雨果的事业如日中天。天才的缺点之一，是以为人人都能像天才一般的生活。圣伯夫上门来表示关心，阿黛尔接受了。不久，两人的关系越出了友谊的界限。雨果一边品尝文学胜利的果实，一边咀嚼家庭生活的苦果。

雨果的反应，天才的反应，竟然是大度得令人难以置信。雨果请阿黛尔在两个男人之间做出抉择。圣伯夫可是连自己都养不活的作家。最后，雨果维持了一个幸福家庭的表面。而圣伯夫却又写诗，又作文，把自己说成是个受害者。一些严肃的传记认为这个问题不在文学研究的范围以内，我们也从简从略。但是，我们知道，1885 年 11 月 29 日，在雨果逝世半年以后，在巴黎费内龙街 13 号，凌晨 1 点钟，6 个男人把 334 封信投入壁炉的火中销毁，然后一一签字确认。这是由圣伯夫的继承人提供的阿黛尔·雨果写给圣伯夫的全部书信。6 个男人中，有保尔·默里斯和奥古斯特·瓦克里，两人都是雨果生前的门生和遗嘱执行人。理由是书信内容可能损害大师的声誉，避圣者讳。[23]

雨果三十而立，是四个孩子的父亲：莱奥波尔迪娜、夏尔、弗朗索瓦－维克多和小阿黛尔。妻子告诉丈夫，她不想再要孩子了，和丈夫不再同房，事实上把自由还给了丈夫。[24] 1832 年，雨果在一次舞会上见到 26 岁的美丽女演员朱丽叶·德鲁埃（Juliette Drouet）。1833 年 2 月 16 日夜，这是雨果生命中神圣的一天，开始了他和朱

09 | 雨果的长女莱奥波德蒂娜像，今存雨果故居

10 | 巴黎西南郊的石居城堡，雨果全家常应邀来此度假，今天是"雨果文学之家"的馆址所在地

丽叶长达 50 年的人间爱情。1833 年 2 月 16 日，这也是《悲惨世界》里男女主人公珂赛特和马吕斯结婚的日子。

朱丽叶有过一段难以启齿的往事，一旦爱上雨果，一往情深，把爱情视为宗教，历五十年而绝不褪色。雨果给好友帕维写道："我从来没有像今年犯下这么多错误，而我又从来没有比现在更优秀。我现在比你为之可惜的'贞洁'年代更有价值。从前，我贞洁，现在，我宽容。上帝知道，这是很大的进步。"[25] 虽然以后也好事多磨，甚至跌宕起伏，但雨果是享受这 50 年专一爱情的幸福男人。朱丽叶想借助雨果的力量，在舞台上施展抱负。雨果 1838 年在"文艺复兴剧院"上演诗剧《吕伊·布拉斯》，和剧院经理商定由朱丽叶出演王后一角。阿黛尔出于妒忌的心理，乘丈夫外出，给剧院经理写密信："我丈夫关心这位女子，帮忙让她进你的剧院，这再好不过；但要是这会影响一部出色作品的成功，那我是无法接受的……"[26] 阿黛尔的密信断送了朱丽叶自力更生的最后希望。从此，雨果靠手中的一支笔，要维持两个家庭的开销。

19 世纪 30 年代后，浪漫主义在包括法国空想社会主义思潮的多重影响下，出现关心社会问题的倾向。拉马丁一马当先，1831 年写《革命颂》，呼吁顺应历史进程，提出诗歌和社会同行，诗歌的灵感扩大了。维尼在创作里也有新的变化。拉马丁继而开创诗人从政的先例，1832 年当选议员。诗人雨果面向社会进步，关心人民疾苦的步子更大也更快。雨果在抒发个人情怀的《秋叶集》的最后一首诗的最后一行："我

1835年，雨果来石居城堡度夏时，把情人朱丽叶安置在附近的莱梅村；1837年，雨果根据回忆，写下爱情长诗《奥林匹欧的悲哀》；此为莱梅村旧居的纪念铭牌

把青铜的琴弦添加上我的诗琴！"以此证明诗人是"世纪的儿子"，是时代"响亮的回声"。

1830年"七月革命"爆发，诗人走上街头。10天后的8月上旬，雨果写出长诗《1830年7月后述怀》，欢呼推翻扼杀自由的封建王朝，成为1835年《暮歌集》的开篇之作，给《暮歌集》刻上政治诗的烙印。第二首《颂歌》接着歌颂"七月革命"牺牲的英雄："他们都是为祖国虔诚死去的同胞，/ 有权让群众来到他们灵柩前祈祷。"

1840年出版的《光影集》，首篇是《诗人的职责》，提出诗人具有不可推诿的引导人民前进的使命：

> 诗人当此亵渎的时光，
> 来为美好的岁月铺路。
> 诗人对于乌托邦向往；
> 脚站在此地，眼望别处。
> 诗人应该和先知相仿，
> 任何时代，在人人头上，
> 用他的手，把一切主宰，
> 不问对他颂扬或辱骂，
> 如他手中挥舞的火把，
> 把未来点亮，大放光彩！[27]

诗人批评对社会责任漠不关心的人："思想家如果放弃责任，/ 独自走出城市的大门，/ 成为无用的歌手，可耻！"

与此同时，我们也看到：七月王朝对雨果表示出友善的态度，雨果也谨慎地处理好和新王朝的个人关系。虽然雨果1833年提出警告：

> 权贵们！ 我们最好把某些伤口包扎，
> 沉思的哲人此刻正为之感到害怕；
> 最好是撑住地下通往上面的楼梯，
> 最好是减少绞架，扩大工场的场地，
> 最好是想想孩子没有面包和阳光，
> 对忧伤、不信神的穷人还他以天堂，
> 不是点亮华丽的吊灯，也不是夜间
> 让疯子们围着一点声音彻夜不眠！

《暮歌集》:《市政厅舞会有感》[28]

雨果应邀参加王太子的婚礼，王妃是位德国姑娘，当着诗人的面背诵雨果的诗句。[29] 雨果是她崇拜的诗人。雨果不仅和王太子奥尔良公爵夫妇时有往来，成为出入宫廷的社会名流，和路易－菲利浦本人也不无私交。1839年5月12日，革命家阿尔芒·巴尔贝斯（Armand Barbès）攻打国家监狱失败，7月12日，被判处死刑。是日半夜，雨果写下四句诗，请求国王赦免：

> 为了这如同芦苇温柔、脆弱的王孙，
> 为了你如同白鸽一般飞逝的天使，
> 再一次开恩！请以坟墓的名义开恩！
> 　开恩，以摇篮的名义！

《光影集》:《1839年7月12日判决死刑后致国王路易－菲利浦》[30]

雨果并不认识巴尔贝斯，但四句诗从刀下救人一命。

12 | 雨果故居附近的圣保罗教堂，1843年2月15日，爱女莱奥波尔迪娜和夏尔·瓦克里在此举行婚礼

13 | 女儿莱奥波尔迪娜在诺曼底维勒基埃镇的新房

1841年，雨果经过努力，继拉马丁之后，入选法兰西学士院，成为40名"不朽者"之一。6月3日，新院士发表演说，表露了自己的政治抱负。1842年，雨果在一部非政治作品、游记《莱茵河》中，书后加上一篇很长的政治结论：主张莱茵河两岸的法国和德国联合起来。这个有意从政的信息虽然有点隐蔽，却很重要。

此诗，雨果已经是个关注人民疾苦的自由派，是个引人注目的社会名流。

19世纪40年代，是法国社会大动荡的10年，也是雨果个人生活大动荡的10年。

在个人生活的层面上，打击接踵而来。1843年3月，雨果精心创作的诗体历史剧《城堡卫戍官》上演失败，雨果从此告别舞台。从《埃尔那尼》的凯旋，到《城堡卫戍官》的被嘘，前后不过13年时间。同年9月，雨果和朱丽叶外出做一年一度的旅行时，途中传来长女莱奥波尔迪娜和新婚女婿在塞纳河双双溺毙的消息。爱女的意外死亡，给诗人带来万分沉重的打击。

雨果颓唐之极，难以接受命运的残酷安排。1845年4月13日，国王路易-菲利浦任命雨果为法兰西世卿（pair de France），这是相当于贵族院议员的官方荣誉。两个半月后的7月5日，雨果和莱奥妮·比阿尔（Léonie Biard）被她的丈夫当场

14 维勒基埃镇上瓦克里夫妇的故居，今天已辟为"雨果纪念馆"

捉奸。法兰西世卿颜面扫地，但享受"不可侵犯权"。朋友们为之掩面而笑，而敌人则放声大笑。雨果还能站得起来吗？

整个 19 世纪 40 年代，多产的雨果在《城堡卫戍官》失败后，没有发表任何作品，没有诗歌，没有小说，没有戏剧，什么都没有。

雨果在贵族院的讲坛上发言。用诗句、剧本和小说表述思想是一回事，站在讲坛上发表观点，是另一回事。雨果是新手，总的来说，雨果不谙此道，从职业政治家的标准看，新手的水平不高，甚至不无笨拙之处。雨果在贵族院没有做过重要和精彩的发言。这使贵族院的老头们放心了。1847 年 6 月 14 日，他支持让拿破仑在国外的家族返回法国，发言慷慨陈词，他颂扬拿破仑对法国的贡献："这是一位伟人在强盛与光荣方面能带给一个伟大民族的最丰盛的妆奁……"[31]

朱丽叶结束旧生活时，留下巨额的债务，几乎让习惯于精打细算过日子的雨果不敢相信。诗人发下狠心，全部收下，悉数偿还。雨果强加给朱丽叶一个苛刻的要求：深居简出，不与外界往来。从此，朱丽叶只为自己的天才情人一个人而活着。可怜的朱丽叶名花不见阳光，开始未老先衰。1845 年，雨果 43 岁，她自己才 39 岁。她在日复一日的情书中向雨果抱怨："上帝干吗在给我一头银发的同时，却对你慷慨地赐予满头的黑发和旺盛的青春呢？"[32] 雨果的社交活动增多，应酬增多。一些传记作者认为，这位名流的生活有点颓唐，显出好色和追求刺激的倾向。

作家雨果还有精力和灵感创作和沉思吗？诗人雨果已经把《诗人的职责》遗忘

15　1843年9月1日，女儿莱奥波尔迪娜和新婚丈夫在家门口的塞纳河荡舟时，双双溺毙身亡；这是这对新婚夫妇的合葬墓，丈夫26岁，妻子19岁

16　维勒基埃小教堂边上的墓园，除女儿女婿外，以后雨果妻子和小女儿也葬于此地，雨果自己也曾表示死后要归葬维勒基埃

干净了吗？我们以后才知道，这只是表面的沉寂。不论顺境或逆境，雨果晚上没有放下自己的笔。他每年都在写悼念女儿的诗篇，以后收入《静观集》，成为《静观集》里最为人称道的抒情诗。他开始试笔写史诗故事，成为以后《历代传说集》的篇章。1845年11月，新任命的法兰西世卿进入贵族院仅仅半年，在闹得沸沸扬扬的捉奸事件后仅仅4个月，这个忙于应酬的社会名流居然坐下来，偷偷地在写一部当时名为《贫困》的小说，这就是17年后出版时轰动世界的《悲惨世界》。也是在19世纪40年代，作家雨果有时躲在阁楼上拿起画笔，在纸上挥洒形象，以另一种方式表达自己。雨果不是容易被压垮、被打倒的作家，雨果的灵魂深处仍然是诗人。

1848年，席卷欧洲的革命风暴从法国刮起。"二月革命"猛然来临，推翻路易－菲利浦的金融王朝。雨果的习惯，走上街头，来到协和广场。他对重大事件，只相信自己的眼睛。24日，有人告诉他，议会解散，国王退位，由奥尔良公爵夫人摄政。雨果正中下怀，奥尔良公爵夫人不是他的诗歌崇拜者吗？他认为成立共和国的时机没有成熟。第二天，雨果跑去巴士底广场，巴士底广场是巴黎群众集会的广场。任何人到这儿来是要有点勇气的。雨果宣布路易－菲利浦的儿媳奥尔良公爵夫人摄政，不受群众欢迎。他援用英国维多利亚女王的例子，更是受到嘘叫。这恐怕是雨果作为政治家，做得最不合时宜的事情。相反，诗人拉马丁顺应时代的潮流，宣布赞成共和国。雨果喜欢喧闹的人群，他第二天去市政厅广场，受到拉马丁和临时政府的欢迎。但雨果说话谨慎，不无茫然。他还不是共和派，他跟在时代步伐的后面。

雨果在 1848 年 4 月选举中，以 6 万张选票落选。

雨果精神疲惫，4 月 11 日，写下：《我到了，我见了，我活过了》：

> 我从来没有拒绝我在尘世的任务。
> 我的来历？请看吧。我的花束？请收下。
> 我微笑着生活时温和得无以复加，
> 我巍然屹立，我只屈从神圣的事物。
>
> 我鞠躬尽瘁，尽力而为，熬红了眼睛，
> 我经常看到别人在讪笑我的苦恼。
> 我受过许多痛苦，我有过不少辛劳，
> 还是仇恨的对象，真使我感到吃惊。……
>
> 百无聊赖的时候，我宁可无所事事，
> 也不屑回答那些妒忌、诽谤的小人。
> 唉！主啊！请你给我打开长夜的大门，
> 就让我从此离去，就让我从此消失！ [33]

雨果跌到了人生的低谷，如此低沉的诗句，对雨果来说，是很少见的。

5 月 26 日，他在《维克多·雨果告同胞书》中提到不要砍倒三色旗的共和国。6 月补充选举，他以 8 万票当选巴黎市的议员。"但他在议会里不属于任何派别，因此没有什么权威。"[34] 6 月，贫困和愤慨又触发了一场暴动。局势变得混乱。要制止民众的暴力，更要防止有人借机对人民进行血淋淋的暴力镇压。这几天，雨果说了什么，雨果做了什么。连一向有事必录的雨果也没有日记留下。莫洛亚的《雨果传》说："雨果是为数极少的几个代表之一，毫不畏怯地跑到街垒前去

17 | 雨果画像，今存巴黎历史博物馆

18 | 雨果功成名就的漫画像（1841），此时他已确立在诗歌、戏剧和小说三方面的霸主地位

宣读法令。……他手无寸铁地跑到马路中间，亲自对叛乱者们进行工作，规劝他们投降。"[35]

　　如果历史出现细微意外，一颗子弹稍稍偏差，雨果就会在街垒上倒下。是年，雨果46岁。历史将会记下雨果是一个杰出的浪漫主义诗人，功成名就的作家，是七月王朝的社会名流，但关心民间疾苦，既然议员在街垒上执行公务时牺牲，是历史的有功之臣。幸好，历史没有出现意外，乱飞的子弹没有出现偏差。

　　在乱哄哄的形势下，有人冲进雨果在王家广场的住宅。雨果被迫搬家，离开舒适的王家广场。7月，在雨果的支持下，《时事报》（L'Evénement）创办，口号是"恨无政府主义深恶痛绝，爱人民情深意切"。雨果日后在一则《我在1848年》的笔记中写道："自由派，社会主义者，忠于人民，还不是共和派，对大革命还有一大堆成见，但却憎恨戒严，憎恶不加审判的放逐，憎恶卡芬雅克（Cavaignac）和他虚假的军事共和国。"[36]

　　雨果反对卡芬雅克的军事镇压和独裁，又眼看拉马丁无望当选总统，在随后的总统选举中把目光投向了当时默默无闻的路易－拿破仑·波拿巴。一些反对雨果的人，会在这个问题上批评或责难雨果。此人是拿破仑弟弟的儿子，长期在国外流亡，写过一本《消除赤贫》的书。1848 年二月革命后回国，立即投身政治，自称是"赞成自由、民主的人"。他经人引荐来拜访雨果，表示要"以华盛顿"为楷模，要做"善良的公民"。雨果是拿破仑史诗的缔造者，也有意对皇帝的自由派后裔发挥一些影响。接着，雨果和《时事报》改变态度，加入了为亲王竞选总统的行列。有人从中看到雨果和他在做交易，雨果在 1860 年到 1865 年的手记里写道："谣言在流传：维克多·雨果想当部长。"[37]雨果的头脑是清醒的。对于有人声称，雨果要求得到一个部长职位，没有到手，一气之下倒向反对派。传记作者莫洛亚引证雨果的手记："对此，我只有一句话作答：在我和路易·波拿巴先生的关系中，在我与他之间，或是与任何以他名义讲话的人之间，从未有过任何问题……我倒要看看谁能拿出一丝一毫与此相反的证据……"，莫洛亚书中的结论："没有人拿出过这种证据，连一丝一毫也没有。"[38]

1848 年 12 月 20 日，卡芬雅克将军以 150 万票落选，路易-拿破仑·波拿巴以550 万票当选法兰西第二共和国总统，任期 4 年。亲王总统很快在一系列内政和外交上，露出蓄谋已久的野心，和真正的共和派逐步分道扬镳。雨果在立宪会议上就各种社会问题，认认真真准备发言，组织自己的观点。他谈社会贫困问题，他谈教育自由问题，他谈普选问题，他谈新闻自由问题。他先在议会里就政府的现行政策，完成了和右派的决裂。如果说，拉马丁是在共和思想高涨的 1843 年投身左派，雨果却是在共和思想消退的 1849 年转成左派。雨果坐在右派议席上发言，却得到左派议席的掌声。

雨果确切的从政时间，不过五六年左右。从贵族院开始，到制宪议会为止。纵观雨果作为政治家的思想和发言，他最关心的是国内的社会问题，社会贫困，维护人权，维护妇女权利和儿童权利，争取新闻自由。同时，雨果主持巴黎"和平代表大会"，反对战争，支持民族独立，明确提出欧洲国家联合起来，仿照"美利坚合众国"的联邦国家制度，成立"欧罗巴合众国"。

雨果很早对死刑和与此相关的问题感兴趣，雨果研究死刑问题，访问监狱，访问苦刑犯监狱；雨果很早查访人民的赤贫现象，参观北部城市利尔穷人居住的地窖，取得 19 世纪作家对社会贫困所能掌握的第一手材料。雨果是 19 世纪法国作家中"贫困"见得最多的人，也是对"贫困"思考得最多的人。《悲惨世界》的初稿《贫困》，

19 | 1850—1851 年，雨果迁居奥弗涅塔街 37 号，由雨果粉丝立碑纪念

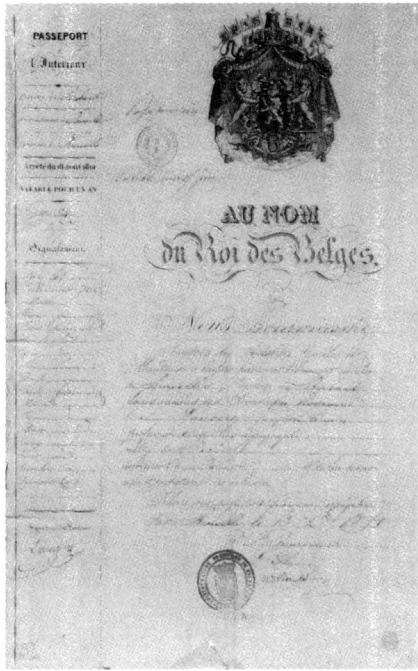

20 | 1851 年 12 月 2 日，流血政变爆发，雨果带着这张由朱丽叶提供的假护照，以排字工朗万的身份，逃离法国，去比利时的布鲁塞尔避难

是在这段时间酝酿成熟，并开始创作，这不应是偶然的事情。《贫困》于 1845 年 11 月 17 日动笔，雨果全力以赴，但由于 1848 年革命爆发，写作被迫中断。

雨果在从政过程中，还有一个特点值得注意，这就是今天看来具有新闻记者的兴趣和敏锐。只要巴黎街头有事，只要巴黎民众上街，不论是起义，是暴动，雨果的第一个反应是走出去，街上会有雨果的身影。早在 1830 年的七月革命，接着 1848 年的二月革命，接着 1848 年的 6 月起义，到 1851 年亲王总统发动的流血政变，雨果都在街上。作家的眼睛在观察，作家的头脑在思考。

政治形势发展之快，超乎想象。时间到了 1851 年，按照 1848 年的宪法规定，总统任期到 1852 年 5 月结束，不得重新参选和连任。右派发动攻势，谋求修改宪法，以方便总统继续掌权。社会上，议会里，一场维护宪法和修改宪法的斗争展开了。雨果是坚定的修宪反对派。7 月 17 日，雨果在制宪议会上作长篇发言，历时三个小时。雨果的发言，是左派和右派的彻底决裂，是雨果和亲王总的彻底决裂。我国以前的雨果研究，对这次发言重视不够，现在已经有了完整的中译文。[39] 雨果的发言，达到他一生思想发展的新高度，完成了他政治立场的根本转变。

雨果面对疯狂叫喊的反动派，撕下阴谋家的假面具，在议会大厅里，公然点名当朝总统是"拿破仑小人"（Napoléon-le-Petit）。我国在马克思著作《路易·波拿巴的雾月十八日》里，把"拿破仑小人"翻译成"小拿破仑"，这是不确切的，国内以后相沿成习，至今没有得到应有的更正。"拿破仑小人"这个提法，是法国作家雨果的一大发明，用来和"拿破仑大帝"相对立。"大帝"在语法上是没有对应的反义词的。以"拿破仑小人"对应"拿破仑大帝"，是雨果的创新，是雨果的发明，极尽嘲弄和讽刺之能事的创新发明，是艺术和政治完美结合的创新发明。这是道德意义上的尖锐对立，不是辈分的长幼有别。在雨果长达三小时的发言期间，议会大厅里一片狂叫怒骂，乱成一片。雨果的发言，今天有文字记录可以查看，但发言激发的议会气氛，如果我们记得：小说《笑面人》里"笑面人"格温普兰在议会一片令人窒息的讪笑声中发表演说，我们对当时的场面可以想象一二。

"拿破仑大帝之后，我不要拿破仑小人！"[40] 雨果这样说，要有极大的政治勇气，也要准备付出沉重的代价。历史把雨果逼上了和第二帝国对抗到底的路上，这是他后半生海外的流亡之路，一条远离人世的寂寞之路，一条会是有去无归的死路。雨果当时没有看错："不应该让法国处于出其不意的境地，一天早上，糊里糊涂地有了个皇帝！"[41] 雨果的预言多么正确，雨果对即将来到的政变，应该说是有言在先的。

第二讲　雨果的一生（流亡中 1852—1870）

孤独使人明白，使人燃烧，

并把人引向伟大的热忱，

用千种灿烂，用万般奇妙，

慢慢造就一个人的灵魂！[1]

《静观集》《小中见大》

La solitude éclaire, enflamme,

Attire l'homme aux grands aimants,

Et lentement compose une âme

De tous les éblouissements !

《 Les Contemplations 》《 Magnitudo parvi 》

1851 年 12 月 2 日，"一天早上"，亲王总统的流血政变发生了，法国接着果然"糊里糊涂地有了个皇帝"。这时，离开雨果 7 月 17 日的预言，仅仅三个半月的时间。共和派没有准备，人民没有起来，无法组织有效的抵抗。3 日，雨果写了《告人民书》，雨果的战友博丹在街垒上被打死；4 日，大屠杀开始。从 2 日政变开始，到 11 日雨果携带假护照出逃比利时，前后 10 天，雨果在哪儿，雨果做了什么，雨果写了什么，雨果说了什么。历史留下的记载很少。

2006 年，由热拉尔·普香（Gérard Pouchain）编辑出版《朱丽叶·德鲁埃回忆录》（Juliette Drouet, Souvenirs 1843—1854）[2]，内有一篇《政变日记》（Journal du coup d'Etat），约合中文近 4 万字，逐日近乎逐时地记述了雨果在政变后最初几天的日日夜夜。朱丽叶的日记不是为出版写的，也不是为后人写的，所以一个半世纪后从故纸堆里翻出来，更其可信，更其可贵。雨果夫人抱病在家，和女

01 | 1852 年，雨果在布鲁塞尔的大广场短暂居留，住地今天是一家花边商店

02 | 海景台照片，1853 年，雨果全家来英属泽西岛的"海景台"，开始流亡生活（雨果长子夏尔·雨果摄）

儿躲在家里。大儿子夏尔和小儿子弗朗索瓦－维克多在狱中坐牢。这时候，是头发灰白的情人朱丽叶，冒着生命危险，像天使一样，时刻护佑着提着脑袋从事秘密活动的雨果。也是朱丽叶在最后关头，设法弄到一张假护照，躲过警察的监视，把雨果护送出国。接着，朱丽叶带着一大箱雨果的手稿，到布鲁塞尔和雨果会合。1860年，雨果在手记里回忆道："如果我被捕，枪杀我的命令在 1851 年 12 月的日子里早已经下达。……我之所以未给抓走，因而免遭枪杀，我之所以此时此刻还活在人间，都应当归功于朱丽叶·德鲁埃夫人。她不惜自己的自由和生命，使我免遭任何不测。她是怀着何等的智慧、何等的热诚、何等英勇的大无畏气概，不断地照料着我，为我找到了安全的栖身之地，上帝知道，上帝会报答她的！她时刻准备着，黑夜和白天一样，在巴黎的街道上穿过夜幕独自徘徊，蒙骗哨兵，追踪间谍，在枪林弹雨下无畏地经过条条大街，总能猜得到我在的地方，只要是救我的命，她总能找得到我。对她已经签下逮捕证，而她今天对流亡一片忠诚。她不愿意别人说起这些事情，可这应该让大家知道。"[3] 雨果后半生的生命、后半生的作品，没有朱丽叶的奉献、没有朱丽叶的献身，会是一句空话。

雨果对流亡者，下过一个定义："一个完全破产、只剩荣誉的人，一个被剥夺干净、只剩良心的人，一个彻底孤立、身边只有公道的人，一个人人摇头、只与真理为伍的人，一个被投入黑夜、只剩太阳的人，这就是一个流亡者。"[4]

早在《暮歌集》的长诗《拿破仑二世》里，雨果对被英国流放在大西洋圣赫勒拿岛上的一代天骄拿破仑，充满无限同情：

> 不要流放任何人！噢！流放多么肮脏！[5]

雨果深信：政治流放是不道德的事情。但是，20 年后，年近半百的雨果自己也走上了流亡的道路。法国历史的发展，雨果思想的演变，把雨果逼上坚定的共和派立场。雨果住在布鲁塞尔市政厅广场避难。多年的政治理想成为泡影，雨果痛定思痛，于 1852 年 4 月 15 日，在客居的寓所用拉丁文写下血书："我相信上帝，我相信人民，我相信法兰西"[6]。

6 月 14 日，雨果开始撰写抨击性抒情散文《拿破仑小人》，一鼓作气，7 月 12 日完稿。随着《拿破仑小人》的即将出版，他在比利时的避难生活不得不告一段落，否则会招致法国对比利时政府的报复。8 月 1 日，雨果从比利时的安特卫普港起程去英国。雨果在慌乱中离开祖国，而告别欧洲大陆的心情是凄凉的。患难识知己，雨果对特意从法国赶来送行的大仲马感到分外亲切，也分外感激。为此，雨果在《静观集》里，借《致大仲马》一诗，记下了当日的情景：

> 朋友，我从未忘怀安特卫普的码头，
> 勇敢的人群都是立场坚定的朋友，
> 一个个主持公道，还有你，还有大家。
> 轮船在浪里颠簸，把船上小艇放下，
> 开过来接我，于是，彼此长时间拥抱。
> 邮船点火，我登上船前的甲板高高，
> 叶轮转动，劈风斩浪，我们互道珍重，
> 彼此告别，于是浪花翻腾，波涛汹涌，
> 码头上站的是你，甲板上站的是我，
> 两把诗琴在颤动，彼此在声声应和，
> 我们俩注目对视，仿佛灵魂在交流，

03 | 雨果绘画:《海景台》, 1855
年 5 月 21

04 | 雨果绘画:《海景台景色》

一直看到最后还能看得见的时候;

大船飞快地离去,大陆在越变越小;

你我之间,地平线扩大,而万物烟消;

海雾茫茫,把一望无际的波涛盖住……[7]

雨果对伦敦法国流亡者之间的内部纷争感到痛心,也感到厌恶。8 月 5 日,雨果离开英国本土,中午 12 点半,由长子夏尔陪同,在英吉利海峡群岛中泽西岛 (Jersey) 的首府圣赫里尔 (Saint-Hélier) 上岸,和先期到达的妻子和女儿会合,开始他漫长的流亡生活。第二天,情人朱丽叶到达。8 月 17 日,次子弗朗索瓦 – 维克多从巴黎来到泽西岛。全家住在海边一幢叫作"海景台"(Marine-Terrace)的大房子里。是日,在英国伦敦印刷的《拿破仑小人》在比利时布鲁塞尔问世。雨果选择泽西岛,是因为小岛居民讲法语,又在法国海边。

流亡者的生活是一无所有的生活。一切都从零开始,从绝对的零开始。雨果一家五口,自己年已半百,妻子阿黛尔 49 岁,长子夏尔 26 岁,次子弗朗索瓦 – 维克多 24 岁,小女儿阿黛尔,也 22 岁。好在"海景台"的房租"十分低廉,每年 1500 法郎"[8]。

雨果自己算过一笔账:"这位流亡者曾经拥有的全部财产,仅仅剩下 7500 法郎的年收入。过去每年为他带来 6 万法郎的戏剧收入被取消了。他的家具被匆匆拍卖,

05 | 雨果绘画:《流亡》, 1858 年于根
     西岛

06 | 雨果坐在泽西岛的"流亡者岩"上（长子夏尔·雨果摄于
     1853 年夏）

所得不足 13000 法郎。他有 9 个人要他养活。"[9] 所谓"9 个人"，是指雨果还要负担
景况比他更窘迫的流亡者。雨果全家在泽西岛上度过了四年又两个月的时间。

　　雨果朝夕和大海相处，时刻和大自然相亲。他发现泽西岛居然是座鲜花烂漫的小
岛，心情逐渐恢复平和。他摆脱流亡者之间纠缠不清的理论纷争，埋头创作。继《拿破
仑小人》之后，诗人首先写的是讽刺诗集《惩罚集》。《惩罚集》出版后，雨果整理抒情
诗旧稿，增加新篇，筹备出版《静观集》。对作家而言，创作的生活才是幸福的生活。

　　在"海景台"的生活期间，有两件事情值得一提。其一，是雨果的两个儿子，
夏尔和弗朗索瓦－维克多，对欧洲新时尚的摄影艺术产生兴趣，他们在"海景台"
布置一间"暗房"。雨果对摄影很有好感，成为文学史上早期留下大量照片的作家。
陪同雨果流亡的朋友奥古斯特·瓦克里也加入他们的队伍。泽西岛"海景台"的摄影
棚为后世留下了数以百计老式的达格雷式照片（daguerréotype）。今天，这些底片保
存在巴黎奥尔赛美术馆的库房里。1998 年，奥尔赛美术馆和雨果故居纪念馆联合举
办大型"雨果流亡摄影展"，展览名为《和阳光合作》。

　　其二，是所谓的"灵桌"（tables parlantes ou tables tournantes）问题。"灵桌"指
凡人借助会动的桌子和彼岸世界交流信息。1853 年 9 月 6 日，老朋友吉拉尔丹夫人

07 | 雨果的侧影照片，1853 年 4 月 22 日摄于泽西岛

08 | "雨果在倾听上帝说话"（奥古斯特·瓦克里摄）

（Mme de Girardin）从巴黎来泽西岛拜访雨果，带来巴黎的时髦玩意儿"灵桌"，借助桌子和亲人的灵魂对话。雨果先持怀疑态度，随着亡女莱奥波德蒂娜的显灵，全家震惊，深信不疑。前后将近两年时间，灵桌是"海景台"的主要消遣，灵桌的启示对雨果的思想发展和哲理诗创作产生影响。

雨果和灵桌"对话"的本意，只是和女儿的亡灵交流，但是"对话"的对象很快增加，"对话"的范围很快扩大，成为诗人和冥界有关生死轮回、宇宙起源的宗教哲理大讨论。雨果 1854 年 9 月 19 日手记，得出十分惊人的结论："我仅仅通过沉思，已经掌握今天灵桌在许多方面的启示……今天，我完全看清的事物，灵桌予以证实，我没有完全看清的事物，灵桌予以补充。我是在这种精神状态下写作的。"[10] 这主要是指雨果哲理诗和启示录式诗歌的创作。现在，既有当年通灵现场的原始文字记录，又有通灵的神秘绘画，保存在国立法兰西图书馆。

法国 19 世纪的某些作家，如巴尔扎克，都对此类通灵哲学有兴趣。雨果在流亡生活里历时两年多的灵桌活动，留下多方面的见证材料，成为一些严肃的雨果研究家的研究对象。

| 09 | 雨果长子夏尔·雨果 | 10 | 雨果次子弗朗索瓦-维克多·雨果 | 11 | 雨果小女儿阿黛尔·雨果 |

1855 年 9 月 11 日，泽西岛流亡者办的报纸《人报》转载了一篇攻击英国女王访问法国的文章。雨果认为文章的格调不高，出于声援，也签名支持。10 月 15 日，英国当局对雨果下逐客令。10 月 31 日，海景台的流亡生活结束。雨果一家被迫迁居大海西北面更小的根西岛（Guernesey）。搬家是兴师动众的事情，又是劳民伤财的事情。上午 10 点左右，"迅速号"在根西岛首府圣彼得港（Saint-Peter Port）的码头上，放下两个男人和一只大箱子。两个男人，一个是雨果，一个是次子弗朗索瓦-维克多，大箱子里装的是雨果没有发表的手稿。雨果夫人带子女来的时候，带来的行李有 35 件之多。因为海上天气恶劣，一大箱下半辈子有待完稿和出版的诗稿，在波涛上摇摇晃晃。幸好，1856 年 1 月 13 日的雨果手记："付手稿箱搬运工两法郎。"[11]

根西岛比泽西岛更小，更僻远。雨果对这两个岛都很喜爱："泽西岛比根西岛更会卖弄风情：漂亮多一点，美丽少一点，所以风情万种。泽西岛上的森林变成了花园；根西岛的岩石仍然是庞然大物。此地更优雅，彼处更雄伟。到了泽西岛，我们是在诺曼底，到了根西岛，我们是在布列塔尼。"[12]

1853 年，法国已经建立第二帝国，波拿巴总统通过公民投票，如愿以偿，当上了法国人的皇帝，成为拿破仑三世。流亡生活更加显得遥遥无期。流亡本来就是漂泊无常的生活，举家从泽西岛迁来根西岛，又是一番忙碌和不定，可终得把日子安定下来。1856 年 4 月 23 日，《静观集》在巴黎和布鲁塞尔同时出版，获得巨大的成功。雨果收到可观的稿费，这可是 1845 年以来，雨果第一次收到稿费。5 月 6 日，他以 25000 法郎的价格，在高城街 38 号买下一幢 3 层楼房，曾经想叫"自由之家"

12 | 夏尔·雨果制作的照片拼贴：《泽西岛的回忆》

13 | 1989 年 4 月，海景台的遗址上兴建"雨果大厦"

（Liberty House）[13]，最后取名"高城居"（Hauteville House）。一部诗集赢来一幢住房。诗人平生第一次有钱置业，成了业主。从此，不必再担心英国政府下逐客令了。

"高城居"里的生活是有规律和有节奏的。和"海景台"的情况不同，现在全家成了写书和出书的大作坊。作家的家里，人人都在写作。先不说雨果自己，雨果夫人在写关于她丈夫的书，这便是 1863 年出版的《雨果夫人见证录》（*Victor Hugo raconté par un témoin de sa vie*）。夏尔写中篇，也在考虑写长篇；弗朗索瓦-维克多下定决心，要重新翻译莎士比亚全集；女儿阿黛尔的抱负最小，只是为自己写她的"日记"，以后这两大册"日记"不仅记录下雨果的有关言行，更记录了她自己因失恋而精神崩溃的过程。

雨果自己在"高城居"的生活健康而又平衡。每天清早早起，仰望蓝天，俯视大海，滔滔的诗行涌来笔端。这是每天的功课，也是诗人一天中最幸福的时光。雨果喜欢洗海水浴，1857 年 11 月，他记下自己洗第 126 个海水浴。[14] 大运动量造就他坚强的体魄。上午 10 点到中午，全家一起用餐。午后，雨果散步去情人朱丽叶家。傍晚 5 点左右，主人回家和家人共进晚餐。有时，兴之所至，雨果会对家人朗诵几句白天创作的诗句。饭后，雨果外出，忠于"饭后百步走"的古老格言。晚上 9 点，全家再一次相聚，喝一杯茶，或是打一局台球。

雨果的天才表现为精力过剩。雨果是懂得智力和体力平衡的天才。根西岛的大海和蓝天，根西岛的野花和野草，是滋养天才的绝佳环境。不过，天才家里的日子

14　｜　根西岛首府圣彼得港全景　　15　｜　圣彼得港的教堂，这是去雨果故居高城居的必经之路

可是平淡而又单调的，甚至是枯燥乏味的。对于凡人来说，对于从巴黎来的凡人来说，天长地久，会起到窒息人的作用。先是雨果夫人，她找借口带着女儿回巴黎散心。两个早已成年的儿子不时返回大陆，让父母亲担心不已。几乎全家人都想造天才父亲的反。

雨果夫人说出了大家的心情："你当初选择泽西岛住下来，我去了。泽西岛待不下去，你又来到根西岛……我没吭一声，照样随你来了。你在根西岛买房子定居，没有向我征求买屋的意见，我又跟你住进了这幢房子。我百依百顺跟你走，可我不能做你十足的奴隶啊……"[15] 雨果写了一句诗自嘲："你的房子是你的，让你做孤家寡人。"[16] 1871 年，雨果还有诗为证：

> 今天，我所爱过的家人已纷纷动身，
> 　　仅一子和一女留下。
>
> 我即将进入黄昏，我几乎独自一人。
> 　　上帝夺走我的全家。[17]

"仅一子和一女留下"指弗朗索瓦－维克多在翻译莎士比亚，和女儿阿黛尔与寂寞为伴。

16 | 雨果在此度过将近 15 年的
流亡故居高城居

17 | 高城居大门内的玻璃饰板

雨果自己的生活热烈、充实和丰富，以为别人应该同样为生活的丰富、充实和热烈而心满意足。事实并非如此，正好相反。只有朱丽叶是唯一的例外，她永远毫无怨言地陪伴在身边，为天才情人誊抄书稿。而可怜的小女儿阿黛尔出来流亡时已经 22 岁。长年累月，几乎与世隔绝，毫无社交生活可言。终于，整天在钢琴边以弹琴打发日子的姑娘精神错乱。1863 年 6 月 18 日，33 岁的小阿黛尔离家出走，远去南北美洲，去寻找一厢情愿的爱情，牺牲了自己的青春，牺牲了自己的生命。1872 年 2 月 17 日，她 42 岁，从南美洲巴巴多斯被送回"高城居"时，已经是个疯子了。疯人院里还有整整 43 年的漫长岁月在等待着她。

雨果晚年，他在人世已经没有妻子，没有子女。他的手记里记下了独自探望疯人院里女儿的心情。1874 年 5 月 13 日："我可怜的女儿阿黛尔，比死人更是死人"；同年 6 月 6 日："有些激动的心情，我不愿意留下痕迹。昨天去看望我可怜的女儿，真叫人难受！"[18] 小阿黛尔的悲剧是雨果的过错吗？肯定不是。可以说，这是天才的家人又一次为天才付出的代价。1975 年，新浪潮电影导演特吕弗（François Truffaut）据此拍成影片《小阿黛尔的故事》（L'Histoire d'Adèle H.），由伊莎贝尔·阿佳尼（Isabelle Adjani）担任主角，饰演雨果不幸的女儿，给观众留下一张美丽又难忘的面孔，从此走进全世界电影观众的心里。

1868 年 8 月，雨果夫人 65 岁，在布鲁塞尔中风逝世。雨果在身边。她不是说过："我最后的梦想就是要死在你的怀抱里。"[19] 前一年，雨果夫人来到朱丽叶的"高

18 ｜ 高城居的后景

19 ｜ 高城居的阳台

城仙境"拜访，这是破天荒的第一次，朱丽叶受宠若惊，像处理两国关系似的，立即作了回拜。对雨果来说，在妻子和情人之间维持两个门户的微妙关系，已有 35 年之久，看到自己生命里的两个天使携起手来，这是感人的时刻。雨果把阿黛尔还给了上帝之后，向朱丽叶提出结婚的建议。朱丽叶婉拒了。

雨果有一个不时为人诟病的情况，就是吝啬。雨果的家人抱怨他小气抠门。

浪漫主义的三位大家，拉马丁、维尼和缪塞都是不愁衣食的诗人。雨果是例外。我们记得，母亲死后，父亲领半饷退休，远在他乡。每年供给 25 个路易，还要通过寡妇姑妈转交，雨果和欧仁兄弟俩向父亲写信，揭露姑妈的克扣伎俩。雨果从小养成每天的支出事事记账的习惯。雨果靠一支笔打天下。靠写颂诗赢得的国王年金结婚，靠写诗养家，《埃尔那尼》还没有落幕，出版商塞给雨果 5 张 1000 法郎的钞票买下版权。雨果当然收下，因为此刻家里只剩下 50 法郎了。[20] 雨果有两个门户要开销。两个儿子因为父亲的关系，终生没有职业。

来到流亡的海岛，雨果一贫如洗。雨果有一点积蓄，才能对抗暴君，才能坚持斗争，没有一点本钱，带着全家出来流亡就无从谈起。很多流亡者两手空空出来，或者悲惨地客死他乡，或者乖乖地接受大赦。雨果又一次白手起家，还是靠一支笔。靠《静观集》买了房子，靠《悲惨世界》有了大笔稿费。雨果要妻子每天记账，要每个子女记账，家人一个个入不敷出，怨声载道。家人一个个回大陆寻找属于自己

的生活,事实上,家人的每笔支出,最后都要落实在雨果的笔杆上。雨果有两个脑子,一个脑子写诗,给大海,给云端;另一个脑子精于计算:全家每年仅酒一项,花费 2000 法郎。根西岛、巴黎、布鲁塞尔和小女儿所在的美洲,加在一起,每年 3 万法郎。[21] 幸好,雨果的两个脑子都很健全。

养家之外,他也承担了帮助陷入困境的其他流亡者的救援工作。流亡者流落海外,普遍的景况是很糟糕的,衣食无着,客死他乡,屡见不鲜。雨果长期负责供养一位叫埃内·德·克斯勒的驼背流亡者[22]。海岛上经常发生沉船事故,海员罹难,留下的寡妇和子女处境悲惨。雨果对生活不幸的邻舍时有接济。雨果对家人的费用卡得很紧,但他帮助难友和穷人却是经常性的,默默无闻的。雨果在记事册里留下一个具体的数字:"1864 年帮助穷人的总支出:2960 法郎(大约的数目,因为还有许多小东西略而不计)。"[23] 要知道,当年雨果每次的理发钱是半个法郎。我们做过未必精确的计算,雨果助人为乐的支出占了他日常开销的三分之一。莫洛亚说得好:"一位乐善好施的守财奴。"[24]

1862 年,他正全力忙于《悲惨世界》的校阅和出版,忽发奇想:决定每月两次,请 12 名穷孩子来自己家里饱餐一顿,有肉有酒,从此建立"穷孩子晚餐"[25]的传统。1867 年圣诞节,雨果在家里宴请 40 个穷孩子,给他们发送礼物[26]。诗人亲自和家人为孩子们端饭端菜。雨果认为这是件"微不足道的事情"。"穷孩子晚餐"的做法曾一度登陆英国,并有所发展。

21 │ 高城居首层弹子房内

22 │ 高城居弹子房墙上的子女画像

　　30 年代的雨果潜心创作，也有社会应酬。40 年代的雨果，紧张的社会活动是生活的主流，艺术创作只是隐而不见的潜流而已。

　　流亡逼着作家解决生计问题。再没有社会名流的应酬活动，再没有议会大厅的唇枪舌剑；社会关系简单到两个字：寂寞；家庭关系简单到两个字：无聊。但是，但是杰作一部接着一部，源源不绝，滚滚而来。1864 年 6 月 8 日，他给友人瓦克里写信："诗歌和散文从我的每个毛孔里喷发出来，我从来没有像今天这样精神饱满地写作。"[27] 1853 年是《惩罚集》，1856 年有《静观集》，1859 年《历代传说集》第一集问世，1862 年《悲惨世界》震惊文坛，1865 年的《林园集》令人意外，1866 年的《海上劳工》令人惊叹，1869 年的 《笑面人》令人感动。且不说还有大量陆续写成而没有发表的诗歌和散文作品。

　　雨果又是一位勤奋而意境独特的画家。他身后近四千幅绘画作品，大部分是在流亡期间创作的。这些画不仅丰富了他的艺术创作，更从另一个角度反映了他的思想感受和精神追求。

　　雨果是在流亡期间，重又握起 1843 年放下的剧作家的笔，创作了多部剧本。因为作者再没有上演的舞台考虑，可以放手"自由"写作，以后结集出版，称之为《自由戏剧集》。2002 年出版的《自由戏剧集》单行本，由阿尔诺·拉斯泰（Arnaud Laster）编定，篇幅将近 1000 页，包括 9 个剧本 [28]。其中《一千法郎赏金》是现代题材的散文剧，和《悲惨世界》在精神上有不容忽视的联系，受到关注。2002 年，这部剧本以《千元赏金》为名，由陈颙导演，在北京上演。

　　流亡者的痛苦是一无所有，远离巴黎，远离文学界，远离政治界，远离一切嘈

23 │ 高城居首层"陶瓷廊"的一角

24 │ 雨果绘画：高城居饭厅壁炉的设计图

杂和喧嚣。但是，恰恰是流亡，是彻底寂寞的流亡，把作家雨果还给了雨果。当年的社会名流摆脱了一切应酬，如今整天面对的是自己，是自己的良心，是自己的思想。雨果在蓝天下沉思，在大海上写作。雨果自己也深为感叹："你的权势，你的财富，都是你的障碍；当这些离开了你，你都摆脱了，你才感到自由了，自在了；今后再也没有东西妨碍你了；他们对你把一切收了回去，才把一切给了你"[29]，这是雨果的肺腑之言。19 年的流亡是作家雨果一生中时间最集中、精力最集中、思想最集中的创作时期。雨果有强健和充沛的精力，雨果取得的收获不仅个人前所未有，从文学史上也是绝无仅有。又一次诗歌、小说和戏剧三管齐下的大丰收。加上绘画，是四管齐下的大丰收。

政治家的雨果失败了，被迫流亡海外，作家的雨果丰收了，要感谢流亡生活。雨果说得很俏皮："他应该走，他走了，一直走到诚实和良心的头。到了头，他见到深渊。好哇。他跌了进去。完全跌了进去。他在深渊里死了？没有，我在深渊里活

25 ｜ 高城居二楼的"红厅"

26 ｜ 雨果精心设计建造的"畅观楼"，是高城居、也曾是根西岛全岛的最高处

着。"[30] 是流亡给了雨果新的生命，使雨果成为新的雨果，成为更加高大，更加丰沛，更加厚重，更加充实，更加博大，更加沉郁，更加空灵，更加精深的作家。1860 年，雨果在笔记里发自内心地说："我没有早一点出来流亡，真是可惜！否则，我会完成许许多多的事情，而我感到今天的时间会不够用。"[31]

在此，我们想谈一部国内有些读者不很熟悉的著作：《莎士比亚论》。我们知道，雨果的次子弗朗索瓦－维克多在流亡期间，完成了一件大事：重新翻译《莎士比亚全集》。今天，雨果为这部全译本写了一篇题为《莎士比亚全集新译本序》。但是，雨果正式动笔撰写并完成的不是这篇序言，而是整整一部文艺评论的专著：《莎士比亚论》。我国迄今没有这部重要作品的全译本。雨果以《莎士比亚全集新译本序》为契机，从 1858 年到 1863 年对艺术进行了深入和独到的思考，《莎士比亚论》是他对艺术思考的总结，是研究雨果创作思想的重要作品。雨果曾私下里对友人透露："必须把《莎士比亚论》看成是一部非常认真的研究作品，因为最重要的东西，提供开启作者隐秘思想的东西，隐藏在书中这儿那儿多少有些隐蔽的角落里，第一遍浮在面上的阅读是看不到的，也是无法理解的。"[33]

研究天才，应该是研究艺术不可回避的题目。《莎士比亚论》其实是天才研究天才的文艺论著。今天，雨果留下一篇标题为拉丁文的《梦之岬角》（*Promontorium somnii*）。《梦之岬角》写于 1863 年，原来是《莎士比亚论》的一部分或一章，由于是一篇天才研究天才的奇文，确切地说，是研究天才和疯狂的奇文，很受今天研究者的重视，认为是研究雨果的重要文献。我们翻译出版的莫洛亚的《雨果传》，是面向广大读者的文学传记，有两处地方提及这篇雨果生前不愿发表的文章。

27 | 高城居的书房

28 | 雨果1862年的卧室照片（E. Bacot 摄）

第一处："'可怕！天才和疯狂，两者竟近在咫尺。'他是意识到这种近似性的。凡是梦想者——维克多·雨果喜欢自称是'梦想者'——在自己头脑里都有一个臆想的世界，在一些人身上表现为幻想，在另一些人身上表现为疯狂。'这种梦游状态是符合人性的。某种思想状态，一时或部分失去理智，并非罕见……这样一点一滴地昏昏沉沉，并非没有危险。梦幻也会致人死命，那就是疯子……要记住：梦想者应当比梦想更强有力，否则就会有危险。任何幻想都是一场搏斗。可能的事情不经过一番某种神秘的发作，是不会变成现实的事情的，大脑可能会受到幻想的噬咬……'在维克多·雨果身上，这个梦想者将始终比梦想更强有力。他得以免遭这种厄运，因为他把自己产生幻觉的烦恼升华成了诗篇。他在现实中牢牢地扎下了根，但他从欧仁身上看到了他自己本来可能会有的结果。"[33]

第二处："而此文却是了解维克多·雨果的一个关键。'任何梦幻者身上都有这个臆想的世界……一种暂时或局部失去理智的精神状态，这无论在个人或是民族身上都不是罕见的现象……'《梦之岬角》一文无论从思想上或是从风格上说均是一篇重要的文字。"[34]

今天，仅仅这篇《梦之岬角》，我们见到两种评注版的单行本：一是老一代研究家儒尔内和罗贝尔的版本，1961 年出版；二是巴黎大学教授克鲁泽（Michel Crouzet）的评注版，题目用法文（*Le promontoire du songe*），1993 年问世。

29 | 高城居花园里的水池，水池左上角有一个中国彩釉龙头

30 | 高城居花园里的杜鹃花

　　雨果在《莎士比亚论》之外，更留下大量和艺术思考相关的文字，今天在塞巴谢教授主编的《雨果全集》的"评论卷"里，以"1860—1865 年的哲理散文"为题，结集作为遗著出版，篇幅比《莎士比亚论》更大。我们可以引一段和中国艺术相关的文字，以说明雨果在撰写《莎士比亚论》前后，对艺术思考的深度和广度："由此产生了两首巨大的诗篇。此地是'太阳神'，那儿是'龙'……这两个世界属于最高的趣味，标志出最高趣味的两极。这最高趣味的一端有希腊，另一端有中国。"[35]

　　流亡时期的雨果主要是作家的形象。雨果不再是法国政坛上的政治家，但作为思想家和社会活动家，他对法国国内、世界生活都产生影响。2002 年，法国纪念雨果诞辰 200 周年，突出了雨果作为思想家和社会活动家的一面。

　　流亡期间，雨果以自己的威信和力量，做过许多伸张正义、宣扬友爱的事情。雨果曾勉励过自己："伸张正义者，朝前走吧。"[36] 雨果曾耗费大量时间和精力完成的事情，通常的雨果传记无暇顾及，是很遗憾的。1859 年，美国废奴主义者约翰·布朗（John Brown）为解放黑奴，在南方的弗吉尼亚州率众起事，10 月 31 日被捕判处死刑。雨果的良心大为震惊。他为大赦美国约翰·布朗付出的努力，是一则感人的故事。1859 年 12 月 2 日，他为此给美利坚合众国写一封公开信[37]。他不相信"一个如此伟大的人民犯下一桩如此巨大的罪行"。心地善良的雨果在信中发出可怕的预

31 | 雨果在高城居的红厅（巴黎雨果故居的明信片，程曾厚收藏）

32 | 雨果在高城居二楼的阳台（雨果故居的明信片，程曾厚收藏）

言："从政治上讲，杀害布朗会是一个无法补救的错误。杀害他会给联邦造成潜在的裂缝，最终会使联邦解体。布朗的受刑可能会巩固弗吉尼亚州的奴隶制度，但是这件事肯定会动摇美国的整个民主制度。"[38] 雨果自己并不知道，他对约翰·布朗的呼吁，和美国作家爱默生和美国诗人惠特曼的抗议是遥相呼应的。约翰·布朗被绞死，雨果为他写下墓志铭："为了基督，如同基督。"两年后，美国爆发南北战争。而北军高唱军歌："约翰·布朗的尸体躺在墓中……而他的灵魂继续前进。"[39] 他创作了四幅题为《绞刑犯》[40] 的绘画作品。由于这是具有社会意义的绘画作品，雨果经过一再努力，把其中一幅雕刻出版，成为雨果生前出版的唯一一件绘画作品。凡尔纳1870 年出版科幻小说《海底两万里》，尼摩船长是个愤世嫉俗的科学怪人，他的"鹦鹉螺号"潜水船告别人世前，把雨果 1854 年出版的这幅画带上从此在人间消失的"鹦鹉螺号"。

在更直接的政治层面上，政变将近 8 年后，漂泊海外 8 年后，雨果于 1859 年严正声明，拒绝第二帝国的大赦要求："我忠于对自己良心许下的诺言，誓与自由一起流亡到底。自由回国之日，才是我回国之时。"[41] 我们想起他在《惩罚集》里《最后的话》的掷地有声的响亮诗句：

33 | 雨果在高城居三楼的平台（雨果故居的明信片，程曾厚收藏）

34 | 根西岛坎迪公园里的雨果石像

> 如果还有一千人，那好，就有我一份！
> 即使还有一百人，我要和暴君拼命！
> 如果剩下十个人，我就是第十个人！
> 如果仅有一个人，我就是最后一名！[42]

1869 年，拿破仑三世再次提出大赦。雨果流亡 18 年后的回答："《克伦威尔》中有这么一句诗：得了，我就赦免你。——你有权利吗，暴君？"[43]对第二帝国一而再，再而三的大赦，对雨果一而再，再而三地高傲地加以拒绝，有人不是感到不解，而是感到愤怒。"这一态度激怒了已成为帝国上议员的那些作家，如圣伯夫和梅里美，然而使法国人民暗中感到兴奋。"[44]

流亡期间，雨果不仅是法国人民的良心，也是世界各国人民的良心。他为此和世界各地的进步人士有书信往来，自称最多的时候，一天会收到多达 50 封各地的来信。根西岛是大西洋上一块小而又小的礁石，在雨果居住的年代，成了世界政治风暴的中心。雨果认为民族自主权是一个民族的基本权利。他提出"世界的良心是一只张开的眼睛"[45]，雨果正是这样一只永远张开的眼睛，他"身上有人类的全部良知"。他站在海上，监视着全世界的风云变幻。全世界发生的每一件事情，是好，是坏，根西岛上的这只眼睛都看得清清楚楚。因此，世界上每有弱小民族捍卫自由、争取解放的斗争，雨果总是挺身而出，仗义执言。雨果声援意大利的民族统一运动，

35 | 根西岛 1975 年发行的雨果纪念邮票一套 4 枚，程曾厚收藏

抗议沙皇俄国压迫波兰，世界各地受压迫、受欺侮的人民给雨果写信求助，雨果也给世界各国人民复信声援。

2002 年，法国格济利亚－拉斯泰和阿尔诺·拉斯泰两人编印了一辑图片资料，取名《维克多·雨果在世界的中心》[46]，列举雨果在流亡期间支持世界各国人民正义斗争的声明或公开信，既有雨果的手稿，也有刊发雨果文章的报纸：

一　支持意大利人民的反抗斗争，1849—1856 年。
　　"意大利人，这是一个卑微和忠诚的朋友对你们说话。"
二　支持美国废除奴隶制的斗争，1851—1859 年。
　　"美国有奴隶制！"
三　呼吁英国宽大处理爱尔兰争取独立的芬尼亚勇士团成员，1851—
　　1867 年。
　　"你们是英国，要给各国看到进步……"
四　欢呼葡萄牙废除死刑，1859—1867 年。

36 ｜ 根西岛雨果纪念邮票的全套实寄封，程曾厚收藏

"葡萄牙刚刚废除死刑……今后，葡萄牙走在了欧洲的前列。"

五　支持海地废除奴隶制，1860—1865 年。

"海地现在是一束光明。"

六　抗议英法联军焚毁中国圆明园，1861 年。

"我希望有朝一日，解放了的干干净净的法兰西会把这份赃物归还给被掠夺的中国。"

七　支持意大利的统一，1861—1864 年。

"没有意大利，就没有欧洲。"

八　呼吁比利时对死刑实行赦免，1862 年。

"我请求比利时成为高尚的民族。"

九　支持瑞士取消死刑的斗争，1862—1869 年。

"正当欧洲退步的时候，日内瓦能进步多好啊。"

十　反对拿破仑三世对墨西哥的战争，1863—1867 年。

"墨西哥战争爆发了，对一个自由国家人民的丑陋的粗暴行为。"

十一　反对俄国沙皇镇压波兰，1863—1882 年。

"俄国士兵们，要重新做人。"

十二　支持克里特岛人民反抗土耳其统治的起义，1866—1869 年。

"克里特岛要继续放射出美丽的光芒，否则就会无声无息。"

十三　鼓励西班牙推翻军人统治，建立共和国，1868 年。

"啊，高贵的西班牙人民！……你们摆脱了专制君主；现在，请你们摆脱奴隶吧。"

十四　第二帝国垮台，呼吁德国人停止由拿破仑三世发动的战争，1870 年。

"可是，德国人啊，还有什么意义吗？"

十五　支持古巴人民的独立斗争，1870 年。

"古巴是属于古巴自己的。"

十六　坚决反对土耳其对塞尔维亚的血腥镇压，1876 年。

"正在塞尔维亚发生的事情，证明成立欧罗巴合众国的必要性。"

雨果自己有过这样的总结："告急从四面八方向他传来，知道他从来不会在责任面前退却。被压迫者在他身上看到的是天下罪行的检察官。……他听到天边的呼救声，从他孤独的深处予以响应。"[47]雨果的这些活动，这些斗争，是他流亡生活的重要内容。他身处世界中心，有一颗为全世界跳动的心。这是一颗健康平衡的心，一颗强劲有力的心。这是一颗充实的心，一颗崇高的心。

流亡 18 年后，雨果已经 67 岁，第二次拒绝大赦。家人纷纷外出不归，偌大一座"高城居"空空荡荡的，只有永远忠实的朱丽叶不离不弃。雨果甘心葬身大海上的孤岛吗？我们看到，诗人仍然活得很潇洒。1870 年 7 月 14 日，法兰西第一共和国的国庆节，雨果的思想越过第二帝国的现实，还在为未来，为法国的未来和为欧洲的未来着想，在"高城居"家里的园子里，亲手栽下一棵"欧罗巴合众国"橡树的种子，并赋诗一首，起句是："我们是匆匆过客，要播留下的种子！"[48]雨果预言："一百年以后，一定不会再有战争，不会再有教皇，而橡树，将会长大。"[49]

第三讲 雨果的一生（流亡后 1870—1885）

紧紧搂抱美人就不是把上帝拥抱！

《历代传说集》《女人的加冕礼》

Etreindre la beauté sans croire embrasser Dieu !

《La Légende des siècles》《Le Sacre de la femme》

天有不测风云。

5 天以后，1870 年 7 月 19 日，腐败无能的第二帝国向普鲁士宣战，普法战争爆发。9 月 2 日，昏庸无能的拿破仑三世亲率十万大军，在自己的领土色当向普鲁士军队不战而降。1870 年 9 月 4 日，共和国宣告成立。9 月 5 日，雨果已经把一大箱手稿存入银行后，跨海返回巴黎。雨果在毫无思想准备的情况下，匆匆忙忙结束流亡生活，返回阔别 19 年之久的祖国。流亡者从大海的云端里一下子跌回到巴黎的现实生活中来。雨果又一次遇到历史的急转弯。

从比利时回巴黎的途中，雨果第一次见到法国士兵，高呼："法兰西万岁！"这些败兵看到一个流泪的白胡子老头，都神色木然。雨果那会想到，他见到的曾经让敌人闻风丧胆的法兰西士兵，都是败兵。巴黎，雨果朝思暮想的巴黎。19 年来从未在共和思想上迷路的老人，对新生的共和国能起什么作用吗？晚上，9 点半，雨果在巴黎北站下车。不出所料，迎接的群众人山人海。当年的老友戈蒂耶的女儿，新一代的美人朱娣特也来迎候。老人在美人的搀扶下走进对面的咖啡馆。流亡者先是打开窗子，继而站在二楼的阳台，对欣喜若狂的人群发表讲话。讲了一次，群众听了不过瘾，讲两次，讲三次，最后讲了四次。人群里有人想把他送到市政厅去。这下子，雨果清醒了。他喊道："不行，公民们！我回来不是为了动摇共和国的临时政府，而是为了支持这个政府。"[1] 是夜，巴黎狂风暴雨大作，电闪雷鸣。看来，天公并不作美。

诗人回到魂牵梦萦的巴黎，已被围城的普鲁士军队围得严严实实。雨果接连发表《告德国人书》，劝说德国人停止战争，无效，老人想得不免天真。又写《告法国人书》和《告巴黎人书》，号召人民抗击入侵的普鲁士军队。此时的政府总统特罗胥将军骨子里是个君主主义者。左派和右派都想拉拢他雨果。雨果明智地采取超然的态度："我是个几乎不可能糅合的人"。莫洛亚说得清楚："对他来说，做共和国的诗人比起当共和国的总统或共和国的对手要好得多。"[2]

是年冬天，巴黎奇寒，老诗人在阔别20年的巴黎，和首都饥寒交迫的军民同甘共苦，投入抗击入侵者的战争。雨果拿出《惩罚集》的稿费，购买两门大炮："雨果号"和"惩罚号"。雨果买一顶国民自卫军的军帽，行走在大街上，招来右派将军的嘲笑。他写信要求入伍，朋友们劝他说，活着比死去对祖国贡献更大。莫洛亚的《雨果传》有时也有三分刻薄："他是个强烈的沙文主义者"[3]，因为他一上街，听到士兵高唱《马赛曲》和《出征歌》，便老泪纵横。

大敌当前，国内政局错综复杂。"20年间，雨果一直是共和国的预言家"[4]，雨果头脑清醒，没有介入复杂的政治形势。雨果对当时的"国防政府"首脑特罗胥（Trochu）将军鄙夷不屑，他有一句十分经典的文字幽默：

特罗胥徒有其表，脱落虚才是真名。

《凶年集》："特罗胥徒有其表，脱落虚才是真名"[5]

顺便一提，这行诗是雨果文学幽默的经典，但理解、欣赏和翻译这行诗需要花费一点力气。因为原诗不能当真，更不能直译：诗句的字面意义竟是"动词Tropchoir的过去分词"。过于聪明的译者会知难而退，绕道而行，不予翻译。雨果认为：入侵的普鲁士军队大敌当前，起义推翻政府比维持这个软弱无能的政府，对国家危险更大。10月27日，法国唯一的希望巴赞将军又一次让全国大惊失色：率领17万大军在梅斯不战而降。1871年1月，巴黎投降。法国为了在和约上签字，选举新的国民议会，2月13日在西南部城市波尔多开会。雨果当选代表。新的国民议会成员既不爱国，也不是共和派人士，主要是各地从农村来的保王党。他们的唯一

01 | 巴黎雨果大街上原雨果住宅上的雨果头像

02 | 1872 年 5 月 31 日的雨果素描，Flameng 作

目的是"和平"。按照雨果的说法："我们在议会里是 50 对 700。"[6] 议会开始后，大会宣布以高票当选的意大利爱国志士加里波第当选无效。雨果立即退出议会，以示抗议。

1871 年，雨果一直在写法国多灾多难的《凶年集》。1871 年，这也是雨果自己的"凶年"。雨果在生活里是很讲迷信的人。2 月 13 日，长子夏尔住进波尔多圣莫尔街 13 号一家旅馆的 13 号套间，他乘车的车厢里有 13 个乘客。3 月 13 日，胖乎乎的夏尔在马车里突发中风逝世。我们知道，"13"在西俗中是个不祥的数字。夏尔终年 45 岁。两年后，1873 年，瘦弱的次子弗朗索瓦－维克多在父亲的怀抱里死去，他终身未婚，和哥哥一样，也活了 45 岁。雨果的两个儿子都没有活满雨果流亡时的年龄。现在，陪伴老人的，除了日见衰老的朱丽叶外，便是夏尔留下的 5 岁的孙子乔治和 4 岁的孙女让娜。孙儿辈叫他"老爸爸"（papapa），"老爸爸"的天伦之乐维系在两个加在一起不满 10 岁的孩子身上。

在社会生活方面，雨果的晚年，只有一件事情，一件大事，一件和他一生的信念和他一生的原则相关的大事。这件大事，就是巴黎公社，就是为被流放和被囚禁的公社社员争取大赦。雨果坚守对人民的爱心，对革命的理解，对祖国的忠诚，反映在他晚年处理和巴黎公社的关系上。1871 年 3 月 17 日清晨，雨果陪同夏尔的遗体，离开波尔多回巴黎安葬。18 日清晨送葬的队伍从巴黎城东巴士底广场进城。这一天，正好是巴黎公社夺取政权的一天。公社的战士护送送葬队伍行进，脱帽致哀：

> 致敬的旗帜下垂，致敬的鼓声敲响。
> 从巴士底广场至沉闷的山冈方向，
> 这儿旧时代正和新世纪面面相对……
> 人民都手持武器，在沉思，也在悲伤，
> 人民浩大的队伍静静地站立两旁。

《凶年集》:《葬礼》[7]

巴黎公社是历史的又一个急转弯。历史的发展令人猝不及防。人民的起义演变成一场法兰西的内战。外战的炮声才停，内战的烽火又起。使雨果最为难过的事情，是这一场血腥的内战是在普鲁士围城的重炮炮口下发生的。今天，雨果留下的书信、手记，尤其有即时写下的数千行诗歌，他的所作所为，他的一言一行，为历史，为后代，不仅见证了这次历史事件，更让雨果充分展示他在人生的最后阶段，做人要讲良心，做事要讲原则。雨果向自己证明了应该如何热爱人民，应该如何热爱祖国。

巴黎公社宣告成立。丧事既毕，雨果无奈地去布鲁塞尔处理夏尔留下的私事，同时也是一种不介入的超然态度。雨果确信调和双方放下内争、一致对外的希望无法实现。雨果对巴黎公社的态度，是和他一贯的思想立场一致的。首先，雨果支持人民建立巴黎公社的权利，赞赏人民斗争的英勇精神。但是，雨果对巴黎公社的态度是有思考的。他认为入侵的普鲁士军队在城门口虎视眈眈，大敌当前，起义的时机在客观上是错误的。雨果对巴黎公社一些领袖的个人威望和能力也持保留意见。

他写了《致默里斯和瓦克里两位先生的信》[8]，内容重要，中文长达 7000 字，正面阐述了他对巴黎公社的全部意见。此信发表的写作日期是 4 月 18 日，正是巴黎公社历史进程的中期。据专家研究，这是伪托，确切的日期是公社失败后的八九月

03 | 卢森堡菲安顿的雨果故居   04 | 菲安顿雨果故居里的木床

间。雨果自己感到有必要系统整理自己的观点。雨果在公社期间创作的诗歌是即时的感情流露，而事后的总结是冷静的思考。

雨果的基本想法是："我在原则上赞成公社，在实施时反对公社。""巴黎宣布自己是公社的权利是无可争辩的。"巴黎的公社是一方，法国的政府是另一方："公社无权夺走法国的国民议会，国民议会无权夺走巴黎的公社。"[9] 雨果提出："除了权利，还有机会。""外战之后是内战！甚至等不及敌人撤走！让胜利的国家笑话被打败的国家在自杀！给普鲁士，给这个帝国，给这个皇帝看戏，马戏团里的野兽互相撕咬，而这马戏团竟是法国！"雨果对此无法接受："撇开一切政治上的考虑，先不分谁对谁错，这就是 3 月 18 日的罪行。选择的时机是很糟糕的。"[10]

雨果对时机的选择深感痛惜："既然公社包含了原则，她本来可以晚一些出现，等普鲁士人走了以后。她本来回来的正是时候，而非不是时候。公社本来会是一件好事，而不是一场灾难。"至于要回答是谁的过错。这对雨果是个痛苦的问题。他思前想后，无法回答。他只是提出"没有更加复杂的事情了"，"两个方面，要有同一颗灵魂，法兰西，要有同一颗心脏，巴黎。现在没有。由此，拒不互相理解"。[11]

雨果自己百般克制自己的激动，要冷静，要平静。"良心像大海。不论海面上风暴如何猖狂，海底是平静的。我们会尽职的，反对公社和反对国民议会是一样的。"[12] 公社失败后，雨果已有不祥的预感。"我不想做任何预言，但我可以想象有白色恐怖回应红色恐怖。"[13] 这封信预示了雨果即将投入一场捍卫良心的斗争。

> 可怜人，你们至少应留下一个朋友！
>
> 至少有一个声音为你们说话！你们
>
> 至少还应有黑夜和我做你们证人！
>
> 权利死去，希望落空，谨慎气得发抖。
>
> 今后不要有人说，当此劫难的时候，
>
> 没有一个人说句公道话，提出抗议。
>
> 我是灾难的朋友，和灾难走在一起。
>
> 我要做个，——这样做，是我最好的做法，——
>
> 从不做坏事的人，而只有眼泪流下；
>
> 要做个受打击者、被遗弃者的伴侣。
>
> 难友，我自觉自愿，走下你们的地狱。
>
> 头头让你们迷路，我已经告诉历史；
>
> 当然，我本来不会和胜利站在一起，
>
> 而站在失败一边；我独自严肃向前，
>
> 不来你们的旗下，来你们尸衣旁边。[14]

《凶年集》：《致被踩在脚底下的人》

正因为如此，巴黎公社最后的战斗还没有结束，雨果便在布鲁塞尔宣布为公社社员打开庇护的大门。接着是暴徒袭击雨果住宅，卑鄙地演出《布鲁塞尔的一夜》，接着是比利时政府下逐客令："维克多·雨果先生，文学家，69岁，立即离开本王国，以后不得再度入境"[15]。此时的雨果不敢回国，当时的形势，他在比利时庇护公社社员的公然态度，极有可能遭到逮捕。他去布鲁塞尔的法国代表处办理护照，也得到回国被捕的暗示。难啊！19年的流亡后，现在几乎成了过街老鼠！万一卢森堡方面同样胆小，雨果已经做好去瑞士避难的准备。"我随身带上4180法郎。"[16]雨果去敲卢森堡的国门。雨果以前多次来过卢森堡，对小城菲安顿（Vianden）印象极好。

诗人在菲安顿度过了将近四个月的安静生活。小城的好客，小城的宁静，雨果伤痛的心逐渐平静下来。诗人心情大好，继续写作，在此期间写下48首诗歌，收入

《凶年集》、《精神四风集》和《全琴集》等，其中 27 首诗最后进入《凶年集》。

　　有个公社社员的年轻寡妇，叫玛丽·梅西耶（Marie Mercier），年轻漂亮，从法国来卢森堡，希望得到以好客闻名的雨果的帮助。雨果儿媳艾丽斯收留她作女仆。雨果的传记作者都会谈到雨果和玛丽的私情，谈到雨果精神的兴奋，最后是《凶年集》后半部的顺利写成。雨果 6 月 17 日手记提到玛丽的出现："可怜的加罗被枪杀了。他的寡妇玛丽·梅西耶在这儿，给我们讲了事情经过。——艾丽斯给她干点活，我尽力帮助她。"[17] 9 月 3 日，手记里出现用西班牙语写的隐私："玛丽。大腿。她显得很多情。"[18] 雨果 70，姑娘 18。9 月 11 日手记："我要你给我一个娃娃。"[19] 这句话显然是玛丽的口吻。与此同时，两人对公社的理想，对公社失败后的镇压，有很多交流。玛丽提供的一些镇压的见证材料，被雨果写成诗篇：

　　　　一位妇女对我讲：——我这就跑了出来。
　　　　我怀里抱着我的很小很小的女孩，
　　　　孩子在哭，我就怕别人会听见哭声。
　　　　请想想，两个月前，孩子才刚刚出生；
　　　　她力气小得可怜，还不如一只苍蝇。
　　　　我想让孩子安静，我对她吻个不停，
　　　　她老是哭叫，哎呀！她哭得叫人心碎。
　　　　孩子是想要吃奶，但我已没有奶水。……
　　　　我东逃西逃，再也不知道何去何从，
　　　　我在野地里用手挖好了一个窟窿，
　　　　在一棵树下，靠着一座孤墙的角落；
　　　　我让睡着的天使睡进地里的小窝；
　　　　埋葬喂奶的孩子，这可是多么伤心！[20]

　　雨果传记都关心七旬老诗人和玛丽·梅西耶的邂逅，促进了《凶年集》的创作。雨果传记却对雨果的另一件事不加报道。其实，这第二件事，也是七旬老诗人不平凡的一页。1871 年 7 月 14 日，菲安顿发生数十年不遇的火灾。恰好市长外出，雨果积极参与救火，替代市长，组织救火。请看雨果当天的手记：

05 ｜ 菲安顿雨果故居门前的雨果胸像，罗丹作

"今晚，我回家后10点钟睡觉。我正睡着。有人猛烈敲门。我醒了。我看到十分明亮。似乎是房间里出了太阳。已是午夜。我到窗口。城市上空，山上，废墟上，一片火光。我转过身，看到屋外两百步处，像是火山喷发。十幢房子在燃烧，都是茅草屋顶。城市发出像受惊蚂蚁窝的声响在醒来。街上满是女人奔跑，满是男人到来。警钟敲响。……我穿好衣服，把《凶年集》手稿卷在一块手帕里。我带着手稿去科赫旅馆。旅馆里一片恐怖和黑暗。我跑进下面的走廊。突然，我撞了一下摔倒。有人把一只大箱子从楼梯上滚下来，没有开灯。撞得很猛。好在只有三处挫伤，两个膝盖和屁股。……我走进一座燃烧的屋子。我把我的房间给了一个手里抱着孩子的惊恐的妇女。于是，我组织人排成一行。我让妇女和孩子带着空桶排成行，一直排到河边，对面是男人的一行，接着满桶。我站在满桶一边。我安排的这条作业线，从午夜12点半到凌晨2点。每秒钟一桶，我的手上传过去5000桶水。一个小时内，大火吓人，慢慢地范围小了。没什么风。两点，火几乎灭了。我回去睡觉。"[21]

七旬的老诗人和18岁的玛丽·梅西耶邂逅，令人啧啧称奇；而七旬的老诗人半夜指挥救火，一个半小时内传过5000桶水，同样令人啧啧称奇。

历史的风暴过去，在国内威信扫地的雨果于1872年黯然回到巴黎。1872年3月，雨果出版《凶年集》，半集写普法战争，半集写巴黎公社。诗人没有时间的间隔，几乎以日记体裁挥写眼前发生的历史事件，在文学史上既是空前，也是绝后。诗人对祖国有一颗赤子之心，对人民也是一颗赤子之心。写历史上的史诗不容易，写在眼前展开的史诗，没有人有此胆量，没有人有此魄力。《历代传说集》是出版商约请雨果撰写的诗集，《凶年集》是历史向诗人索要的作品，这是历史借诗人的手和笔，把当代历史浓缩而成的篇章：

> 我准备着手叙讲惊涛骇浪的一年，
>
> 可我又犹豫不决，把臂肘支在桌边。
>
> 是否必须往下写？我是否应该继续？
>
> 法兰西！看到天上有颗星星在下去！
>
> 伤心啊！我已感到奇耻大辱在登台。
>
> 苦恼！一个灾难才走，一个灾难又来。
>
> 没有关系。继续写。历史需要我写成。
>
> 本世纪已经到庭，我是世纪的见证。[22]

巴黎的气氛令人窒息。雨果已经流亡惯了，他也希望回到海岛上去呼吸自由的空气。1872 年 11 月 21 日，雨果回到根西岛的高城居，让在巴黎激动的情绪沉静下来，开始创作历史小说《九三年》。他对法国大革命这段历史酝酿思考了几十年，法国目前又一次面临外战和内战的险恶处境，1872 年的法国和 1793 年的法国，何其相似乃尔。1874 年 2 月，《九三年》出版。这是雨果最后一部长篇小说，凝聚了雨果共和派的思想，寄托了雨果人道主义的灵魂。

1877 年 5 月，75 岁高龄的老诗人，猛然从家里甩出来一卷厚厚的《祖父乐》，诗集的集名直译是《做祖父的艺术》，使天下人无不大吃一惊。原来，如何做好祖父，做祖父有何乐趣，大有讲究，竟是一门"艺术"。这一下，看不惯雨果作品充溢着崇高思想的人噤若寒蝉了。在平民百姓里更是掀起一股新风气，以争做一个傻乎乎的祖父为荣。雨果老人跨海回到巴黎以后，《凶年集》、《九三年》和《祖父乐》是真正意义上的新作，是老作家灵感喷涌不息的明证。但是，老作家有深谋远虑的一面，晚年除了这三部作品外，几乎年年有新书出版。数量之多，题材之广，频率之高，确实叫人眼花缭乱。1875 年，有政论《言行录》，1877 年有历史著作《一件罪行的历史》和诗集《历代传说集》二集，1878 年是诗集《教皇集》，1879 年有诗集

06 | 雨果晚年站立写作，1881 年 2 月 26 日刊于《图片报》的版画

《至悯集》，1880 年有《宗教集》和《驴子集》两本诗集，1881 年有诗集《精神四风集》，1882 年出版诗剧《笃尔凯玛达》，1883 年出版《历代传说集》三集。其实，这是雨果的出版策略，有意厚积薄发。这个出版策略在他身后由遗嘱执行人继续执行。雨果作品的出版，到 1902 年，相对告一段落，但还没有出完。

　　19 世纪的法国，是一场革命接着一场革命的世纪。巴黎公社是 19 世纪革命的顶峰，也是 19 世纪革命的终点。此后，19 世纪余下的 30 年，以及整个 20 世纪，"革命"这个词语在法国历史上消失了。而我们即将看到，巴黎公社从 1871 年 3 月 18 日到 5 月 28 日，斗争了 72 天。凡尔赛政府血腥镇压开始后，全法国，有一个不识时务的老人，几乎孤立无援地提出大赦。这个人就是雨果，他立即提出全面、彻底的大赦。雨果为争取大赦巴黎公社的社员，进行了先是孤独的斗争，后是不屈不挠的斗争，一场艰苦卓绝而又漫长的斗争。雨果留下的诗歌和散文，有关的一言和一行，可以辑成一份珍贵的历史档案。先不说 1871 年的见证文字，先不说《凶年集》里的四十多首诗篇，1872 年 1 月 8 日，雨果是古稀的老人，第一次在一篇正式的文告里第一

LE SALON DE VICTOR HUGO

07 | 雨果在克里希大街的家里，高朋满座，政界和文坛的名人云集

次使用了"大赦"这个词语。8 年后，当"大赦"从嘴里的一个词，成为法国社会的现实，雨果已到耄耋之年了。雨果为完全、彻底大赦被囚禁和流亡的巴黎公社社员，等待了 8 个半年头，雨果战斗了 100 个月。这是雨果最后的一场战斗，这场战斗体现了雨果支持正义的信念，凸显了雨果公民的良心。

1872 年 1 月 7 日市政选举，大名鼎鼎的雨果得票 9 万多票，被一个得到梯也尔政府支持的人击败，此人得票 12 万多。在海岛上守护共和国 19 年的雨果，竟是如此下场。第二天，雨果没有气馁，他发表《致巴黎人民书》："巴黎要的东西会有的。提出了一些问题；这些问题会得到解决，解决是友爱的解决。巴黎要平静，要和谐，要治愈社会的伤口。巴黎要结束内战。只有通过结束仇恨，才能有结束内战。如何结束仇恨？要大赦。"[23]

1876 年 5 月 22 日，雨果在参议院做关于大赦的演说，10 票赞成，全体反对。

1878 年 5 月 30 日，伏尔泰逝世 100 周年，雨果借题发挥，大谈宽容，呼吁大赦。

1879 年 2 月 28 日，雨果再一次在参议院呼吁大赦，还是没有通过。

1879 年，长期主政的保守派总统麦克－马洪下台，新当选的格雷维总统是共和派总统。

1880 年 7 月，大赦颁布。

大赦颁布以后，《国际歌》的作者欧仁·鲍狄埃从美国回来了；"红色圣女"路易丝·米歇尔从太平洋上的新喀里多尼亚回来了；《樱桃时节》的作者克莱芒从英国伦敦回来了。

60 岁的雨果不是老人。70 岁的雨果精力充沛。雨果流亡回来，巴黎的朋友和熟人好奇地发现他"保养得很好"。[24] 但是，老人越来越孤单。他的社会活动不减，他的创作活力依旧。有人会认为，雨果回到家中，乔治和让娜成了他仅有的精神依托。但孙子和孙女是仅有的精神依托吗？否也。雨果晚年，还有另一个为人津津乐道的话题。雨果好色。这是个大题目。任何一本传记都不会放弃此中丰富的内容，不会忽略这个精彩的题目。雨果的生前有人在谈，雨果的身后仍然有人在谈。雨果的敌人抓到这个把柄，眉飞色舞。雨果的专家只是有所发现。

雨果在诗中屡屡提及这个主题，把爱情提高到神圣的地步：

> 上帝很清楚男人心中之所想，
> 所以，天很远，所以，女人在身边。
> 上帝告诫想探索苍天的人类：
> "生活，相爱吧！此外，我一片漆黑！"
> 相爱吧！这最重要。这是上帝的愿望。

《静观集》：《傍晚，我仰望天空》[25]

雨果青年时死命贞洁，中年后放纵，晚年艳遇频传。对此，有人责难，有人鄙夷，有人理解，有人好奇，也有人研究。历史学家吉伊曼写过一本《雨果和性欲》的专著，他发现雨果最后一次男人的记录是逝世前一个半月的 4 月 5 日。[26] 在他"起自 1885 年元旦的手记中，还有 8 次成绩"[27]。雨果像他父亲，也像他儿子夏尔，属于性欲很强的体质。父亲活了 55 岁，儿子活了 45 岁，唯独雨果长寿，当年属于罕见的长寿。雨果的体力和精力过剩，他的想象力和创造力异常。但他的心理和生理

08 | 雨果晚年的睡床，今存巴黎雨果故居

09 | 雨果写作的书桌，今存雨果故居

始终保持某种平衡。如果他过剩的体力和精力不能得到良好的调节，他异常的想象力和创造力不能得到积极的发挥，也许，不会有雨果的天才，也许，不会有雨果的奇迹。

雨果在流亡期间，留下很多珍贵的照片。这些照片上，雨果有一张阴沉的脸。《静观集》中一首首启示录式的长诗，充满浓重的阴沉气氛。雨果在日常生活里，雨果作为一个普通人的生活里，活得开心吗？历史学家吉伊曼发现，凡是近距离接近过雨果的人，一致反映他在生活里是一个开开心心的人。巴黎被普鲁士军队围城期间，饥荒严重，人人挨饿。雨果会以拉伯雷式的语言，描述饥馑的严重情况：

> 我们吃老鼠和熊，我们吃驴子和马。
> 巴黎被紧紧围住，被围得滴水不漏，
> 我们的肚子已经成了挪亚的方舟；
> 百兽涌进我们的腹部，有狗也有猫，
> 不论巨大和渺小，名声有坏也有好，
> 什么都能闯进来，耗子和大象相遇。……
> 没有东西吃，就什么都吃，也很快乐。
> 光光的桌上等着我们的只有饥饿，
> 从地窖请出一个土豆是孤家寡人，

洋葱如同在埃及，现在已尊为天神。

我们虽然没有煤，但有乌黑的面包。

《凶年集》：《致某妇人的信》[28]

作家的凝重，诗人的悲愤，而现实生活里的凡人却开开心心，这也是一种平衡，这是对身体和精神的双重健康而言，是某种必不可少的平衡。

在家里，雨果先是送走了一个个家人，伤心欲绝，儿媳艾丽思再醮，和他相爱五十载的朱丽叶 1883 年也弃他而去了。在家外，雨果送走了一个个朋友，写下动人的诗篇或悼词：文学界有巴尔扎克、大仲马、乔治·桑和戈蒂耶等，政治界有埃德加－基内和路易·布朗等。一个人失去同一代和下一代的亲人，一个作家见不到同一辈的朋友，这份心情应该是凄凉的。

1879 年，保守派总统麦克－马洪元帅下台。朱尔·格雷维当选总统后，共和国总算有了一位共和主义者的总统。雨果对共和国的巩固是有贡献的。共和国感激雨果。雨果的威信更加提高了。1880 年，大赦颁布。家中的老祖父，成了共和国的老祖父。老诗人 80 岁时，在他居住的克里希街上，60 万的官方代表和自发的民众列队经过他家的阳台。老诗人的两边，是幼小的孙子和孙女。

雨果诞生于世纪之初，正是第一帝国成立的前夕。但是，童年雨果的头脑里满是忠君爱国的思想。法国经过一个世纪风风雨雨的历史，终于建立第三共和国，共和国在很长一段时间里，大权掌握在君主派和温和派共和党人手里，经历了将近十年的较量，最后才站稳脚跟。雨果不仅跟上时代的步伐，很快超越历史的节拍，他为催生第三共和国，为巩固第三共和国，作出自己的贡献。

与此同时，法国文学在一个世纪中不断演变，不断更新。新人辈出。雨果这颗独立支撑的大树一天不倒，被大树树荫笼罩的小树和小草何其多，得不到足够的阳光和空气。

30 年代的雨果是社会名流，头发梳得光光的，出入宫廷，是达官贵人家里的座上客。到晚年，到 80 年代，老人又成了社会名流，但他穿着像个泥瓦匠，行为举止，神情步态，不无粗鲁，但更加令人注目。他过问全世界发生的一些事，关心一名囚徒的生命，反对国外的一场屠杀，出席重大的节庆纪念，主持工人活动的集会，为穷人捐款，给学校奠基，为外国的地震呼吁救助，参观即将送往纽约的自由女神像。他到处讲话，讲话简短；他到处写信，内容简要。《集合报》（*Le Rappel*）都有报道，如今收在《言行录》的相关附录里。

1881 年 8 月 31 日，雨果写好遗嘱："上帝。灵魂。责任。这个三重的概念对人已够了。我以此而生。我为此而死。真理，光明，正义，良心，这是上帝。"[30] 1883 年，又有追加遗嘱："我留下五万法郎给穷人。我要求用穷人的枢车把我运到墓地去。我拒绝任何教堂为我祷告。我请求为普天之下的灵魂祈祷。我相信上帝。"[31]

1885 年 5 月 18 日，雨果肺部充血。在最后昏迷状态下，老人居然吐出一句完美的诗句来："此地白昼和黑夜在进行一场战斗。"这句诗概括了他的一生，也可以概括所有人的一生。4 天后的 22 日，他在床头与孙儿孙女诀别，与世长辞。他最后的一句话："我看到黑色的光"。他有和父亲和儿子夏尔同样的体质，但他没有死于夺

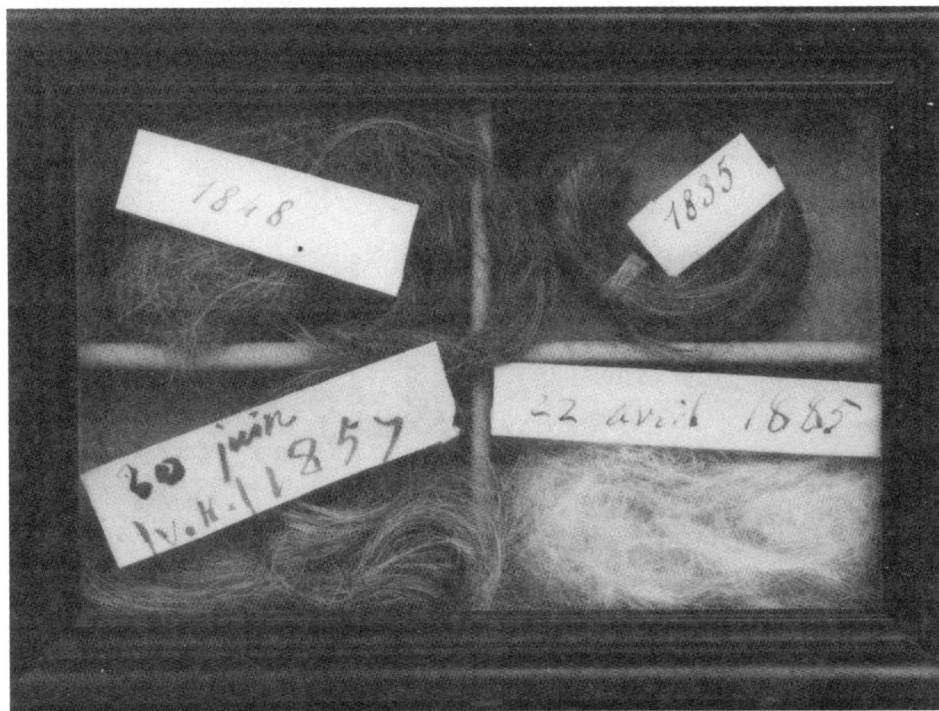

10　｜　朱丽叶木盒里的雨果头发

走父亲和儿子生命的中风，他也没有死于今天老人常见的心脑血管疾病。大树轰然倒下。

　　雨果逝世前后，后世有不少名人的见证和回忆。我们举出罗曼·罗兰的一段文字。"1885 年，我为雨果吃了不少苦。雨果垂死，雨果逝世……我们的偶像离开世界之际，还能想着别的事情吗？从 5 月 18 日，到 6 月 1 日，我对伟大的逝世和无上的光荣，有一大堆笔记。我从最初发病的消息一开始，就奔到艾洛大街的住宅，我缺了课，在住宅前等候，站在街上，和数百个闲逛的人一起，大部分是工人，抓住从屋子里出来的人说的片言只语。5 月 21 日星期四，我在一楼的登记册上登记。此时正好赶上宣布最后发病，病情十分凶险。5 月 22 日，午后 1 点半，雨果离去。我喜欢想象年迈的神明弥留之际，巴黎的上空风狂雨骤，雷声隆隆，冰雹铺天盖地撒向大地，和伴随拿破仑和贝多芬逝世时，具有超级大自然鸣放天国礼炮同样的威力。——5 月 24 日星期天，我最后一次去他现在安息的屋子。艾洛大街上满是人。排起一条长而又长的队伍，唯一的希望是在登记册上写个名字。我看到在政治家和日本大使的一边，'富凯，卖破烂的，住墨西拿大街。'有的题词写成诗句，有的感叹很天真：'我们哭泣我们的父亲！……'26 日，艾洛大街和艾洛广场的牌子摘了下来。换上雨果的名字，好让雨果从自己的大街去到凯旋门。"[32]

　　6 月 1 日，雨果国葬。两百万人参加葬礼。作家莫洛亚叹道："一个国家把以往

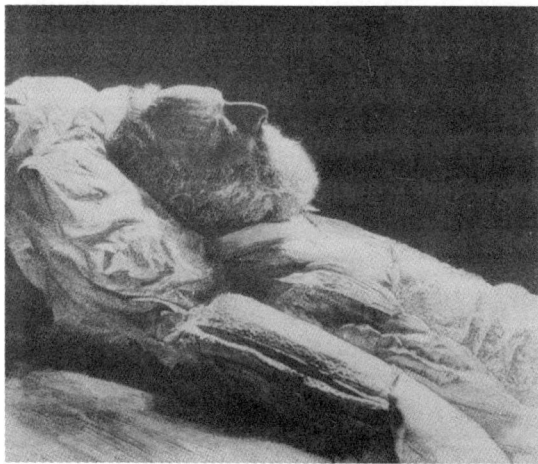
11 ｜ 雨果逝世（Nadar 摄）

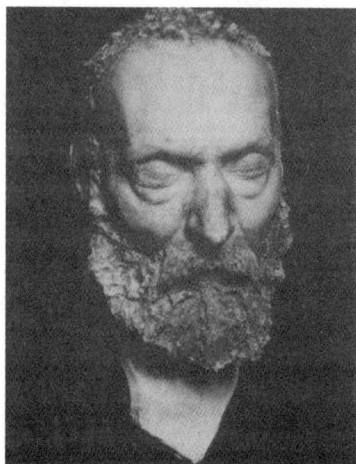
12 ｜ 雨果逝世时的面膜，J. Dalou 作

只保留给君王和将帅的荣誉给予一位诗人，这在人类历史上还是第一次。"[33] 也许是最后一次。这样的荣誉，事实上，法国历史上没有人享受过，连拿破仑也没有。

5 月 22 日，雨果逝世的消息传出。法国政府的反应很快。

5 月 24 日，众议院和参议院立即休会，决定举行全国性哀悼，定 6 月 1 日为雨果举行国葬。同时决定恢复先贤祠（le Panthéon）的本来职能。法国借雨果逝世的机会，在先贤祠的三角门楣上重新刻上："伟人们，祖国感激你们。"雨果是法国大革命后享受"伟人"身份的人，这位"伟人"，不是政治家，不是将帅，只是个作家。法国有国葬的制度。但是，拿破仑就没有享受到国葬的礼遇。20 世纪戴高乐将军的国葬场面隆重，也没有两百万人参加的报道。其他由法兰西共和国总统钦点的国葬，主要是一次官方的仪式。

5 月 31 日夜，雨果的遗体存放在凯旋门高大的门洞下，供人民凭吊。整个巴黎在为死去的诗人守灵。场面空前，壮观，令人感动。凯旋门是拿破仑下令建造的，拿破仑的骨灰享受到的待遇，是在孤岛上悲惨死去后的骨灰，回到巴黎时穿过凯旋门的门洞而已。

6 月 1 日，星期一。从凯旋门，经香榭丽舍大街，经协和广场，直到重新装修一新的先贤祠，全巴黎的人蜂拥而至。不，全法国各地的人汇总巴黎。不，欧洲各国的人，聚集巴黎，来向雨果告别。雨果国葬的新闻报道，是围绕一次历史事件展开的饱和式的报道，各报的第一版和所有版面都动员起来。法国是最早参与发明摄影的国家之一，法国在 19 世纪有两次大规模利用摄影技术的新闻报道，第一次在巴黎公社失败之后，那是一次悲惨的事件，向欧洲人展示了内战后的惨象；第二次是雨果国葬，这一次是欢乐和团结的景象。

参议院、众议院全体议员，内阁全体人员，外交使团，都是全体出动。民间团体，尤其是中学和小学，打出各式旗号，五花八门，热闹非凡。这是一次全民的哀悼，甚至是全欧洲的哀悼。政府是决策者，民间社团是积极响应者。但是，两百万人参加的葬礼，真正的参加者是群众，来自人民，来自底层，来自最普通的百姓。群众是无法组织的，也是组织不起来的。雨果的国葬，是真正意义上群众参加的国葬。雨果的国葬，官方，民间，群众，三方面都是一次最高规格的纪念活动。

雨果的国葬，没有眼泪，没有悲伤，全城是一片欢乐的海洋。两百万人，每个人都不愿错过这一历史的场面，每个人又都是历史场面的组成部分。树上，有人在两棵大树间搭起吊床，躺着观看长达 8 个小时的送葬队伍。有人爬上狄德罗大理石

13 ｜ 雨果创作的人物哀悼诗人之死，Moloch 作

14 ｜ 雨果的挚友和遗嘱执行人奥古斯特·瓦克里

雕像的肩头，启蒙哲学家没有提出抗议。更好的观礼台是楼房的窗户，但是看到母亲把婴儿放进屋顶下的檐沟，也会大惊失色。日本女画家山本芳翠（Yamamoto）[34] 路过巴黎，她为我们留下一幅生动的水彩画。

年轻一代的作家，如罗曼·罗兰，如巴莱斯，都是雨果国葬的见证人。莫洛亚的《雨果传》给我们介绍过他们的回忆文字。法国历史学家勒南（Ernest Renan）的见证："维克多·雨果是我们法兰西良心团结一致的证明之一。晚年对他的景仰，表明我们还有共同的观点，不分阶级，不分党派，不分教派，不论文学见解；几天以来，公众一直牵挂着他弥留时令人伤心的故事，现在，没有一个人不在祖国的心脏感到巨大的空虚……仿佛这座古老大教堂的钟楼尖顶，随着此人在本世纪把理想的旗帜高高举起的一生，一起倒下了。维克多·雨果是非凡的伟人；尤其是一个异乎寻常的人，真正是独一无二的人。他几乎是永恒特意指名道姓所创造的人。"[35]

1871 年，雨果在社会上威信扫地。14 年后，雨果还是那个雨果，雨果成了全国崇拜的神明。应该看到，这是法国在进步。这是法国的历史在进步。法国终于摆脱了君主思想的阴影。1879 年，随着麦克－马洪总统的下台，随着格雷维总统的上台，长期受到压制的共和思想胜利了，共和国终于站稳了脚跟，成了名副其实的法兰西共和国。共和国没有忘记独自在孤岛守护共和思想的雨果，共和国没有忘记声声催生共和国的雨果，共和国要感谢顽强反对第二帝国、呼吁共和国新生的雨果。政府更迭，总统上台下台，而人民，人民永远是共和国的基石。

雨果逝世，只有极右派和极左派反对雨果，全社会一片雨果热。6 月，一个无名

15 ｜ 雨果的挚友和遗嘱执行人保
尔·默里斯

16 ｜ 雨果晚年居住的埃洛大街，今天是雨果大街

的排字工人写出一首《维克多·雨果》：

给谁送去我们的梦想？我们的幻想？
又向谁献上我们微不足道的诗章？
　　又为谁我们会编织鲜花？
谁，为受苦受难者会大呼：救苦救难！
谁，让受伤的人民之间罢斗和停战？
　　谁，缩拢的手会重又开张？
谁，会来加快促成把囚徒全都解放？
谁，法兰西啊！永远以你为自己榜样，
　　会对被压迫者说：要勇敢？

《小缪斯》(*La Musette*)
——《法国排字诗人搜索枯肠诗集》[36]

雨果的国葬中没有反对的声音吗？国葬三周以后，法国工人运动的理论家之一，马克思的小女婿保尔·拉法格（Paul Lafargue）写了一篇《雨果的传说》(*la Légende de Victor Hugo*)："雨果的一切都是广告"。6月1日，国葬的那天，拉法格被囚禁在

监狱里，他的《雨果的传说》是在监狱里写的。[37]

雨果的国葬不是一次文学事件，而是一次历史事件，还可以是一次适合做社会学研究的社会事件。雨果国葬的全过程，可以是一次社会心理调查的绝佳内容。

1823 年，雨果 21 岁，写下《致星形广场凯旋门》：

高高站起来，直达天顶，胜利的大门！

但愿缔造光荣的巨人

经过时，不必弯腰低头！[38]

第四讲 雨果的作品之一 诗歌（上篇）

崇敬的上帝把我铿锵有声的灵魂，

如同一个响亮的回声，放进了乾坤！

《秋叶集》《本世纪正好两岁……》

Mon âme aux mille voix, que le Dieu que j'adore

Mit au centre de tout comme un écho sonore !

《 *Les Feuilles d'automne* 》《 *Ce siècle avait deux ans!* 》

　　我们着重介绍雨果的诗歌、小说和戏剧成就。塞巴谢主编的《雨果全集》不收雨果的绘画创作，这从今天看来是个缺憾。相反，马森主编的《编年版雨果全集》共 18 大卷，雨果绘画占了整整两卷。12 卷本纪念版《雨果文集》（人民文学出版社，2002 年），特设绘画一卷。

　　雨果的诗歌介绍到我国，是近四五十年的事情。1952 年，茅盾先生在《文艺报》上撰文说："可以说，除了诗（因为诗是最难翻译的），雨果的重要作品（小说和剧本）大都有了中文的译本。"[1]现在的情况已大为好转。不过，译诗的数量大有改进，而质量仍有不尽人意之处。考虑到诗人雨果的重要地位，考虑到中国读者欣赏雨果诗歌的客观困难，我们感到：介绍雨果，阅读雨果，首要的事情仍然是认识诗人雨果，是欣赏诗人雨果。1998 年，我们说过："诗人雨果还有待我们去介绍，有待我们去翻译，有待我们去欣赏，有待我们去学习。雨果是一个有待我们去发现的诗人！"[2]这个情况，今天没有根本的改观。

　　我们依照年代顺序，对雨果诗歌创作做一个全景式的回顾，对主要诗集的重点作品，停下步来，采撷华章佳句。既要把握雨果诗歌的总体成就，也对名篇佳作，有所亲历和体验。一部小说，和一

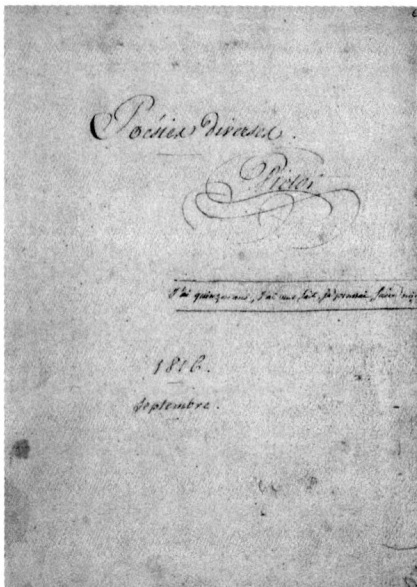

01 | 雨果 14 岁时的自编诗集

部诗集一样，是一个整体。小说不读全本读删节本，是煞风景的事情，而面对一部诗集，阅读全本固然痛快，欣赏精彩的篇章，也是赏心悦目的事情。

流亡前

雨果少作主要是《法语诗稿三集》，是他 12 岁到 18 岁之间的习作，主要是在寄宿学校百无聊赖的寂寞生活中写成的，经后人发现和整理，1952 年初次出版，有166 首之多。我们看到，孩子个人思想感情的倾诉并不多，更多的是反映当时的时尚和文风。诗句写得合乎格律要求，表达合理的思想，迎合学院式的传统趣味。少年诗人的习作，更像是出于一个老派老诗人之手。少年雨果是保王党，是正统保王党，这是从母亲身上继承来的。雨果 1860 年重睹从前的习作，自评为"我诞生以前所干的蠢事"。

雨果不满 14 岁，被父亲送进寄宿学校，远离母爱，向母亲倾诉内心的苦闷：

晚上，不幸徒然地给我造成了伤痛，

　　并且剥夺我的自由，
　　我会从我的这颗十分喜悦的心中，
　　　爆发出兴奋和温柔。

　　好亲爱的母亲啊，我欠你实在太多，
　　　是你把我降生下地，
　　　是你用乳汁喂我，又是你把我养活，
　　　全靠你的爱心仔细。

　　雨果在 16 岁生日的前夕，在夜深人静的半夜里，独自写下一首长 150 行的长诗：《渴求光荣》。孩子回顾了多年对诗歌的迷恋之后，展望今后，立下大志，要以"诗句赢得光荣"，下了决心："我应该努力流芳百世。"这是孩子的狂妄？还是天才的早熟？

　　光荣之神啊，你有权威，
　　给我在未来一席地位，
　　我正在此地把你歌颂；
　　光荣啊，我憧憬的是你；
　　让你的盛名给我激励，
　　让我的诗句赢得光荣。[3]

　　雨果刚满 16 岁，忽发奇想：《我在荒岛上有何作为》。想象独自一人，来到一个荒岛上。他对自己诗人的天职，对自己身后的诗名，已充满少年气盛的自信。他整天吟诗颂唱，和百鸟齐鸣，和风浪共唱，欢快淋漓，不亦乐乎：

　　如果大风不停地呼啸，
　　不怕讽刺诗，风声很响，
　　讽刺的诗句随风飘扬，
　　我唱得比在巴黎更好。
　　岩石是我光荣的见证，

> 我在岩石上写下大名,
>
> 在我身后,我可以肯定,
>
> 岩石会记住我的一生。[4]

1818 年 9 月 6 日,雨果 16 岁半。他隐隐感到在母亲的羽翼下度过的童年即将结束,不无惆怅,在一次"文学宴会"上赋诗《告别童年》:

> 别了,童年美好的岁月,
>
> 转眼间已经高飞远走,
>
> 幸福啊,你把我们抛却,
>
> 幸福稀少,来不及享受;
>
> 快乐啊,我的灵魂不安,
>
> 不知为何,曾不感兴趣,
>
> 你们消失后,我才遗憾
>
> 地看到你们离我远去!
>
> 我痛失的年华,请返回,
>
> 至少,请返回我的诗篇;
>
> 我愿意在我逝世之前,
>
> 以迷人的梦自我安慰,
>
> 当我的生命即将垂危,
>
> 再一次梦见我的童年。[5]

少年诗人怀着不安和恐惧心情,眺望这即将投入的人生漩涡:"不久,我这漂泊的小舟,/唉!将卷进人世的急流,/卷了进去再不会上来"[6]。

《颂歌集》

1822 年,雨果年届 20 岁,出版诗集《颂诗及杂诗集》,1824 年增补再版,1828 年定版称《颂歌集》。每次新版,诗人兢兢业业写序,表明急于要得到社会和文坛的承认。"颂诗"多旧作,少年郎俨然有宫廷老诗人的身份。路易十八为此赐下年金,让雨果得以和阿黛尔完婚。1825 年,查理十世登基,雨果应邀去兰斯参加新王的加冕仪式。

颂诗格律规整，但内容并无新意。《颂歌集》的创新是从德国和英国引进"歌行体"，形式活泼，便于雨果施展写诗的技巧；内容多中古时期的民间传说，这是浪漫派的特色之一。评论家圣伯夫认为："不错，他写一首颂诗，就如有人造一具锁！是一具精巧的锁，但毕竟是机械的东西。"[7]当然，技巧对诗歌是必不可少的，但技巧本身不是诗歌。

其实，诗人自己也清楚，他对未婚妻说："诗句本身不算是诗。诗在思想中，而思想来自心灵。"他告诫她说："阿黛尔，一言以蔽之，诗言德。一颗高尚的心灵和一个出色的诗歌天才几乎总是不可分的。"[8]《颂歌集》从保王思想起步，反映了他思想上向自由派过渡的轨迹，如《致星形广场凯旋门》。诗人提出"诗"的定义："诗，是内心对一切事物的感受。"诗人在序言里提出：诗人"应该如同光明，走在人民的前面，给人民指明前程。"序言最后的结论："让我们希望，19世纪的政治和文学，有朝一日可以归结为一句话：秩序中有自由，艺术中有自由。"[9]

《颂歌集》的第一首诗题为《诗人在革命之中》，很使我们吃惊。

难道正当是岁月黑暗，
对兄弟呼喊充耳不闻？
仅仅为自己受苦受难？
不行，诗人自愿去流放，
诗人要安慰大地之上
捆住手脚的可怜人类……

诗人身处罪恶的时世，
忠于受到迫害的义士，
颂扬并效仿义胆侠骨；
诗人妒忌义士的酸辛，
对于受害者，他有诗琴，
对于刽子手，他有头颅。[10]

长诗洋洋一百行，情思越来越激动，灵感越来越激越："他只有跳进深渊的底，/

才会知道深渊有多深。""先知到他临死的时光 / 监狱牢房是他的圣堂"[11]。此时，雨果刚满 19 岁："在风暴中出生的雏鹰，/ 它必须穿透云层飞行，/ 搏击长空，才飞向太阳！"[12] 这些都是雨果一生的信条。他第一首诗的立意，竟贯彻了自己漫长一生的生活和创作。而"诗人自愿去流亡"，30 年后竟成谶语。

《我的童年》也是 19 岁时的作品，写追随父亲去意大利的经历。这是集中广为流传的一首颂诗，写得不无夸张，但诗意盎然，颇受好评：

> 一名士兵要缝制我摇篮里的襁褓，
> 就从一面破旗上撕扯下几茎布条，
> 他让我在枪架的荫庇下安然入睡。
> 一面战鼓上放下我幼年时的马槽。
> 　钢盔里盛我洗礼的圣水。[13]

小维克多"我还不懂事，就在被制服了的欧洲 / 随着我们得胜的营帐而东奔西走"。甚至"连亲爱的法兰西还牙牙说得不清 / 我就使异族人闻声丧胆"[14]。

集中有几首诗，反映了雨果母亲死后在人生道路上的彷徨和苦闷，感情真挚，显露了未来抒情诗人的才华。《致谢里济山谷》，写一贫如洗的年轻人，烈日当空，长途跋涉，步行去少女家追求自己的幸福：

> 他生活中遇到的是厌恶接着厌恶。
> 虚假的傲慢何必羡慕虚假的财富！
> 他寻求忠实的心，痛苦时彼此相依；
> 枉然；他在路途中无人能为他撑腰，
> 人世间无人能为他有欢乐而欢笑，
> 　无人能为他流泪而哭泣！
>
> 他的命运是遗弃；他的生活很孤独，
> 如同生长在山谷深处黑黑的柏树。
> 这贞洁的百合花离它远远地绽开；

从来也没有一株年青多情的葡萄，

　　和他相伴，免他形影相吊。

愿给阴沉的树枝缠上绿绿的彩带。

　　还没有爬上高高的山地，

这行路人一时间在谷中却步回头。

至少，这寂静无声和他的烦恼相投。

他在人群中孤单；此地的乡村美丽，

　　却是孤独伴随他的左右。[15]

《东方集》

　　1829 年 1 月 23 日，《东方集》问世，收诗 41 首。1821 年，希腊人民爆发反抗土耳其统治的武装斗争，赢得欧洲各国人民的同情和支持。1824 年，英国浪漫主义诗人拜伦在希腊前线逝世。同年，法国浪漫主义画家德拉克洛瓦展出油画《希俄斯

02 ｜ 雨果绘画：《东方集》的卷首插画

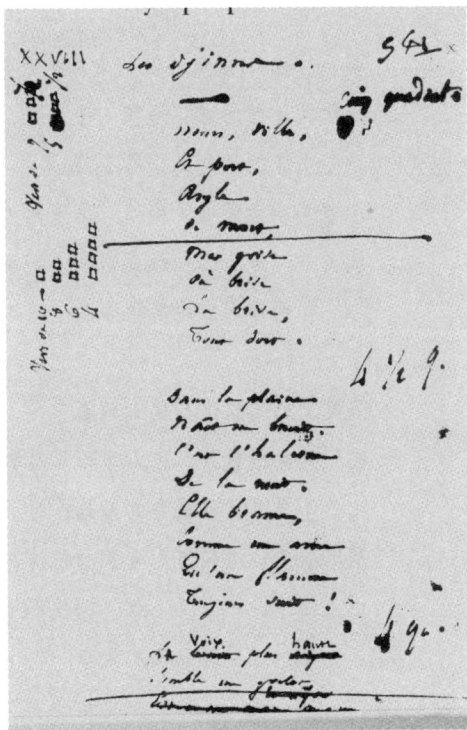

03 ｜ 《东方集》中《奇英》一诗的手稿

岛的屠杀》，欧洲和法国的知识界和文艺界都声援希腊人民争取独立的斗争。雨果在《东方集》的序言中说："整个大陆倒向了东方。"《东方集》顺应了社会的潮流，扣紧了时代的主题。

《东方集》为法国浪漫主义打开新的天地：色彩缤纷的东方世界。诗人对色彩感到强烈的兴趣。雨果用多彩的画笔，描绘出他想象中迷人的东方世界。《东方集》是视觉的享受。《颂歌集》给人的印象是老气横秋，《东方集》的诗人充满青春的活力。法国作家克洛德·鲁瓦（Claude Roy）认为："《东方集》复活了法国诗歌中的轻快和优雅，两个世纪以来，非常准确地说，从七星诗社和路易十三时代的诗人们以来，这轻快和优雅的秘密已经丧失了。"[16]

《东方集》的第一首《天火》，评论家都注意到具有史诗的气魄和特征。《圣经》《创世纪》载：戈摩尔和所多姆两座城市因淫乱无度，被上帝用"硫黄和火"毁灭。记述的内容十分单薄。雨果发挥他的想象力，极力铺陈远古时代的文明和建筑，洋洋洒洒，300多行，色彩绚丽，音调铿锵。请看古埃及：

> 埃及！——但见埃及的麦穗一片片金黄，
> 斑驳的田野仿佛花地毯一般漂亮，
> 　平原的远处是平原不断；
> 北方的水大而冷，南边是滚滚热沙，
> 埃及被一分为二：然而这一个国家
> 　在两片大海中笑得多欢。
>
> 人建造的三座山构成大理石三角，
> 在远处刺破蓝天，但人眼不见其脚，
> 　不见其黄沙漫漫的基础；
> 从其尖尖的塔顶直到金黄的黄沙，
> 由上而下，一级又一级，越往下越大，
> 　每一级要跨三米的大步。[17]

上帝的眼睛看到了罪恶的城市：

啊！地狱里的城市，发狂而人欲横流！

城里每时每刻在发明可怕的享受，

每个屋顶下都有肮脏的秘密深藏，

这两座城市玷污世界，像两个溃疡。

然而，一切已入睡：一缕苍白的亮光

也几乎没有笼罩城市的额头之上，

淫乱的灯光刚刚亮起便消失不见，

街上已被遗忘的盛宴有余光点点。

巨大的墙壁拐角被月光照得很白，

黑暗中看得清楚，倒影在水中摇摆。

也许，人们在平原隐隐地听不仔细：

接吻声受到压抑，气喘声夹杂一起，

两座姐妹城已对白昼的火光厌倦，

懒洋洋低声细语，只求有两情缠绵！

风儿在叹息，吹拂新鲜的无花果树，

已全身香透，从戈摩尔吹到所多姆。

浓黑的乌云正好这时候飘过天际，

于是，天上的声音大喊道：——正是此地。[18]

于是"天空变成了地狱！"

　　诗人声援希腊人民斗争的诗篇并不很多，但《月光》和《希腊孩子》都写得引人入胜。诗人来到被土耳其血洗的希俄斯岛，询问幸存的希腊孩子要什么：

要什么？要花？神果？奇鸟的歌声悠悠？

那蓝眼睛的希腊孩子告诉我："朋友，

　　"我只要火药，我还要子弹。"[19]

　　《东方集》的音乐性出神入化，请听《奇英》。"奇英"是阿拉伯民间传说中的精灵。雨果从寂静的两音节诗句起篇，让十音节的喧闹诗句到达高潮，最后又以两音节的安静诗句回归和终篇。《奇英》使人想起法国作曲家拉威尔（Maurice Ravel）的《波莱罗舞曲》（Boléro）。《波莱罗舞曲》是听觉的享受，而《奇英》有视觉、听觉和精神的多重享受。

　　　　　　　高墙，城市，
　　　　　　　以及港口，
　　　　　　　现在都是
　　　　　　　死的范畴，
　　　　　　　大海昏冥，
　　　　　　　微风消停，
　　　　　　　万物入静，
　　　　　　　长夜悠悠。……

　　　　　奇英已经逼近！——快快应付，
　　　　　把藏身的大厅关得紧紧。
　　　　　外面什么声音？吸血蝙蝠
　　　　　和凶龙的丑恶大军入侵！
　　　　　屋顶已裂开，大梁已倾倒，
　　　　　像是一茎湿漉漉的小草；
　　　　　古老的大门虽锈得很牢．
　　　　　快要挣脱铰链，摇晃频频！

　　　　地狱的喊声！是嗥叫，也是哀鸣！
　　　　北风呼啸，把这支可怕的队伍，
　　　　天哪！大概吹落在我家的屋顶。
　　　　墙在乱军的践踏下弯腰屈服。
　　　　屋子在呼叫，踉踉跄跄要摔倒，
　　　　像是大风要把房子连根拔掉，
　　　　把房子当成枯叶使劲地抽扫，
　　　　并一起在精灵的旋涡里飞舞！……

人们怀疑，

夜深人静……

我听仔细：——

无踪无影，

一切告终；

声音种种，

都在空中，

被抹干净。[20]

《浴女萨拉》同样令人陶醉：

盛得满满的水池一方，

有泉水流淌，

引自伊利苏斯的河水；

萨拉这懒洋洋的美人，

在上面解闷，

摇晃着吊床没有入睡。

这架纤细柔嫩的秋千，

清晰地显现

在这透明的一片水镜，

这位皮肤白皙的浴女，

低下了身躯，

低得可以把自己看清……[21]

1985 年，巴黎大宫美术馆举行盛大的《雨果光荣展》，我们在展品目录上看到《浴女萨拉》出版后，法国画家竞相为浴女作画，有 16 幅之多，画家比读者更敏感，更色迷迷地感受到"赤身裸体的天真少女 / 刚刚才出浴，/ 两条玉臂上叉着双手……"[22]

04 | 雨果绘画: 悼念亡女的《夭折的青春》

《秋叶集》

1831 年 11 月底,《秋叶集》出版, 收诗 40 首。从 1831 年至 1840 年, 雨果相继发表《秋叶集》、《暮歌集》、《心声集》和《光影集》四册抒情诗集, 奠定其浪漫主义抒情诗人的地位。《秋叶集》集名的寓意是明显的。"秋叶"落下, 愁绪纷纷, 这是忧伤的季节。诗人唱过慷慨激昂的颂诗, 画过绚丽多彩的东方, 现在咏唱秋叶, 当然是一个转变。1830 年, 雨果的剧本《埃尔那尼》上演成功; 1831 年, 成功出版小说《巴黎圣母院》。一个而立之年的作家, 接二连三在文坛取得辉煌成就, 雨果有什么忧伤可言呢?

文坛的成就是身外的, 诗人的忧伤在内心。在家庭生活方面, 诗人父母双亡, 长子出生后夭折, 二哥欧仁精神失常。雨果和阿黛尔的夫妻感情亮起红灯, 事实上开始分居。情人朱丽叶还没有走进他的生活。所以,《秋叶集》的序言说: "这是对现时, 更是对往日忧伤和无可奈何的回顾。"[23] 此外, 对穷人生活的关心, 对人类命运的思考, 是《秋叶集》中新的内容。

我们看到, 雨果诗集的第一首诗, 都具有特殊重要的意义,《秋叶集》并不例外，熟悉雨果的专家和读者，都记得下面几句诗体自传：

> 本世纪正好两岁！罗马替代斯巴达，
> 拿破仑脱颖而出，本来只是波拿巴，
> 首席执政的冠冕已经显得太窄小，
> 多处已经被戳穿，露出皇帝的头角。
> 这时候在贝桑松，一座西班牙古城，
> 有个布列塔尼和洛林的孩子诞生，
> 有风刮起，他像颗种子便落地安身，
> 孩子脸上无色，嘴里无声，眼中无神；
> 他简直是个怪物，这般羸弱和消瘦，
> 人人见了都摇头，只有母亲肯收留，
> 小脖颈东倒西歪，细得如芦苇一般，
> 无奈只好一边做棺材，一边做摇篮。
> 这个已被命运从大书上勾掉名字，
> 这个甚至连明天都活不成的孩子，
> 就是我。——[24]

这时期雨果的自我定义是："响亮的回声"：

> 崇敬的上帝把我铿锵有声的灵魂，
> 如同一个响亮的回声，放进了乾坤！ [25]

《秋叶集》中《山上听到的声音》，尤其是《幻想之坡》，受到雨果研究家的普遍重视。《幻想之坡》的价值不在于诗篇本身，在于预示了50年代雨果一系列启示录式的幻觉诗。《幻想之坡》对人类历史进程的幻视而言，可以说是《历代传说集》中《产生本书的幻象》的雏形，蕴含了《历代传说集》的萌芽。雨果的特色，起笔平常：

> 这群严肃、忠实的朋友们晚上光临，

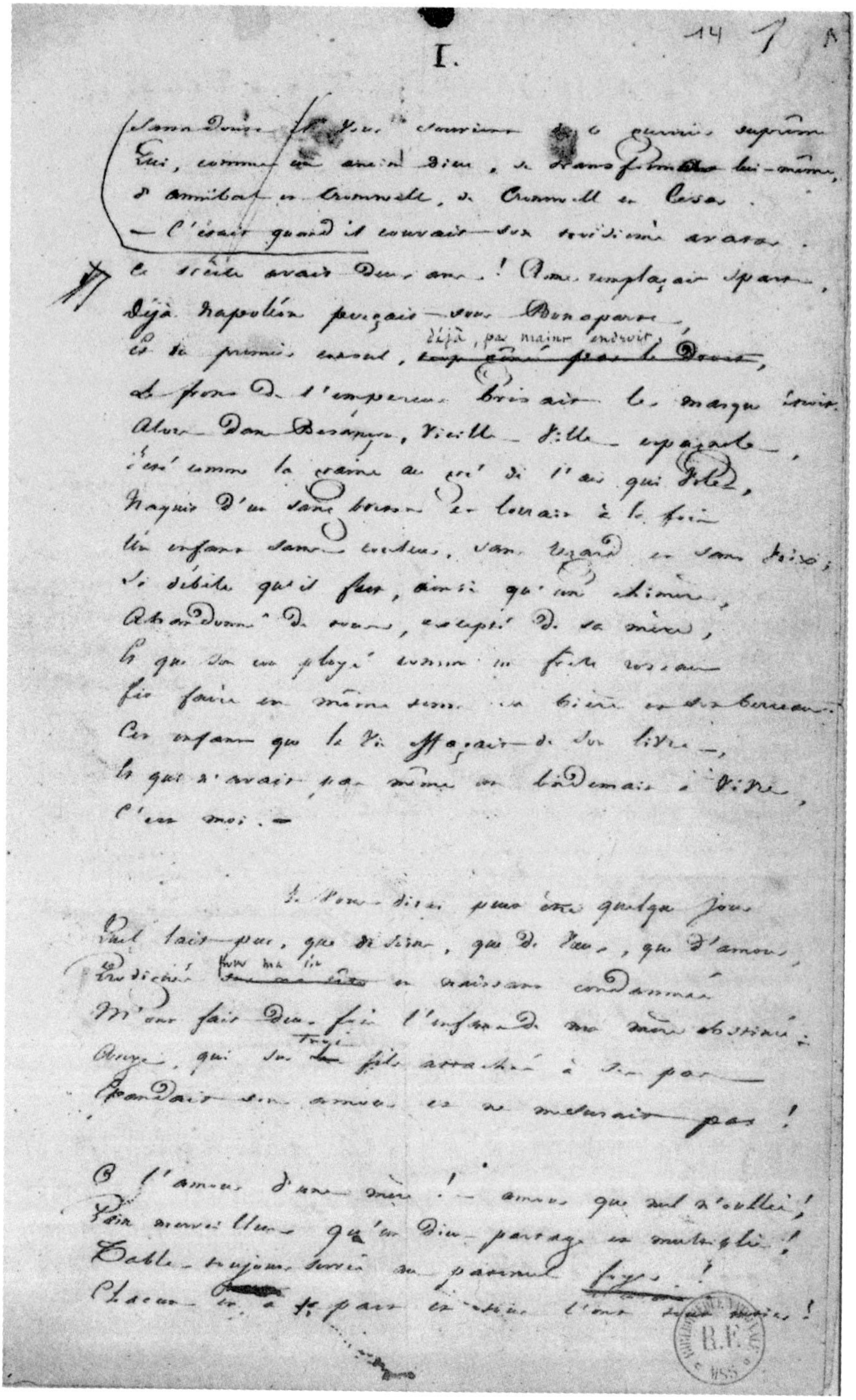
I.

Ce siècle avait deux ans ! Rome remplaçait Sparte,
Déjà Napoléon perçait sous Bonaparte,
Et du premier consul, déjà, par maint endroit,
Le front de l'empereur brisait le masque étroit.
Alors dans Besançon, vieille ville espagnole,
Jeté comme la graine au gré de l'air qui vole,
Naquit d'un sang breton et lorrain à la fois
Un enfant sans couleur, sans regard et sans voix ;
Si débile qu'il fut, ainsi qu'une chimère,
Abandonné de tous, excepté de sa mère,
Et que son cou ployé comme un frêle roseau
Fit faire en même temps sa bière et son berceau.
Cet enfant que la vie effaçait de son livre,
Et qui n'avait pas même un lendemain à vivre,
C'est moi. —

05 | 雨果《秋叶集》的第一首诗《本世纪正好两岁》手稿

我们大家或眺览观望，或促膝谈心……[26]

最后思绪连绵，越来越远，越来越深：

再说，我目之所见如要为你们描述，
我担心很难：这像一座大型建筑物，
层层叠叠，堆满了不同世纪和地点；
我们看不到边缘，也看不到其中间；
每个层次上都有人民、种族和国家，
成百上千的工匠把自己痕迹留下，
上上下下地忙碌，夜以继日地劳动，
只讲自己的语言，彼此间言语不通；
而我呢，我在寻找有谁能和我应答，
我一层一层跑遍世界这座巴别塔。

啊！这时间和空间是个双重的大海，
人类这艘船永不间断地驶去驶来……
我的思想潜入进陌生的波涛之中，
独自赤身裸体地在深渊底层游泳，
一端是见未所见，一端是无法言传……[27]

　　文学事业的辉煌，掩盖不了内心的忧伤。《秋叶集》中的愁绪反映在下面这首著名的诗里：

唉！我一封封情书，贞洁、青春的书信！
正是你们！你们的醉意还使我醉心，
　　我读你们，跪下双膝。
请让我恢复青春，哪怕是一天时间！
我幸福，我也明智，请让我躲在一边，
　　让我捧着你们哭泣！……

啊！这甜蜜的往事，无瑕的青春妙龄，

她那白色裙袍上系有我俩的爱情，

　　都在我们身边回归；

叫人多留恋！面对你们青春的迷梦，

如今手上只剩下枯萎的残片一捧，

　　有多少辛酸的眼泪！ [28]

《救济穷人》本是即兴之作的应景诗。1829 年至 1830 年的冬天，巴黎奇寒。雨果的这首诗售价 1 法郎，收入用来救济穷人。诗人向"富人，幸运儿"呼吁：

你们可想过，正当冰霜是刺骨寒心，

他没有工作，是个饥寒交迫的父亲？

他低声自语："此人财产可真是不少！

盛大的酒宴席上，这么多朋友欢呼！

儿女在对他微笑，这财主多么幸福！

他们的玩具是我儿女的多少面包？"

他把你们的宴会在心中加以对比；

可从来没有火光闪耀在他的家里，

他的孩子在挨饿，孩子母亲穿破布，

祖母躺在小堆的干草上，一声不吭，

唉！正是寒冬腊月，她身上已经冰冷，

　　冷得简直可以送进坟墓。[29]

20 世纪 60 年代，国内批判人道主义思想，这首诗曾被列为人道主义的样品。

《朋友，最后一句话》是《秋叶集》的压卷之作。从"响亮的回声"到"朋友，最后一句话"，应该是逻辑的必然发展。诗人跳出一己的小我："我是世纪的儿子！/……我虽然看破一切，对你们崇敬依旧，/ 你呀，神圣的祖国！你呀，神圣的自由！"诗人说"我十分憎恨压迫，憎恨得无以复加"[30]。列数强国凌辱弱国的现状后，结论是：

　　我感到诗人就是审判他们的法官！

　　感到愤怒的诗神以强有力的手腕，

　　可以把他们绑上当作刑柱的王座，

　　他们怯懦的王冠就是他们的枷锁，

　　还可以赶走这些有人祝福的国王，

　　在额头印上一句抹擦不掉的诗行！

　　诗神对被宰割的人民应牢记心中。

　　啊！于是我忘却了爱情、家庭和儿童，

　　忘却健康的情趣，忘却柔和的歌吟，

　　我把青铜的琴弦添加上我的诗琴！[31]

《暮歌集》

　　《暮歌集》的集名需要解释。原题中的"暮"字，法语可双解，古义可作日出前的微光，今多指日落后的暮色，都指一种似明又暗的朦胧时刻。1835年10月27日出版的"暮歌集"是旧译名，实为"朦胧之歌"。"朦胧"的引申意义是"犹豫"，"彷徨"和"等待"。诗集的第一部分是政治抒情诗，第二部分是《秋叶集》的继续和延伸。政治立场上，诗人告别了复辟王朝，但对新政权的走向心中无数，持观望态度。在个人生活方面，《暮歌集》既讴歌美丽的情人朱丽叶，又赞美贤惠的妻子阿黛尔。这种新局面稳定吗？不得而知。情人和妻子都不可或缺，这需要某种难度极大的平衡艺术。《暮歌集》中人的心态是怀疑，是等待，是希望。诗人自称："他不在否定的人群中，也不在肯定的人群中。他是抱有希望的一分子。"[32]

　　长诗《1830年7月后述怀》成稿于1830年8月10日，离"七月革命"仅仅十天时间。雨果讴歌英勇起义的战士，讴歌鲜血争来的自由。这是一首火辣辣的政治抒情诗。诗人看到了人民的力量：

　　你们砸烂了桎梏，仅仅用三天时间，

　　你们是勇士们的先锋，已一马当先，

　　　　你们是巨人生下的后代！[33]……

　　而人民，人民这一只雄狮

对自己的爪子看了又看？ [34]……

昨天，你们只是人群一堆，
今天，你们已经成为人民！ [35]

诗人受到自由胜利的鼓舞，对革命的巴黎人民满怀希望：

洋溢在你们火热的心胸，
是更加崇高的雄心壮志！
要让一切思想自由运动，
要让一切民族独立自治。
漫漫的长夜里还有人在，
向他们昭示自由的光彩！
去吧，照亮道路，共同出发，
要让我们以一致的步调，
并朝向一个崇高的目标，
加快全人类前进的步伐！ [36]

但是，诗人迎接新曙光的同时，对倒下的旧王朝不无同情：

不要羞辱流亡时蹒跚而去的老人！
对废墟手下留情，要有尊敬的习惯。
不幸已经给皓首白发戴上了荆冠，
我不会再把荆冠在头上按得深深！ [37]

1832 年 7 月 22 日，拿破仑唯一的儿子，史称"拿破仑二世"，21 岁患肺病夭折。雨果已经完成自由派的立场转变，现在又是拿破仑史诗的缔造者。《拿破仑二世》是咏唱拿破仑史诗的名篇之一，具有浓厚的史诗气概。我们看皇帝：

他们话没有讲完，彩云又亮又高深，

豁然开朗，只见那身负重命的伟人，

　　在世界之上站起来，

各方人民都目瞪口呆，都屏息静气，

因为他伸出双臂，向大地高高举起

　　一个新生的小男孩。[38]

帝国虽后继有人，但拿破仑的命运不可预测：

噢！明天，明天是莫测高深！

明天到底会有什么含义？

今天播下原因的是凡人，

明天产生结果的是上帝。[39]……

你们知道，历史的巨人是什么下场？

六年间，我们看到远离非洲的海上，

　　一代天骄被锁进了樊笼，

这是各位谨慎的国王设下的牢房。

——"不要流放任何人！噢！流放多么肮脏！"[40]

诗人写拿破仑在囚笼里思念儿子的场面，是抒情气氛感人的史诗，读来令人唏嘘不已：

在无聊的笼子里，他只有东西两样：

一是世界的地图，二是孩子的肖像，

　　他的天才和爱尽在于此！[41]……

不！这是半张小嘴安睡的漂亮小孩，

金发红腮的面影萦回在他的脑海，

　　孩子有曙光般美的面容，

而着迷似的奶妈，她情意十分深切，

用一滴停在奶头不滚下来的奶液，

　　微笑着把他的红唇逗弄。[42]

　　《暮歌集》的《市政厅舞会有感》，尖锐地提出社会的贫富问题，对新王朝的权贵们提出警告。我们看到，这时候雨果对七月王朝有批判和揭露的一面：

权贵们！我们最好把某些伤口包扎，

沉思的哲人此刻正为之感到害怕；

最好是撑住地下通往上面的楼梯，

最好是减少绞架，扩大工场的场地，

最好是想想孩子没有面包和阳光，

对忧伤、不信神的穷人还他以天堂，

不是点亮华丽的吊灯，也不是夜间

让疯子们围着一点声音彻夜不眠！[43]

　　下面这首小诗，形象清丽，寓意深刻，我们全录如下。情人朱丽叶已经走进诗人的生活，我们不禁想起她的不幸身世。

"噢！千万不要侮辱一个失足的妇女！"

噢！千万不要侮辱一个失足的妇女！

谁知道什么压力才使她受此委屈！

谁知道她和饥饿斗争了多少时间！

这些憔悴的妇女，我们谁没有看见，

灾难的风一阵阵动摇她们的贞操，

她们疲惫的双手把贞操紧紧握牢！

如同枝头有一滴雨水，晶莹而可爱，

雨水在闪闪发光，映出天空的光彩，

摇摇树，雨滴一抖，挣扎着不肯下坠，

落下以前是珍珠，以后成污泥浊水！

错误在我们；在你，富人！你为富不仁！

这一滴污泥浊水所包含的水很纯。

为了让水珠能从尘埃中脱身而出，

重新变成最初时容光焕发的珍珠，

如同万物少不了对于光明的依赖，

只要有一线阳光，有一点温暖的爱！ [44]

《心声集》

《心声集》于 1837 年出版，集中的诗篇在内容和风格上相当统一。

《心声集》反映诗人的"心声"。诗人在"序言"中称："如果说人有其声，如果说自然有其声，则事件也有自己的声音。作者总是认为，诗人的使命是把包括三方教导的这三方面话语融合在一组歌里，人的声音尤其诉之于心中，自然的声音诉之于灵魂，事件的声音诉之于思想。"[45] 事实上，《心声集》仍以抒情诗为主，咏唱家庭、爱情和大自然。这是《秋叶集》和《暮歌集》的继续。这期间，诗人和国王的儿媳、奥尔良公爵夫人建立了友谊，但诗人仍然保持自己的独立性。诗人生活中最重要的事情，当然是和情人朱丽叶虽有波折、终究恩爱的关系。朱丽叶深居简出，全身心地把自己奉献给诗人的生活和事业。雨果并为自己抒情诗人的身份创造了"奥林匹欧"（Olympio）的化名，成为诗歌史上的一个典故。诗人在"序言"中强调诗人对社会的教化作用，认为"诗人有严格的目的：从政党的高尚方面而论，诗人属于一切政党，从政党的恶劣方面而言，诗人不属于任何政党。""诗人的力量来自其独立性。"[46]

诗人在题为《致奥＊＊＊》的小诗中，把舞会上见到朱丽叶的景象，写成火药看见火星的关系，妙不可言：

当时，你还并没有见过她；那个傍晚，

正当星星开始在天幕上金光闪闪，

她鲜艳美丽，突然出现在你的近旁，

那地方虽然辉煌，有了她黯然无光。

她的头发里，但见万千颗钻石闪耀；

她的一举和一动，使乐队慌了手脚，

年轻，高大，白皮肤，黑眼睛，满面春光，
令大家目瞪口呆，使人人如醉似狂。
她全身都是热情在笑，是热火在烧。……
她嫣然一笑，如同曙光在大放光明，
她那光亮的肩膀，更加光亮的眼睛，
仿佛光彩夺目的大楼里两扇小窗，
眼睛里能看见她火热的心在闪光。
她走过来，走过去，如同是一只火鸟，
在多少心里播下火种，自己不知道，
大家随她迷人的舞步忽东又忽西，
人人盯着的眼睛都看得目眩神迷！
你，你虽然凝视她，你却不敢靠近她，
因为，满桶的火药对于火星就是怕。[47]

也难为这位善于在妻子和情人之间保持平衡的诗人，他的家庭生活仍然很幸
福：《你们来看，孩子们围坐成一个圆圈……》主要写妻子的贤惠：

到她的身边，孩子嬉笑，再没有哭叫，
她的心和孩子们同样纯洁和美好，
　她的品格如此玉洁冰清，
生活里不断操劳，关怀得无微不至，
母亲的日日夜夜，母亲的夜夜日日，
　都一一变成不绝的诗情！ [48]

《光影集》

《光影集》于 1840 年 5 月 16 日发表，是 30 年代 4 部诗集中的最后一册，也是
雨果流亡前出版的最后一部诗集。诗人表示，读者可在《光影集》里发现："本书
是前三集的继续。只是在《光影集》里，也许视野更宽阔，天空更湛蓝，安静更
深沉。"[49]

　　"光"和"影"可以象征幸福和不幸。这3年间，诗人的生活似乎充满阳光。长子夏尔和长女莱奥波尔迪娜都已长大成人。大女儿已经订婚。诗人在朱丽叶的陪同下，在诺曼底及南方等地区游历，足迹远涉比利时和法德边境的莱茵河流域，丰富了诗人的想象力，激发了诗人的创作灵感。1840年，法兰西学士院的大门即将被撞开。

　　"序言"中说诗人"有时候会像朋友一样去草原看望春天，去卢浮宫看望国王，去监狱看望流放犯"。这是独来独往的诗人人格。诗人明确说："我爱太阳。"诚如"序言"所说："作者认为，凡是真正的诗人应该包容自己时代各种思想的总和。"《光影集》表明，雨果想做一个"完整的诗人"[50]。有光有影，事物才呈现出完整的面貌。

　　《光影集》最重要的诗篇，是《诗人的职责》，既和《颂歌集》最初的抱负相衔接，更预示雨果流亡后崭新的诗人使命。诗人应该是引导人民走向进步的精神领袖。

　　《光影集》收录的好诗很多。开篇第一首是《诗人的职责》：

　　　　诗的创作里没有仇恨。

其中没有锁链和窘困；

草地和山峦与人为善；

阳光可为我解释玫瑰；

面对万物的从容可贵，

我的灵魂才金光闪闪。[51]......

诗人当此亵渎的时光，

来为美好的岁月铺路。

诗人对于乌托邦向往；

脚站在此地，眼望别处。

诗人应该和先知相仿，

任何时代，在人人头上，

用他的手，把一切主宰，

不问对他颂扬或辱骂，

如他手中挥舞的火把，

把未来点亮，大放光彩！ [52]......

请你倾听诗人！啊，人民！

沉思者神圣，请你倾听！

否则你长夜无穷无尽，

只有诗人才额头光明！

只有他看透未来依稀，

能在未来朦胧的怀里，

认出这种子将会发芽。

他是男人，像女人般温顺。

上帝轻轻向他的灵魂

如同和森林、流水说话！ [53]......

诗人神采奕奕！诗人把

火焰投向永恒的真理！

让永恒真理大放光华，

为心灵射出光芒神奇！

诗人还向茅屋，向宫廷，

向城市、沙漠放出光明，

还照彻平原，照彻山岗；

登高向人人揭示真理，

把帝王牧人引向上帝，

因诗歌是引路的星光！　[54]

　　八音节的长诗长 306 行，佳句迭出，不胜枚举："自然是架巨大的诗琴，/ 而诗人是神圣的琴弓！""思想家如果放弃责任，/ 独自走出城市的大门，/ 成为无用的歌手，可耻！"[55]"诗人的梦想充满爱心"，"感到你心里有一根弦，/ 为普天之下的人颤抖"，"愿你保持原有的信念，/ 不论你欢乐或是不幸，/ 能有时看看，悠悠闲闲，/ 看孩子，看花朵，看星星"。[56]

　　我们读到下面的诗句，已经看到《惩罚集》的诗人已经在《光影集》诞生了：

仿佛云中的苍鹰高高，

我们将听到讽刺诗人

发出开怀胜利的大笑，

嘲讽犹如阿里斯多芬。

佩特里尼乌斯会苏醒，

会暗中握住尖刀一柄，

痛斥我们无数的耻辱。

奋起的阿尔基洛科斯，

诗句长短，并手执鞭子，

针砭我们时代的可恶！　[57]

　　1837 年 10 月，雨果怀着虔诚的心情，独自重访 3 年前和情人欢会的莱梅村旧居，发现作为他幸福见证的自然环境已面目全非，感慨系之。雨果回来，惆怅不已，写下《奥林匹欧的悲哀》。这首长诗是法国浪漫主义抒情诗的名篇，与之齐名的有拉马丁的《湖》、维尼的《牧羊人的小屋》和缪塞的《回忆》。

> 事物已今非昔比，时间却如此短暂！
> 安详的大自然啊，你就如此地健忘！
> 你可以瞬息万变，你轻易地就割断
> 把我们的两颗心系住的神秘线网！……
> 我们相逢的地方，别人也会来相逢，
> 我们盘桓的场所，别人也会来盘桓。
> 由我们两颗心灵开始的这个美梦，
> 别人会继续下去，但是不可能做完！
>
> 因为，人世间无人能作最后的安排；
> 纵然是酒囊饭袋，和英雄豪杰相同；
> 做梦到同一地方，我们人人会醒来。
> 万物在此地开始，万物到彼岸告终。[58]

雨果一生有两件大事：大海和巴黎。《黑沉沉的海洋》写水手的不幸生活，是他最早写大海的名篇：

> 以后，连对你们的回忆也完全消亡。
> 躯体消失在海里，名字消失在心中。
> 时间投下的阴影一个比一个更浓。
> 无情的海洋不够，加上无情的遗忘。……
>
> 每当在狂风暴雨作威作福的夜晚，
> 你们头发已花白、等得绝望的寡妻，
> 拨动炉火的时候翻动心头的回忆，
> 　才会对你们又说个没完！……
>
> 沉没在黑夜里的水手究竟在何方？

> 你们知道有多少凄惨的故事，波浪！
>
> 波涛！双膝跪下的母亲害怕的波涛！
>
> 你们在涨潮时刻把故事相互叙讲，
>
> 这就是为何每到黑夜你们的声响，
>
> 在向海边涌来时竟是绝望的哀号！ [59]

对于 30 年代的这四部诗集的各自特色，研究家巴雷尔认为："《秋叶集》里有更多的内心感受，《暮歌集》有政治色彩，《心声集》有哲理意味，《光影集》里有更多的形象和画面。"[60]

流亡中

《惩罚集》

《惩罚集》是一部政治讽刺诗集。1851 年 12 月 2 日，路易·波拿巴总统发动政变。雨果和共和派组织抵抗失败。11 日，雨果出逃布鲁塞尔，痛定思痛，决心成为法兰西愤怒的良心。雨果写成政治性抨击小册子《拿破仑小人》。雨果在英属泽西岛开始流亡。诗人面对大海，诗的灵感像海的波涛，在心中涌动。

诗人选定《惩罚集》的集名，以诗的形式处理《拿破仑小人》的主题："这个混蛋只给烤了一面，我在烤架上将他翻个身。"[61]诗人对《惩罚集》的整体结构有设计。全书以《黑夜》开篇，象征政变后苦难深重的法兰西；以《光明》压卷，象征人类解放后世界大同的共和国。中间设七卷，前六卷反用政变的宣传口号："社会得到拯救"，"秩序得到整顿"，"宗教得到颂扬"，"权威得到尊重"，"安定得到保障"；第七卷卷名是雨果的文字游戏："救命恩人逃之夭夭"，从字面上说是"救命恩人会救自己"。7 卷共 98 首诗，加上《黑夜》和《光明》两首长诗，合成 100 首的整数。

雨果继承古代罗马的讽刺诗传统，并有发展，自成气候，成为讽刺诗的典范。100 首长短不一、语调不同的讽刺诗，滚滚而来，合成一首气势磅礴的"惩罚"交响乐。诗人或揭露，或痛斥，或嬉笑，或怒骂，或冷潮，或热讽，语言之刻薄，针砭之无情，都是空前的。6000 行诗讽刺一个暴君，艺术上容易流于单调和庸俗。诗人为烘托鞭笞和羞辱的基调，调动了诗的多种手段。除讽刺体裁外，史诗灵感占有突

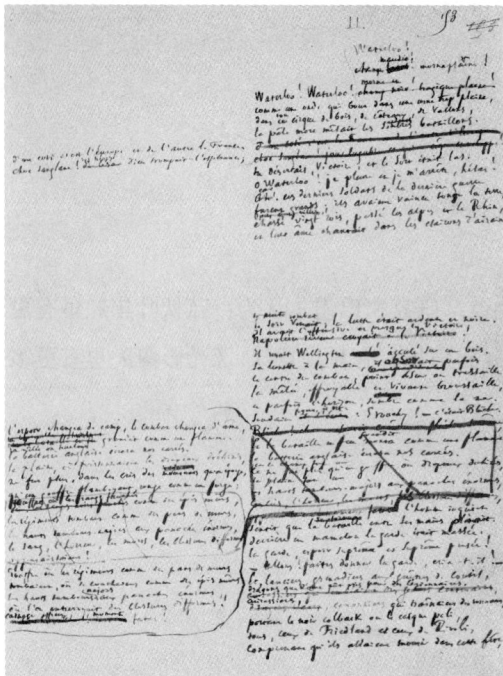

07 | 雨果《惩罚集》中《报应》一诗手稿　　08 | 雨果《历代传说集》卷首插画

出的地位，抒情的风格随处可见，甚至连戏剧的技巧也偶有表现。

罗曼·罗兰对《惩罚集》有一段回忆："而我，我当时还没有读过这本书，可我经常听到这本书名，如同一本战斗的《圣经》……"[62]

《四日晚上的回忆》是集中的名篇。政变的军队"格杀勿论"，枪杀了7岁的男孩。雨果亲历其事，用家常的散文式语言："这个孩子在头上被打了两颗子弹。"外祖母在哭喊：

> "孩子他可并没有喊过共和国万岁。"
> 我们都脱帽站着，沉痛得无从开口，
> 面对无法安慰的伤心事瑟瑟发抖。[63]

第二帝国成立。《既然正义者在深渊受难》表达了诗人抗争到底的决心：

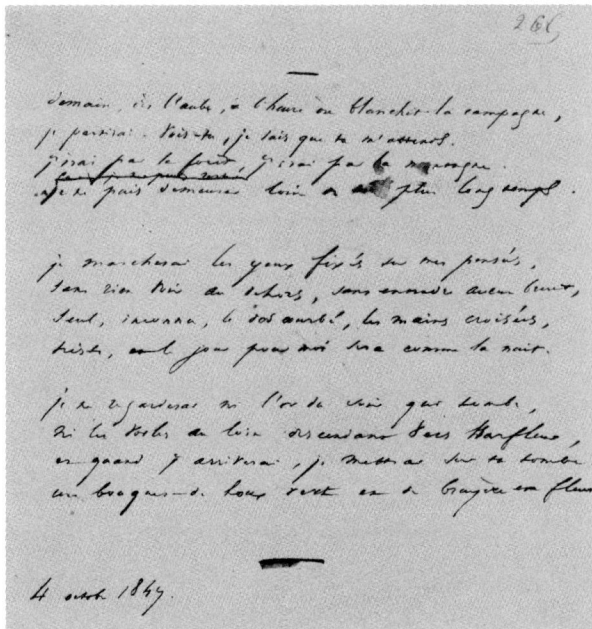

09 | 雨果《静观集》名篇《明天天一亮，正当……》手稿

啊，我的心在对你们微笑，

尊严，信仰，品德，都在蒙羞，

你是伟大的流放者，自由，

忠诚，你被放逐，仍然骄傲！[64]

《惩罚集》里出现诗人政变前写下的决心：《1848年诗人自诫》写于1848年11月27日。我们看到身为政治家的雨果，始终保持一颗诗人的心，他的言和行是一致的。全诗如下：

你不应追求权力，你应去别处寻觅

自己投身的事业；你另有一番天地，

面对机会，你应该清清白白地止步。

你应该忧心如焚，应该温柔又严酷，

不论被别人理解或轻蔑，你的责任

是祝福人的神父，是守护人的牧人。

同是一个法兰西、一个巴黎的儿女，

他们会因为贫困而有恼怒的情绪，
彼此间自相残杀，而当阴沉的街垒
猛然出现在每个街头，阴森而可悲，
从各个地方同时大量地倾吐死亡，
你应该独自奔走，身上也不带刀枪；
面对这一场可恶、可怕、可恨的战争，
你应该挺起胸膛，你应该表露心声，
你应该拯救弱者和强者，振臂高呼，
对枪林弹雨微笑，为死者亡灵哀哭；
然后，静静地返回自己孤独的岗位，
回到激烈交锋的议会大厅里，捍卫
会被人放逐的人，会被人判罪的人，
推倒绞刑架，保护因党派唯我独尊，
因而动摇的秩序，因而动摇的和平，
保护我们很容易受骗上当的士兵，
保护你兄弟，扔进牢房的普通难友，
保护法律，保护可怜而自豪的自由；
当此惶惶不安又焦虑忧愤的时代，
安慰战栗和哭泣的神圣艺术，此外，
等待至高无上的决定性时刻来到。
你的作用是警告世人，清醒地思考。[65]

　　水能载舟，也能覆舟。《致人民》比喻大海有涨潮，而人民没有起来。在诗人笔下，大海不仅是一个比喻，是一个象征，大海对沉睡的人民，还是一个沉痛的责备。

大海和你一样；大海可怕，大海和平。
大海又无边无际，于动荡中见宁静；
大海有波澜起伏，大海有浩瀚恢宏。……

人民啊；只是我们站立在神圣海滩，

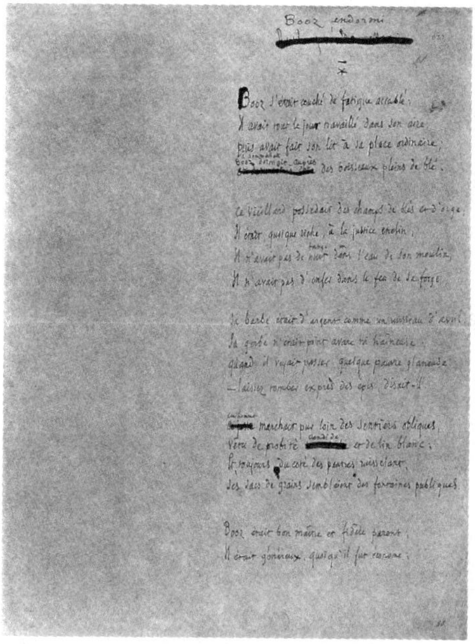

10 │ 《历代传说集》中《波阿斯入睡》的手稿

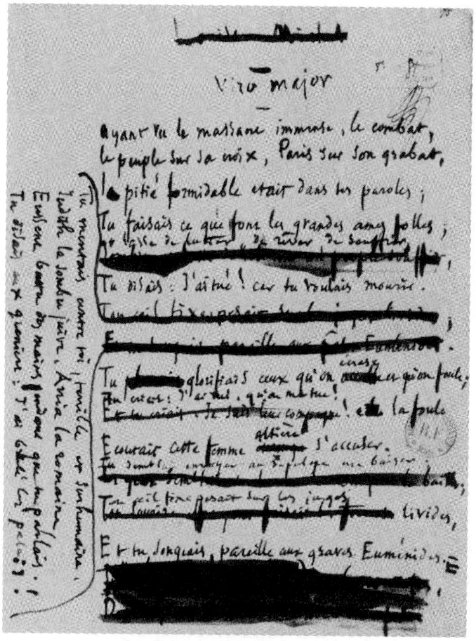

11 │ 《凶年集》中《巾帼胜须眉》的手稿

> 我们在凝目沉思，等待海潮的到来，
> 大海从来不骗人，从不骗人是大海。[66]

1852 年 12 月，政变一周年，第二帝国实行部分大赦，要写悔过书，保证不反对帝制。702 名流亡者思乡心切，返回法国。雨果作为回答，写下这首气壮山河的《最后的话》，"我就是最后一名！"是诗人的自我写照：

> 法兰西！我会忘记一切，但责任为大，
> 我将把我的营帐扎在不幸者中间，
> 我始终是流亡者，但永远不会倒下。
>
> 我接受流亡生涯，即使它没有尽头；
> 我根本不想知道，我也不想去思量，
> 是否有人本指望留下，却已经远走，
> 是否某人本以为坚定，却已经投降。

如果还有一千人，那好，就有我一份！
即使还有一百人，我要和暴君拼命！
如果剩下十个人，我就是第十个人！
如果仅有一个人，我就是最后一名！ [67]

《惩罚集》的一个亮点是史诗的灵感。主要有两首长诗：《致盲从的军队》和
《报应》。《致盲从的军队》从歌颂法国大革命开始：

"义勇军将士们，"大革命向他们呼喊，
"为解放兄弟的各国人民决一死战！"
　　　他们高兴地回答："行。"
"出发，年老的战士，嘴上无毛的将军！"
于是，这些赤脚的大兵去建立功勋，
　　　向惊讶的世界挺进！

他们不知道何谓心惊，又何谓胆战。
如果这些天不怕、也地不怕的好汉，
　　　在豪迈的行军途中，
回头一看，伟大的共和国在向他们
指指头上的天顶，那他们毫无疑问，
　　　会攀登上蓝天碧空！ [68]

诗人又以替天行道的姿态，独自深入魔窟而结束：

上帝啊，我的上帝！请借我你的威力！
我平民百姓走进这科西嘉人家里，
　　　来到这个畜生面前；
挥舞我阴森森的圣火燃烧的诗稿，
走进他家里，主啊，我心中怀着公道，
　　　而我的手里握着皮鞭，

我翻卷我的衣袖，仿佛驯兽师来到，
恶狠狠独自一人，神圣的怒火中烧，
　　挥动着死者的尸衣，
像个人见人怕的冤家，一心想复仇，
要一脚踢倒魔窟，要一脚踩死野兽，
　　踢倒帝国，踩死皇帝！ [69]

《报应》是写拿破仑的史诗，写拿破仑失败的史诗，先是莫斯科的溃败：

天下着雪。有人被自己的胜利打败。
雄鹰可是第一次低下自己的脑袋。
阴暗的日子！皇帝缓步地在往回走，
把熊熊燃烧着的莫斯科留在身后。……
这已经不是军人，没有热乎乎的心；
这是莫名其妙的梦在浓雾中行进，
是昏黑的天宇下，一队朦胧的黑影。
漠漠无边的孤独，模样可怕又狰狞，
处处是孤独这个无声的复仇女神。
老天静静地用雪，雪积得又厚又深，
正为浩大的军队缝制浩大的尸衣……
一万人躺下睡觉，只有一百人醒来。[70]

接着是滑铁卢的灾难：

全体人马，不问是新兵，不问是老将，
都知道自己将在这番壮举中送命，
向站立在风暴中自己的天神致敬。
异口同音齐声喊，高呼道：皇帝万岁！
于是，大家都笑迎英军的炮弹横飞，
沉着平静，却慢步行进，由军乐开路，

12 | 雨果绘画:《林园集》卷首
插画

大家都从从容容，走进面前的火炉。
拿破仑紧紧盯着自己的近卫军，唉!
他注目凝视，但见将士们刚刚出来，
阴沉的大炮喷出滔滔不绝的硫黄，
这些钢筋铁骨的部队兵强又马壮，
在这无底深渊里顷刻间化为乌有，
如同一团蜡，接近火炭时融化成油。
人人手持武器，头颅高昂，不拔坚挺。[71]

最后是"这仅次于上帝的神"在圣赫勒拿岛的落寞和屈辱:

当北风不再呼啸，在茫茫大海之边，
下临嶙峋的怪石，在悬崖峭壁之上，
他独自行走，沉思，四周是滔天浊浪。
高傲，忧伤，眼望着山高、海阔和天远，
眼里却为往昔的战役而头晕目眩，

他不禁浮想联翩，他不禁思潮翻动。

伟大、光荣皆成空！造化却从从容容！[72]

《报应》一诗，客观上印证了马克思在《路易·波那巴的雾月十八日》一书中的一段话："黑格尔在某个地方说过，一切伟大的世界历史事变和人物，可以说都出现两次。他忘记补充一点：第一次是作为悲剧出现，第二次是作为笑剧出现。……侄儿代替伯父。在雾月十八日事变再版的那些情况中，也可以看出同样的漫画！"[73]

《惩罚集》的《光明》是一首雨果的《欢乐颂》。

未来的时代！春暖又花开！
各国人民都已脱离苦海。
走完了沉闷的沙漠茫茫，
黄沙过后，会有茸茸青草；
大地如同新娘一般美好，
而人类将是定亲的新郎！[74]

诗人在流亡中，"我眼睛注视着天顶！"雨果的政治讽刺诗里，有一颗纯粹的抒情灵魂：

啊，流放犯！流放犯！流放犯！这是天命。
涨潮时冲上来的垃圾，待日上天顶，
　　到退潮时又被卷走。
艰难的岁月不计其数，肯定会过完，
各国欢乐的人民思念起往日心酸，
　　会说：往事去而不留！

幸福的时代不仅为法国闪闪发光，
而是为大家。将会看到，最后的解放
　　只给过去带来晦气，
全人类放声歌唱，鲜花撒满了全身，

仿佛主人曾经被赶出自己的家门，
　　返回已荒芜的家里。
暴君们如同流星，会一颗一颗陨灭。
这仿佛就像出现两股曙光，从黑夜
　　升起在同一个碧空，
我们会看到你们脱离眼前的苦海，
也伴有两道霞光：人与人相亲相爱，
　　及上帝的慈爱无穷！

对，我向你们宣告，对，我向你们重复，
因为，号角再告示，因为，喇叭曾宣布：
　　一切是和平，是光明！
自由了！再也没有无产者，没有奴隶！
啊！上天莞尔微笑！啊：天国对于大地
　　倾倒下庄严的爱情！

"进步"这一棵圣树，从前是画饼充饥，
欧洲有遍地浓荫，美洲有浓阴遍地，
　　在旧的废墟上成长，
白天，树丛中烟气氤氲，祥云悠悠，
大树上下，有白鸽成群，立满了枝头，
　　夜里，星星缀满树上。

而我们，也许已在流亡中成了死鬼，
成了烈士，而人类再没有主人淫威，
　　面目一新，抖擞精神，
这棵大树与天国毗邻，为天国钟爱，
我们在树底下的坟墓里将会醒来，
　　一定要吻一吻树根！[75]

我是热血沸腾的诗歌啊！各国人民！

《惩罚集》《晨星》

O nations ! Je suis la Poésie ardente.

《*Châtiments*》《*Stella*》

《静观集》

　　《静观集》不是流亡生活的产物。1854 年 2 月 21 日，雨果在致友人信中说："发表一册平静的诗的时刻可以说到了。《惩罚集》之后，是《静观集》。红的效果之后，是蓝的效果。"[1] 他给出版商埃采尔（Hetzel）写信："要有大动作……我把本来备用的东西全盘托出，让《静观集》成为我最完整的诗作……《静观集》将是我的大金字塔。"[2] 全书完成，近 11000 行。雨果致友人的信中强调："只有读完最后一行诗，第一行诗的意义才完整。诗在外面是金字塔，内部是拱顶……在拱顶和金字塔这类建筑物里，每一块石头都是互相关联的。"[3] 1856 年 4 月 23 日，《静观集》在巴黎和比利时同时出版，受到出乎意外的欢迎。

　　诗集分六大部分："曙光初照"，"心花盛开"，"斗争和沉思"，"写给女儿的诗"，"征途漫漫"，"无穷的边缘"。六部分的内容构成一个人的完整的一生。雨果在序言中说："这也许可以称之为《灵魂回忆录》（*Les Mémoires d'une âme*）。"[4] 雨果估计到自己会在孤岛上客死他乡，才有此最后的"全盘托出"。

　　雨果在诗集中有三个鲜明的形象：父亲，作家和先知。父爱的流露最诚挚感人。雨果对自己的斗争轨迹，作了精彩的总结。诗人认真地用诗句建立其惩恶扬善的宗教哲学体系，宣扬爱的福音。其中有雨果的理论，也有当代包括傅立叶主义在内的各种思潮的影响。"无穷的边缘"里启示录式的诗篇，往往阴风凄凄，寒气逼人，

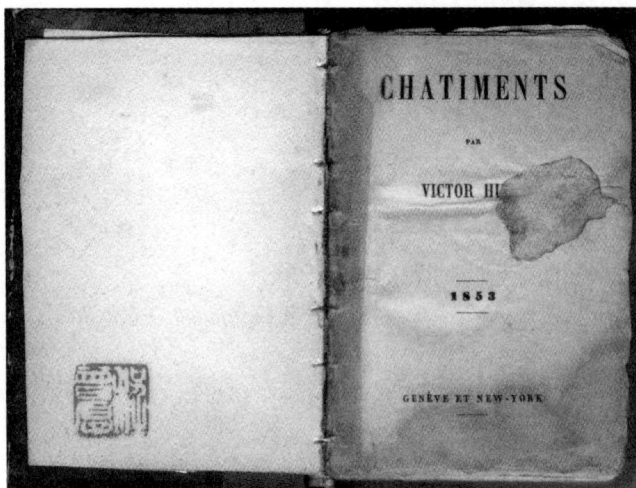

但 20 世纪很受行家的重视和欣赏。

《静观集》的译名是旧译。"静观"的意思指思想集中专注于自己审视的事物，最后能超越眼前的事物而达到某种觉悟。可以说，"静观"的含义比通常意义上的"沉思"更加深沉。雨果在诗集的长诗《小中见大》中有句曰："静观事物，越是专心，／最后会对事物视而不见。"[5]

"曙光初照"的年代，《答一份起诉书》有意使用政治术语，总结浪漫主义在法国文学史上取得的胜利。诗人表明：文学斗争是政治斗争的延续，他当年致力于文学创作的解放，和今天致力于民主、自由的政治斗争，前后是一致的：

> 时代继续向前进，要走出一座教堂，
> 为了走进另一座教堂，更文明健康……
> 我可曾经刮起过一场革命的风暴。
> 我给古老的词典戴上了一顶红帽。……
> 宣布词和词之间平等，自由和独立。……
> 既然解放了词汇，也就解放了思想。[6]

《写给女儿的诗》收诗 18 首，《静观集》出版后，同时代人认为这是诗集中最感

02 | 纪念雨果爱情的长诗《奥林匹欧的悲哀》的铭牌

03 | 《惩罚集》《四日晚上的回忆》的塑像，今存雨果故居

人的部分。下面 12 行小诗，写诗人当年 45 岁，在山野间长途跋涉，为夭折的女儿上坟。慈父爱女之心，跃然纸上：

> 明天天一亮，正当田野上天色微明，
> 我立即动身。你看，我知道你在等我。
> 我穿越辽阔森林，我翻爬崇山峻岭。
> 我再不能长久地远远离开你生活。
>
> 我将一边走，眼睛盯着自己的思想，
> 我对外听而不闻，我对外视而不见，
> 我弯着腰，抄着双手，独自走在异乡，
> 我忧心忡忡，白昼对我将变成夜间。
>
> 我将不看黄昏时金色夕阳的下沉，
> 也不看远处点点飘下的白帆如画，
> 只要我一到小村，马上就给你上坟，
> 放一束冬青翠绿，一束欧石南红花。[7]

"征途漫漫"是成熟的人生。《写在一八四六年》与其说是 1846 年前的政治总结，不如说是 1854 年后的政治纲领。

> 每个人从各自的黑夜里走向光明。
> 第二颗灵魂嫁接上了第一颗心灵；
> 总之，同一枝植物，但花朵已经不同。……
> 因为小鸟在过去如同被关在笼中，
> 我不得不在笼里长出全身的羽毛，
> 然后再飞进树林，然后再飞上树梢……
> 我开始没有学好本世纪这门学问，
> 因为我在保王派歌声中牙牙学语，
> 我就应该一辈子生活得像头蠢驴？ [8]

> 侯爵，我二十年来心中唯一的思想：
> 是为人类的事业服务，如今天一般。
> 生活是一座法院；弱者竟然和坏蛋
> 彼此捆绑在一起，被带上法庭受审。
> 我写作品和剧本，我用诗句和散文，
> 来为小百姓讲话，并为穷苦人辩护；
> 去向富人家恳求，还向狠心人疾呼 [9]……
> 啊！不论命途多舛，也不论面子全丢，
> 我的这一颗良心永远也不会低头；
> 我前进，从从容容，我自信，不屈不挠；
> 我不论命运好坏，也不论何时来到，
> 不论被打入地下，不论被捧到天上，
> 不论黎明和黑夜，不论雨骤或风狂，
> 我永远有远方的忠告，永远有光明，
> 我永远看到前面有我亡母的眼睛！ [10]

"无穷的边缘"今天受到研究家的重视。说雨果是启示录式的诗人，说雨果是鬼魂诗人，主要是针对《静观集》的这部分说的。收诗 26 首，从篇幅上说，我们已有的译诗和尚待翻译的诗篇，几乎是一半对一半。

　　《我要去》是一首融人生哲学和社会哲学于一体的"启示录式"的长诗。诗人为追求生活和斗争的真理，以咄咄逼人的气势，表达要和天公一比高低的决心。雨果身处逆境，但他的拼搏精神在这首气势磅礴、想象雄奇的诗中得到充分反映。有人认为，《我要去》是"对超人最好的赞美诗之一。"

　　　"理想"，神圣的美，你在苦命
　　　　　的人心中萌芽，
　　　"理想"，你使英雄豪杰坚定，
　　　　　你使人心伟大，

　　　我是一只大鸟。……

　　　我有翅膀。我向往着顶点；
　　　　　我会飞得很好；
　　　我的翅膀可以搏击蓝天，
　　　　　可以穿越风暴。……
　　　你们知道，心灵多么坚强，
　　　　　只要上帝撑腰，
　　　敢在任何事情上去较量！
　　　　　你们也都知道，

　　　我要走遍蓝天里的栏杆，
　　　　　我在空中行走，
　　　借通往群星的长梯登攀，
　　　　　脚步决不发抖！……

　　　要让人民从苛政的蹂躏
　　　　　中能摆脱出来，

要让这受罪的伟大人民

　　知道这张大牌！……

我这个精灵永远向前进，

　　谁也无法拦阻，

我的灵魂时刻准备接近

　　耶和华这天主；

我是个不留情面的诗人，

　　做人责任为大，

和痛苦共呼吸，军号阴森，

　　借我的嘴说话；

我爱沉思，我把活人的事

　　——放在心上，

我撒给东西南北风的是

　　我可怖的诗行；[11]

　　《麻葛》是又一首启示录式的抒情颂歌。长诗 710 行，主题是歌颂广义的诗人及其神圣的使命。"麻葛"本义是波斯拜火教的祭司，在诗中指诗人和作家，以及哲学家，艺术家，科学家，探险家，《圣经》中的先知占有不小的比重。诗中先后列举 80 余人。但是，带领人类前进的"麻葛"中，没有军事家，没有帝王将相。诗人受命于天，身负神圣的使命，雨果流亡前写过《诗人的职责》。但普遍认为，像《麻葛》这般高瞻远瞩，气势宏大，可谓空前。雨果在《麻葛》中阐明的思想，在 1864 年出版的《莎士比亚论》中还有发挥。诗人的小女儿留下一部《阿黛尔日记》，1854 年 4 月记下了雨果的一段表白："经历了人们通常称之为荣华富贵之后……我现在在流亡；我在流亡中失去了人的特征，而具有了使徒和祭司的特征。我是祭司。"[12]

　　接着，恍若这是一个梦境，

多少眼睛闭上，心儿不跳，

而海滩上又一遍遍历经

阵阵波涛，波涛，还是波涛，

在命中注定的山洞里面，

由闪闪发亮的手指一点，

大家终于找到一个超人，

手里紧握着天使的羽毛，

在撰写云蒸霞蔚的书稿，

在勾画熊熊燃烧的奇文！

他紧握铁拳，支撑着下巴，

他沉思，他运算，忧心如焚；

此人在说：我是莎士比亚。

此人在说：而我，我是牛顿。

而此人在说：我是托勒密；

他在合上的巨大的手里，

握住了一个黑夜的地球。

此人说：我是琐罗亚斯特；

他的眉宇下有星辰一颗，

他的头颅下有蓝色宇宙！ [13]……

深夜，赫歇尔在工作平台，

他独自借助巨大的透镜，

在追踪独一无二的存在，

靠这只晶莹的玻璃眼睛；

他在上面的世界看上帝，

而显微镜十分奇妙稀奇，

在注视下面的微乎其微，

为深不可测而感到恐怖，

窥视着小而又小的怪物，

彼此乱糟糟地又打又追! [14]……

来吧，伏打! 请你快快出现，
制伏"电流"这地狱的火川!
来吧，富兰克林，你看"闪电"。
请快来，富尔顿，镇住"急湍"!
卢梭，把"仇恨"紧紧地抓牢。
"奴隶制度"挥动它的镣铐;
伏尔泰啊，要对贱民相帮!
泰伯恩得意，而"沙滩"在笑，
"隼山"这恶狗在猖猖吠叫，
啊! 贝卡里阿，人们在死亡! [15]……

头上是高大的高加索山，
人类由觉悟的哲人指引，
世世代代以来，不畏艰难，
人类在沉思着向前迈进;
人类在大地上前走，他走
进黑夜，走进茫茫的宇宙，
他走进无限，他走进有限，
走进蔚蓝，走进惊涛骇浪，
借助普罗米修斯的火光，
解放者的身上绑着锁链! [16]……

你们和曙光的额头相撞，
巨人们啊，一缕缕的金光，
还留在你们的头发上面! [17]……

去拜访星星，自己是火光;
自己告诉自己：我是翅膀;

自己告诉自己：我有蓝天！ [18]

《黑暗的大口在说话》将近800行，是雨果长期酝酿的哲学、宗教、伦理和社会思想之集大成。雨果的许多思想可在长诗中找到根据，得到印证。雨果1855年10月3日自称："最后一篇是我的启示录。……有多少有识之士能喝这杯苦酒，我不知道。"[19] 对灵魂不灭的信仰，对通灵哲学的兴趣，在19世纪作家中并非个别现象。雨果认为"万物有灵魂"。上帝

> 他把生命造得绚丽，纯洁，可爱，漂亮，
> 但并不完美……
> 造物应该不完美，深沉啊，才能存在。[20]……
>
> 生灵自由，知道恶何处始，善何地终；
> 生灵的行为就在审判自己。
> 　　　　　　不论谁，
> 是善人，还是恶人，就够了。他的作为，
> 美德，把我们解放；罪行，让我们坐牢。
> 生灵打开自己的大书，自己不知道；
> 他平静的良心在大书上按下指印，
> 证明恶行大小，或上帝欠他的金银。
> 有所作为，相应地或有福，或是遭殃；
> 可以是一颗火星，可以是一点泥浆；
> 是光明，或是污水，是天使，或是匪徒；
> 这就是浩然长梯。我对你再说清楚，
> 万有的生命通过无穷的领域上升，
> 也可以永远下跌，一层下又是一层，
> 从污浊的黑夜可升到美丽的蓝天。
> 通过长梯的生灵变得邪恶或成仙。
> 欢乐在高处翱翔，恐怖在低处爬行。
> 根据灵魂的爱心，是否在渴求光明，

是否恭顺，善良和清正，向理想靠拢，

或是否卑鄙龌龊，因罪恶迟钝臃肿，

可在无止无境的生命里飞升，驰骋，

也可以堕落；万物乃是自己的天秤。

上帝不审判我们。生活时我们人人

在称量自己，每人根据体重而下沉。[21]

诗人警告："仿佛得意忘形时，其实福兮祸所伏"[22]，"人是灵魂的监狱，兽是苦役犯工场，／树是灵魂的囚室，石头则是其地狱"[23]。雨果也提到"印度对灵魂转生从前几乎已领会"[24]。

诗人的政敌、天主教作家巴尔贝·多尔维利（Barbey d'Aurevilly）别有用心地预言："《静观集》以后，雨果先生就不存在了。谈起雨果，就会像谈起一个死人一样。"[25] 他错了。政治家雨果没有死，而文学家雨果的黄金时代才刚刚开始。

《历代传说集》

　　《历代传说集》是雨果作为史诗诗人的重要作品。1859 年 9 月 26 日出版"初集"，收诗 31 首，8000 余行。1877 年出版二集，1883 年出版三集。评论界和读者最喜爱的佳作，绝大部分是"初集"的作品。"初集"的创作时间相对集中，风格比较统一，内容更符合"小史诗"（petite épopée）的体裁。

　　《历代传说集》是一部人类发展和进步的史诗，从开天辟地的亚当、夏娃，写到"20 世纪"科学技术的发展，预言人类航天事业的到来。诗集既有叙事为主的"小史诗"，也有反映诗人个人宗教哲学思想的作品。雨果从一开始就重视《历代传说集》的统一性和完整性，诗人的创作有一条红线贯彻始终。文学史家朗松（Gustave Lanson）认为，这是"史诗传统的形式包含了一个抒情的灵魂。"[26]《历代传说集》的灵魂是什么？是雨果一生关于人类不断"进步"的哲理思考。

　　雨果认为，人类的历史是人类良知的觉醒和完善的历史。在诗人看来，人类的历史发展，是善战胜恶，自由克服暴政，科学取代愚昧的历史，最后提出爱的哲学以拯救世界和人类。可以说，《历代传说集》写"人类一个个世纪的发育成长，人从黑暗向理想升华，尘世的地狱变成天堂，自由缓慢而最后开花结果……"雨果还有一个著名的比喻：《历代传说集》"是在传说的大门口听到的历史"[27]。

　　但是，人类历史上有一些重大事件，连法国和欧洲历史上的重大事件，如圣女贞德，如哥伦布发现新大陆等，在诗集里没有得到反映。

　　《产生本诗的幻象》说："我做个梦：历代的墙出现在我面前。"[28] 我们记得，30 年代有《幻想之坡》，写出诗人头脑里出现的森罗万象。《产生本诗的幻象》意象更加诡谲，并有一条红线贯穿其中。文学史家认为：《历代传说集》有三首长诗，是三个文学"神话"。本诗是第一首，另外两首是 16 世纪的《林神》和 20 世纪的《天苍苍》。

　　《女人的加冕礼》是《历代传说集》的开篇之作。雨果笔下的《创世纪》和《圣经》并不相同。全诗不仅是对女人的礼赞，首先是对创造的礼赞，对光明的礼赞：

　　　　曙光初照。这可是多么美丽的曙光！
　　　　令人眼花缭乱的深渊，又无限宽广；

这是灿烂的光辉，充满和平与仁爱。
这是在地球鸿蒙初开的创始时代，
清光夺目，这上帝仅有的可见精英
闪耀在明净透彻、不可企及的天顶。
黑夜和迷雾都被灼灼的光华沉浸，
蓝天里雪崩似的摔下来无数金银。[29]……

伊甸乐园赤裸而贞洁，懒洋洋醒来。
鸟儿咿咿呀呀的颂歌是如此可爱 [30]……

《波阿斯入睡》是一则脍炙人口的《圣经》故事。波阿斯是大卫王和耶稣的远祖：

他一袋袋的粮食像是公共的水池，
总是向着穷苦的人家哗哗地倾倒。

波阿斯是好东家，又是可靠的长辈；
虽然他勤俭持家，但乐于慷慨行善；[31]……

八旬老人和帮工的年轻女亲戚路得在打麦场上的野合，被诗人写得诗意盎然：

雪松可感觉不到树下有一朵玫瑰，
他未曾感到脚边还睡着一个女人。[32]

"小史诗"的结尾，诗评家都击节叹赏。路得事后躺在地上，抬起天真的眼睛，仰望夜空里金色的月亮：

她透过面纱，半张眼睛，在仰望重霄，
哪位神，哪个农夫，在此永恒的夏天，
收获后，马而虎之，回家时，心不在焉，
在星星的麦田里，丢下这把金镰刀？[33]

05 | 《历代传说集》中《穷苦人》的油画，今存雨果故居

　　《林神》代表 16 世纪，代表人类思想解放的世纪。人摈弃中世纪的神学观念，重新确立对人自己和世界进步的信念。雨果认为，世界创造以后，人开始了堕落的过程，人重新拥有灵魂，充分发挥其精神力量后，通过对物质的驾驭和利用，解放自己，推翻"国王"和"众神"，完成精神的解放，打倒一切奴役自己的力量，达到自由的境界，走向普天之下的和谐，进入光明的未来。《林神》歌颂人的精神胜利。但是，长诗《林神》长 726 行，结构和形象不无复杂之处，有精妙的诗句，也有怪诞的意象。"人"取得和"神"平起平坐的地位：

　　　　众神啊！树木神圣，兽类神圣，你们看，

　　　　人也神圣；请你们尊敬深远的大地！

　　　　地上，人可能是巨人，却隐藏在胎里，

　　　　人创业，人还建造，人奠基，人还发明 [34]……

　　莫洛亚的《雨果传》特别欣赏《林神》的结尾部分：

世界，一切恶源自众神有人的外形。

他们制造出黑暗，使用的却是光明；

为何在生命之上要安排几个鬼魂？

光明和大气清纯不应由帝王独吞。

要有黑色、蓝色的天宇，有晨午昏晓，

让一切熙熙攘攘，永远地乱翻乱搅！

要有神圣的原子，或燃烧，或是流淌！

要有普天之下的灵魂，并大放光芒！

战争，这就是国王；黑夜，这就是神明。

摧毁教条，再建立自由、信仰和生命！

要处处都有光明，要处处都有天才！

爱情！万物都和谐，万物会相亲相爱！

蔚蓝的天空将使狼群都安静文雅。

要一切！我是潘神；朱庇特！给我跪下。[35]

长诗《穷苦人》编排在"19世纪"和"20世纪"之间的"现在"时段。《穷苦人》是一则海边穷苦的渔夫相互帮助的感人故事，丝毫没有历史的背景和氛围。如何理解雨果把一则穷人的日常生活，列入"史诗"的范畴？雨果写的是精神史诗，人与人之间友爱互助，人性出现大美，这是历史的进步，具有史诗的意义。《穷苦人》闪出人性的美：漆黑的夜里，丈夫出海打鱼，渔妇燕妮家有五个小孩，这一窝宝贝在沉睡。邻居家的寡妇在破屋子里奄奄一息，脚边有一男一女两个孩子：

母亲感到快死去，在她孩子的脚边，

压上她那件披风，身上盖她的大衣，

正是为了在死神前来行凶的夜里，

两个孩子可以有足够的衣服御寒，

让他们在她自己冰凉时感到温暖。……

不时有一滴雨水掉在死者的脸上，

从她脸颊上滑下，就变成一滴眼泪。[36]

燕妮不顾养不活自家五个孩子的穷日子，不顾打不到鱼的丈夫会责怪，在风雨中把死去的寡妇的孩子抱回来，对丈夫说："'你瞧，'她拉开床帏，'他们俩已经睡觉！'"

从法国史诗创作的角度看，波德莱尔在其《浪漫主义艺术》中认为："维克多·雨果写出了他这时代由一个人为他同时代的读者所能写出的唯一一篇史诗。"[37]

《林园集》

雨果流亡以来，先是颠沛流离，继而整整七年间，笔耕不止，埋头写作。1859年6月29日，雨果从根西岛致信出版商埃采尔："我们这儿天气晴朗。岛上一片绿茵，我像牛一般在草地上耕耘。我不仅吃吃青草，虽然我饱餐鲜花和露水。将会有一小册集子出来，书名《林园集》。"[38]《林园集》最后于1865年10月25日问世。其实，从1859年至1865年，雨果又出版了长篇小说《悲惨世界》，完成长篇小说《海上劳工》，出版文艺论著《莎士比亚论》。《林园集》的原名直译是《街道和树林歌曲集》。集中的诗篇并非"歌曲"体裁，内容也很少涉及"街道"，今意译作《林园集》。

《马》是序诗，诗人说："神马在《启示录》中进出"[39]，指雨果写了很多启示录式的诗歌。现在写《林园集》是休息：

我低下头，沉思着牵出
这匹出入深渊的烈马，
远离罪行、帝王和痛苦，
追求牧歌、草场和鲜花。[40]……

——你干什么？维吉尔问我。
我回答，而我从头到脚，
溅满这机灵鬼的口沫，
——老师，我让飞马吃青草。[41]

《播种季节的黄昏》是集中著名的短诗。诗人发现普通劳动者平凡的劳动里，具有某种神圣性。

> 这时候，已是夕阳低垂。
> 我坐着，头上有座门洞，
> 我赞美这片落日余晖，
> 照亮最后一刻的劳动，
>
> 一个衣衫褴褛的老人，
> 将收获大把撒向田垅，
> 此时，大地上夜色深沉，
> 我静静注视，心情激动。
>
> 精耕细作的田里升起
> 他高大而黑黑的身影。
> 我们感到，他毫不怀疑：
> 时光带来丰收的前景。
>
> 他在这片旷野上走动，
> 手撒了又撒，反反复复，
> 走去走来，向远处播种。
> 黄昏张开了重重夜幕，
>
> 夜籁声起，黄昏的黑影
> 使播种者的庄严风姿
> 似乎更高大，直逼星星，
> 我这无名过客在沉思。[42]

流亡后

《凶年集》

《凶年集》中的"凶年"，指法国的 1870 年 8 月到 1871 年 7 月。这一年，法国历史上出现两次大地震。先是普法战争，第二帝国覆灭，法国战败。接着是巴黎公社，19 世纪的革命，法国的革命，至此达到高潮，也从此结束。

雨果结束流亡生活，返回祖国。祖国山河破碎，危在旦夕，巴黎全城被普鲁士军队围困。爱国爱民，是诗人的天职。《凶年集》中，爱国主义是高昂的基调，尤其是前半部。

雨果对巴黎公社的基本立场，是一个爱国主义者的立场。雨果并不支持先是软弱、继而投降的"国防政府"。但他认为，法国刚刚战败，大敌当前，重兵压城，国内的社会问题应该服从外敌入侵的严重形势。雨果 10 月 8 日手记："推翻政府的危害比维持政府的危害更大。"[43]

雨果欢呼巴黎公社的成立，但认为时机的选择是错误的。1871 年 4 月 28 日，雨果表示："我在原则上赞成公社，在实施时反对公社"[44]。公社的事业失败，雨果挺身而出，甘冒天下之大不韪，庇护出逃的公社社员。雨果不赞成巴黎公社的革命暴力，更谴责凡尔赛政府的暴力镇压。在这一点上，雨果在敌人和朋友双方，都是孤立的。

雨果是站在历史潮流前面的诗人。诗人不仅以历史的见证人，更以历史的参与者，写下这册充满爱和恨，充满火与血的《凶年集》。《凶年集》的内容是历史，形式似日记。"凶年"逐月展开，共收诗 97 首，加上序诗，引诗和尾声，合成百首的整数。日记诗是没有推敲的，没有修饰的。我们避免引长诗的全文，尽量摘取诗人的片言只语。但见诗人胸中的思绪，涌来笔端：

引诗

我准备着手叙讲惊涛骇浪的一年，

可我又犹豫不决，把臂肘支在桌边。

是否必须往下写？我是否应该继续？

法兰西！看到天上有颗星星在下去！

伤心啊！我已感到奇耻大辱在登台。

苦恼！一个灾难才走，一个灾难又来。

没有关系。继续写。历史需要我写成。

本世纪已经到庭，我是世纪的见证。[45]

1870 年 11 月 1 日，雨果走上《从巴黎城墙上远望》，夜色即将降临：

小草在阵阵战栗，小鸟在声声悲鸣。

黑夜就这般阖上，如同是一座监牢。

我慢慢走。当我向地平线抬起眼睛，

夕阳已经只剩下一柄红红的血刀。[46]

雨果把朗诵《惩罚集》的收入，捐出购置大炮。12 月 4 日，赋诗一首：
《致维克多·雨果号大炮》：

我祝福你。你要为保卫巴黎去厮杀。

大炮啊，在内战中你可要一言不发……

我们要相互补充和交换，我的肉身

要你的铁骨，你的铜胎要我的灵魂。[47]

是年冬天，冰天雪地。12 月 8 日，诗人在《国殇》以白描的手法，描写战场上
殉难的士兵：

他们已经长眠在恐怖、孤独的战场。……[48]

为国捐躯的人啊，我对你们好妒忌。[49]

1871 年 1 月 28 日，国防政府签署停战协定，诗人在《投降》中，酣畅淋漓地发
泄心中的愤懑：

正当全体公民中人人都脸不变色，

正当有三十万人等突围，跃跃欲试，

而这一大堆军人却交出这座城市！

人民！他们借你的忠诚、骄傲和愤怒，

借你的勇气，反而一个个成了懦夫，

人民啊！看到这么巨大的光荣化作

这么巨大的耻辱，历史将气得哆嗦！[50]

巴黎公社期间，雨果写了四首诗，反对内战，反对自相残杀。《呐喊》是第一首：

拉丁人反对罗马，希腊人攻打雅典！[51]

你们蹂躏的国家，正是自己的国家！

这位流血的母亲，正是你们的母亲！

无依无靠的妇女，儿童，贫穷和饥馑，

劳动者没有面包，问题又多又可怕，

一个个难以解决，你们却自相残杀……[52]

法兰西丧权辱国，杀害自己的灵魂，

巴黎咽气，星星无光，他们可以忍受

敌人可怕的狞笑，并没有气得发抖。[53]

4月5日，公社决定处死人质，诗人以第二首《不要报复》回应，其实是
"苦谏"：

我在胜利时忠于我失败时的思想。

不需要，我不需要你来警告我，上帝；

像没有两个太阳，我没有两种正义；[54]

雨果认为敌人的自由和我们自己的自由是同等重要的："我会去拯救犹大，如
我是耶稣基督。""我不要权势，只做一块无瑕的白壁，／我永远也不放弃清清白白

的权利。"[55]

"同等报复"（talion）是古代先民认为是公平合理的报复思想，即所谓"以牙还牙"。雨果写第三首《同等报复》：

> 别人焚烧图书馆，我就焚烧一座桥。
> 别人杀一个上校，我杀一个大主教……
> 你向祖国开刀，好，我来个一气呵成！……[56]

诗人哀叹："不公不正，使一切都成了一句空话！／讲原则，这是一切高峰绝顶的灵魂，／如今已不见，我们今后又如何做人，／再谈进步，再谈公平，还要再谈正义？"[57]

第四首是《两件战利品》，指巴黎的两处历史建筑：凯旋门和旺多姆铜柱。公社4月12日，决定拆毁旺多姆铜柱。雨果十分不安，挥笔写成此诗。而凯旋门为政府军炮火擦伤，并不严重。诗人避免单独谴责公社，将两者相提并论。

> 好吧。这两个政权都有冲天的怒气，
> 一个政权有法律，一个政权有权利；
> 凡尔赛掌握教区，巴黎有巴黎公社；
> 但是在两者之上，法兰西只有一个；
> 而正当双方应该为对方感到悲伤，
> 现在就非要自相残杀，就非要打仗？
> 选择斗争的时机是否又选得很好？[58]……
> 这一方毁凯旋门，那一方砸青铜柱！[59]
>
> 《马赛曲》使愚昧的旧世界吓得发抖，
> 在此地化为青铜，在此地化为石头；
> 这两座丰碑发出同一声呼喊：解放！
> 怎么！我们自己亲手把法兰西埋葬！[60]……

诗人最难受的是"我们的光荣受到我们的攻击倒下！／上下左右远近打，砸烂我们的光荣，／而这一切，普鲁士清楚地看在眼中！"[61]

巴黎公社失败。5 月 27 日，雨果声明："庇护权是古老的权利。这是不幸者神圣的权利。……这项庇护权，比利时政府拒绝给予战败者，我来提供。……我在街垒广场四号提供庇护权。"[62] 当夜，暴徒袭击雨果的住宅。诗人在《布鲁塞尔的一夜》说得轻松：

> 习惯习惯小小的意外事故很必要。
> 昨天有人想到我家里，要把我干掉。……
> 我，加上四个妇女，加上乔治和让娜，
> 这就是我们这座堡垒的全部驻军。[63]

雨果在《有一天，我看到血到处在滴滴答答》中，提到自己狼狈不堪的处境：

> 于是，我成了众矢之的，过街的老鼠。……
> 群众也嘘我，如嘘一个垮台的暴君；
> 有人在街上向我挥舞拳头；我看到
> 几多老朋友无可奈何，掉转头而跑。……
> 都冲着我喊：凶手！犹大对我说：叛徒！[64]

在《他们庆贺我仁慈，唱了一支小夜曲》里：

> 他们在我的名字上面把警钟狠敲。
> ——杀人犯！你这凶手！纵火犯！你这强盗！——
> 经过这一场决斗，我们都不改本色；
> 他们白得像乌鸦，我呢，黑得像天鹅。[65]

雨果在《我任何人也不要谴责，凄惨的历史》不问是与非，他只看到：

唉！制造孤儿的人，他们有多么不幸！
不幸！不幸！真不幸！有的人制造寡妇！[66]……

这哲人经过沉思，有个发现很意外：
谁也没有罪。[67]

雨果在《两种声音》里，以自己"高昂的声音"回答世俗"明智的声音"。雨果对公社的态度，连往日政治上的盟友，连文艺界的好友，都不能理解，不能接受。女作家乔治·桑曾以沉痛的心情，以激动的言辞，批评这首《两种声音》："站在天平一边的盘子里是个错误，再压上天才、功绩和荣誉的全部分量，则错误就更加严重。"[68] "明智的声音"说：

诗人啊，你在追求理想，却失去现实。
你没有现实。你的一切都得不偿失。
正在跌倒的事物，你就让他去跌倒！

06　｜　诗集《祖父乐》的铜版画

07 | 雨果和孙子乔治、孙女让娜的照片

你的倾向总是向倒下的人物奔跑，

这样的话，你永远不会赢，而只会输。

心肠太高尚的入，智力又往往不足。

真得过头的真理，几乎和谎言一样。[69]

诗人的回答："我乃是一颗良心"[70]。阿尔布依在分析了雨果对巴黎公社的复杂态度后认为："我们无意冒犯路易丝·米歇尔、让－巴蒂斯特·克莱芒或欧仁·鲍狄埃，简直可以说雨果是唯一的巴黎公社诗人。"[71] 诗人阿拉贡对《凶年集》曾有惊人之语："我也是主张把此书放在比《惩罚集》更高的地位上。"[72]

《祖父乐》

《祖父乐》于 1877 年 5 月出版。

雨果是牵着孩子的小手、把孩子带进法国诗歌园地的诗人。孙子乔治 1868 年出生，孙女让娜在 1869 年出世，是长子夏尔和儿媳艾丽丝的子女。1871 年，夏尔脑溢

血逝世，两年后次子弗朗索瓦－维克多病逝，儿媳于 1877 年再醮。乔治和让娜成了雨果在世界上唯一的亲骨肉。

《祖父乐》是年过七旬的老祖父记叙自己关爱儿孙，并乐在其中的抒情诗集。但是，仅仅把《祖父乐》看成是老诗人歌颂儿童的作品是不够的。《祖父乐》还是一部具有政治色彩、含有政治寓意的诗集。《祖父乐》的原题直译是《做祖父的艺术》。

《乔治和让娜》的男女主角入场：

> 一个小孩足以使我这人神魂颠倒，
> 我有两个，乔治和让娜；他是我向导，
> 她是我光明，他们一喊，我紧紧相随，
> 因为让娜六个月，因为乔治才两岁。[73]……

> 我身上有的欲望，计划，荒唐的事情，
> 高明的作为，遇上他们温柔的闪光，
> 一切冰消，我变成糊涂虫，迷迷惘惘。[74]……

《打开窗子》有副题："晨睡未起"。老诗人听到 20 多种动态的声音，给我们描绘了一幅盛夏时节小海港清晨繁忙的景象。这是一首富于现代风格的印象派小诗。

> 我听到有人说话。眼睑透进了亮光。
> 当当当是圣彼得教堂的钟在摇晃。
> 游泳的声音。近了！远了！又越来越大！
> 不！越来越小！小鸟；让娜，都叽叽喳喳。
> 乔治在喊她。公鸡打鸣。有一把镘刀
> 刮屋顶。蹄声得得，几匹马在街上跑。
> 嚓嚓嚓，一把长柄镰刀在整修草丛。
> 砰。乱哄哄。屋顶上有屋面工在行动。
> 海港的声音。机器发动，并尖声鸣叫。
> 军乐队的音乐声不时一阵阵轻飘。

码头上熙熙攘攘。有人讲法语。再会。

你好啊！谢谢。时间已肯定不早，因为

我的红喉雀已到我身边放声歌唱。

远处打铁铺里的铁锤敲响：当当当。

水声哗啦。听得到一艘汽船在喘气。

飞进来一只苍蝇。茫茫大海在呼吸。[75]

雨果在"我将会拉着两个幼小孩子的小手……"里，描写田园生活的安静乐趣，突出孩子的形象，使孩子处于大自然神秘境界的中心位置。

我将会拉着两个幼小孩子的小手；[76]……

我将和两个小孩行走在树林之中，

慢慢悠悠地散步。同时，我将会听到

乔治给娇滴滴的让娜提什么忠告，

让娜给乔治教这教那。我是由小孩

带我走路的家长，我走路或慢或快，

全看他们如何玩，看他们如何用餐，

全看他们可爱的小脚走快或走慢。

他们会尝尝桑葚，他们会采摘花朵。

啊，森林里无边的寂静！啊，哆哆嗦嗦！

早春让万物安静，让万物充满芳馨。

我在人世间无所事事，我只有爱心。[77]

《精神四风集》

《精神四风集》于 1881 年 5 月 31 日出版。在雨果的诗歌作品中，《精神四风集》是与众不同的一部集子。雨果以前的诗集都有各自的体裁，或是抒情，或是讽刺，或是史诗。《精神四风集》兼而有之，分"惩罚卷"，"戏剧卷"，"抒情卷"和"史诗卷"四部分。雨果是多产的诗人。他习惯于在一段集中的时间内，为一部诗集写出数量巨大的作品，最后服从艺术的考虑，选取其中的主要部分编成诗集出版，编外的作品暂放一边。雨果的编外作品中不乏佳作和精品。《精神四风集》引诗："我看见四方的风吹过。'风啊,'我便说,/'天上的风啊！四驾马车仅你们乘坐？'"[78]

雨果年轻时是个文学青年,《我当时仅仅是个脸色苍白的青年》：

> 我当时仅仅是个脸色苍白的青年,
> 我当时正要投身命中注定的烽烟,
> 这阴森的战场有多少人先我落马,
> 严厉的缪斯脸色神秘地对我说话:……
> "你想看到铁臂上闪亮的是何利刃？"
> "我有对善的热爱,我有对恶的憎恨,
> 缪斯啊；我的装备胜于西班牙勇士。"
> "你的两副盾牌呢？""我有轻蔑和鄙视。"[79]

《文学》写于 1854 年 11 月 22 日,和《静观集》的《答一份起诉书》是姐妹篇。《文学》强调浪漫派和古典派在创作方法上的不同,强调新人走新路：

> 你说怎么办？我爱自己的这个世纪！……
> 我们有神秘的歌。我们是新的眼睛,
> 我们是新的额头,新的人,新的心灵。……
> 每一个世纪都走自己的路,没办法。[80]

泽西岛上的《清晨漫步》作于 1854 年,诗人流亡至此已经 3 年了。他看到黎明美好,但心中难以排遣惆怅的愁绪：

> 我真想知道,何方才有另一抹曙光,
> 驱散我们心中的这般沉沉的黑夜！
>
> 人生有什么目的？生命就在于历险？
> 而以后,在那彼岸,能见到什么变化？
> 一切战栗。大自然,眼前黑茫茫一片,

是你正在对我说话？ [81]

《开始流亡》没有注明创作日期。诗人在陌生的海岛上开始流亡，和大自然亲密接触，感到新鲜：

我刚刚来到岛上，我认识一处幽谷，
小谷里充满树荫，充满清白和无辜……

我每天都去山谷聊一会儿天，遇到
我的好朋友麻雀，我的好朋友蜥蜴；
清泉送水解我渴，岩石为我搬座椅； [82]

《全琴集》

雨果逝世时，留下数量可观的诗稿。除《上帝集》和《撒旦的结局》外，最重要也是篇幅最大的是《全琴集》，于 1888 年和 1893 年两次出齐。雨果说《全琴集》"如同是我的遗嘱"，"有我的全部作品"。[83]

《全琴集》包括长度相差悬殊的两部分："七根琴弦"和"青铜琴弦"。"七根琴弦"喻"诗琴"，所谓的七根琴弦，分别是"人类"，"自然"，"思想"，"艺术"，"自我"，"爱情"和"幻想"，共 360 首。"青铜琴弦"收 28 首。

《全琴集》相当一部分诗是片断，往往是旅途所见，或开会时信笔所至，或创作时记下的杂感。正因为如此，有些诗缺乏完整的形态，未经琢磨，没有润色，然而是原汁原味的诗句。

不知何故，雨果把 3 首完整的回忆友情的绝妙好诗扔在《全琴集》里。这就是歌颂"红色圣女"路易丝·米歇尔的《巾帼胜须眉》，怀念诗人戈蒂耶的悼诗，和一首献给戈蒂耶女儿朱娣特的十四行诗。

《巾帼胜须眉》写于 1871 年 12 月，是女革命家路易丝·米歇儿的颂歌。她以《悲惨世界》中的起义领袖安灼拉自居，积极参加巴黎公社的起义。她在 1871 年 12 月 16 日的军事法庭上，拒不为自己辩护，怒斥法官："如果你们不是懦夫，杀死我吧。" 1873 年，被判流放太平洋上的新喀里多尼亚岛，1880 年大赦后回国。

见过遍地的屠杀，见过一番番战斗，

人民背负十字架，巴黎卧病在床头，

你说话，话里充满无与伦比的怜悯；

你做事，和超常的大人物同德同心，

你感到斗争、幻想和苦难事事交迫，

你才说：我杀了人！因为你不想再活。[84]……

她似乎听到什么都当作耳边之风，

只求示众的刑柱，这样才超凡入圣，

感到酷刑是美丽，感到凌辱是伟大，

她阴沉沉地加快走向坟墓的步伐。[85]……

你对人间的豺狼射出憎恨的目光，

你的手中在暖和孩子的小脚一双；[86]……

诗人戈蒂耶小雨果 9 岁，1872 年逝世。他是雨果的晚辈，早年为浪漫派的胜利立下过汗马功劳，以后提倡"为艺术而艺术"。痛失挚友的雨果写了《悼念泰奥菲尔·戈蒂耶》：

当年你少年英俊，我曾是你的知交，

你我展翅高翔的年代，我兴奋激动，

我和你那颗忠心曾多次患难与共，[87]……

你是奇妙有力的铁匠，你挥动铁锤，

集合千百束光线，镕铸成一道光芒；

夕阳和曙光常在你的心灵中碰撞；

昨天和明天常在你的头脑里相连；

你以新的艺术为古老的艺术加冕；[88]

雨果深知："戈蒂耶！你也是一代文章。"[89] 但雨果要求艺术为进步服务："美只

有加上崇高，才美得如花似锦。"[90] "你已经找到了美，现在请把真寻找。"[91] 最后，
雨果触景生情，联想到自己也来日无多了：

> 因为，谁进入死亡，谁就是进入庙堂，
> 每当有人将死去，看到他飘然升天，
> 我就清楚地知道自己也即将加冕。
> 朋友，我已经感到命运是劫数难逃；
> 我孤孤单单，已经尝到死亡的味道，
> 我看到，我的沉沉黄昏已星光依稀，
> 载你而去的阵风已把我轻轻托起。
> 我眼看即将是我动身出发的时辰，
> 我生命之线太长，几乎挨到了刀刃；
> 我将追随流亡时爱我诸君的脚印。
> 他们在冥冥之中盯着我，把我吸引。
> 我就来。你们不要关上坟墓的大门。[92]

1872 年，戈蒂耶的女儿朱蒂特（Judith Gautier）25 岁，是个美丽的才女。雨果
为她写了十四行诗，借用罗马帝国角斗士进场后给恺撒的献词："将死之人向你致
敬"，题为《致敬，女神，将死之人向你致敬》，这是一首雨果很少写的十四行诗，
很受读者欣赏：

> 朱蒂特，只要看看你我两人的容颜，
> 原来你我的命运彼此紧紧地相连；
> 你眼中现出神明才能窥透的深渊，
>
> 我感到我心中的深渊已满天星斗；
> 既然你那么美丽，既然我那么老朽，
> 夫人，我们两个人离天国已经不远。[93]

至于遗著《撒旦的结局》和《上帝集》，有人提出不宜选译，只可全读。但不止

一种"雨果诗选"选译其中的若干片段。我们坦陈对这两部诗集没有研究，仅就所见内容，试译两个片段。

《撒旦的结局》于1886年作为遗著出版。撒旦本是天使长，因反叛上帝，获罪堕入黑暗的深渊，成为魔王。后在自由天使的帮助下，获得上帝的宽恕，重新成为："路西法"（Lucifer），即"明亮之星"。今选译《撒旦的结局》第一部分"于是有了黑暗"的第8小节，写天上的太阳——熄灭，撒旦堕入黑暗的深渊。

眼前的太阳已在深渊中奄奄一息。

太阳在雾中深处，没有复苏的空气，
正逐渐冷却，愁眉苦脸，慢慢地消瘦。
黑夜里还看得到它阴森森的圆球，
还看得到它正在凄凉的寂静之中，
黑黑的麻风脸上褪去溃疡的红肿。
世界熄灭的火炭！上帝吹灭的火炬！
缝隙还露出火光一点点，时断时续，
仿佛透过头颅的窟窿看到了灵魂。
中心部分跳动着匍匐的一片火唇，
不时地舔了又舔圆脸周围的外边，
又从每个缺口处飞升出微光片片，
好像是亮晃晃的利剑在微微抖动，
接着无声无息地消失，和梦境相同。
太阳已几乎变黑。天使长筋疲力尽，
唉！没有一点气息，也没有一点声音！
他恶狠狠地看着：太阳已濒于死亡。
星球在垂死挣扎。黑暗中冷得发慌，
太阳阴森森的嘴不时地往外喷吐
燃烧的波涛，庞然红物，蒸腾的山谷，
岩石因其原始的初光而浓烟滚滚。
仿佛这个生命的巨人，光明的巨人，

已在吞噬一切的浓雾中遭到覆灭，

不甘心就此死去，而不能凌辱黑夜，

而不能冲着黑脸吐一口它的熔岩。

太阳周围，悠悠的时间，茫茫的空间，

数量、形体和声音都一一跟着咽气，

从而创造出虚空漆黑的浑然一体。

虚无这幽灵就从深渊中探头外望。

突然，从星球核心，一股猛烈的硫黄，

像是有人垂死时声嘶力竭的喊叫，

迅猛地喷将出来，明亮得出人意料，

飞到远处勾勒出千百种凄惨景象，

喷得很远，直喷到漆黑一团的中央，

无底洞的大门口被照得如同白昼。

黑夜和浩瀚相交形成的层层褶皱

一一出现。紧张的撒旦在喘着粗气，

眼中映出面前的闪光而目眩神迷，

拍拍翅膀，张开双手，接着战栗起来，

叫喊道："完了！完了！太阳的脸在发白！"

天使长心中清楚，如同没顶的船桅，

在黑暗的洪水中，他是淹没的死鬼。

他收起爪子坚硬而又锋利的翅膀，

狂乱挥舞着胳膊。——太阳已完全无光。[94]

　　《上帝集》是 1891 年出版的遗著。1985 年，戈东教授在"伟大的作品 / 伟大的事业"大型展览里，第 16 页向广大公众选用雨果《上帝集》的一段手稿，没有说明，也没有解释：

　　　　此时，光明对我说：

       "如果你信我，
走吧。当你全身的强光越聚而越多，
也许倏忽间会让战栗的你被消融。
人因为内心熊熊烈火而把命葬送；
走得飞快的天使说：不要停留此地。
摩西想要看清楚上帝，他摇晃不已；
再近一点，他会从这山巅坠入深渊，
眼中只见深渊里可怖的飞舞旋转。"

"请说！噢！请说！"我对这一朵火苗喊道。

"上帝的恩培多克勒啊，深渊的知交，
我会说的，"此人说："甚至说你的语言；
如有人在你眼前，进入无穷的里面，
人类啊，谁和无穷稍稍有一点接触，
你们可悲的词语马上会毫无用处。"[95]

第六讲　雨果的作品之三　小说

对，人在尘世间是经受考验的天使；

要有爱心！要斗争！助人为乐！要吃苦！

《静观集》《写于一八四六年》

Oui, l'homme sur la terre est un ange à l'essai;

Aimons! servons! aidons! luttons! souffrons! Ma mère...

《 *Les Contemplations* 》《 *Ecrit en 1846* 》

雨果一生，给我们留下七部长篇小说和两个中篇。第一部小说《冰岛魔王》于 1823 年出版，作者是二十出头的年轻人。最后一部小说《九三年》1874 年出版，雨果是七十有二的老人了。

雨果 19 岁开始尝试创作小说。法国当时受英国文学的影响，司各特的历史小说，某些英国"黑色小说"，即恐怖小说，在法国大行其道。青年雨果在这样的影响下开始创作最早的两部长篇小说：《冰岛魔王》和《布格·雅加尔》。作者没有生活，没有经历，只有创作的冲动，只有自己的想象力。这是小说家试笔的阶段，也是对时尚的适应，对时尚的模仿。我们还看不到作者自己的特色，自己的风格，自己的水平。

雨果第一部具有雨果风格的小说，是《巴黎圣母院》。《巴黎圣母院》打上雨果自己的烙印，具有鲜明的时代特色，是法国浪漫主义文学的一大收获。《巴黎圣母院》一前一后的两部中篇小说：《死囚末日记》和《克洛德·葛》的主题可以纳入《悲惨世界》的范畴，另当别论。

《巴黎圣母院》后，30 年过去，雨果才于 1862 年，从海岛上给巴黎的读者扔过来一部《悲惨世界》。《悲惨世界》的出版，触动了雨果小说创作的灵感。《悲惨世界》后 3 年，长篇小说《海上劳工》

问世。《海上劳工》后4年，长篇小说《笑面人》与读者见面。

第二帝国垮台，雨果结束流亡，返回阔别19年的祖国。雨果晚年，亲历普法战争失败的耻辱，亲历巴黎公社给国家带来的震撼。法国又一次面临外战加上内乱的严重局面，雨果着手撰写一百年前法国面对同样处境的《九三年》。

1987年2月10日，美国底特律"盖尔研究公司"（Gale Research Company）的《19世纪文学评论》（*Nineteenth-century Literature Criticism*）的编辑部给我们来信："维克多·雨果当然在《19世纪文学评论》出现两次：第三卷包括涵盖他一生全部著作的评论摘录，而第十卷收有专门针对他长篇小说《悲惨世界》的摘录。"我们接受《19世纪文学评论》的方法，把《悲惨世界》和雨果的其他小说分开处理，对《悲惨世界》单独予以介绍。雨果的九部小说都已有了中译本。《悲惨世界》和《巴黎圣母院》还有多种译本

《冰岛魔王》

《冰岛魔王》于1821年5月开始写，雨果当时19岁。小说是他在孤独中追求阿黛尔的困难时期完成的，1823年出版，作者没有署名。

《冰岛魔王》属于当年所谓的"黑色小说"。当年的时尚是写吸血鬼之类的恐怖小说。时尚来自英国文学，时尚还来自司各特（W. Scott），司各特的历史小说，有一则历史背景，有一则感人的爱情故事，1816年以来，风靡法国，启发了巴尔扎克和雨果等新手。此外，雨果也受到文坛前辈夏尔·诺迪埃（Charles Nodier）的影响。诺迪埃写过富有异国情调的神怪小说。

《冰岛魔王》是一部恐怖小说，故事发生在1699年的挪威，还涉及丹麦的一则政治阴谋。小说的细节，小说的情调，都有依据。小说一方面展开魔王的故事，魔王是个矮壮的怪物；另一方面有奥尔登纳和厄黛尔的爱情故事。小说的情节曲折离奇，结构复杂精巧。

1833年5月，雨果回顾当年："《冰岛魔王》是一本年轻人、很年轻的人的书。""我们阅读此书时，感到这18岁的孩子于1821年心血来潮写作《冰岛魔王》，对事物，对人生，对思想，还毫无经验可言，而他正在摸索这一切。"又说："《冰

岛魔王》中仅有一种感受过的东西：少男的爱情；仅有一种观察过的东西：少女的爱情。"[1]

《秋叶集》中的《本世纪正好两岁！》里说："我借嬉笑怒骂的小说，／作为藏匿爱情和痛苦的某个场所"，指的就是这部《冰岛魔王》。拉马丁读后，给雨果写信："这部书太可怕了。"[2] 但是，不能否认的是，笔力老练，想象丰富。对照雨果以后的作品，我们看到雨果的创作态度严谨，写作前充分掌握文献资料。作者从《冰岛魔王》开始，即将在小说里创造出一系列的怪人和怪物。

《布格－雅加尔》

《布格－雅加尔》是雨果又一部早年的小说习作。《雨果夫人见证录》（*Victor Hugo raconté par un témoin de sa vie*）（第三十章）说，这是在一次聚餐会上，雨果的大哥提议大家集体写一则军事题材的故事，一致同意，两周后交稿。但只有雨果一人半月后完成，这就是在他们兄弟三人出版的《文学保守者》连载发表的小说初稿。故事发生在 1791 年南美洲殖民地多米尼加的首府圣多明戈。布格－雅加尔是黑人起义领袖，最后为救女主人而献出自己的生命。小说对布格－雅加尔的心理描写很细腻。

1832 年，雨果在新版的序言中说："1818 年，本书作者 16 岁；他打赌要在 15 天内写本书。他完成了中篇小说《布格－雅加尔》。16 岁，这是什么都敢打赌、什么都会编造的年龄。"[3] 如此说来，《布格－雅加尔》比《冰岛魔王》早两年，但 1825 年增补修改后出版。作者很得意自己处理了一个巨大的题材："问题涉及到三个世界：战斗人员来自欧洲和非洲，战场在美洲。"[4]

《巴黎圣母院》

雨果曾经许诺出版商戈斯兰（Gosselin），1829 年交出一部小说书稿。写作计划被《埃尔那尼》的上演彻底耽误了。双方商定，交稿日期推迟到 1830 年 12 月 1 日，否则每周罚款。

雨果搬家甫定，立即投入《巴黎圣母院》的写作。1830年7月27日上午，小说《巴黎圣母院》开始动笔。第二天，7月28日，巴黎爆发"七月革命"，雨果新家所在的香榭丽舍大街时时传来枪声和炮声，写作计划又一次被彻底打乱。街上有动静，雨果是闲不住的人。雨果上街，回来记述所见所闻，以后缉成《1830年革命者的日记》。8月10日，雨果写成歌颂"七月革命"的长诗《1830年7月后抒怀》，8月19日在《环球报》刊出。

交稿日期再度推迟到1831年2月1日。如《雨果夫人见证录》所说，雨果"这一次，不能指望再延期了；必须及时完成。他给自己买了一瓶墨水，买了一件灰色的粗毛线衣，把自己从脖子包裹到脚尖，把衣服锁起来，好不受外出的诱惑，像走进监狱一样走进自己的小说。神情懊丧。"[5] 我们知道，巴黎的冬天是很冷的。《雨果夫人见证录》说："才写了最初的几章，他的忧伤不翼而飞了；他的写作攫住了他；他不感到疲乏，也不感到已经来临的冬寒；12月里，他却开着窗子写作。"[6]

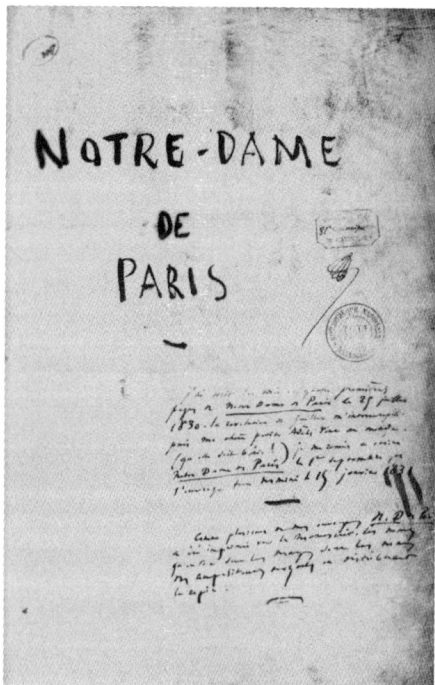

01 | 《巴黎圣母院》封面手迹

02 | 根西岛高城居大门内"巴黎圣母院"主题的门廊

1832 年 1 月 15 日，小说完稿。雨果第一天写作买的一瓶墨水正好用完，用最后一滴墨水写完最后一行字，他一度想修改书名：《一瓶墨水的内涵》，但后来把这个书名送给了朋友。2 月 13 日，小说出版。如果我们读过这部气势恢宏的历史小说，传记著者莫洛亚说："这是一次新的壮举，在如此短的时间里发挥如此大的想象力。"[7]初版刚出，雨果又写出精彩的《巴黎鸟瞰》一章，收入小说第三卷。

雨果一如既往，三年前已经做好了大量而细致的资料准备工作。他阅读历史文献，从严肃的历史著作，到编年史、证书、清册。雨果充分利用一切可以为他提供 15 世纪巴黎历史的资料，对大教堂的里里外外，上上下下，已经了如指掌。《巴黎圣母院》出版时，正值巴黎总主教图书馆遭到暴民洗劫，雨果目睹一本他参考过、收有"圣母院宪章"的黑皮书被扔进了塞纳河。这是国内的孤本。

创作期间，雨果给出版商戈斯兰解释道："这是描绘 15 世纪的巴黎，又是描绘有关巴黎的 15 世纪。路易十一在书中的一章出现。是路易十一决定了结局。本书并无任何历史方面的抱负，仅仅是有点资料，认认真真，但总是很概括，时有时无，描绘 15 世纪时的风俗、信仰、法律、艺术，总之是文明的情况。尽管如此，这在书中并不重要。如果说本书有优点的话，那就在于这是一部虚构的、想象的、信手写来的作品。"[8]《巴黎圣母院》写完，雨果"感到无所事事，神情忧伤；他已经习惯了和他的人物在一起生活，如今和人物分离，如同看到老朋友离去一样伤心。他离别自己的书，和当初开始写书时一样痛苦。"[9]

《巴黎圣母院》是一部历史小说。雨果自己并不看好"历史小说"的提法。我们可以说，这是由一个诗人处理历史题材，写成的历史小说。经过十年的小说实践，张扬过《〈克伦威尔〉序》的观点，雨果有关历史小说的观念不再是紧紧跟随英国司各特的框框了。新的历史小说，有严谨的史料作为依据，但只有大背景是历史的，小说台前活动的人物和展开的情节是创造的。我们不必在小说的故事、场景和细节上探求历史的本来面目。所以，如果说旁征博引的内容是真实的，那一个个人物显得是超现实的了。

《巴黎圣母院》的历史主题体现在史诗般的历史画卷里，如写丐帮对大教堂的攻击，如写大教堂泻下的大火；有关大教堂周围的生活，如"愚人节"，如"奇迹院"，无不写得精彩纷呈，绚丽夺目，体现了雨果在《〈克伦威尔〉序》提出的美学要求，使《巴黎圣母院》成为浪漫主义小说的代表作品。

"如果用夏多布里昂的话说，哥特式大教堂具有森林的品格，而《巴黎圣母院》

则如原始森林一般茂密丰盛。"[10] 在众多的人物之上，小说可以说是以事物的生命为生命的。真正的主角，是"巴黎圣母院这巨大的教堂。繁星满天的夜空，衬映出它两座塔楼、石砌的柱槽棱角和巨大的端部屋面的黑影，宛如蹲在城市中间的一座巨大的双头狮身人面像……"[11] 雨果在描写方面有如他在绘画中一样，具有这样的才能：以强光照亮人物形象，在明亮的背景上投射出奇特、暗黑的侧影。

而我们从小说的情节看，大教堂里本该清净静修的神父克洛德·孚罗洛，竟然觊觎带着小羊、在教堂广场上跳舞的吉卜赛姑娘爱斯梅拉达，而神父的算计却遭到自己的怪物奴仆伽西莫多的嫉妒。世界上最丑陋的怪物，有一颗最善良的心，并爱上美丽无助的爱斯梅拉达。小说的结尾：一个男人的尸骨紧紧抱住了一具女尸。男尸"有弯曲的脊梁骨，头盖骨缩在肩胛骨中间，一条腿骨短些。他的颈骨上没有一点伤痕，可见他并不是绞死的。"这就是"伽西莫多的婚姻"。这些情节不无荒唐之处。是雨果的天才把这一切融合成一个感人至深的故事，被赋予作者有关善恶的理念，起到惩恶扬善的目的。

虽然《雨果夫人见证录》提到朋友的反映：民歌诗人贝朗瑞（Béranger）有短信：叫来人把《巴黎圣母院》带来，"我迫不及待地要知道，因为人人都在和我谈此书，而这是你的著作。"[12]《巴黎的秘密》作者欧仁·苏（Eugène Sue）热情支持："事实上，有人对大作唯一的批评，是太丰富了。这在本世纪是滑稽的批评，不是这样吗？历来如此，高超的天才引来卑劣狭隘的妒忌，引来大量肮脏伪善的评论。你说怎么办，先生？必须为名声付出代价。"[13]

事实上，《巴黎圣母院》出版后，作家大多并不看好。拉马丁重宗教感情，他说："这是小说中的莎士比亚，是中世纪的史诗……什么都有，只缺少一点宗教……"[14] 研究《巴黎圣母院》的塞巴谢（Jacques Seebacher）教授发掘出两则不多见的材料：巴尔扎克和梅里美的见证。巴尔扎克很难接受雨果的创作手法，1831年3月19日写道："我才读了《圣母院》——不是写过几首精彩颂诗的作者维克多·雨果先生的书，而是《埃尔那尼》作者雨果先生的作品——两个美丽的场景，三个词，整本书难以置信，两个人的描写，美人与野兽，滔滔不绝的恶劣趣味——没有可能的寓言，尤其是一本无聊、空虚的书，对建筑学煞有介事——这就是过分的自尊心把我们引到了此地。"[15] 1831年3月31日，梅里美给斯丹达尔写信。梅里美于1829年出版过历史小说《查理九世时代轶事》，斯丹达尔1830年出版《红与黑》。梅里美在信中说："请读读维克多·雨果的小说。你会发现混账东西很多。不过我觉得才华出众。如果本世纪要的正是这些，会使我太绝望了。"[16]

同时代人对《巴黎圣母院》人所共知的负面评价，来自德国的歌德。歌德视《巴黎圣母院》是一部"令人反感、没有人性的艺术作品"[17]，不能卒读。

幸好，评判雨果小说最重要的评判者是读者，是广大公众。《巴黎圣母院》出版后，取得极大成功，立即再版。小说在多方面产生影响。历史学家米什莱（Michelet）要求读者阅读《巴黎圣母院》里的两章："圣母院"和"巴黎鸟瞰"。他在 1833 年出版的《法国史》里畅谈雨果前一年的小说，肯定《巴黎圣母院》的历史意义："我至少想谈的是巴黎圣母院。可有人在这座历史性建筑物上留下过强有力的雄狮的爪痕，今后不会再有人敢去触摸一下。今后，这是他的东西，是他的封地，是属于伽西莫多的世袭财产。他在古老的大教堂旁边，建造了一座诗的大教堂，和那座大教堂的地基一般扎实，和那座大教堂的塔楼一般高。我如果观望这座教堂，这像是历史书，像是登录专制王朝命运的巨大的史册。……这座巨大的沉甸甸的教堂，布满百合花的图案，可以是属于历史的，而不是属于宗教的。这座教堂并不高亢，没有斯特拉斯堡大教堂和科隆大教堂那种令人印象深刻的高耸的气势。巴黎圣母院纵向的层间腰线不允许高亢……巴黎圣母院是王朝的教堂；而兰斯圣母院是加冕的教堂。"[18]

19 世纪后半期的文学评论家埃米尔·法盖（Emile Faquet）："一个时代在他眼前就像一束束的光线，出现在屋顶、城墙、岩石和水面之上，出现在麇集的人群和密集的军队之上，在这里照亮一条白纱，在那里照亮一件服装，又在别处照亮一扇彩绘的玻璃。"[19] 莫洛亚自己也说："他对没有生命的事物能爱也能恨，能赋予一座大教堂、一座城市、一座绞刑架以一种非常奇特的生命。"[20]

浪漫派的历史贡献之一，是重新发现了本国的中世纪艺术。《巴黎圣母院》便是一例。17 世纪后，人们普遍认为，中世纪的艺术体现的是野蛮的趣味，巴黎圣母院年久失修，老态龙钟，摇摇欲坠。是雨果的《巴黎圣母院》"发现"了巴黎圣母院，拯救了巴黎圣母院。在雨果身体力行的倡导下，法国政府为此成立相应的文物保护组织，促成了对巴黎圣母院和其他一大批中世纪古建筑的修复工作。难怪有人说："雨果于 1831 年决定了一场趣味的革命。"[21] 一部小说，一部花费半年时间完成的小说，如此深入人心，挽救了一处人类文化遗产，引发了一场审美趣味的革命。这在文学史是罕见的情况。

雨果应友人的女儿路易丝·贝尔丹（Louise Bertin）的邀约，亲自把《巴黎圣母院》改变成四幕歌剧《爱斯梅拉达姑娘》，而且数易其稿。歌剧由路易丝·贝尔丹作曲，雨果作词，于 1836 年 11 月 14 日，在王家音乐学院舞台上演。歌剧首演前的彩排，由作曲家柏辽兹（Berlioz）负责。1956 年，法国摄制由意大利女演员洛洛勃里吉达（Gina Lollobrigida）主演的影片《巴黎圣母院》。

今天，来自全世界的参观者，从世界各地来到巴黎，瞻仰巴黎的巴黎圣母院。他们是《巴黎圣母院》的读者，是电影《巴黎圣母院》的观众，是雨果每年把千千万万的人带到巴黎圣母院前的广场上，抬头仰望这座宏伟的大教堂建筑，表示赞赏，表示敬佩，无不虔诚地走进东侧的圣安娜门，参观礼拜后，虔诚地走出西侧的"圣母门"。

《海上劳工》

我们至少已经见到三种《海上劳工》的中译本，但相对来说，我国读者对这部小说未必很熟悉。

1866 年 3 月 12 日，长篇小说《海上劳工》在比利时出版。

《海上劳工》是雨果在海岛流亡的直接产物。雨果 1855 年 11 月 31 日到达根西岛。小说的人物在根西岛，但主要情节发生在距根西岛 20 公里的索克岛（Serk）。

"1859 年 5 月 14 日，雨果给儿子夏尔写信："也许，我会到索克岛上去几天，搜集未来小说的笔记。"[22] 这是第一次提到要写大海的小说。这是第一次提到要写索克岛的小说。

1866 年，我们不要忘记，雨果流亡至今，已经 15 年了。雨果出版了三部诗集：《惩罚集》、《静观集》和《历代传说集》，一部长篇小说《悲惨世界》。巨人不需要休息一下吗？需要。于是，雨果出版了《林园集》。接着是《莎士比亚论》。接着……雨果手头有好几部著作在构思，或者已经动笔，或者有了腹稿。有诗集《上帝集》和《撒旦的结局》，有小说《九三年》和《海上劳工》，有诗剧《笃尔凯玛达》等。《莎士比亚论》里有一大段精彩的写大海的文字，"的确，有些人是大海。"[23] 经常被人引用。结果，紧接《莎士比亚论》的是一部写大海的书：《海上劳工》。

15 年来，雨果从巴黎来到海上。巴黎和大海，是两个完全不同的世界。雨果发

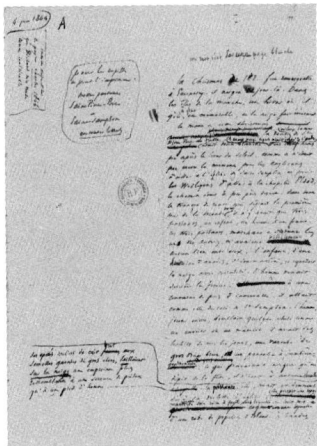

03 ｜《海上劳工》手稿

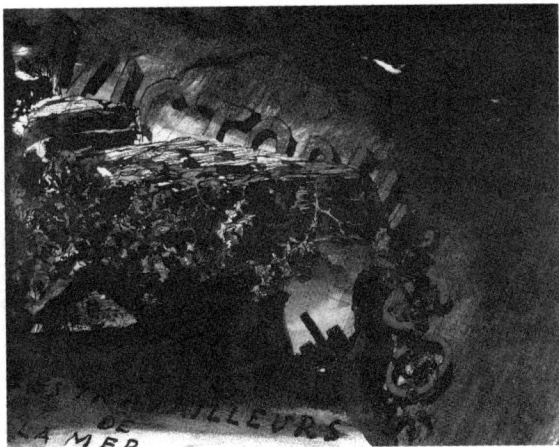

04 ｜雨果绘画:《海上劳工》

现，海岛美丽，海岛宁静。巴黎是骚动的社会，大海是本色的自然。雨果先是迷上了海岛的风光，接着又爱上了海岛的人民。1854 年 1 月，雨果说:"我们敬重你们身上的劳动。"[24] 1860 年 6 月，又说:"我爱这些劳动和斗争的居民。"1862 年 6 月又说:"我很爱四周杰出、勤劳的小岛人民。"

雨果对大海，对海岛，对海岛的人民，充满喜悦，充满好奇，充满尊敬。这十五年的朝夕相处，这十五年的耳鬓厮磨，对敏感的诗人没有影响吗? 雨果写完了人类的史诗，写完了社会的史诗，不想写一部大海的史诗吗? 《海上劳工》花了作者七个月的时间，集中思考，集中写作。

小说的情节相对简单。根西岛的老船主勒蒂埃利因为有人捣鬼，损失一条"杜朗德号"汽船，夹在多佛尔双礁中间搁浅。他许诺谁能救出汽船，就把闺女戴吕谢特嫁给他。青年水手吉利亚特是个独来独往又声名狼藉的人。他坚忍不拔，克服重重困难，历经考验，胜利而归。吉利亚特发现少女另有所爱。船主女儿爱的是被他救过的牧师埃伯内齐尔。于是，他毅然放弃所爱，成全他人。最后，这个战胜大海的英雄，为了一个女人的幸福，做出彻底的自我牺牲。他选择自溺于没顶的大海，坐上被称为"魔鬼的座椅"的岩石，等待上涨的潮水慢慢地吞没自己，由被他战胜的大海来拥抱自己。

吉利亚特在抢救"杜朗德号"的过程中，面临并克服接二连三的障碍:寒冷、饥饿、干渴、发烧、海潮、风暴、章鱼、激流，更加上千百种技术上的难题。《海上

05 | 雨果《海上劳工》系列绘画之一：《杜朗德号船首》

06 | 雨果《海上劳工》系列绘画之二：《古圣桑松》

劳工》写成了意志的颂歌，写成了劳动的史诗。吉利亚特不是教徒，他是本色的自然人。吉利亚特身上迸发出一往直前、排除万难的勇气。这很感人。吉利亚特身上深藏人性的美，人性有大美，这更加感人。

儿子弗朗索瓦－维克多从巴黎给根西岛的父亲写信报喜："你取得巨大的、普遍一致的成功。我从未见到人们如此众口一词。甚至超过了《悲惨世界》所取得的成就。这一次，大师找到知音的读者了。"[25] 莫洛亚提到巴黎掀起一股由《海上劳工》引发的"章鱼热"，小市民女子戴章鱼帽，餐馆里吃珍味章鱼，水族馆展出活的章鱼。雨果夫人从巴黎给根西岛的妹妹写信，大呼："这里成了章鱼的天下。"[26]

时年 26 岁的左拉，当时信奉浪漫主义，大加赞美："诗人具有自由自在的心灵和无拘无束的想象力。他不再说教，也不再争辩……我们身临其境地看到了这个强有力的作家所作的宏伟的梦，他让人与茫茫自然短兵相接。可是随后只有吹一口气就可将人打翻在地——从樱桃小口里轻轻吹出来的一口气"。[27] 这符合雨果自己的想法："我是想赞美劳动，赞美意志，赞美忠诚，赞美一切使人伟大的东西。我是想表明，深渊中最无情的深渊，是人心，能逃得过大海，却逃不过女人"。[28]

英吉利海峡的水手集体给雨果写信，感谢雨果为他们的大海写了一本书。雨果于 1870 年复信：《致英吉利海峡的水手》。雨果的复信是一篇不可多得的美文："勇士们啊，你们做的又岂止给大海献上一本书，你们献上的是你们的生命。你们给大

07 ｜ 雨果《海上劳工》系列绘
　　 画之三：《鬼屋》

08 ｜ 根西岛平岗的鬼屋遗址

海的，是你们的白昼，你们的黑夜，你们的疲劳，你们的失眠，你们的勇气；你们
给大海的，是你们的手，你们的心，你们搏斗时在颤抖的妻子的眼泪，你们孩子、
未婚妻、老父母的诀别，你们茅屋飘散在空中的炊烟；大海，这是大危险，这是大
劳动，这是大急救；你们把一切给了大海……"[29]

　　关于小说《海上劳工》，还有两点需要说明。

　　其一，雨果1865年5月写成《英吉利海峡群岛》一文，这是一篇记述海峡群
岛地理和历史的专文，篇幅在《海上劳工》小说的十分之一左右。雨果说是小说的
"前厅"，本意单列一卷，放在书前。出版商借口与小说情节无关，更害怕文中蕴含
讽刺，怕审查机关节外生枝，而予以删除。雨果答应暂时放弃。今天的《雨果全集》
都遵照雨果原意，收入此文。

　　其二，雨果在创作《海上劳工》的期间，同时创作了36幅绘画作品。绘画不是
插图，是独立的绘画创作，但和小说有明显的联系。原画今存国立法兰西图书馆，
1985年第一次由雨果绘画研究家皮埃尔·若热尔（Pierre Georgel）整理出版。雨果
为自己的文学作品创作绘画作品，就绘画的数量和质量而言，这是绝无仅有的唯
一一次。

09 | 根西岛邮局发行的《海上劳工》邮票一

10 | 根西岛邮局发行的《海上劳工》邮票二。这套 2 吋的邮票是程曾厚的收藏品

《笑面人》

1866 年 3 月，雨果 64 岁刚过，《海上劳工》出版。7 月，开始执笔写《笑面人》，经过两次停顿，1868 年 8 月完稿。1869 年 4 月，长篇小说出版。1869 年，老流亡者在根西岛的高城居继续流亡，写作的计划满满当当的。1869 年，雨果遥望大陆，看到拉马丁逝世了，维尼已经逝世两年了，年轻的波德莱尔走得更早，1863 年病逝。精力充沛的大仲马大不如前，圣伯夫疾病缠身。只有雨果自己，依然精力旺盛。

1869 年 1 月 7 日，雨果给友人写信："啊！我很清楚，我不在见老，相反，我还在见长。……我的身体在衰败，我的思想却在成长；我的垂暮之年正在孵育新的生命……"[30] 随着《海上劳工》的出版，雨果完成了"命运"三部曲：《巴黎圣母院》写教理的命运，《悲惨世界》写法律的命运，《海上劳工》写自然的命运。这儿的"命运"有"宿命"的含义。

雨果《笑面人》的序言草稿："在社会研究的标题下：作者开始写一个序列：这个序列今天有了第一页《笑面人》，即《1699 年后的英国》，接着会有《1789 年前的法国》，结束是《九三年》。"这是新的历史三部曲，分别代表"贵族政治"、"君主专制"和"大革命"。[31] 我们知道，继《笑面人》之后 15 年，《九三年》出版。这已经是雨果最后一部小说，也是雨果的最后一部作品。而"1789 年前的法国"，只有题目，只有年代，雨果根本没有动笔。

雨果 1868 年 3 月说："如果有人问本书作者，为何写《笑面人》，他的回答是：作为哲学家，他想要确认有灵魂和良心；作为历史学家，他想要揭露鲜为人知的君主专制的犯罪行为，把情况告知民主政治；而作为诗人，他想要写一部悲剧。"[32] 大话过于空泛，过于笼统。1868 年 12 月，他给出版商拉克鲁瓦（Lacroix）说："……我从未写过历史剧，也从未写过历史小说……我的手法是借创作的人物写真实的事物。"[33] 雨果对历史的处理，借来一个大背景，在历史大背景里展开他的人物，反映他的思想。

　　主人公格温普兰是被"钦命"毁容的孩子，脸上只剩下一张永远在笑的可怕的大嘴。这个"笑面人"的"笑面"是罪恶的结果，由一个不幸的孩子终生来承担。1690 年 1 月的一个夜里，格温普兰被街头艺人收留。这个艺人给自己取一个畜生的名字，叫"熊"，"熊"和一头狼相伴。艺人给他狼取的名字叫"人"。所以，叫"熊"的人和叫"人"的狼相依为命。街头艺人收留格温普兰的同时，还收留了一个被丢弃的少女，从小双目失明，被取名叫"女神"。两个可怜的孩子追随养父沿街卖艺，在英国各地流浪。这一对天真的孩子，一边相爱，一边长大。

　　格温普兰最后被认出本来的身份。他是因为忠于共和思想而被放逐的贵族的儿子。"笑面人"成为克朗查理爵士。命中注定，克朗查理爵士先是走进深宫，面对淫荡的约瑟安娜女公爵，约瑟安娜美得像个魔鬼，玉体横陈，展现在"笑面人"的面前。这是天堂和地狱的较量，是灵魂和肉体的搏斗。接着，克朗查理走进贵族院的议会大厅，代表穷苦人，代表"全人类"，代表天底下的"人"，痛陈社会的冷酷和富人的不义。贵族院以响彻大厅的哄堂大笑迎接这个陌生人的讲话。克朗查理爵士失望之极，"笑面人"回到载有"熊"和"女神"的船上，追随自己相爱的女人，在大海里溺毙。一对苦命的孩子去天堂里寻觅永生的幸福。

　　小说出版，并不成功，甚至可以说是一次失败。原因是多方面的。

　　《笑面人》的情节过于曲折离奇，过于跌宕起伏。小说的内容光怪陆离，无奇不有，长期以来，被看成是集雨果小说缺点之大成的作品。莫洛亚在《雨果传》里也认为："雨果津津乐道于千百种奇特而又无用的细节"。[34] 雨果离开法国已经将近 20 年了，浪漫主义已经式微，自然主义悄然兴起。读者开始阅读描写日常生活波澜不兴的作品。

　　尤其是第二帝国已经坐稳了江山，实施了一些自由化的政策，经济发展，人人只想着发财和享乐。此时，老诗人独自死死地坐在海岛上，抱住自由的理想不放，有点不识时务，不知好歹。

细心的读者会发现，《笑面人》里有雨果自己太多的身影，是流亡者当前处境的身影。"熊"整天自言自语，愤愤不平。克朗查理爵士在美人肉体面前的战栗也有作者自己的体验。尤其是最后的失败，在贵族院受到的嘲笑，有他自己从政的苦涩，是雨果在政坛上发言失败的缩影。此外，人民没有像预期的起来，凡此种种，使《笑面人》也是雨果小说创作以来最为悲观的作品。贵族院里两个人对话："何况一个人继续流亡在外不肯回来是可笑的。""他是在流亡中死去的。"[35] 这不是在评价流亡者自己吗？

格温普兰爵士庄严的发言："我其实是一个象征……我代表人类，我就是造物主造成的人类的原型。人类的肢体是残缺不全的。我所受到的刑罚，人类也受到过。人类的权利，正义、真理、理性、智慧，都受到了摧残，如同他的眼睛、鼻子和耳朵一样。人们在我的心里安放了愤怒和痛苦的阴沟，在表面上却给了我一个欢愉的面具，人类也和我一样。"[36] 这是雨果 1851 年在制宪议会上发言，这是执着于理想的雨果在继续发言。

格温普兰控诉社会，控诉的是第二帝国的社会；人民没有起来，是第二帝国的人民没有起来，"《笑面人》大概是雨果作品中批判不平等社会走得最远的作品。雨果放弃了以前改良的想法"。[37]

雨果的手记："我是想要强迫读者读每一行字要思考。由此引发公众对我的某种愤怒。"[38] 所以，雨果意识到"在我的同时代人和我之间，肯定出现了差异"[39]。20 世纪，有作家对《笑面人》提出新的看法。阿尔布伊（Albouy）在马森版《雨果全集》给《笑面人》写的介绍认为："在未必熟悉的雨果小说中，《笑面人》长期以来是最不熟悉的一部。"[40] 但他断言：对这部小说的"平反"已经开始。以前指责小说古里古怪，现在巴雷尔引作家马塞尔·雷蒙（Marcel Raymond）的话说，这是一部"巴洛克式"的小说。所谓"巴洛克式"，是各种成分的融合，所以是多姿多彩。

1985 年，法国多位雨果专家召开专题研讨会，研究《笑面人》，大家认为：《笑面人》需要分析，但又缺乏分析。我们在论文集的封面上读到，"过去有人说，《笑面人》是雨果小说通常被责备的缺点之集大成者：对天才的特性而言，缺点正是一些崇高的美。"如何理解缺点是美，我们在雨果为《笑面人》写下的笔记里，看到一段文字：

"没有朴素。毫无节制可言。谁不喜欢夸张，就应该避开海洋。平庸的想象力受到这个深渊的折磨。海洋绝对没有分寸，没有我们所谓的趣味。某种疯狂和大海浩瀚的景色联系在一起。这是潜意识里的悬崖峭壁。大海的景色壮观，但并不安分。"[41]

《九三年》

1871 年 7 月，雨果在选举中落败。老诗人因为对巴黎公社持庇护态度，威信扫地。1872 年 1 月，新一轮选举，又一次失败。"两次意料中的选举失败，把他排除在积极的政治生活之外。"[42] 1872 年 8 月 7 日，雨果灰溜溜地离开巴黎，回到自己的流亡地根西岛："因为，得了，我得说明白，我就是喜欢流亡。"[43] 是这样吗？

原来，他兴致勃勃地又开始创作。作家静下心来，不受打扰地创作，是惬意不过的事情。莫洛亚的《雨果传》说："过去他写小说时，从来也没有像在写《九三年》时感到更大的幸福。"[44] 1872 年 11 月 21 日，雨果写道："今天开始写《九三年》一书（第一部）。……我取出在巴黎买的新的水晶墨水瓶，再打开一瓶新墨水，注

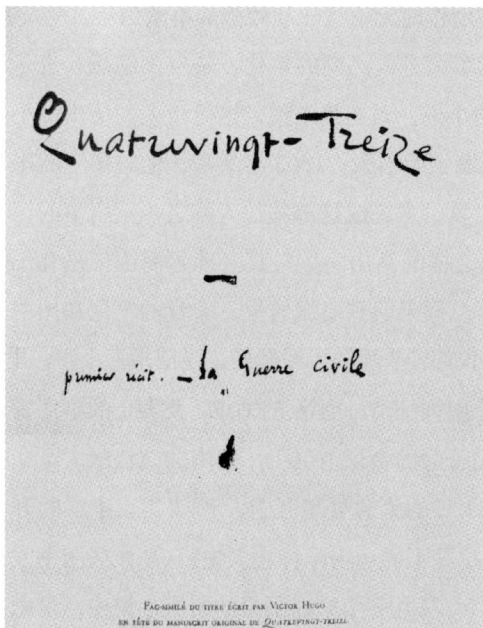

11 | 《九三年》封面手迹

12 | 雨果绘画：《图尔格塔》

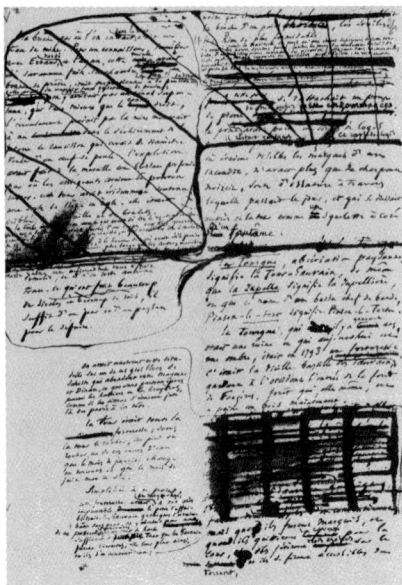

13 | 《九三年》手稿

满新墨水瓶。我拿出一令专为写本书而买的纸，一支很好使的旧笔，开始写下第一页……"[45] 雨果投入将近一年时间，1873 年 7 月 31 日成稿。1874 年 2 月，《九三年》出版。传记作者莫洛亚佩服他的精力充沛："一口气地往下写，这是他三十岁时写《巴黎圣母院》的写作方式。这位七十老翁创作时无论气魄和顽强都不减当年。"[46]

《九三年》指"1793 年"。这是法国大革命进入高潮的年代，是空前绝后，也是独一无二的年代。《九三年》是写大革命的小说。对雨果来说，这是诗人写历史的小说。小说的酝酿可以上溯到《悲惨世界》发表后不久，1863 年 5 月，他向弟子默里斯透露自己的担心："上帝会给我生命和力量，来完成这部我敌人称之为荒唐事的巨著吗？要推动这些大山，我都老了，是怎么样的高山啊！千真万确是高山！是九三年，总算是！"[47] 果然，酝酿超过了 10 年。雨果回到高城居里，大量的笔记和图书在等他。这次用的参考书比以往任何一部小说都多得多。

"他从书里借用了形象、姓名、方言、服饰细节、生活方式，以及发生的事件。"他"参考过全套的旧《箴言报》，了解国民公会的会议情况"。"博南的《法国大革命史》还保留着书签，标在'1793 年 5 月 31 日的紧急处境'上。而《九三年》的开始："1793 年 5 月的最后几天"。[48] 他读过拉马丁的《吉隆特党人史》，高城居图书室里的那本，插满了书签。让·马森自己断言："《九三年》在雨果的所有小说中，是积累资料时间最长、积累资料最多的小说。"[49] 今天，雨果留给我们的小说"补遗"里，有 80 页之多，即八分之一的笔记没有写进小说。

《九三年》写 1793 年，也写雨果自己，写自己的一生，他的出身，他的变化，他的进步，他的今天和现在。《秋叶集》第一首诗的最后两句：

> 我忠于父母的血，血在我身上流淌，
> 我父亲是个老兵，母亲是个保王党！[50]

1793 年，父亲雨果上尉被派去旺代对付叛匪，母亲是激烈的旺代分子。冤家路窄，两人相遇，各怀目的。两人结婚了，雨果是共和思想和保王思想交锋的后代。所以，巴雷尔说："雨果自己的身上就带有小说的主题，他不会忘记他体现了一个公民和一个女'匪徒'的婚事。"[51] 这是出身。

研究家凡·提根（Philippe Van Tieghem）在其《雨果词典》里整理出雨果一生的变化和进步：

1827 年，诗人颂唱旺代的烈士；1830 年，雨果敬仰旺代的首领，但不再爱他们；1841 年，雨果颂扬大革命和国民公会；1841 年《莱茵河》的结论："四个数字吓人的光焰万丈"；1852 年，《惩罚集》的《黑夜》颂扬"九三年这个巨人"；1860 年，《悲惨世界》国民公会成员以理想的名义祝福米里哀神父；遗著《全琴集》在《绞架》里颂扬九三年。[52]

但是，雨果在颂扬"九三年"的同时，总是对革命的具体进程和执行过程提出保留意见。雨果专家戈东（J. Gaudon）认为：《九三年》是"70 岁的作家要和自己算的这本账"[53]。回顾自己的一生，面对丰富的材料，雨果居高临下，处理素材，情节的脉络逐渐显现出来，写出晚年唯一的创作。巴雷尔说："读起来像是一幅雨果式的历史画卷：真实的历史人物，而且又描写生动，处在故事的后景，而取材历史和朱安党人实例的创作人物在前台"。[54]

年迈的朗德纳克侯爵潜回法国，登陆后组织保王党人在布列塔尼的叛乱，他冷酷无情，口号是"决不饶恕"。巴黎救国委员会的对策：派遣蓝军司令郭文前去清剿。同时派西穆尔登协助和监视郭文。大革命前，西穆尔登曾是神父，而且是郭文的老师。而郭文的出身是贵族，郭文子爵又是朗德纳克侯爵的侄子。此时，马拉在国民公会通过一条法令：判处放叛军囚犯越狱的任何军事长官死刑。这样，小说的三个主人公彼此有复杂的关系和命运，各自代表不同的政见和理想。我们知道，"郭文"是雨果情人朱丽叶的姓氏，情节的地点"图尔格塔"在朱丽叶的家乡富热尔地区。

这是一场敌对双方你死我活的战争。朗德纳克藏在图尔格塔地区，威胁要炸掉城堡和炸死作为蓝军人质的三个孩子。关键时候，最后一刻，朗德纳克对无辜的三个小生命动了恻隐之心，救出了三个孩子。蓝军司令郭文对匪首的仁义之举感到震撼，亲自去监狱，放走朗德纳克。西穆尔登负责对郭文的审判，判处自己的战友死刑。郭文的死刑执行时，西穆尔登开枪自杀身亡。"于是这两个灵魂，这两个悲惨的姐妹，一同飞去了"。[55]

故事情节的背后，是法国大革命的巨大身影。人物的思想和行为无不牵动大革命的理想和信念。我们举出雨果的两段文字，说明雨果对大革命的理解的判断：

"国民公会也许是历史的绝顶。"[56]"国民公会所颁布的 11210 条法令中，三分之一是有关政治的，三分之二是有关全人类的。它宣布普遍的道德是社会的基础，普遍的良心是法律的基础。"[57]

西穆尔登和郭文辩论说："革命抓住过去，要把过去歼灭。革命在文明身上割开一道很深的伤口，人类的健康就要从这个伤口里生长出来。你痛苦吗？这是毫无疑问的。这个痛苦要延长多久呢？要有施行手术所需要的时间那么久。以后你就能活下去。革命在为世界开刀。因此才有这次流血——九三年。"[58]

谁是最后的胜利者？最后的英雄？不是郭文和西穆尔登，也不是朗德纳克，而是三个天真无知的孩子。三条小命的分量，是决定《九三年》结局的关键因素。在作者看来，撇去革命和反革命的人和事，孩子胜利了，正义胜利了，天道胜利了。"雨果在小说里又一次谴责了人类社会，大自然以'神圣美丽的反差'在控告人类的社会。"只有无忧无虑的孩子们，这场'巨人们争吵'无辜的赌注……会来抚慰书中的人物和小说的作者……"[59]

雨果有一件私事，能和《九三年》的顺利创作在时间上是对应的。这段时间，是雨果的一次黄昏恋，他在根西岛唱着一首和女仆白朗什相爱的牧歌。

《九三年》在《悲惨世界》后酝酿，在《凶年集》后动笔。诗人在《凶年集》里见证和评判凡尔赛政府和巴黎公社。紧接着，小说家又一次担当仲裁者的角色，但这是在八十年前的蓝军和白军之间。有一个看似和小说无关的问题，值得提出来研究：小说《九三年》是巴黎公社的产物。

雨果原话："九三年，是欧洲对付法国、法国对付巴黎的战争。而革命是什么？这是法国对欧洲、巴黎对法国取得的胜利。由此产生九三年这可怕的一刻的浩大无边，比这个世纪的其余全部时间更加伟大。"[60] 这和巴黎公社有何关系？"小说是直接和1870年至1871年发生的事件对他产生的震撼有联系的。法国有相同的政治形势，国家外有外战，内有内战。"[61]

1867年12月3日，雨果给出版商拉克鲁瓦写信："这部要写的九三年给了我某种苦役；有责任的苦役；这本书里有责任。"[62] 其实，五年以后，作者并没有动笔写的意思。正如三部曲的"1789年"始终没有写，《九三年》如果没有特殊的动因，也许永远深藏在雨果的心中。没有巴黎公社，这本书也许永远提不到创作的日程表上。巴黎公社给雨果心理上的冲击，使他重新拾起《九三年》的题材，并一鼓作气完成。

雨果研究家罗萨（G. Rosa）教授在法国"社会出版社"集体编写的《法国的文学史》里认为："《笑面人》和《海上劳工》在保守派报纸上，受到温和的或有利的评论。1874年，《九三年》唤醒了仇恨：对公社的回忆让杜伊勒里宫的大火在图尔格塔的大火后面跳动不已。"杜伊勒里的大火是巴黎公社放的火，图尔格塔的大火是小说里旺代的战火。"公社社员和九三年的革命者太相似了，这些年对后者说的话指的不能不是他们。这种必然的双重性把《九三年》置于现实之中。"[63]

这样，我们有理由认为：《九三年》是一部借古讽今的小说，作者写九三年的革命战争，表达为巴黎公社辩护的意见。雨果的晚年，1871年以后，只为一件事操心。雨果庇护公社社员之后，为争取大赦努力，他写《凶年集》，他写《九三年》，他在《祖父乐》儿童题材里塞进政治题材。《言行录》里一次次呼吁大赦的发言，为一个公社社员的母亲或妻子的呼吁，一而再，再而三地向被自己鄙视的麦克－马洪总统亲笔写信，都是为了这同一个目的。

同一位罗萨教授披露一份材料：《九三年》出版后，当年旺代叛军首领让·朱安的孙子给雨果写过信。信中说他保持"对真正勇气应有的尊重和敬仰同时"，自己已经

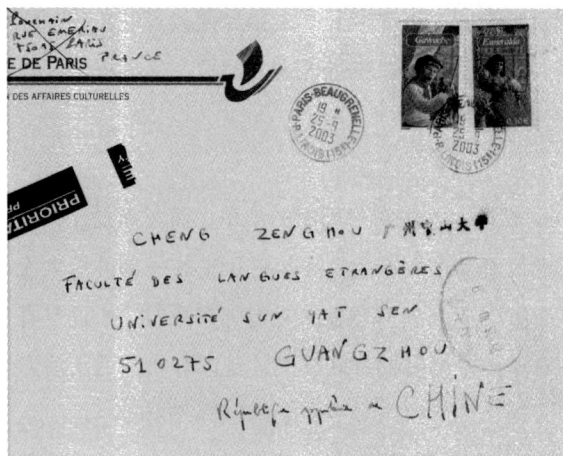

14 | 法国发行的雨果小说人物邮票:《巴黎圣母院》中的爱丝美拉达和《悲惨世界》中的伽弗洛什。程曾厚收藏

"接受八九年永恒的真理,在自由的旗帜下受到庇护,在阳光下找到自己的位置"。[64]

1869 年 7 月 14 日,雨果给英国诗人史温伯恩(Swinburne)复信:"你们是对的:你、拜伦、雪莱,三个贵族、三个共和派。而我呢,是从贵族爬上民主,是从世卿来到共和国,如同一个人从江河来到大海。"[65] 雨果的一生,见证并亲历历史在变化,人类在进步。

小说《九三年》好看吗?见仁见智。《九三年》里没有爱情。1992 年,三联书店出版一本书,叫《带一本书去巴黎》。法国小说写巴黎的书太多啦,不胜枚举。打开书,惊讶之一,这"一本书"竟是雨果的《九三年》中译本。作者从美国去巴黎,似乎是学英语的,这是惊讶之二。《带一本书去巴黎》当年是畅销书,算是惊讶之三吧。

第七讲　雨果的作品之四　《悲惨世界》（上篇）

谁已建造过这幅盘根错节的大图，

图上鲜活的黑暗连着黑暗，而图内

多少罪恶和暴行，多少悲痛和眼泪？

《历代传说集》《产生本书的幻想》

Quel bras avait construit avec tous ces forfaits,

Tous ces deuils, tous les pleurs, toutes les épouvantes,

Ce vaste enchaînement de ténèbres vivantes?

《 *La légende des siècles* 》

《 *La Vision d'où est sorti ce livre* 》

引子

1987 年初，我们查阅美国"盖尔研究公司"（Gale Research Company）出版的工具书《19 世纪文学评论》（*Nineteen-Century Literature Criticism*，简称 *NCLC*）。我们惊讶地发现：第三卷的"雨果"词条里竟然没有《悲惨世界》的内容。我们给编辑部写信询问。2 月 10 日，编辑部复信，告知有关《悲惨世界》的各家评论摘录，收在第十卷的《悲惨世界》词条里。这套大型工具书，一个作家一条词条，包括作家一生的创作。原来雨果是例外，是唯一的例外，雨果有两条词条："雨果"（第三卷，共 45 页）和"《悲惨世界》（第十卷，共 28 页）"。我们第一次注意到：可以将雨果一生的创作分成两大部分，把《悲惨世界》放在雨果一生的创作里介绍，没有突出《悲惨世界》的应有地位。我们认为，美国《19 世纪文学评论》编辑部的考虑不无道理。我们同意他们的思路，我们接受他们的方法。至少，我们在介绍雨果小说创作的这部分，列出两个部分：一是"雨果的小说"，二是《悲惨世界》。

2002 年 6 月 22 日，能在上海大剧院观看美国百老汇音乐剧《悲惨世界》演出的中国观众，可谓三生有幸，这样的幸运儿比凤毛麟角更为稀少。而读过《悲惨世界》中译本的读者，在我国为数不少。人民文学出版社从 1958 年开始出版《悲惨世界》，到 1983 年，已有第四次印刷，累计印数超过 15 万册，正好赶上我国翻译文学的黄金时代。以后，我们看到书店里摆上其他多家出版社的《悲惨世界》中译本。

1988 年，我们第一次在巴黎参加法国大学校际雨果研究会的每月例会，与会者向我们提出的第一个问题，是核实《悲惨世界》在中国的印数。据说法国作家阿拉贡（Louis Aragon）在一篇文章里提及，《悲惨世界》在中国销售了一百多万套。1988 年，就笔者所知，我们当然明言：所传并不确切。

小说的前期写作

我们常说，1852 年雨果在海岛流亡后，几乎每隔三年，完成一部重要作品。1853 年出版诗集《惩罚集》，1856 年出版诗集《静观集》，1859 年出版诗集《历代传说集》（初集），1862 年，出版长篇小说《悲惨世界》（*Les Misérables*）。对，情况真是这样。只是，只是说得未免太轻松了。作家创作一部作品，有一个过程。这个过程可以简单，很简短；也可以很不简单，很漫长。《悲惨世界》的创作过程很不简单，十分漫长。

雨果所写的小说，从《巴黎圣母院》到《九三年》，先要做好准备、搜集和研究相关资料的工作。《悲惨世界》自不例外。今天，对《悲惨世界》发生学的研究，法国的雨果研究界仍然感到棘手。学者们说不清楚《悲惨世界》写作的契机和成因。我们只是知道，从狭义的写作来说，雨果是在 1845 年 11 月 17 日开始写作，当时的书名是《贫困》（*Les Misères*）。雨果有确切写完《悲惨世界》的文字记录。雨果致友人奥古斯特·瓦克里："今天，1861 年 6 月 30 日，上午 8 时半，灿烂的阳光照进窗口，我的《悲惨世界》完稿了。"[1] 从 1845 年年底，到 1861 年年中，整整 16 年半。

《悲惨世界》的主要情节，使用基于对现实社会客观观察的现实主义创作手法。40 年代前，雨果主要是浪漫主义作家。我们看到，作家雨果对待社会现实的态度，他的一些小件或小品作品，已经是现实主义作家的态度和作品了，而这些态度和作品和《悲惨世界》的主题思想和基本情节是一脉相承的。

01 ｜ 雨果 1861 年的照片（Petit 摄）

02 ｜ 《悲惨世界》手稿

1824 年 9 月 17 日，加斯帕尔·德·蓬斯（Gaspard de Pons）应雨果要求，给他寄来土伦苦役犯监狱的资料；

1827 年，雨果偶然看到断头机斩首前在试机；雨果和昂热的达维德（David d'Angers）观看给苦役犯上脚镣；

1828 年，雨果和昂热的达维德再一次观看给苦役犯上脚镣，并看苦役犯出发上路；

1829 年，《死囚末日记》出版；

1832 年，6 月 5 日，雨果看到拉马克（Lamarque）将军葬礼后的共和派起义开始；6 月 6 日，雨果听到保卫圣梅里教堂（Cloître Saint-Merry）的故事；根据真人真事创作《克洛德·葛》的初稿；

1834 年，6 月 23 日，《克洛德·葛》在《巴黎评论》上发表；《文哲杂论》内有《1830 年一个革命者的日记》；雨果在布雷斯特港参观苦役犯监狱；

1835 年，为小说中米里哀主教的原型米奥利斯（Miollis）家庭传记做笔记；

1839 年，巴尔贝斯（Barbès）起义失败，判处死刑，雨果干预，获得国王路易－菲利浦的赦免；雨果在土伦参观苦役犯监狱，并做详细的笔记；

1841 年，1 月 9 日，雨果晚上见到有恶少欺侮街头妓女，把雪团塞进她的背部，雨果在警察局为受害者作证。见《见闻录》的《芳汀的由来》；

1843 年，4 月 20 日，雨果在新桥见到两个天真活泼的穷孩子。见《见闻录》的"当代见闻"；

1846 年，2 月 22 日，雨果在图尔农街目睹偷面包的男子被带进警察局，外面停着一辆华丽的马车，车里坐着包裹在天鹅绒里的美少妇。见《见闻录》的《〈悲惨世界〉的幻景》；

1848 年，4 月 6 日，见到三岁的男孩在母亲身边高唱"为祖国牺牲"。"为祖国牺牲"是大革命时代的《吉隆特党人之歌》的叠句，1848 年很流行。见《见闻录》的"当代见闻"。6 月 4 日，当选国民议会议员；6 月 24 日，被国民议会任命为去起义街区恢复秩序的 60 名特派员（commissaires）之一；发言保护政治犯；

1849 年，入选立法议会；7 月 9 日，雨果在立法议会上，坐在右派的席位上，发表有关"贫困"的演说，建议成立三十人的委员会，准备和研究公共救援服务；这是他政治立场左转的开始；见《言行录》有关《贫困》的演说；

1851 年，2 月 20 日，雨果和经济学家阿道尔夫·布朗基（Adolphe Blanqui）访问"利尔的地窖"（les caves de Lille）；3 月，开始起草访问利尔地窖的长篇演说词，因时局急速变化，失去发表演说的时间和机会。1853 年 1 月 19 日，诗人将此次见闻写成《惩罚集》里的讽刺诗《寻欢作乐》；12 月 3 日和 4 日，路易 - 拿破仑·波拿巴总统发动武装政变，雨果是抵抗政变委员会的成员，参与组织武装抵抗，在《一件罪行的历史》中有回忆博丹在街垒上牺牲的文字；

1855 年，12 月 25 日，圣诞节，雨果在根西岛家向家人朗读长诗《哀伤》（《静观集》第三部），女儿阿黛尔的《日记》记载："'我将给你们念的这首诗，'他对我们说，'来自 1845 年的贵族院，可以说，我是在贵族院里开始用这张纸写诗的。'父亲给我们看了这张令人肃然起敬的纸……父亲给我们念了这首诗后对我们说，正是这首诗里包含了未来发表的长篇小说《悲惨世界》的萌芽……"[2]

雨果从保王派青年，到自由派作家，到学士院院士，到贵族院世卿，到国民议会议员，到坚定的共和派政治家，到流亡国外的流亡者，岁月匆匆，身份不同，立场改变，但身上有一些思想不变，有一些态度不变。雨果在关心社会底层受苦受难的大众，尤其关心社会的公正，关心司法制度，尤其是监狱和囚犯，关心穷人、妇女和儿童。

尤其是 1829 年的中篇小数《死囚末日记》，是具有现代风格的现实主义作品，是一篇强烈反对死刑的控诉状；

尤其是 1834 年的中篇小说《克洛德·葛》，是第一篇写"贫穷"的作品，是挖掘贫穷的社会根源的作品；主人公克洛德·葛经历的思想斗争，也是《悲惨世界》里冉阿让经历的思想斗争；

这些雨果从 20 年代、30 年代、40 年代和 50 年代关心的东西，最后都出现在《悲惨世界》里。

小说的后期写作

《悲惨世界》的写作过程，不是直线的一鼓作气完成，可以分成既有必然联系、又有本质区别的两个阶段，以 1851 年 12 月的政变作为前后不同阶段的分界线。

如我们上文所述，《悲惨世界》是 1845 年 11 月 17 日动笔撰写的。到 1848 年 2 月 21 日，因二月革命的爆发而中断。[3] 这两年多的时间里，雨果几乎把全部精力扑在这部大部头作品上。

小说最早以最初男主人公的名字"让·特雷让"（Jean Tréjean）命名，叫《让·特雷让》。小说的第一稿，在今天第一部分的第二卷开篇。两个女主人公芳汀和珂赛特，在初稿里叫玛格丽特（Marguerite）和安娜·鲁埃（Anna Louet），安娜·鲁埃以后化成"百灵鸟"（Alouette），在《悲惨世界》里是珂赛特的外号；而马吕斯曾先是吕西安，后是托马，最后才是今天的马吕斯。

雨果留下两则写于 1845 年到 1846 年的写作提纲。

其一：关于冉阿让和珂赛特的年龄对应：

"1800 年的苦役犯	——	32 岁
在第涅，1815 年年底	——	47 岁
富人，1820 年	——	52 岁
1822 年收养，三岁以前	——	他 54 岁
1835 年，市政府，十六岁	——	67 岁
1836 年死去	——	68 岁"[4]

其二：谈及小说里的四个主要人物：

一个圣人的故事

一个男人的故事

一个女人的故事

一个女娃的故事 [5]

雨果又留下两则写于 1847 年的写作提示：

其一，点明主人公之所以收留珂赛特的心理原因："在第一部分里（要有意）指明：J.T.（译注：让·特雷让）把自己看成是芳汀不幸和死亡的原因，他对珂赛特的行为是补偿。" [6]

其二，雨果写作时不无心理上的困惑："我预见到《贫困》出版后的凌辱：作者竟然会给我们描绘一个法兰西世卿和一个捉奸抓住的女人的'贫困'。" [7] 我们记得：1845 年 7 月 5 日，雨果和比阿尔夫人的奸情暴露。4 个半月后，雨果动笔创作小说。看来，雨果很快调整了自己的心理状态。

1847 年 12 月，雨果和出版商签订合同，书名：《贫困》。其实，早在 7 月 31 日，

04 ｜ 雨果校阅完全部清样的手迹

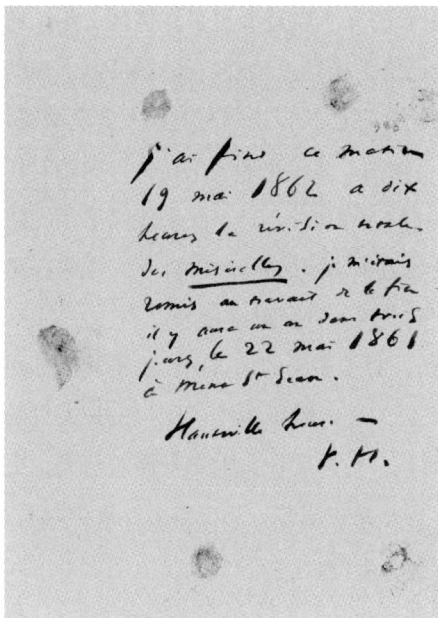

由雨果两个儿子和两个弟子主持的《时事报》（*L'Evénement*）第一期，已经刊登将在年内出版的新书：《贫困》。[8]

　　1848 年 2 月，作者放下《贫困》时，小说已经写完四分之三。我们有理由相信，如果不是时局急转直下，如果不是历史的进程打乱了作家的计划，按照雨果的性格和能力，《贫困》很有可能在 1848 年完成并问世。

　　我们有兴趣知道：如果法国不发生 1851 年 12 月的政变，《贫困》本来会是一部怎么样的作品呢？和我们今天读到的《悲惨世界》一样吗？雨果研究家巴雷尔（Barrère）的看法是："在未完成的第一稿里，作品像是一部社会小说，甚至是大众化的小说，某种介乎欧仁·苏和巴尔扎克之间的东西，但用的是《巴黎圣母院》的艺术手法。"[9] 我们会在《贫困》里看到同样的社会贫困，同样的底层人物，同样的宏大场面，同样的紧张情节，同样错综复杂的人物关系，同样丰富的题外知识。雨果笔下的社会小说，会比欧仁·苏写得更好，也会比大仲马写得更好。那样的一部《贫困》短时间内也许会给作者赢得更多的读者，但也许，世界文学会因此少了一部今天的杰作，少了一部今天的经典。13 年后的 1861 年，《悲惨世界》的出版商拉克鲁瓦希望能删去一些讲哲理的段落，遭到雨果拒绝。雨果的理由是："进展迅速而又轻松的戏也许可以成功 12 个月，而深刻的戏肯定可以成功 12 年。"[10]

政变后，雨果流亡海岛。历史拐弯了。雨果的人生轨迹变更了。整整十年，比"贫困"更紧迫的事情接踵而来，作者几乎忘记了手稿箱里躺着一部《贫困》。1860年4月，出版商拉克鲁瓦（Lacroix）给雨果写信："《历代传说集》对广大公众来说，太严肃了，太高雅了"[11]，生意人的潜台词是不畅销。是给出版的书籍换口味的时候了。这样，促成雨果优先考虑《悲惨世界》。1853年10月4日，雨果建议早年的两个出版商考虑《悲惨世界》。此时，《贫困》更名为《悲惨世界》。1854年，雨果在泽西岛上，和儿子夏尔谈起这部小说，说是"一部贫困的社会史诗"。[12]

现在，"贫困"的景象——回到作者的眼前，封尘多年的《贫困》手稿终于苏醒了。现在，没有巴黎名流的社交活动，没有议会大厅的吵闹喧哗，比阿尔夫人只是个美好的回忆，爱女亡故的伤痛已经平息。而且，雨果现在头上是安详的蓝天，更加接近上帝，脚下是咆哮的大海，面对无限。雨果集中思想，集中精力，集中时间，把目光锁定在他一度倾力投入并接近完稿的大部头小说。

作者的视野更加开阔，作者的境界更加深远。1860年4月26日，雨果手记："我开始先读一遍《悲惨世界》（1848年2月21日中断）已经写成的部分。"[13] 1860年5月21日，雨果手记："我今天把《悲惨世界》的手稿和笔记预先读完了。"[14] 今天的雨果对昨天的雨果写下的东西，当然不会照单全收。雨果新的手记："今天，1860年12月30日，"他在笔记里写道："我开始写《悲惨世界》。从4月26日到5月12日，我重读了手稿。有7个月的时间，我对自己头脑里的整个作品深思熟虑，融会贯通，以便使我在12年前写的东西和现在要写的东西之间绝对吻合。"[15]

这"深思熟虑，融会贯通"，这"绝对吻合"，提法合理，但做起来谈何容易。1860年上半年，雨果在重读旧稿时，写成一篇大文章，自题：《哲学。一本书的开端》，以后"国立印刷所版《雨果全集》"更名为"哲学序言"。全文很长，约合中文5万字左右。大部分写于1860年5月到8月。全文分两大部分：第一部分谈上帝，已写完；第二部分谈灵魂，远没有写完。这是重新撰写《悲惨世界》前必要的哲理思考。当然和《悲惨世界》有密切关系。雨果对于这篇"几乎是有关他个人宗教哲学的著作"，决定用作《悲惨世界》的专用序言，或是作为他全部著作的"总序言"。最后由于出版商的反对，决定和《悲惨世界》脱钩。我们仅限于用两句话概括。《哲学。一本书的开端》开始："大家会读到的书是一部宗教书。"全文结束："我信仰上帝。"[16] 由此可见雨果对创作《悲惨世界》时，所抱有的宗教热忱。

1861 年 3 月 20 日,雨果将主人公让·弗拉让(Jean Flajean)改成冉阿让(Jean Valjean)。从此,千千万万读者的心中,记住了冉阿让这个不寻常的名字。[17]

雨果面对旧作,重阅全稿,头脑里装着《哲学。一本书的开端》,并下定决心。1860 年 6 月 24 日,雨果给友人保尔·默里斯写信:"我将竭尽全力,重新扑在《悲惨世界》上。"[18] 接下来,便是集中精力、一气呵成的创作。1860 年 7 月 19 日,雨果又给默里斯写信:"我完全沉浸在《悲惨世界》里,而这件作品望不到头,会把我带到比我的估计更远的地方去。"[19]

1861 年 6 月 30 日,一声轻松的欢呼。雨果致信奥古斯特·瓦克里:"今天,1861 年 6 月 30 日,上午 8 时半,灿烂的阳光照进窗口,我的《悲惨世界》完稿了。我知道,这个消息会使你感到一点兴趣,我希望,这个消息由我亲自来告诉你。我应当给你寄这张出生喜帖;你对这部作品态度友善,并在你出色的《侧影与怪相》一书中已经提及。谨向你告知,这孩子身体健壮。我给你写上这几行字,用的是写书剩下的最后一滴墨水……我正是在滑铁卢的现场,在滑铁卢的月份,打了我的大仗。我希望这个仗没有打输掉……我写的东西丝毫不急于出版。对我来说,重要的是《悲惨世界》写完了。"[20] 1861 年 10 月 26 日,雨果手记:"我重新读完了《悲惨世界》。"[21]

至此,雨果的《悲惨世界》宣告完成。其实校对清样的工作同样艰苦,同样费力。最后,胜利的喜讯从欧洲大陆纷纷传来。1862 年 3 月 30 日,比利时出版,清样由雨果亲自校对;1862 年 4 月 3 日,巴黎出版,清稿由默里斯校对。[22] 1862 年 7 月 6 日,默里斯致雨果:"6 天来,巴黎在阅读、在如饥似渴地阅读《悲惨世界》。人们已开始在谈论,某些报纸也有评论,从中可以预示,轻而易举宣布的巨大成功果然如此。大家都心醉了,大家都入迷了!不会再有小小的反对,不会再有些许的保留。这部气势磅礴的巨作情操高尚,正义凛然,悲天悯人,它压倒一切,对人人都不可抗拒……"[23]

早在 1861 年 10 月 4 日,作者和比利时年轻的出版商阿尔贝·拉克鲁瓦签订《悲惨世界》的出版合同,合同期 12 年。稿酬 30 万法郎。拉斯泰教授在他 1992 年校注的三卷本《悲惨世界》里,提供一个数字。1861 年的"30 万法郎"相当于 1992 年的 900 万法郎。1992 年,法郎和人民币的比价,大约是一比一。[24]

《悲惨世界》的特点

《悲惨世界》的书名就是《悲惨世界》的主题。《悲惨世界》的书名，就是小说的集体主人公。《悲惨世界》是既不优雅，也不抒情的书名。《悲惨世界》是雨果的直白，是雨果一生最揪心的事情。

《悲惨世界》把读者带入的"世界"，是时空上距今遥远的世界。《悲惨世界》是法国第一部写贫困的小说，是法国工业化前夕的最后一部小说。历史不仅是背景，历史也参与故事情节：第一帝国的回忆和消亡，王政复辟的初期，七月王朝初期的起义和街垒，作者借 1848 年革命的经历一一铺陈进《悲惨世界》的各个章节。历史的画面，可以在王宫里展开，更多是在战场上和小街小巷里展开。

雨果的"悲惨世界"，穷人，穷人，还是穷人；有苦役犯，有密探，有麇集的城市贫民。此时，法国是半农业的社会，处在工业化的前期，现代意义上的工业无产者大军没有形成，社会呈现出光怪陆离和骚动不安的景象。小说没有雨果 30 年代自身所处的艺术氛围，没有雨果 40 年代自己侧身的高雅情调。

"悲惨世界"里熙熙攘攘，杂沓，灰暗。这贫困的世界是雨果熟悉的世界：他访问利尔的地窖，他历来反对死刑，他由此剖析王政复辟前后，为维系社会秩序、对付底层民众的整套法律机器。社会的最高层，社会的最底层；上自国王路易－菲利浦，下至芸芸众生，底层的大群在成为城市无产阶级前，暂时是小旅舍老板，手工业者，小店主，仆人，生活在失业的阴影下，随时可以堕落，处在偷盗、犯罪和卖淫的边缘。

《悲惨世界》的特点，一大，二杂。

先说大。

小说的体量大。五大部分，48 卷，至于章节的总数，雨果在玩弄数字游戏，整整 365 章。

小说的场面大。滑铁卢战场的场面很大，雨果亲自去战场考察，现场写作，反对《悲惨世界》的拉马丁也承认和赞美作者超越前人的史诗般的写作；巴黎下水道的场面大，有几个巴黎人认识自己脚下下水道的宏大工程？雨果深入研究过下水道系统。巴黎人民起义时街垒的战斗场面大。雨果 1848 年和 1851 年两度爬上街垒，对街垒有第一手的亲身经验。19 世纪的作家，包括《人间喜剧》的作者巴尔扎克，没有为我们留下法国 19 世纪革命历史最主要的象征——街垒的画面。

再说杂。

小说的人物杂。第一线主要人物，除冉阿让、卞福汝主教和警察沙威外，还有芳汀、珂赛特、德纳第夫妇和安灼拉等，都是主要人物，次要人物的队伍更加庞大，在他们的后面有整个"悲惨世界"里的芸芸众生，有社会生活的三教九流，各行各业，而在史诗画卷的大背景上，还有真实的历史人物在走动。出人意料的是，作者雨果也是书中的一个人物；作者在滑铁卢出场，表明故事的真实性和可靠性。作者在书中是无所不知者，经常是情节的评判者。

小说的地点杂。人物的众多必然带来地点的多变。拿破仑帝国陨落、千军万马灰飞烟灭的古战场滑铁卢，冉阿让搭救马吕斯的巴黎下水道，伽弗洛什的小灵魂飞天的街垒，山城迪涅小城，滨海蒙特勒伊的烧料厂，孟费郿的小客栈，比克布斯小街的修女会，巴黎的咖啡馆，等等，不胜枚举，需要众多的地点提供众多人物命运交叉的场合。

小说的手法杂。各种体裁，各种风格，罗列杂陈。社会小说，风俗小说，历史小说，侦探小说，哲理思考，离奇情节，节外生枝，引经据典，旁征博引，应有尽有。故事的叙讲，景物的描绘，对话的使用，内心的独白，人物的书信，人物的梦境，题外的发挥，以至历史的图片资料。对，第二部分结尾处，出现一张图片，一张 1793 年旺代地区保王党军队使用的代价券。让历史文物说话，替代了多少描述和评价。《悲惨世界》有歌曲，有诗篇，这是雨果的强项，也是小说的引人入胜之处。

小说的语言杂。作品的语调随文体变化而变化，人物的语言随人物的身份不同而不同。史诗有史诗的语言，情话是呢喃的情话。作者的教训是严肃认真的语言，作者的思考是哲理的语调。三教九流，各色人等，各有自己的语言，从贵族的客厅，到民间的俚语，到匪帮的黑话。对，《悲惨世界》有介绍和研究"黑话"的特别章节，雨果津津有味地款款道来。

通常，"大"和"杂"不是优点，大而无当，杂乱无章，会是葬送小说的缺点。

此地，我们特别要提到有些雨果研究家提出的论点：写作小说《悲惨世界》的两条轴线：平面的故事发展轴线，和垂直的哲理思索轴线。19 世纪小说的特点，是平面展开情节，由故事和情节本身揭示作者的意图。《悲惨世界》不仅有平面的轴线，这是叙述具体的故事进程，更有一条垂直升起的轴线，这是标示人类良心、高扬道德至上的轴线。作者不时停下故事的脚步，给人和事作出分析和评判，超越人和事的物质层面，把人和事提高到应有的精神层面。最后，借助这两条轴线的交汇，借助这两个层面的互动，产生小说最后的道德意义。在雨果看来，这是宗教的道德意义，亦即如雨果在《哲学。一本书的开端》所说："这是一本宗教的书"。

雨果的《悲惨世界》是现实主义和浪漫主义的融合。现实的手法，理想的主题。现实以理想为基础，理想有现实为依托。有人认为，《悲惨世界》启发了以后的一些作家，例如俄国的陀思妥耶夫斯基。

小说的分析：三个主角

《悲惨世界》的中译本书名，和本书的法文书名一样，一望而知，并不突出一个主人公，或几个主要角色。小说写的是一个"世界"，这个"世界"里有众多的人物。《悲惨世界》里有主要角色，有次要角色，有次要人物，更有真实的历史人物在小说背景上进进出出，更有有名或无名的芸芸众生在底层熙攘往来，共同构成法国19世纪拿破仑失败后，王政复辟到路易－菲利浦王朝的社会生活。这是一幅历史长卷。这是一首史诗。

谁是《悲惨世界》最重要的主人公？今天，《悲惨世界》音乐剧的"招牌"人物是珂赛特。珂赛特只是童年受苦的儿童形象，是雨果成功塑造的人物。很多读者读《悲惨世界》，会联想到德拉克洛瓦（E. Delacroix）的名画《自由领导人民》（La Liberté guidant le peuple），画幅的前景有一个手持双枪的男孩，他是小说里的巴黎流浪儿伽弗洛什。伽弗洛什是《悲惨世界》里又一个十分成功的儿童形象，他在小说的人物群像里几乎有独立重要的意义。伽弗洛什在街垒上被打死的场面，这个小小灵魂的升天，是整部小说最激动人心的画面之一。我们可以说，珂赛特和伽弗洛什是《悲惨世界》两个成功的孩子形象，两个动人和感人的孩子形象。

《悲惨世界》是一部"宗教的书"。两个孩子承担不起这样重大的主题。作者在小说第一部分第七卷的第三章"脑海中的风暴"里，说得清楚：这是写一个人的良心的诗篇。"写人的良心的诗篇，哪怕只写一个人，哪怕只写最微不足道的一个人，这就是把历来的一切史诗，熔铸进一首终极的高级的史诗。"[25]一个人，纵观全书，这个人当然是冉阿让。小说五大部分，48卷，中译本将近1100页，超过122万字，这样宏大的篇幅，只是为了铺垫这部一个人的史诗。

05 ｜ 雨果画的《悲惨世界》人物画：《伽弗洛什 11 岁》　　　06 ｜ 雨果画的《悲惨世界》人物画：《伽弗洛什 6 岁》

　　雨果以前小说的人物，我们想到的是《巴黎圣母院》里的主要人物，似乎都是"命定"的人物，他们的行为都是命中注定的，人物本人没有可能改变自己的命运。可是，冉阿让有贫穷的命运，有耻辱的命运，有灾难的命运。但冉阿让的一生是和命运搏斗的一生。冉阿让一生在成长，在成熟，一直在走一条赎罪的道路。他积德，他自我牺牲，他彻底忘我，他拯救自己的良心，他以超人的勇气，成功地走完了这条布满荆棘的自我救赎的道路。作为社会的人，他在小说结尾无声无息地死去：

> 他睡了。虽说他命运古怪崎岖，
> 他已为人一世，天使走后死去；
> 事物有去有来，其实简简单单，
> 如同白昼过后，便是夜的黑暗。

　　"他已为人一世"，在上帝面前，冉阿让新生了。我们看到，冉阿让最后没有成为基督徒，他和作者雨果一样，只是一个有信仰的人，一个心中有上帝的人。《悲惨世界》在我们面前展示出冉阿让一条漫长的、荆棘丛生的受难过程。在雨果笔下，小说包含了基督徒信仰里"受难"的全部含义。冉阿让没有走进教堂，而他拥抱了上帝。他成为"上帝的公务员"。历史学家吉伊曼（H. Guillemin）给比鲁埃（G. Piroué）的《小说家雨果》作序："我同意比鲁埃的话，完全同意。冉阿让'属于圣人的盛大行列'。"[26]

冉阿让幡然悔悟，他弃旧自新，是由卞福汝主教带上路的。冉阿让的一生，偷了两次东西。第一次偷了面包，为他带来 19 年的牢狱之灾，第二次偷了银餐具，让他发现了上帝。第一次偷窃，为他打开了苦役犯监狱的牢门，第二次偷窃，让他看到了开着的天国之门。米里哀主教重身教，轻言教，没有私欲，不图享受，只把上帝的教导传给人间。他被教区内的穷人叫作"卞福汝主教"，法文中"卞福汝"（Bienvenu）是"欢迎"的意思。

冉阿让在米里哀主教家里，第一次受到人和人之间的平等相待。警察带着冉阿让和他的赃物来主教家对质：

"呀！您来了！"他望着冉阿让大声说，"我真高兴看见您。怎么！那一对烛台，我也送给您了，那和其余的东西一样，都是银的，您可以变卖二百法郎。您为什么没有把那对烛台和餐具一同带走呢？"[27] 苦役犯的震惊是可想而知的。冉阿让没有说话，他的心灵给狠狠抽打了一下。米里哀主教如此传播福音，但未必是正宗的天主教神职人员。

米里哀主教有原型，叫米奥利斯，实有其人，雨果 1835 年已经关注这迪涅主教的行踪了。1854 年 7 月 13 日，雨果和儿子夏尔对米里哀主教的角色，有过一次讨论。夏尔认为："民主的敌人，是神父，尤其是天主教神父。把一个天主教神父写成完美和智慧的典型，是给天主教会帮了忙……"雨果的回答："一般地说，宗教是宗教，神父是神父。可以有多种方式做神父。教导不可见的世界的人就是神父。任何思想家都是神父。……天主教神父，何况这个纯粹、高尚的真正的神父，是对今天神父的莫大讽刺。"[28] 1862 年 4 月 21 日，《悲惨世界》一出版，米里哀主教的原型米奥利斯主教的侄子给《联盟报》写信，指责雨果诬蔑和歪曲他的叔父，他叔父是教会和教宗的信徒，居然让主教向大革命时代的国民公会代表屈尊求教。[29]

07 | 雨果画的《悲惨世界》人物:"伽弗
洛什"

08 | 雨果画的《悲惨世界》人物:"伽弗洛什在沉思"

诗人波德莱尔认为:"卞福汝主教是夸大了的慈悲心,是对自我牺牲的不变信仰,是对把慈悲心当作最佳教育方式的绝对信任。"[30] 法国哲学家阿兰(Alain)说:"雨果远在卞福汝主教之下。这我知道。然而,这位大地之子却能从纷繁杂沓的激情之中,创造出这个高出众人之上的人间圣人来。"[31]

冉阿让走完自我救赎的道路,只有卞福汝主教的指引是不够的。如果只靠一次"顿悟",如果这条路走起来并不费力,人人走来都轻而松之,这未必就是一条救赎的正路。《悲惨世界》给冉阿让的路上设置了诸多障碍,苦役犯需要超人的勇气,需要超人的力量,需要和自己良心进行反复的较量,才能救赎自己的灵魂。这样,需要出现第三个人,第三种力量。于是,雨果创造了沙威。

沙威的职业是警察。他是法律盲目和僵化的工具,清正、无私,死心塌地维护现存的社会秩序,服务国家利益。卞福汝主教在小说开始时,和冉阿让相遇一次,圣人和罪人仅仅相遇唯一的一次,便成永诀。相反,沙威原是社会底层出身,是土

09 | 雨果画的《悲惨世界》人物："伽弗洛什的朋友小萝卜头"

10 | 雨果画的《悲惨世界》人物："德纳第"

伦苦役犯监狱的看守。沙威决不容忍违反现有法律的人和事。他对自己的职务彻底忠诚，绝对不讲情面。他到处追踪冉阿让，不论冉阿让隐姓埋名，变更地点，变更身份，不把越狱的苦役犯缉拿归案，决不罢休。他把人分成不可调和的两类：服从法律的人，和违反法律的人。冉阿让救赎的道路曲折漫长，沙威追捕的道路同样曲折漫长。

在战斗的街垒上，在枪林弹雨的背景下，冉阿让受命枪毙被捕的沙威。但他以善报恶，放了空枪，救了非要自己命不可的沙威一命。沙威蒙了，他直来直去、黑白分明的头脑理解不了。法律在慈悲面前失败了。沙威过于正直，过于无私。他无法向法律交代，也无法向自己解释。他选择跳塞纳河一死了事。雨果要告诉读者，沙威虽然作恶一世，但最后以死拯救了自己。恶人最终可以得到原谅。

一个苦役犯，一个神父，一个警察，由这三人完成《悲惨世界》的主题，传达小说给我们的启示。这不是"三位一体"，但却是三者缺一不可。这三个主要人物，或是传布上帝福音的人，或是经过受难完成救赎的人，或是虽有恶行、最终觉悟的人。我们可以看到，这三个人物都是孤独的人，神父除了妹妹，眼里只有穷苦的人；冉阿让无亲无戚，以领养珂赛特为自己奉献的对象；而沙威只是一匹孤独的狼。

小说的自传成分

《悲惨世界》不是一部自传体的作品，绝对不是。小说家在小说里写进一些个人的生活片段，当然是很自然的事情。雨果也把很多个人的东西编织进小说，有心的读者会有意外的发现。雨果借用父亲和朱丽叶生活中很多亲友的名字，作为自己书中人物的名字。

马吕斯是珂赛特未来的丈夫。雨果是这样介绍马吕斯的外貌特征的："马吕斯在这时已经是个美少年，中等身材，头发乌黑而厚，额高而聪明，鼻孔轩豁，富有热情，气度诚挚稳重，整个面貌有一种说不出的高傲、若有所思和天真的神态。……他的态度是谦逊、冷淡、文雅、不很开朗的。由于他的嘴生得动人，牙齿也无比地白，微微一笑便可以纠正整个外貌的严肃气氛。有时候，那真是一种奇特的对比，额头高洁而笑容富于肉感。他的眼眶小，眼神却广阔。"[32] 马吕斯的少年形象是从雨果的少年形象复制而来的。雨果在小说里描绘的是自己。1832 年，一颗流弹差一点击中我们的诗人，于是，小说里也有一颗流弹差一点击中马吕斯。

1841 年 1 月 9 日，雨果当上法兰西学士院院士才两天，便在途中遇到无聊恶少欺侮妓女的事情，雨果不顾可能会招来的麻烦，亲自去警察局为受害者作证。今天，《见闻录》里有一则雨果留下的文字：《芳汀的由来》，详细记述了经过。这则生活细节，被原封不动地移植进小说第一部第五卷的第十二章："巴马达波先生的无聊。"[33]

雨果更多的私人回忆或公然或隐秘地出现在《悲惨世界》里。

公然的纪念。1833 年 2 月 16 日，珂赛特和马吕斯的新婚之夜，明眼人一看便知：这是雨果和朱丽叶·德鲁埃两人定情的神圣的夜晚。雨果和朱丽叶长达 50 年的爱情，是从这一晚开始的。《雨果传》的作者巴雷尔说，这"是毫不掩饰地对朱丽叶表示敬意"[34]，并断言"雨果在他的小说里提供了个人的经验或周围熟人的经验。这一片可发掘的场地肯定还有很多我们没有打开的地方。"[35]

珂赛特所受的教育，几乎就是情人朱丽叶所受的教育。作者在小说里可以无所不知，但雨果怎么会熟悉修女院里的日常生活呢？ 1847 年 8 月，朱丽叶开始誊抄《贫困.》的手稿，兴奋不已。9 月，雨果请朱丽叶写她童年时代在修女院的回忆，供他参考。朱丽叶写成《修女院寄宿女生的回忆》，约合中文 7000 字，为雨果撰写小比克布斯修女院提供了真实的依据。[36]《悲惨世界》里第二部的第六卷，修女院里的食堂、花园等，并非是男性作家的凭空想象。至于修女院坐落在小比克布斯街上的62号，据说因为雨果当年正好60岁生日，时在1862年。这又是隐蔽的回忆。

第八讲　雨果的作品之五　《悲惨世界》（下篇）

他只有跳进深渊的底，

才会知道深渊有多深。

《颂歌集》《诗人在革命之中》

C'est en s'élançant dans l'abîme

Qu'il en sonde la profondeur.

《 *Odes et Ballades* 》

《 *Le Poète dans les Révolutions* 》

雨果自己谈小说

雨果自己如何看待《悲惨世界》呢?

第一，雨果为《悲惨世界》写的序言，最值得我们重视。作者用心写成的《哲学。一本书的开端》，最后没有成为小说序言，此文今天只有研究的意义。雨果于 1861 年年初的序言："只要因法律和习俗所造成的社会压迫还存在一天，在文明鼎盛时期人为地把人间变成地狱并且使人类与生俱来的幸运遭受不可避免的灾祸；只要本世纪的三个问题——贫穷使男子潦倒，饥饿使妇女堕落，黑暗使儿童羸弱——还得不到解决；只要在某些地区还可能发生社会的毒害，换句话说同时也是从更广的意义来说，只要这世界上还有愚昧和困苦，那么，和本书同一性质的作品都不会是无用的。"[1] 这篇序言简略，不到 200 字，仅是《哲学。一本书的开端》长文的三百分之一。

第二，《悲惨世界》里多次对《悲惨世界》下定义。

第一部，第七卷，第三章，"脑海中的风暴"："赞美人心，纵使只涉及一个人，只涉及人群中最微贱的一个，也得熔冶一切歌颂英雄的诗文于一炉，赋成一首优越成熟的英雄颂。"[2]

第二部，第七卷，第一章，"从抽象意义谈修院"："本书是一个剧本，其中的主要角色是无极。人是次要角色。"[3]

第五部，第一卷，第二十章，"死者有理，活人无过"："此刻，读者手边的这部书，中间不论有怎样的间断、例外或缺失，从头到尾，就整本到细节都是从恶走向善，从不公正到公正，从假到真，从黑夜到天明，从欲望到良心，从腐化到生活，从兽行到责任，从地狱到天堂，从虚无到上帝。它的出发点是物质，终止处是心灵；它由七头蛇开始，以天使告终。"[4]

这样的论述，属于这部小说创作的垂直轴线。作者高举"良心"的大旗，执意让社会"从黑夜到天明"，调子定得很高。

第三，小说出版前后，雨果在通信中经常谈到自己对小说的看法。

1862 年 3 月 13 日，雨果致《悲惨世界》的出版商阿尔贝·拉克鲁瓦：

我相信，你会愈益看到我在根西岛和你谈起《悲惨世界》说过的话是真实的："这本书，是历史掺和了悲剧，这就是本世纪；这是一面巨大的镜子，反映出人类浩大的生活里某一天的真情实景。"[5]

小说出版后，反馈的信息纷至沓来。雨果一再思索和总结自己为本世纪、为人类完成的这部小说。1862 年 6 月 21 日，雨果致莫兰（Frédéric Morin, 1823—1874）：

这部书是从内向外写的。观念产生人物，人物提供情节，这其实就是艺术的法则，而在观念的位置上，放上理想，亦即上帝，作为发动者，我们看到这正就是自然的形成。命运，尤其是生命，时代，尤其是本世纪，人，尤其是人民，上帝，尤其是世界，这些是我力求写进本书的内容，可以说是关于无限的论著。一切严肃的有关无限的研究，结论都归于进步。静观完美，证明有完美性。由此真正引出政治和社会的法则，这是自然法则的必然结果；创造者之外，别无权威可言；神性排除王权。——共和国出自宗教。[6]

1862 年 6 月 24 日，雨果回复拉马丁：

我杰出的朋友：

如果激进就是理想，对，我是激进派。对，我从一切意义上说，我理解、我要求、我呼吁更好的事物；虽有谚语责难，"更好"不是"好"的敌人，因为这等于说："更好"是"坏"的朋友。对，允许有贫困的社会，对，允许有地狱的宗教，对，允许有战争的人类，在我看来是低等的社会、宗教和人类，而我是仰望更高的社会，更高的人类，更高的宗教：没有国王的社会，没有边境的人类，没有经籍的宗教。对，我和出卖谎言的神父，和判案不公正的法官进行斗争。在消灭寄生虫的同时，要人人拥有财产（这和废除财产是对立的），即要达到这样的目标：每个人都拥有产权，没有人是主子。对，这就是我真正的社会政治经济学。目标很远。这是不向着目标前进的理由吗？我简而言之。对，只要允许人有意志，我要摧毁人的宿命论；我谴责奴隶制度，我驱赶贫困，我教育无知，我治疗疾病，我照亮黑夜，我憎恨仇恨。

这就是我这个人，这就是我为什么写《悲惨世界》。

在我的思想里，《悲惨世界》无非是一本以博爱为基础、以进步为顶点的书。[7]

也许，早在 1850 年，雨果在巴尔扎克葬礼上的演说，说的是《人间喜剧》的

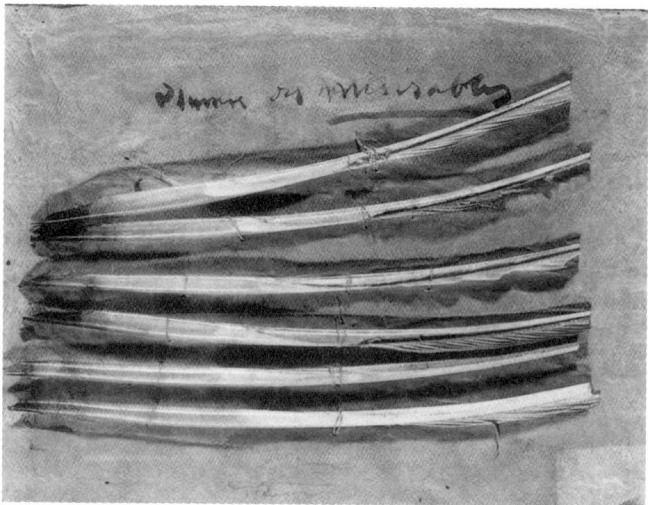

02 | 雨果撰写《悲惨世界》用过的鹅毛笔

03 | 珂赛特打水的石膏像，今存雨果故居

作者巴尔扎克，也是在说 19 世纪这一代的作家，更是在说《悲惨世界》的作者自己：

> 巴尔扎克先生属于 19 世纪随拿破仑而来的这一代雄劲有力的作家……他的全部作品只是一部作品，这部作品生动、辉煌、深刻，我们全部的当代文明在书中带着真实性，又带着我说不出来的可怕和可畏，在书中去去来来，在书中走动，在书中运动；这部精彩的书，诗人称之为戏剧，其实应该称之为历史……这部书充塞真实、亲密、庸俗、粗俗、具体的内容，而有时候却通过冷不防口子大大地撕裂的现实，突然令人依稀看到最阴沉、最凄惨的理想。这部宏大的奇书的作者，他自己不知道，也不论他愿意与否，不论他同意与否，是属于革命作家的强大群体里的。[8]

如果说巴尔扎克"他自己不知道"，而雨果自己是清楚的，雨果"属于革命作家的强大群体"。

雨果自己对《悲惨世界》更详尽的论述，不是短短的序言，不是几封书信中的阐述，而是 1862 年 10 月 18 日，专门给意大利文版写的序文。全文阐发更为透彻，值得我们重视。考虑到雨果的这篇序文较长，我们作为附录，放在这一讲之后。

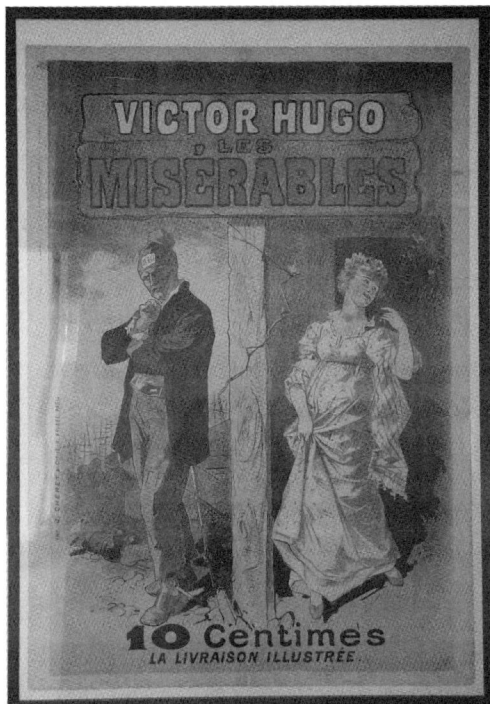

04 │ 《悲惨世界》出版的征订广告页

05 │ 伽弗洛什参加街垒战的油画，今存雨果故居

同时代人的评价

《悲惨世界》出版，获得极大成功。首先，小说彻底征服了出版小说的出版商，拉克鲁瓦"哭了"。罗曼和贝洛斯塔合著的《〈悲惨世界〉，沉思的小说》里，引证了拉克鲁瓦的书信。1862 年 5 月 25 日，他给雨果写道："啊！亲爱的、杰出的大师，我跟你说，我要拼命对你喊：你的《悲惨世界》，也许是历来最高大的作品。本世纪没有产生过如此伟大、如此完整、如此有力的东西。……我读了，我通读了，我贪婪地读了你篇幅宏大的作品。我看到了作品的成功。我哭了。"[9]

拉克鲁瓦有精明的眼光，他"付了 30 万法郎，可是他从 1862 年到 1868 这几年间，却净赚 517000 法郎"[10]。购买《悲惨世界》的读者多数是普通民众。至于评论界，热情的评论不多，怀有敌意的评家恶毒咒骂，连雨果往日的朋友，也不敢苟同，颇有微词，甚至大肆讨伐。

雨果以政治家的心思，概括眼前滚滚而来的评论，从论敌的反对中看到了小说的巨大成功。1862 年 5 月 31 日，雨果给奥古斯特·瓦克里的信："……你我之间说说，不是靠读共和派的主要报纸，佩拉和于尔巴克除外，就能相信《悲惨世界》取得了成功。看到天主教、波拿巴派和反动派的报纸大发雷霆，倒可以猜到成功了。这些报纸用口水把我胜利地捧了起来。各家支持旧世界的报纸说：丑陋、无耻、卑鄙、可憎、可恶、可笑、恶心、畸形、乱来、可怕，等等。民主派和友好的报纸回答：'不，不，这不坏。'至于年轻的文学报刊，完全都值得赞美"。[11]

我们先看看雨果在敌方阵营里取得的成功。

天主教作家巴尔贝·多尔维利（Barbey d'Aurevilly）于 1862 年 4 月 19 日，在《国家报》发表第一篇评论："本书的企图，是要炸毁一切社会制度，一批又一批地炸毁，使用的力量比炸毁一座座大山的火药更强烈，——使用的是眼泪和怜悯心。……《悲惨世界》不是一本好书，更有甚者，这是一个恶毒的行为。"[12]

路易·弗约（Louis Veuillot）1862 年 4 月 25 日在《天主教世界评论》里说："书里有许多可恶的思想，用的讨厌的风格。如果需要废除雨果先生所揭露的种种情况，如果他以为要摧毁的灾难真有道理的话，任务将是艰巨的！像此书这样的呼吁，像《悲惨世界》作者向群众发出的呼吁，非但无所帮助，只会加重苦难。"[13]

1862 年 4 月 29 日，屈维利耶－弗勒里（Cuvillier-Fleury）在《辩论报》上撰文："雨果先生没有写一篇社会主义论。我们凭经验知道，他做的一件事情要更加危险得多。"[14]

1862 年 8 月 14 日，《费加罗报》总编伊波利特·德·维尔梅桑（Hippolyte de Villemessant）表达自己的立场：

面对一本非要别人赞美的著作，我对普天下的崇拜说什么好？

这部著作比一本坏书更坏，这是可恶的行为；

书中牺牲一切，以求达到戏剧性的效果，以求向贱民献媚；

书中看到有个神父，有个主教，向一个弑王者下跪求祝福；

书中对一个国王，路易十八，直呼其名，是'肥猪'；

书中恋爱的少男只是个自命不凡的傻小子，少女只是个庸俗的苯丫头；

书中唯一有意思的人是个苦役犯人；

书中唯一真实的人物是个密探，还有些夸张；

书中的情节部分，只是《巴黎的秘密》苍白的盗版；

书中就连显示天才的时候，也因缺乏分寸、缺乏情趣而兴味索然；

不能用细软的小鞭子，要用抽打的大皮鞭。[15]

1862 年 9 月 7 日起，《费加罗报》开始连载长篇评论《真正的悲惨世界》：作者欧仁·德·米尔古（Eugène de Mirecourt）有意模仿《悲惨世界》的序言风格："序言。只要有罪的恶意的作家还存在，民主和社会的影响正当文明盛世，人为地制造黑暗，用尽人类邪恶的花招，搅乱本是慈悲和神性的命运；只要 18 世纪被笔杆子让男人、女人和孩子的堕落在 18 世纪加重恶化的伤口还得不到愈合；只要流涎玷污现代社会的爬虫，蛊惑人心，还没有被砍下脑袋；只要在某些地区，用谎言窒息社会还有可能；换言之，更广而言之，只要地球上还有显而易见的骗术，还有狂妄的自负，还有荒诞的政治野心，那么，和本书同一性质的作品都不会是无益的。……致维克多·雨果先生。我的序言照搬你的序言，就给你说明，先生，我把此书献给你的理由。……你们才是《真正的悲惨世界》，才是唯一值得怜悯的人，我给你证明。……你们系统地发挥恶性的本能；你们挑动穷人反对富人，为了给革命制造军火，你们是革命的使徒。"[16]

其实，论敌一方的反应并无什么悬念。而朋友一方的意见值得玩味和推敲。

乔治·桑 1862 年 5 月 6 日给雨果的信："我呢，有时喊起来，我反对基督教多了一点"。[17]雨果 1862 年 5 月 18 日回信："不要害怕看到我的基督徒色彩太浓。我相信基督，如同我相信苏格拉底，我相信上帝，甚于相信我自己。"[18]

波德莱尔 1862 年 4 月 20 日在《大街报》上撰文，以后收入《浪漫主义艺术》："道德是作为目的直接进入《悲惨世界》的……这是一本爱心的书，就是说写来启发和激发具有爱心的情怀；这本书在质问，在摆出社会错综复杂的情况，性质可怕，令人鼻酸，在对读者的良心说道：'好啊？你做何感想？你有何结论？'"。又说："《悲惨世界》所以是一本爱心的书，对一个溺爱自己、毫不在乎永恒的博爱原则的社会提出振聋发聩的警告；是对'悲惨世界'（受贫困煎熬的人和被贫困败坏的人）的一份辩护词，并由这个时代最雄辩的嘴宣讲出来。"[19]可是，可是连波德莱尔也在撒谎，他在说假话，他 1862 年 8 月 10 日给母亲写信："这本书是令人厌恶的，是荒谬的。在这个问题上，我显示出我具有撒谎的艺术。"[20]唉，至少，波德莱尔反对艺术作品具有道德的取向。

福楼拜1862年7月，给罗杰·代热内特夫人（Edma Roger des Genettes）的私人信件："好啊！我们的神明降格了。《悲惨世界》叫我忍无可忍，不允许对书说坏话。样子像个探子。作者的立场是不可动摇的，不可攻击的。我，我这一生都在崇拜他，我现在'愤怒'了！我要发作了。我在这本书里没有看到真理，没有看到伟大。至于风格，我觉得有意要显得无礼和低下。这种做法是讨好民众。……哪儿有芳汀这样的妓女，哪儿有冉阿让这样的苦役犯，哪儿有ABC社的愚蠢宝贝这样的政治家？我们在他们的心灵深处，从没有看到他们在'受苦'。这是些木偶人，糖面人，从卞福汝主教说起。雨果出于社会主义的愤慨，诬蔑天主教会，如同他诬蔑贫困。……作为巴尔扎克和狄更斯的同时代人，不允许如此错误地描绘社会。……后世将不会原谅他，不会原谅此人，虽说天性不然，却非要做个思想家。"[21]

圣伯夫身后留下一则写于1862年的私人笔记：

> 《悲惨世界》是大热门。
>
> 公众的趣味肯定是出了毛病。《悲惨世界》的成功猖獗一时，在继续施虐，超出我们所能害怕的范围。
>
> 有一些成功是瘟疫在流传。
>
> 维克多·雨果此人具有异乎寻常和畸形巨大的才能。
>
> 他的小说《悲惨世界》怎么说都可以，说它好，说它坏，说它荒唐，雨果已经消失和流亡15年了，现在表明他存在，表明他年富力强。仅此一点，就是极大的成功。
>
> 他具有最高水平的创造成就的才能。他创造的是假的，是荒唐的，他也会把假的和荒唐做得有那么回事，让人人有目共睹。[22]

拉马丁在其《通俗文学教程》（*Cour familier de littérature*）里以五讲的大篇幅，写出《对一部杰作的考察，或天才的危险》（*Considérations sur un chef-d'oeuvre ou le danger du génie*）。拉马丁对《悲惨世界》的批判，代表了昔日的朋友因为政见分歧，已经和孤岛上的流亡者分道扬镳。文学史上朋友公然批朋友，拉马丁批《悲惨世界》是罕见的例子。

1862年6月，雨果从巴黎收到拉马丁客气而严肃的来信："谢谢惠寄《悲惨世

界》给最不幸的活人。"表示有意评述新书，但要求雨果正式表态，同意"我的一套
悉交拉马丁评述。……附言：回信不必客套。我不会写得很愉快的。只想着你自己
好了。"[23] 雨果知道来者不善，用心推敲，用了一点外交辞令，6 月 24 日回信："亲
爱的拉马丁，很久以前，在 1820 年，我作为年轻诗人的第一声牙牙学语，曾是对你
光彩熠熠升起在世界上的黎明，表示兴奋的欢呼。这一页在我的作品中，我爱这一
页；这一页和其他的文字都是颂扬你的。今天，你以为轮到你来谈我了，我引以为
自傲。你我相爱 40 年了，你我都还在世；我相信你不会败坏这过去，也不会败坏这
未来。所以，对我的书，你有什么说什么。从你的笔下，只会出现光明。"[24] 拉马丁
笔下的"光明"可热得烫手。

拉马丁在《通俗文学教程》里，从第八十三讲批判《悲惨世界》开始，批到第
八十七讲结束，时间从 1862 年 11 月至 1863 年 3 月止。拉马丁的结论是："总而言之，
《悲惨世界》有卓绝的才华，有善良的意图，而是一本从两方面说非常危险的书：不
仅因为它使幸福的人过于害怕，而是因为它使不幸的人期望过多。"[25] 我们在《雨果
评论汇编》里，对拉马丁的第八十三、第八十四、第八十五和第八十七讲，有摘录
可以参考。[26] 雨果无可奈何，只好淡然处之，笑曰："天鹅啮人之作。"[27]

有人既不是作家也不是评论家，既不是朋友也不是论敌，画家凡·高（van
Gogh）有一段感言："我正在阅读维克多·雨果的《悲惨世界》。勃里翁（Brion）
所作的插图很好，很合适。重读这本书是有益的，为的是使某种感情和理想保持
下去，尤其是对人的爱。"[28] 1871 年 5 月 15 日，少年诗人兰波（Rimbaud）致友
人信："雨果过于固执，在最后几部作品里有点名堂：《悲惨世界》是一首真正
的诗。"[29]

后代人的评价

《悲惨世界》出版后，在市场取得立即而持久的巨大成功。主要的读者是普通百
姓。小说里的一些人物，家喻户晓。冉阿让、珂赛特、马吕斯和伽弗洛什成为不少
法国人童年的朋友。小说成为新闻界热评的对象后，开始进入法国文学史。我们举
出两种有代表性的文学史，作者都是名重一时的大学教授。朗松（G. Lanson）和蒂
博代（A. Thibaudet）可以说是同时代人，朗松略早。

朗松的《法国文学史》在 1894 年出版，是很有影响的文学史名著。朗松对局部风格有保留，总体上接受并欣赏《悲惨世界》："这部小说是个大千世界，大杂烩，里面充塞着借题发挥、节外生枝和沉思冥想。最伟大的美与最乏味的噜苏话在书中相映成趣。……他把各种各样的笔调、主题和体裁混杂在一起。有些部分是历史小说，如滑铁卢，1832 年的巴黎，街垒，等等。从整体上看，这是一部哲理和象征的小说。首先，这是一首反省沉思的诗篇。其次，这是一首人道主义和民主主义的诗篇……这又是一部抒情的小说，其间表现了这位沉思者的种种思想，这位诗人的种种激情，这样一个人的种种爱、憎、兴趣和感受。……最后，在《悲惨世界》中，甚至有好几章现实主义小说，人们可在其中看到，有对有产者或人民大众这些'阶层'的描绘，有对各种庸俗或是低贱的风情方面的描绘，还有对家庭生活或是街景的描绘。这些，无不具有生气勃勃的现实性。左拉先生的真正源泉应当是在《悲惨世界》中寻找，而不是在《包法利夫人》一书里发现。这部场面巨大，有些地方枯燥乏味、有些地方荒唐可笑的作品，写得却是很精彩的。雨果想揭示的道德观，赋予前面几卷一种非凡的伟大气魄。而且这一次，这位很不善于作心理分析的人竟然懂得掌握分寸，细致地刻画出一个在超越自我、逐渐变得高尚起来的人，刻画出他的各个阶段：奋发向上，意气消沉，焦虑不安和种种拼搏。这便是冉阿让，从他与主教相遇，到他自我牺牲不使一个无辜者成为牺牲品的整个过程。冉阿让是个理想化了的卓越人物，栩栩如生，真实可信。"[30]

蒂博代略晚，他的《1789 年至今的法国文学史》于他逝世的 1936 年问世。这是一部遗著，主要根据笔记整理而成。蒂博代的文学史里没有展开对这部小说的分析："《悲惨世界》的胜利是巨大的，即时的，仍在继续。诗人通过《悲惨世界》和群众保持联系，群众借助电影又热情地看到了诗人。雨果在小说里用独眼巨人的熔炉熔铸了巴黎小说、冒险小说、侦探小说、人道主义怜悯小说和英雄小说。"作者注意到小说的某些特点：人物是整件组成的人物，沙威就是警察，德纳第就是恶人，马吕斯和珂赛特就是青春男女，而雨果是用此手法获得成功的唯一小说家。雨果一反写小说的常规，没有着力塑造女主人公，虽然雨果本人的感情生活异常丰富，而书中甚至没有真正动人的爱情。这是因为"英雄小说是雄起起的小说"。[31]

1902 年，"国立印刷所版雨果全集"开始问世。主编之一居斯达夫·西蒙（Gustave Simon）说过："极少有小说像《悲惨世界》那样，被人评论，讨论，赞美，欢呼，颂扬，攻击，诋毁。"[32] 这话说得对，但更适合小说出版初期，或 19 世纪后

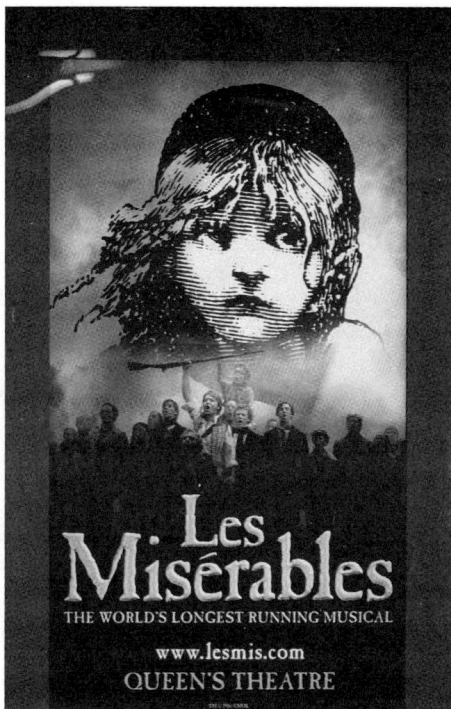

| 06 | 美国纽约百老汇上演《悲惨世界》音乐剧 | 07 | 英国伦敦王后剧院上演音乐剧《悲惨世界》 |

半期。进入 20 世纪，对这部经典作品的评论热情有所淡化。专家学者通常不把《悲惨世界》列入严肃的学术研究的范畴。左派的知识分子依然为小说折服，主要着眼于作品的道德意义。

如果说《悲惨世界》出版时，名不见经传的青年记者埃德蒙·富尼耶（Ed. Fournier）一眼看透："这是 19 世纪的福音书。"这是一部"传道"的小说。[33]

20 世纪 50 年代，历史学家吉伊曼著书撰文，在学术界推动雨果研究。1952 年，法国纪念雨果诞辰 150 周年。作家、历史学家莫洛亚（A. Maurois）出版《雨果传》（*Olympio ou la vie de Victor Hugo*），成为传记文学的精品。莫洛亚说："今天，时间已作出了判断。《悲惨世界》作为一部人类思想产生的伟大作品而为全世界所接受。冉阿让、米里哀主教、沙威、芳汀、德纳第夫妇、马吕斯以及珂赛特…… 在为数不多的世界意义的小说人物群像中占有一席之地。"[34]"事实上，这是些与众不同的人，有的因其慈悲为怀或爱人之心高人一等，有的则因其冷酷或为人卑劣而低人一

08 | 伦敦唐人街附近的《悲惨世界》音乐剧演出

级。但在艺术中，这些怪人只要刻画成功，就有生命力。雨果喜欢过分，喜欢夸张，
喜欢庞大。这些并不足以写出一部杰作来。可是他的过分之处又因感情的高尚和真
实而被证明是合理的。雨果确实钦佩米里哀主教大人，他确实喜爱冉阿让。他憎恶、
然而却又确实敬重沙威。作者有至情流露，视野又广阔巨大，这在小说中构成了美
妙的结合。《悲惨世界》中的真实性很充分，足以保证一部小说所必需的可信性。不
仅确有其事的内容不少，而且历史部分也依然是第一流的。维克多·雨果经历过第一
帝国、王政复辟时期和 1830 年革命。他以现实主义的洞察力，观察过事件和人物的
隐秘的动因。我们只要再读一下关于 1817 年的一章，或是关于 1830 年革命的《几
页历史》。其间思想和文笔相得益彰。"[35]

　　1964 年，吉伊曼为比鲁埃写的《小说家雨果》作序，序文说："比鲁埃说起《悲
惨世界》，说得明明白白：'自从《福音书》存在以来，福音的基本思想在书中说得
非常饱满。'"[36] 历史学家阿兰·德科（Alain Decaux）也是《雨果传》的作者。他父
亲给他买了他羡慕不已的九大册插图版《悲惨世界》，坦陈"我记得打开第一册时，
我战栗一下，因为贪婪，也因为幸福。我 14 岁。我发现了雨果。"[37] 时间应该是在
1939 年。

09　｜　《悲惨世界》音乐剧在中国上海首演

作家维尔高（Vercors）评述《悲惨世界》的文章，题目显豁：《雨果和良心》。作者最后说："良心的先知，贫困的辩护人，暴力和不公正的示众刑柱，人类浩大历程的画家，词汇的大师，语言的贵族，这就是《悲惨世界》作者显示出来的样子。"[38]

50 年代后成长起来的第一代雨果研究家，以及比他们年轻的第二代研究家，几乎每个人都为《悲惨世界》作出一点贡献，或是写过论文，或是参与校订、注释和出版新版。我们手头有 1962 年《欧罗巴》（《Europe》）杂志的"《悲惨世界》一百周年特刊"，我们有于贝斯费尔德（Ubersfeld）和罗萨 1985 年合编的《阅读〈悲惨世界〉》论文集。但是我们没有斯特拉斯堡大学 1962 年出版的《〈悲惨世界〉一百周年》，我们没有 1995 年罗萨编集的《雨果／〈悲惨世界〉》。《悲惨世界》是法国雨果研究长久不衰的课题之一。研究《悲惨世界》的专著开始出现。我们有法莱兹（Hubert de Phalèse）1994 年出版的《〈悲惨世界〉词典》（Dictionnaire des Misérables），我们有罗曼（Myriam Roman）和贝洛斯塔（Marie-Christine Bellosta）1995 年合著的《〈悲惨世界〉，沉思的小说》（Les Misérables, roman pensif）。

2002 年，当时罗萨领导的大学校际雨果研究会向伽利玛出版社著名的"七星丛书"提出建议，出版圣经纸的"七星丛书"《悲惨世界》一套三册，一册是小说，一册是研究文章，一册是插图。"七星文库"没有接受，因为无此先例。

10　雨果逝世 200 周年，《悲惨世界》的创作地点英属根西岛邮局发行《悲惨世界》纪念邮票的首日封，程曾厚收藏

音乐剧《悲惨世界》

早在 1962 年《悲惨世界》出版一百周年时，《欧罗巴》月刊的二、三月合刊出"《悲惨世界》百周年"（Le Centenaire des Misérables）特刊。我们看到由署名萨杜尔（Georges Sadoul）的专文《〈悲惨世界〉在银幕上》。萨杜尔认定："似乎没有任何一个作家，比维克多·雨果更多地搬上银幕。在雨果全部作品中，《悲惨世界》是在四大洲不同国家改编最多的小说。"[39] 时至 1962 年，他统计到小说先后有 14 次被改变成电影和电视剧。1907 年，第一次在法国被改编成电影，拍摄冉阿让在米里哀主教家偷窃餐具的故事。法国共 5 次摄制电影，其中 1958 年是法意合拍的彩色电影，由勒沙努阿（Le Chanois）执导，名演员加潘（Jean Gabin）主演冉阿让。1961 年，法国播出电视片《珂赛特》。美国先后三次改编拍成影片。此外，苏联、埃及、意大利、印度和日本都拍摄过《悲惨世界》题材的影片。

拉斯泰（Arnaud Laster）教授是巴黎三大的教授，他是研究雨果戏剧和影视作品的专家。1992 年出版评注版的《悲惨世界》，袖珍本，书后有两则附录[40]：

"电影和电视"：拉斯泰统计到从 1961 年起，前后 5 次被改编成电视剧，其中法

11 │ 法国画家德拉克洛瓦的作品："自由领导人民"，今存巴黎卢浮宫

国 3 次，英国 1 次，日本 1 次，日本是 1980 年推出的动画片。

"舞台剧和音乐剧"：

小说《悲惨世界》一出版，儿子夏尔和弟子默里斯便着手把小说改编成舞台剧，但第二帝国的审查机关下令禁演。1863 年 1 月 3 日，首次在比利时布鲁塞尔演出。1870 年 10 月 14 日，舞台剧在法国波尔多演出。而需要等到 1878 年 3 月 20 日，才在巴黎圣马丁门剧院向公众演出。雨果亲自参加首场公演，雨果手记说"巨大成功"，并说："大家叫我夏尔的名字。剧本演得很好。有个可爱的小珂赛特。乔治和让娜也在场。"[41]

小说两度被改编成歌剧。第一次于 1925 年在纽约演出；第二次于 1933 年。近四十年来，更是多次被搬上舞台，1957 年，在巴黎法兰西剧院演出，在舞台上改编成 20 个场景。1980 年 9 月，《悲惨世界》以"悲剧音乐剧"（Tragédie musicale）的样式在巴黎"体育宫"演出，著名导演奥塞纳（Robert Hossein）执导，让 - 米歇尔·勋伯格（Jean-Michel Schönberg）作曲，阿兰·鲍伯利（Alain Boublil）作词。我们看到，这正是今天风靡全球的音乐剧《悲惨世界》的雏形。1985 年，伦敦"皇家莎士比亚剧团"重新上演，成为今天全世界观众熟悉的音乐剧《悲惨世界》，获得巨大成功，音乐剧在各大洲的世界各国演出，1991 年从伦敦返回巴黎。

雨果的长篇小说《悲惨世界》取得极大成功，成为法国文学史，也是世界文学

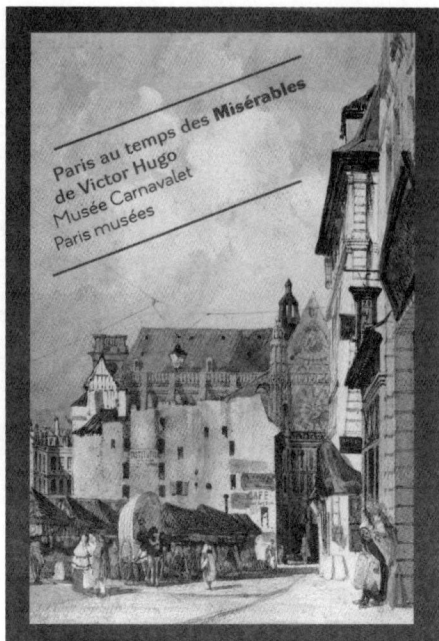

| 12 | 2008 年，巴黎雨果故居举办主题展览 "《悲惨世界》，一部陌生的小说？"，展品目录 237 页 | 13 | 2008 年，巴黎历史博物馆举办主题展览 "雨果《悲惨世界》时代的巴黎"，展品目录 146 页 |

史上的一件具有划时代意义的作品。小说从 1862 年问世以来，有多少评论，有多少译本，有多少研究，有多少次搬上银幕或屏幕，当然都很有意义。但是，小说《悲惨世界》引发的最为重要的事件，莫过于音乐剧《悲惨世界》的成功演出。雨果写成并出版《悲惨世界》是一个传奇。音乐剧《悲惨世界》也不无传奇色彩。

两个年轻的法国人，一个原籍突尼斯，一个是匈牙利移民，两人的专业是经济。1971 年，两人在纽约观看音乐剧，受到启发，回国后决心移植，并创作某种具有史诗气魄的作品。

1980 年 9 月，巴黎演出《悲惨世界》的 "悲剧音乐剧"。两位主要作者阿兰·鲍伯利和让－米歇尔·勋伯格，都不是音乐科班出身。他们经过磨炼，最后于 1980 年演出这部 "悲剧音乐剧"《悲惨世界》。当年，法国没有如同出版商拉克鲁瓦这样有眼光的音乐制作人。再说，音乐剧的式样在法国远不如在英国和美国普及。如果说 "悲剧音乐剧"《悲惨世界》不算失败，也称不上成功。演出 16 场后，匆匆收场。鲍伯利哀叹："巴黎没有真正的演出制作人。""真正的演出制作人" 在一水之隔的英国伦敦。

　　1981 年，伦敦的音乐制作人卡麦隆·麦金托什（Cameron Mackintosh）在制作《猫》后不久，得到一张《悲惨世界》的法语版唱片。他听到《悲惨世界》激动人心的和富有感召力的音乐旋律，被音乐魅力征服了。他决心把这个剧搬上英语舞台，找来两位原作者商议，一拍即合，合作成功。终于，制作人找到好的题材和好的音乐，作曲家有了题材和经验，找到好的制作人。1985 年 10 月 8 日，音乐剧《悲惨世界》在皇家莎士比亚剧团的碉楼剧院（London's Barbican Theatre）开幕演出，同年12 月搬到伦敦西区的宫殿剧院演出，从此一举成为畅销剧目。

　　1995 年，伦敦皇家艾伯特剧院（Royal Albert Hall, London）举办音乐剧《悲惨世界》10 周年音乐会演出（The Tenth Anniversary Concert），皇家爱乐乐团乐队伴奏（The Royal Philharmonic Orchestra under the direction of David Charles Abell）。这是个盛大的日子，这是个盛大的节日。从 1985 年到 1995 年，这 10 年间，已有 17 个国家上演过音乐剧《悲惨世界》。

　　演出结束。走来 17 个男高音歌唱家，17 个"冉阿让"，代表 17 个国家，身后跟着 17 面国旗：

一	英国
二	法国
三	德国
四	日本
五	匈牙利
六	瑞典
七	波兰
八	荷兰
九	加拿大
十	奥地利
十一	澳洲
十二	挪威
十三	捷克
十四	丹麦
十五	爱尔兰
十六	冰岛
十七	美国

他们用各自的语言，共同演唱雨果塑造的人类贫困的呐喊。这是个激动的时刻。如果雨果泉下有知，如果他也在观众席里，他也会感动的。雨果是对贫困容易感动的人。

2002 年，雨果诞辰 200 周年。音乐剧《悲惨世界》来到中国。《悲惨世界》美国国家巡回团首次来上海演出。据说，这是原汁原味的百老汇版本。演员用英语演唱，同时打出中文字幕说明。《解放日报》载：该剧两位艺术总监约森·摩恩和肯·卡斯威尔介绍说，音乐剧有四大特点：大悲哀、大希望、大振奋、大博爱。6 月 22 日，星期六，音乐剧在"上海大剧院"隆重演出。首场演出，贵宾票价 3000 元（含首演晚宴，精美节目册），最便宜的票价 200 元。《解放日报》6 月 23 日称：800 多位中外观众有幸欣赏了《悲惨世界》在中国首场长达 3 个小时的演出。

每场演出需要：36 名演员、28 名舞台工作人员、18 名乐团人员、20 名服装人员、超过 1000 件演出服装。演出道具需用 8 辆集装箱车厢，"街垒"重 12250 磅，音箱重 700 公斤。所以，现场效果堪比"重磅炸弹"。音乐剧在一切意义上说，从演出阵容到道具到门票，是豪华的演出。只有《悲惨世界》的剧名仍然谦虚，是个例外。

2008 年 1 月 28 日，法国"雨果之友学会"的"简报"载："从雨果小说改编的同名音乐剧，已在 38 个国家，用 21 种语言，有 5400 万观众。英国广播公司二台有 40 万观众投票，占投票人数的百分之 40%，《悲惨世界》被选为'英国最受人欢迎的音乐剧'。迄今有 31 种录音版本，其中伦敦版数次荣获白金碟；美国百老汇版获'艾美奖'。音乐剧演出十周年伦敦'皇家艾伯特剧院'的演出版已经在全世界售出一百多万张，成为英国销售最多的音乐剧。"如果说 2002 年，音乐剧在全世界的票房收入已经达到 18 亿美元，那到 2008 年，应该超过 20 亿美元了。

据说，当年歌剧《蝴蝶夫人》和《图兰朵》的作曲家，意大利人普契尼（1858—1924）有心改编雨果的《悲惨世界》，终因场面浩大、情节繁多而放弃。上海《文汇报》2002 年 6 月 30 日载，对于《悲惨世界》的成功，作曲家勋伯格一笑："幸亏普契尼没写，谢天谢地。"

雨果的长篇小说《悲惨世界》，也许是可以从多方面加以讨论的题目。音乐剧毕竟以音乐为主，在音乐界可以深加研究。2008 年，今年和《悲惨世界》相关的最令人惊讶的事情，可能是巴黎雨果故居纪念馆的一则预告：2008 年 10 月，将举办专题展览"《悲惨世界》，陌生的小说"（Les Misérables, roman inconnu），策展人樊尚·吉尔（Vincent Gille）。

我们对《悲惨世界》真是一无所知吗？

附录：

雨果致米兰《悲惨世界》意大利文版的出版商达埃利（Daëlli）先生的信：

你对我说：《悲惨世界》这本书是为各国人民写的，先生，你说得对。我不知道是否人人都会读此书，而我是为人人而写的。这本书面向英国，也面向西班牙，面向意大利，也面向法兰西，面向德国，也面向爱尔兰，既面向有奴隶的各共和国，也同样面向有农奴的各个帝国。社会问题超越国境线。人类的创伤，这些布满地球的巨大创伤，不会停止在地球仪上的蓝线或红线以内。凡是有人无知和绝望的地方，凡是妇女出卖自己换取面包的地方，凡是孩子因没有给他教育的书、因没有给他温暖的家而受苦的地方，《悲惨世界》这本书会来敲门，说："开开门，我来找你的。"

在我们所处的文明仍然黯然无光的时刻，穷苦人的名字叫"人"；穷苦人在世界各地奄奄一息，穷苦人用各种语言呻吟叹息。

你们意大利并不比法兰西更能免于病痛。你们可敬的意大利满脸都是贫穷。难道行凶抢劫这种极端赤贫的形式，不是在你们山区盛行吗？很少有国家像意大利那样，受到我努力探求过的修道院这一顽疾的侵蚀。你们空有罗马、米兰、那不勒斯、巴勒莫、都灵、佛罗伦萨、锡耶纳、比萨、曼托瓦、博洛尼亚、费拉拉、热那亚、威尼斯，一部英勇的历史，有崇高的废墟，有壮丽的古迹，有优美的城市，你们和我们相同，也是穷人。你们全身是奇迹，又满身是虱子。当然，意大利的阳光是灿烂的，可是，唉，天色的蔚蓝盖不住人身上的破衣烂衫。

你们和我们相同，也有偏见，也有迷信，也有暴政，也有狂热，也有盲目的法律协助无知的风俗。你们无法品尝现在和将来，而不掺杂一点过去的苦味。你们有一个蛮子，即僧侣，有一个野人，即游民。对于你们，如对于我们，有同样的社会问题。你们国内死于饥饿的人略为少些，而死于热病的人略为多些；你们的公共卫生未必比我们好很多；英国的黑暗是新教，你们的黑暗是天主教；而叫法不同，vescovo 和 bishop（主教）是等同的，这些永远都是黑夜，而且性质大体相同。错误地解释圣经，或是错误地理解福音，二者半斤八两。

要不要强调？要不要更加全面地见证这种令人悲痛的对称情况？难道你们没有穷苦人吗？请往下看。难道你们没有寄生虫吗？请往上看。这架丑恶的天平，有赤贫和寄生两个盘子，令人如此痛苦地保持平衡，如同在我们面前，天平不在你们面前晃动吗？

你们学校教师的队伍在哪里，这是文明唯一认可的队伍？你们强迫义务教育的学校在哪里？在但丁和米开朗琪罗的祖国，每个人都认字吗？你们把兵营用作了会堂吗？难道你们不是和我们一样，战争的预算十分丰厚，教育的预算少得可怜吗？你们，你们不也有盲从的军队，轻而易举地沦为兵痞吗？你们就没有军阀，甚至下达军令向加里波第开火，向意大利活生生的荣誉开火吗？让我们对你们的社会秩序作检查，有此情况，如此情况，我们就做检查，让我们看看社会在现场犯罪，请把妇女和儿童指给我看看。文明的程度，是以对这两个弱者提供多少保护来衡量的。卖淫在那不勒斯就没有在巴黎那么令人心酸吗？你们的法律里出得了多少真理？你们的法庭上出得了多少公正？你们会侥幸地不知道这些伤心词汇的词义吗：社会的制裁，合法的卑鄙，苦役犯监狱，绞刑架，刽子手，死刑？意大利人，你们国内如同我们国内，贝卡利亚已死去，而法里纳奇却活着。[42]再来看看你们的国家理由。你们有没有一个可以包含道德和政治同一性的政府？你们正在赦免英雄！法国正在做的事情也差不多。得了，看看贫困的情况吧，每个人拿出自己的一堆，你们和我们一般地富有。你们如同我们，不是有两宗罪罚入地狱，由神父宣判宗教的罚入地狱，和由法官颁布社会的罚入地狱？伟大的意大利人民啊，你像伟大的法兰西人民。唉！我们的兄弟啊，你们和我们一样，有一个"悲惨世界"。

从我们和你们所处的黑暗深处，你们不会比我们大为清晰地看到远处伊甸园光辉的大门。只有神父们看错了。这些神圣的大门，不在我们的身后，而在我们的前方。

我简单地说。《悲惨世界》这本书，是我们的镜子，未必不是你们的镜子。某些人，某些特权阶层，群起而反对这本书，这我明白。这些镜子，说出了真理，遭到了憎恨；这并不影响镜子是有用的。

至于我，我带着对我的国家深沉的爱，为大家写书，关心法国，同样关心别的国家人民。随着我年岁增长，我简化了，我越来越成为全人类的爱国者了。

其实，这是我们时代的大势所趋，是法国大革命发扬光大的法则；为了应对文明日益增长的扩大，书本应该不再仅仅是法国书，意大利书，德国书，西班牙书，英国书，应该成为欧洲书；我更要说，成为人类的书。

由此而来的，是艺术和某些改变一切、甚至改变条件的新的创作逻辑，这些从前在趣味上和语言上狭隘的条件，应该和其他一切加以扩大。

法国有某些评论家，责备我脱离他们所谓的法国趣味，使我大为高兴；我真希望这样的赞美是名副其实的。

总之，我尽力所为，我为天下的痛苦而痛苦，我努力减轻天下的痛苦，我只有个人微不足道的力量，我对大家喊：帮帮我吧！

先生，这就是你的来信引发我向你要说的话；我这话说给你听，也说给你的国家听。如果我极力强调，是因为你的信中有一句话。你对我写道："有些意大利人，有很多，说《悲惨世界》这本书，是一本法国书。这跟我们无关。说法国人读这本书，如读一本历史，我们读这本书，如读一本小说。"——唉！我再说一遍，是意大利人，或是法国人，贫困和我们人人相关。自从历史在写作，自从哲学在沉思，贫困是人类穿的衣服；这时刻也许终于来临：扯下"人即人民"赤裸的手脚外面的破衣烂衫，给过去凄凄惨惨的破烂衣服换上霞光万丈的紫红大袍。

如果你看这封信可以澄清某些人的想法，可以消除某些偏见，先生，你可予以出版。请再一次接受我崇高的敬意。

维克多·雨果

1862 年 10 月 18 日于高城居 [43]

此信曾作为附录收入埃采尔－康坦版的《悲惨世界》(Edition Hetzel-Quantin des *Misérables*)，在雨果生前出版。

第九讲　雨果的作品之六　戏剧

我为丑角和戏子重新获得了尊重；

为一切苦命人，为特里布莱，玛丽蓉，

也为仆人，为罪人，为妓女，恢复名誉；

《静观集》《写在 1846 年》

J'ai réhabilité le bouffon, l'histrion,

Tous les damnés humains, Triboulet, Marion,

Le laquais, le forçat et la prostituée；

《Les Contemplations》《Ecrit en 1846》

　　"戏剧，这是一件浩大和巨大的事情，这是人民。这是人类，这是生活。一出剧，是一个人。青铜面具下，是有血有肉的面孔。还有深沉的无限。我透过面具的小孔，看到的不仅是眼睛，我看到了星星。"[1] 这是剧作家雨果对戏剧的思考。雨果在创作《莎士比亚论》的一段日子里写下这一则笔记，没有收入《莎士比亚论》。

　　雨果是法国 19 世纪重要的剧作家，对法国戏剧史作出了很大贡献。

　　雨果还是 14 岁的孩子，为了讨母亲喜欢，创作五幕诗体悲剧《伊尔塔梅娜》，有 1508 行诗句。好大的抱负，好苦的创作。1882年，雨果 80 岁，发表诗剧《笃尔凯玛达》。雨果生前出版 11 部剧作，分别是《克伦威尔》《艾米·罗布萨特》《玛丽蓉·德·洛尔墨》《埃尔那尼》《国王寻欢作乐》《吕克蕾丝·博尔日亚》《玛丽·都铎》《安日洛》《吕伊·布拉斯》《城堡卫戍官》和《笃尔凯玛达》。除《克伦威尔》和《笃尔凯玛达》外，其余 9 部在巴黎各大剧院公演。此外，1836 年演出的歌剧《爱斯梅拉达姑娘》，由雨果据《巴黎圣母院》改编而成。1881 年出版的诗集《精神四风集》中有"戏

01 | 巴黎法兰西剧院的剧作家雨果头像

剧卷",在"加卢斯的两个宝贝"的标题下,收两篇短剧:四场诗体喜剧《玛尔加丽达》和两幕诗体正剧《埃斯卡》。

我们看到,19世纪30年代,雨果上演7部剧本。雨果步入中年,这是他精力旺盛的创作年代。雨果身为浪漫主义运动的领军人,首先是一个剧作家的形象。1843年,诗剧《城堡卫戍官》在嘘声中落幕,以失败告终。舞台跟着观众,一度又成为古典派的阵地。雨果一气之下,告别舞台。

巴雷尔的《雨果传》说:"作者曾想摆脱舞台的局限,摆脱戏剧生活的狗苟蝇营。他从来不为幕后的阴谋和观众的反应所左右。'促使我不再写剧本的动机之一,'他1846年12月6日为自己写道:'是这样:我认为当时人们的愚蠢毫无意义,我很讨厌'。"[2]

雨果心中对戏剧就没有一点眷恋吗?不然。戏剧早早就吸引了雨果的童心。戏剧是19世纪主要的文学式样之一,是文学直接和民众打成一片的体裁。戏剧是雨果最初投身文学、在文坛大显身手的用武之地。流亡生活后期,雨果悄悄然又拿起剧作家的笔,现在,没有演出的诱惑,也没有出版的牵挂,只为创作的乐趣创作。他陆续写成多部短剧,有喜剧,有正剧,有诗体,有散文,有的构思奇特,有的非常写实,既然信手写来,自由自在,统称《自由戏剧集》。

《自由戏剧集》于雨果逝世后第二年出版。从创作的时间,尤其从创作的灵感来看，《笃尔凯玛达》和《加卢斯的两个宝贝》属于《自由戏剧集》的范围之内。揭露宗教狂热的《笃尔凯玛达》具有特殊的重要意义，篇幅和中年演出的剧本相等，提前单独出版。《加卢斯的两个宝贝》是两篇短剧，收入《精神四风集》，也在生前出版。我们看到，2002 年伽利玛出版社出版的由拉斯泰编注的《自由戏剧集》，在完整的意义上，包括全部九部作品。

《克伦威尔》和《〈克伦威尔〉序》

1826 年，雨果准备写一部大型诗剧。吸引他的是一个性格复杂的历史人物：英国历史上被称为"护国公"的政治家克伦威尔。他花费大量时间，查阅文献，进入他需要的历史氛围，写成一部五幕正剧，长 6729 行，超出常规 4 倍左右。作者在序言里感叹："本剧目前的规模不可能纳入舞台的框架。此剧太长。"但他深信："此剧的各部分都是为舞台创作的。"1827 年 12 月，"太长"的《克伦威尔》出版。

全剧五幕："反贼"，"奸细"，"弄臣"，"岗哨"，"工匠"。如果对诗剧进行分析，巴雷尔认为："剧情很好地分布在五幕的剧里，结构很有推敲而且平衡，甚至连标题都是对称的"。[3] 诗剧的诗句"有不少经过认真推敲的好诗，铿锵有力，如开篇的四行诗，语气又一本正经，又亲切自然"：

> 明天，一六五七年六月又二十五日，
> 某个布罗格希尔勋爵当年的近侍，
> 清早在三鹤酒家等候爵爷的光临，
> 在两条街的拐角，在酒市场的附近。[4]

莫洛亚的《雨果传》里，对《克伦威尔》第四幕第一场里的一曲"弄臣之歌"，评价是"令人神往"[5]：

> 当日色已经偏西，
> 你出外碰碰运气，
> 　随便走走。

当心可不要失足，
到晚上大地处处
黑不溜秋。

欺骗成性的海洋，
使雾气纷纷扬扬，
笼住沙丘。
你看，远方的天边，
可没有一点人烟！
一点没有。

窃贼们紧紧跟你。
这种事情在夜里
由来已久。
林中的那些美人
有时候会对我们
心中记仇。

她们在到处闲逛。
其中谁和你相撞，
你就担忧。
小妖精都爱淘气，
月光下就要一起
跳舞消愁。[6]

这部《雨果传》还说："雨果已经显示出具有个性的才干，善于摹写人群的动态和语言，以及充满豪情的台词，具有史诗的灵气。"[7]

《克伦威尔》需要等到1956年，才第一次经过删节后演出。

《克伦威尔》的出版，是法国文学史上轰动一时的大事件。原因是诗剧有一篇"序言"。《〈克伦威尔〉序》盖过了《克伦威尔》。这在文学史上是绝无仅有的事情。剧本没有上演，但作者比成功上演一部剧本后更加名声大震。此时，剧作者 25 岁。

法国是古典主义的大本营。19 世纪初，文坛涌动新的思潮，但舞台岿然不动。以雨果为首的新生力量发起攻击，第一炮打响的却是一篇序文，不是上演的剧本。雨果 1829 年 6 月写成的《玛丽蓉·德·洛尔墨》，7 月收到复辟王朝审查机关的禁演令。雨果并不气馁，8 月开始写《埃尔那尼》。10 月，法兰西剧院通过《埃尔那尼》。一切由审查机关定夺。10 月 23 日，审查报告出炉："结构怪诞"，但"纵然谬误百出，我们的意见是：不仅本剧准予上演，没有任何不便，而且明智之举是无须删除一个字。让公众看看思想上超脱一切规范、不顾一切规矩时，会误入何等的歧途，也是件好事。"[8] 原来，由四个平庸剧作者签署的审查报告，是把《埃尔那尼》作为反面教材提供给观众笑话的。

四个月后，雨果的第一篇剧本在国家剧院"法兰西剧院"正式公演。

这是只有作者和演员、却没有导演的时代。雨果事必躬亲，作者需要和习惯演

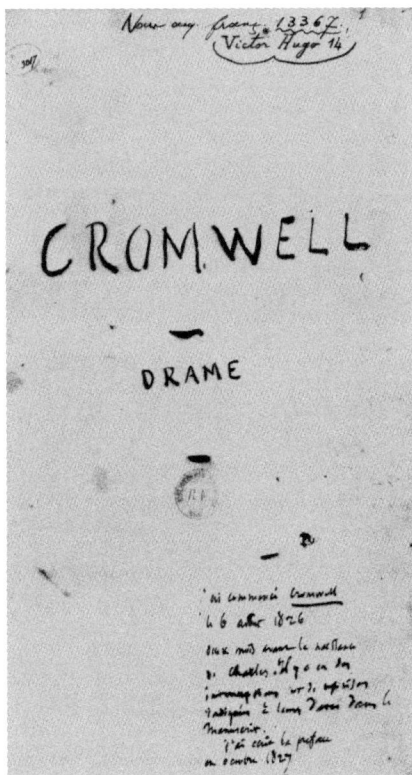

02 │ 《克伦威尔》的封面手迹

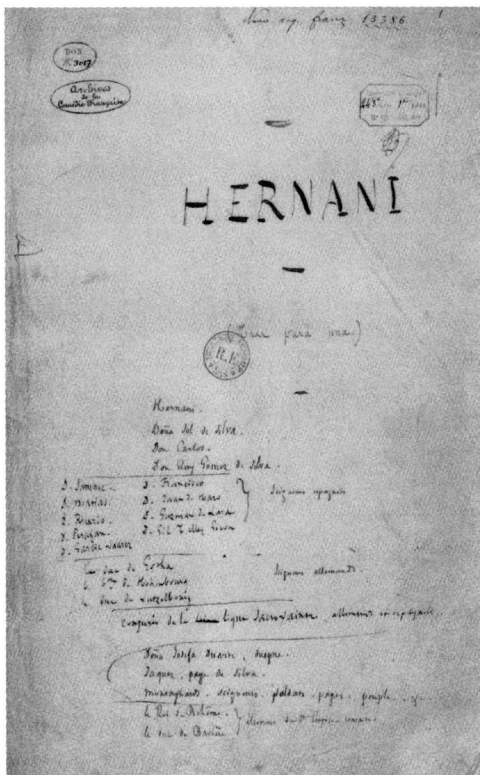

03 │ 《埃尔那尼》的封面手迹

古典剧，甚至拿架子的大牌演员打交道。让演员接受新的剧本、新的思想和新的诗句，雨果花费不少磨合的功夫。文学史家认为，过分强调女主角马尔斯小姐（Mlle Mars）的抵制和作难，不无夸大之处。历来认为，文学史上有"《埃尔那尼》战役"的提法，富于传奇色彩。《雨果夫人见证录》对《埃尔那尼》一章有轻松幽默、又津津乐道的介绍。人人都想见证这一番决定新旧命运的决斗；结果是一票难求。1830年1月12日邦雅曼·贡斯当（Benjamin Constant）来信求票；2月13日，梯也尔（A. Thiers）来信求票；连梅里美也为一代贵妇人雷卡米耶夫人（Mme Récamier）求票。[9]

1830年的2月25日，《埃尔那尼》首演。这决定雨果剧本成败的日子，成了决定法国古典派和浪漫派生死的日子。审查机关事先对外泄露剧本内容，旧派文人和保守的新闻界早已动员起来，严阵以待；雨果带领年轻一辈的作家、艺术家，如戴奥菲尔·戈蒂耶（Théophile Gautier）和热拉尔·德·奈瓦尔（Gérard de Nerval），也摩拳擦掌，双方摆开决一死战的架势。当年惯例，剧院通常雇用所谓"鼓掌班"，为演出助阵。雨果先是导演，现在指派朋友和信徒事先潜入剧场，分兵把守，迎战晚上专来挑剔的老古董。年方19岁的戈蒂耶身穿鲜艳的"红背心"（gilet rouge），招摇过市，有意刺激因循守旧的迂腐老人。

《埃尔那尼》的故事发生在雨果童年熟悉的西班牙，全剧五幕，分别为"国王"、"强盗"、"老人"、"坟墓"和"婚礼"。作者的手稿上有"三男追一女"的副题。一个贵族老头吕伊·戈梅兹，一个国王堂·卡洛斯，一个以强盗身份出现的叛逆王子埃尔那尼，三人同时爱上堂娜·莎尔。老人帮助强盗逃脱国王的追捕，埃尔那尼允诺老人可以支配他的生死，以示报答。埃尔那尼的阴谋败露，恰逢堂·卡洛斯受封日耳曼皇帝。皇帝退出角逐，归还埃尔那尼的贵族封号，并把堂娜·莎尔许配给他。此时，冷落一边的老人出现，吹向阴森的号角，埃尔那尼有约在先，服毒自尽。复仇的老人，眼见一对恋人相拥死去，也倒地死亡。

《埃尔那尼》在暴风雨的掌声中落下帷幕。新派凯旋得胜。观众把此剧视作一份争取自由的辩护词。文学史把1830年雨果《埃尔那尼》的胜利比作1636年高乃依《熙德》的成功。前者是浪漫主义的胜利，后者是古典主义的成功。需要两个世纪，雨果的《埃尔那尼》把苟延残喘多年的新古典派赶下舞台。演出第二天清晨，雨果一觉醒来，收到老前辈夏多布里昂的短信："先生，我看了《埃尔那尼》的首场演出。我对你的钦佩之情，你是知道的。我希冀借你的诗琴留名于世，你明白其中道理。我将去矣，而先生，你今方来。祈望你的诗神勿忘老朽。盛名虔诚，应该为故

04　｜　油画 "《埃尔那尼》的首场演出", Albert Besnard 作，1903 　　05　｜　《埃尔那尼》演出的结束

人祈祷。夏多布里昂，1830 年 2 月 29 日。"[10] 这一天，离 1816 年的 "我要成为夏多布里昂，除此别无他志" 仅仅 15 年的时间。

　　第二天晚上，继续演出，斗争愈加激烈，双方寸土必争，字字句句，都要较量一番。后世的文学史家平心而论："此外，雨果应用《〈克伦威尔〉序》正面的原则，也并没有很到位。真实性有疏忽之处，重建历史的史实也浮在面上，不同语气的并用，也仅仅只有几段；作品的浪漫主义尤其得力于贯穿全剧的强劲有力的灵感。戈蒂耶说：'每时每刻，一句好诗，是雄鹰的翅膀奋力一击，把你高举到抒情诗的凌空绝顶。'"[11]

　　下面是埃尔那尼脍炙人口的一段独白：

埃尔那尼

加里西亚！中原！阿拉贡群山！

啊！不论谁碰到我，谁都不会有平安！

我为了权利，取走你们优秀的儿郎；

他们无悔地为我战斗，如今都死亡！

这些英勇的西班牙最英勇的好汉。

他们都已经牺牲，人人倒卧在苍山，

勇士都仰面朝天，人人都面对上帝，

他们如张开眼睛，会看到蓝天凝碧！

06 | 饰演埃尔那尼的男演员（Nadar 摄）   07 | 《埃尔那尼》戏剧人物邮票，程曾厚收藏

不论谁和我结合，都是这样的下场！

难道这样的命运值得你嫉妒难当？

堂娜·莎尔，去找公爵，找国王，找地狱！

都好。只要不找我，都会是好的结局！

我再也没有一个会记得我的知己，

人人都在离开我；马上也会轮到你，

因为我孑然一身。不要受我的感染。

你可不要把爱情当成是宗教一般！

啊！要怜悯你自己，逃吧！……也许，你以为

我这个人和别人相同，是聪明之辈，

会径直奔赴自己憧憬的目标方向。

你快醒悟吧。我是一股前进的力量！

我是神秘的死亡又聋又哑的伙计！

我是不幸的灵魂，里里外外是黑气！

我去何方？不知道。但有糊涂的天命，

强劲的气息，使我感到推着我前行。

我往下走，往下走，我总停不下脚步。

如果我有时胆战心惊地转过头颅，

有个声音对我说：走哇！而深渊深深，

看到谷底一片红，是火是血难区分！

同时，在我狂乱的东奔西走的周围，

一切在坍塌，死去，谁碰我，谁会倒霉！

啊！你快逃吧！从我命定的路上走开！

唉！否则我会身不由己地给你伤害！

《埃尔那尼》，第三幕，第四场 [12]

　　虽然新闻界总体上持对立态度，但客观的结果，是剧院财源滚滚，作者财源滚滚。巴雷尔指出："现代的观众，近时还能看到这样的情况，对于激烈的语调、长篇的议论和情节的失真，会做出和 1830 年古典派一样的反应。演员们如果能有巧妙的投入，今天也许对这部光彩夺目、热情澎湃、多姿多彩和充满活力的作品是有好处的，会打动内心不老的观众。带着淳朴的感情进入剧情，才会享受到其中的乐趣。"[13] 文学作品的成败，尤其是舞台演出的成败，和特定的时代和背景紧紧联系的。

　　戈蒂耶体现了"红背心"的神话。我们在拉斯泰教授的《强光瞄准雨果》里，读到他事后不无陶醉地说："我们的诗篇，我们的作品，我们的文章，我们的游记，今后会被人遗忘；但人们会记住我们的红背心，即使所有和我们相关的一切在漫漫长夜里早已熄灭，这一点火光仍然会闪亮。"[14]

《吕伊·布拉斯》

　　《埃尔那尼》之后，雨果上演了《玛丽蓉·德·洛尔墨》、《国王寻欢作乐》、《吕克蕾丝·博尔日亚》、《玛丽·都铎》和《安日洛》。前两部是诗剧，后三部是散文剧。

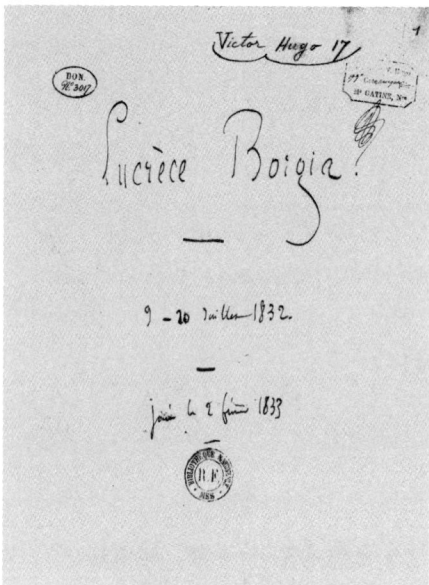

08 | 《吕克蕾丝·博尔日亚》封面手迹

　　安娜·于贝斯费尔特（Anne Ubersfeld）是雨果戏剧专家，她在《维克多·雨果的戏剧》中，称《克伦威尔》是"一线曙光"，称《埃尔那尼》是"一场战役"，而称《吕伊·布拉斯》是"大功告成"。[15]

　　"文艺复兴剧院"（le théâtre de la Renaissance）开张。雨果提供新作《吕伊·布拉斯》，供剧院新张之喜演出。此剧酝酿已久，1838 年 7 月 8 日动笔，8 月 11 日完稿，11 月 8 日首演成功。

　　《吕伊·布拉斯》是五幕诗剧，剧情也发生在西班牙。

　　第一幕：堂·萨吕斯特在王后面前失宠，决心密谋报复。表弟堂·凯撒是破产贵族，但态度明朗，决不参与阴谋。堂·萨吕斯特命令仆人吕伊·布拉斯冒充堂·凯撒向王后献媚。

　　第二幕：王后身居深宫，遭国王遗弃，感情上深感寂寞，对有人给她花园送信送花感到好奇。

　　第三幕：平民出身的吕伊·布拉斯以堂·凯撒的名义，在王后的推荐和明断下，出任首相。他清正廉洁，愤然揭露贵族盗窃国库的罪行，决心拯救国家；他爱上王后，希望安慰王后。王后向他吐露爱情。堂·萨吕斯特出来提醒首相的仆人身份。

　　第四幕：真正的堂·凯撒误入堂·萨吕斯特布置好引诱王后前来的秘密宅第，闹出很多令人捧腹的笑话。堂·萨吕斯特出现，命令拿下堂·凯撒。

09　｜　朱丽叶饰演《吕克蕾丝·博尔日亚》中的内格罗妮公主一角

10　｜　画家德拉克洛瓦为雨果创作的歌剧《爱斯梅拉达姑娘》设计的女主人公服装

　　第五幕：王后落入圈套，独自面对假堂·凯撒。堂·萨吕斯特出场，指明吕伊·布拉斯的真实身份，逼王后签署退位诏书。吕伊·布拉斯忍无可忍，愤而杀死作恶多端的堂·萨吕斯特，然后自刎，在王后怀里死去。

　　《吕伊·布拉斯》是一出爱情悲剧，融入高雅和滑稽两种语调。全剧有新的灵感：一是人民的分量增强了。剧本序言："……人们看到在暗中有伟大的、模糊的、不认识的东西在动。这是人民，是会有明天、却没有今天的人民。人民，无依无靠，贫穷，聪明，有力，所处的地位很低，而向往很高……"[16]"人民，这应该是吕伊·布拉斯。"[17]二是女性的故事成分增加了，"一个女人，一位王后……出于王家的垂恩，也出于女人的本能，关注在她之下的人，在代表人民的吕伊·布拉斯向上望的时候向下看"。[18]《吕伊·布拉斯》写王朝覆灭前夕贵族分崩离析的状态，借吕伊·布拉斯指出人民蕴藏的巨大潜力。全剧具有某种超前的历史意义，对七月王朝十年后的垮台起到预言的作用。

　　巴雷尔对诗句的评价："语言，尤其是诗句，非常杰出。雨果在《吕伊·布拉斯》

11 ｜ 《吕伊·布拉斯》的封面手迹

中达到了他得心应手的戏剧风格。语言雄辩而有分寸，有时具有古典派的清纯……
集中了流亡前雨果诗歌的一切色彩。第三幕的精彩道白具有英雄气概，使本剧提高
到史诗的笔调：西班牙人民伟大，它四肢强劲发达，／默默无闻地入睡，被你踩在了
脚下……"[19] 莫洛亚的评语更高："豪放的诗句像伟大时代古典作家们的诗句那样音
调铿锵。韵脚丰富而响亮，使有些滔滔不绝的段落听来抑扬顿挫……是诗和历史的
不朽杰作。"[20]

我们记得，1839 年，诗人雨果宣扬"诗人的职责"。《吕伊·布拉斯》同样是宣
扬"艺术为进步"的剧作。雨果早在 1833 年 2 月 12 日说过："不应该让群众走出剧
院时，没有带走一点严肃深刻的道德教训。"[21]

评论界一如往常，总体上是大肆攻击。《法兰西邮报》挖苦道："强盗、娼妓和
驼背之后，现在来了仆人。"[22] 剧评家莫耐（Monnay）对这个仆人愤愤然："混蛋懦
夫不去死，倒接受无耻行径，连自己都养不活，却摇身一变成大人物，是拯救人民
和王朝的大臣。"[23] 12 月 15 日，没有观看演出的巴尔扎克给女友韩斯卡夫人写信：
"《吕伊·布拉斯》是巨大的蠢事，是诗体的耻辱。"[24]

《吕伊·布拉斯》和雨果的个人生活不无联系。雨果一直支持朱丽叶重返舞台、

12 | 1879 年上演的《吕伊·布拉斯》中的王后

13 | 画家路易·布朗热 1838 年为《吕伊·布拉斯》
主人公设计的服装

14 | 女演员莎拉·贝尔纳 1872 年饰演《吕伊·布拉斯》的王后

A PROPOS DE RUY-BLAS, PAR GILL

15 | 《吕伊·布拉斯》上演成功的漫画

自力更生的努力，我们现在知道，情人朱丽叶没有登台，是夫人阿黛尔出了一个狠招，她 8 月 19 日给剧院经理写信："我丈夫关心这位女子，帮忙让她进你的剧院，这再好不过；但要是这会影响一部出色作品的成功，那我是无法接受的。"[25] 朱丽叶最后一次返回舞台的希望就此破灭。

《城堡卫戍官》

1838 年，雨果携朱丽叶初次游览莱茵河。1839 年和 1840，继续畅游这条法国和德国之间的大河。1841 年，雨果把历次旅途中写给家人的长信编辑成书。1842 年初，长篇游记《莱茵河》出版。连巴尔扎克也说："一部杰作"。[26]

诗人的游记展示了对莱茵河两岸古堡的回忆，对古堡里从前主人命运的探寻。诗人的思考传达给了剧作家。《莱茵河》提到过雨果头脑里浮现出古代一个个历史场景："莱茵河两岸的古代城堡是封建时代安置在这条河上的巨大的界标，使景色充满了幻觉。古堡是远古时代无言的见证人，参与过变故，设置过场景，听闻过话语。它们立在那儿，像是永恒的后台，而这出悲惨的剧十个世纪以来一直在莱茵河上上演。"[27] 一部史诗诞生了，不是一首诗，这是一部诗体的剧本。《城堡卫戍官》是《莱茵河》的姐妹篇。

16 ｜ 《城堡卫戍官》的封面手迹

17 ｜ 雨果为《城堡卫戍官》剧中人物入场所写的提示

　　史料过于丰富，情节过于复杂，人物过于众多，作家数易其稿，力争把可以写成三部曲的素材，压缩在舞台演出一个晚上的范围以内。1842 年 9 月 10 日至 10 月 19 日创作，《城堡卫戍官》包括三部分，祖孙四代，27 个人物，长 1900 行诗句。手稿的"补遗"里有被删的近千行诗句。

　　《城堡卫戍官》于 1843 年 3 月 7 日在法兰西剧院首演，不算成功，也不是失败。演出的前 10 场收入尚可，但每况愈下，33 场后被迫撤下。这部雨果用心良苦创作的剧本，这部感动过作者本人的史诗，更不说雨果美丽的诗句，何以如此惨败呢？巴尔扎克难得正面赞美雨果的作品，他承认"诗句夺人"，但讽刺说"这是提香在泥巴的墙上作画"[28]，意思是浪费体裁。《城堡卫戍官》的失败，可以有多方面的解释。30 年代的年轻人是浪漫主义的信徒，他们确保了《埃尔那尼》的旗开得胜。这些立下过汗马功劳的年轻人如今已经脱离了浪漫主义信念。舞台上走来一个一个正襟危坐的老人。十年后，观众的趣味在变，从外省冒出一个写古典悲剧的新手蓬萨尔（Ponsard），轻轻松松让《城堡卫戍官》黯然失色。维尼 3 月 10 日来信鼓

18 | 《城堡卫戍官》上演失败后，报刊上的讽刺漫画

励："亲爱的维克多，别管阴谋了。《城堡卫戍官》不会倒下的，这是一部不朽的作品。"[29]

雨果自己也百思不得其解。

后世多为雨果这部充满史诗气魄的剧作失败表示惋惜。巴雷尔说："这部前瓦格纳的大家伙来得早了点，或者说晚了点。"[30]《城堡卫戍官》的错误是生不逢时。3月17日，巴黎上空出现一颗彗星，当年流传下一首讽刺小诗：

> 雨果死盯着蓝色的天幕，
>
> 低声嘀咕着并要求回答，
>
> 干吗星星尾巴又长又粗，
>
> 而《城堡卫戍官》没有尾巴？[31]

雨果不是为新闻界的恶意攻击生气，而是为观众的冷淡而泄气。20年后，1864年6月12日，雨果给出版商拉克鲁瓦写道："《威廉·退尔》之后，罗西尼沉默了，

《城堡卫戍官》之后，我沉默了，《威廉·退尔》被喝倒彩，《城堡卫戍官》被嘘叫，这是作者微笑和沉默的原因之一。这般的缄默里有着自尊心。"[32]

今天看来，《城堡卫戍官》是雨果具有史诗规模和史诗深度的剧作。学者莫里斯·勒瓦扬叹曰：这是"浪漫主义戏剧的滑铁卢之役。"[33]

《自由戏剧集》

1886年，雨果逝世后一年，雨果的《自由戏剧集》作为遗著出版。《自由戏剧集》是个动听的书名，但长时间内没有进入读者和观众的视野，在我国是个陌生的名字。

1854年1月16日，一个法国巡回剧团来到泽西岛，上演雨果的《吕伊·布拉斯》。雨果到场观看演出。演出到吕伊·布拉斯愤然诘问大臣时，法国流亡者热烈鼓掌。第二天，雨果在家里谈起当年文坛的争斗，女儿阿黛尔的《日记》里记下了雨果的话："《吕伊·布拉斯》的演出，为我揭示了我身上我相信已经完全麻木了的一个方面。这次演出于我是个痛苦。写剧的愿望又攫住了我，而一想到我如今完全不能写剧，我很痛苦。波拿巴在，任何演出都不可能了。"[34]

雨果流亡在外，但身上剧作家的创作欲望并没有死去。我们相信，这是雨果在流亡期间，陆续写成《自由戏剧集》的动机和心态。既然事实上不能演出，为什么不能写《自由戏剧集》呢？所以，我们看到，每有大作品完稿，雨果会写点小东西：喜剧，诗体，轻松，似乎是一种调剂或休息。《静观集》时候写《湿漉漉的森林》；《海上劳工》后写《老奶奶》；《笑面人》后写《也许是伽弗洛什的弟弟》；流亡后，《九三年》后写《树林边》。

在帝国严密监控的巴黎舞台上，没有剧作家雨果的生存空间，作者当然从不指望此类小东西可以上演。他在一则笔记里说，可以在"这座每个人头脑里的理想舞台上才能上演"[35]。也好，没有演出的舞台，雨果为梦中的舞台创作。1868年，雨果给出版商写信：拟出版《自由戏剧集》系列：先来第一部，题为"弱者的力量"[36]。1870年，雨果手稿里有八部作品，四部喜剧，四部正剧：

《老奶奶》，喜剧；

《求情》，喜剧；

《一千法郎赏金》，正剧；

《宝剑》，正剧；

《奥斯博的卡斯蒂利亚人威尔夫》，正剧；

《笃尔凯玛达》，正剧；

《他们会吃吗？》喜剧；

《也许是伽弗洛什的弟弟》，喜剧，

《自由戏剧集》是雨果起的名字，书名是创新，内容是创新，风格轻松，情调超脱。我们知道，此时大陆也在流行轻歌剧，艺术成了消遣。《自由戏剧集》的内容大多写于《笑面人》写作的 1869 年，诗句的篇幅可长可短，少的仅三四百行；不仅有诗剧，也有散文剧。有的空灵幻想，手法接近象征主义，有的贴近现实，风格接近自然主义。

《自由戏剧集》以完稿、草稿、未完成稿，甚至断片的形式积少成多，始终没有最后成形。这决定了剧集不无混乱的起源，时而增加，收进新篇，时而减少，调出旧作。我们看到，雨果面对主要创作的同时，拿不定主意，没有集中精力，把所有的散篇整合成一部浑然有力的整体，或赋予理想的主题，突出人间的苦难；或展示缤纷的想象，显露人间的温情。

1881 年，诗集《精神四风集》出版，"四风"之一是"戏剧"，雨果用上了《加卢斯的两个宝贝》，这两篇短剧有 1700 行诗句。1882 年，俄国国内镇压犹太人，雨果想起 1869 年完稿的写西班牙宗教法庭的《笃尔凯玛达》，立即出版诗剧《笃尔凯玛达》，长 2100 行诗句。至此，化整为零的意图初露端倪。

今天，有研究家不无道理地寻思：为什么雨果生前没有亲自编定他筹划已久的《自由戏剧集》呢？看来，这对作者也是无奈的事情。历史的车轮多变，雨果没有想到普法战争，没有想到巴黎公社，没有想到流亡 19 年后匆匆返回巴黎，没有想到自己出走比利时，没有想到为捍卫公社社员而声名扫地，没有想到为大赦贡献自己来日无多的余生。突如其来的历史事件，一件比一件紧迫，一件比一件揪心，老人没有时间，没有精力。

2002 年，雨果戏剧专家拉斯泰教授编辑出版最新最完整的《自由戏剧集》，收入伽利玛出版社的"袖珍经典丛书"：篇幅将近 1000 页。正文内容十部：

序幕

湿漉漉的森林

老奶奶

一千法郎赏金

求情

他们会吃吗？

宝剑

加卢斯的两个宝贝

　　玛尔加丽达

　　埃斯卡

笃尔凯玛达

附录四篇：《乞丐》《加博努斯》《树林边》和《有人爱》。

《老奶奶》一剧，以简洁的形式，代表了《自由戏剧集》完美的一面。主人公夏尔流亡在外，他是总督夫人的亲生儿子，失宠于有权有势的母亲，被冠以"哲学家"的雅号，被迫在外漂泊了十年之久。此外，他又和一个没有门第的年轻女子建立家庭，生养了三个孩子。大权在握的总督夫人性格开朗，专断而冲动，她生气时说："在树林子里生了一堆堆的孩子。"但她在自尊心的掩护下，隐藏了一颗慈母的心。她一看到孙儿、孙女在草地上玩耍，心就软了："来劲了，孩子们！"[37] 剧中凸显出"弱者的力量"——孩子的力量。她原谅了儿子。这出轻快的喜剧，是新颖别致的作品，妙趣横生，俏皮话扑面而来。

雨果说起诗剧《宝剑》和对应的诗剧《奥斯博》："如果我们仔细倾听的话，是一声叫喊：自由啊！"[38]

《自由戏剧集》的场景多变，是一大特色：有 18 世纪的德国，有英国的曼恩小岛，15 世纪的西班牙，甚至克罗地亚达尔马提亚的深山。拉斯泰的新版《自由戏剧集》的最大特点，是把 1934 年出版的散文剧《一千法郎赏金》和作者 150 周年诞辰前和世人初次见面的散文剧《求情》收入。《一千法郎赏金》和《求情》是两篇现代题材的散文剧，都在雨果逝世后半个世纪左右，方才出版，令人遗憾，也令人费解。

1911 年，"国立印刷所版雨果全集"的负责人，向雨果的后裔写信征求出版遗著的意见，雨果后裔持保留态度。最后，借助私交的情面，《求情》获准出版。

令人遗憾的是，一度以"对雨果的声誉无所帮助"为由没有出版的《也许是伽弗洛什的弟弟》，这是雨果逝世时公证人收到的一部手稿，竟然遗失，从人间蒸发，再也没有下落。

《也许是伽弗洛什的弟弟》是喜剧，1868 年 9 月 21 日动笔，10 月 4 日完稿。"伽弗洛什的弟弟"写巴黎街头的流浪男孩，好挖苦人，又善于帮助人。

雨果戏剧的命运

戏剧的生命在舞台。雨果戏剧的生命也在舞台。雨果在《〈克伦威尔〉序》里提出正剧是现代人的史诗，应该糅合崇高和滑稽，反映人生的百态。浪漫主义戏剧的理论是雨果提出来的。19 世纪 30 年代，雨果身为浪漫主义作家，上演七部剧作，是浪漫主义戏剧的代表作家。《埃尔那尼》上演的成功，敲响了新古典派的丧钟；《吕伊·布拉斯》达到雨果戏剧创作的高峰。雨果的诗剧多于散文剧，虽然散文剧《吕克蕾丝·博尔日亚》感动像乔治·桑这样的女作家，但他最成功的剧作是用诗句写成的诗剧。诗人雨果的诗句是剧作家雨果成功的一个因素。雨果的剧作每次上演，几乎都受到评论界的挑剔和指责，但观众的欢迎，票房的收入，都站在雨果一边。雨果革新了戏剧语言，保留亚历山大诗句，但对诗句的引用多有创新。雨果诗句的雄浑，抒情，是保证剧作成功的重要因素。

拉斯泰教授的《强光瞄准雨果》中，有一章"雨果和他的戏剧人物"：莎士比亚留下 38 部剧作，创造了 750 个人物，雨果写下 25 个剧本，创造了 570 个人物。[39] 我们也要看到：戏剧只是雨果文学创作的一部分，他对诗歌和小说有更多、更大的贡献。

雨果 30 年代的七部剧作，有四部在法兰西剧院首演，1830 年的《埃尔那尼》，第一次借法兰西剧院的舞台第一次和法国的观众见面。另外三部是 1832 年的《国王寻欢作乐》，1835 年的《安日洛》，和 1843 年的《城堡卫戍官》。雨果的戏剧之星在法兰西剧院升起，也在法兰西剧院陨落。雨果主要剧作在法兰西剧院的上演情况如下：

《吕伊·布拉斯》，1879 年至 1980 年：1020 场；

《埃尔那尼》，至 1976 年：979 场；

《玛丽蓉·德·洛尔墨》，至 1937 年：243 场；

《城堡卫戍官》，至 1935 年：124 场。[40]

　　雨果身后，20 世纪上半期，到 1952 年，雨果的戏剧处境萧条，有时被称之为"炼狱"。这是雨果戏剧的低潮。"自由戏剧"之一的《他们会吃吗？》，1919 年初次上演，居然招来意识形态层面的攻击，说剧中人物阿伊洛罗（Aïrolo）的独白是"布尔什维克的抒情"，这在"十月革命"后的 1919 年，是一顶政治大帽子。[41] 雨果戏剧被看成是累赘，臃肿，冗长，所以剧评家一度转而器重缪塞具有淡淡哀愁的喜剧。

　　当年既缺乏有眼光的好导演，也不受著名导演的重视，如在 20 世纪上半期活跃的路易·茹韦（Louis Jouvet）。茹韦对雨果持批评态度："《吕伊·布拉斯》和《埃尔那尼》两剧里，没有我们时代需要的信息。也没有任何时代需要的信息，除了对浪漫主义观众，这些顾客由文学浪子组成，为门户之见和宗派精神激动，观众就是信徒。所以，维克多·雨果慢慢失去其观众，而缪塞仍然占有我们的剧院。缪塞的剧作，写来不问舞台效果，却能吸引我们，今天还能感动我们。"[42]

　　1952 年，《欧罗巴》杂志出版"专刊"，纪念雨果诞辰 150 周年，收有一篇文章的标题是《捍卫雨果的戏剧》。雨果的戏剧居然到了需要"捍卫"的地步，可见当年所处的岌岌可危的处境。真是这样吗？ 1952 年，法兰西剧院纪念雨果诞辰 150 周年，上演《埃尔那尼》，但演出竟在一片讪笑声中收场。诗人阿拉贡（Louis Aragon）大为失望，愤愤然说："一群自称是'全巴黎人'而巴黎并不认识的观众，一些傻瓜和傻瓜的太太，居然以'大家'自居，以放肆的笑声庆祝法兰西最伟大的诗人。"[43]

　　1952 年，雨果戏剧开始走出"炼狱"。纪念的大气氛不是可有可无的。一是儒尔内、巴雷尔等一批学养深厚的雨果研究家提供学术研究的基础，二是作家莫洛亚出版公允的《雨果传》，三是历史学家吉伊曼出版雨果的未刊作品和他独到的评论，四是诗人阿拉贡出版《现实主义诗人雨果》，等等。

　　1952 年，公众重新找回了雨果。可以说，是专家和左派知识分子帮助公众找回

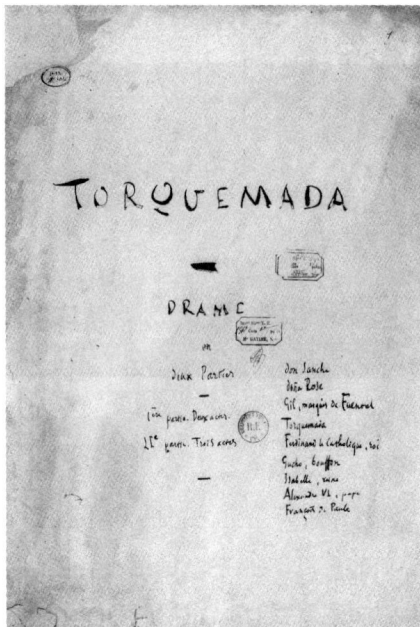

19 ｜ 1869 年，《笃尔凯玛达》的封面手迹

了雨果。其中，阿拉贡功不可没。阿拉贡在 1952 年 3 月 1 日全国作家委员会上发言："我们就是那些人，在本世纪 40 年代初，看到他站着在歌唱。大家是在祖国的不幸岁月里，感受到诗人巨大的呼吸……雨果，那时候是民族团结的凝聚力……对，雨果铸就了全国的统一。我对你们说，他仍然在铸就全国的统一。"[44]

新一代的导演让·维拉尔（Jean Vilar）读了阿拉贡的书深受启发。1953 年，又是阿拉贡提议让·维拉尔考虑上演雨果的《吕伊·布拉斯》。据说，让·维拉尔听了，不无吃惊："怎么，演雨果的剧本？不是认真的吧？"[45]

从导演茹韦的藐视雨果戏剧，到导演让·维拉尔的发现雨果戏剧，可以概括剧作家雨果在 20 世纪的命运。让·维拉尔发现：《吕克蕾丝·博尔日亚》的序言正好符合他领导的"国立人民剧院"（Théâtre national populaire，简称 TNP）的宗旨："本剧作者深知：戏剧是一件伟大和严肃的事情。他知道剧作并不脱离艺术不偏不倚的范畴，有一项全民的使命，一项社会的使命，一项人类的使命。他看到如此聪明的人民……他对自己作品的哲学意义严肃地扪心自问……不应该让群众走出剧院时，没有带走一点严肃深刻的道德教训。"[46] 1954 年 2 月 23 日，让·维拉尔导演的《吕伊·布拉斯》成功上演，演员使用新的朗诵技巧，主演吕伊·布拉斯的演员钱拉·菲利浦（Gérard Philipe）很有才华。

接着，《玛丽·都铎》于 1955 年在阿维尼翁第九届戏剧节演出，取得更加漂亮的成绩。让·维拉尔在 1955 年的《解放报》上撰文："在我'人民剧院'的三角楣墙上，我真想写的不是'莫里哀万岁，或莎士比亚万岁'，而是'雨果万岁'。我们的戏剧艺术没有这位出类拔萃的人，是活不下去的。"[47]

今天，雨果一生所写的全部剧作，已经先后搬上舞台，包括《克伦威尔》在内。1956 年 6 月 28 日，节本《克伦威尔》在卢浮宫的方形广场上演，演出两小时三十分钟[48]；1971 年 7 月，《克伦威尔》在小城圣法尔若（St-Fargeau）再一次演出，也是节本，两小时四十五分钟。[49]

我们需要指出：雨果《自由戏剧集》里有两部现代题材的散文剧：《一千法郎赏金》和《求情》。《一千法郎赏金》的情况尤其引人注目：1934 年初次出版，1961 年初演，1969 年、1975 年、1985 年、1990 年和 1995 年不断重演。《一千法郎赏金》以其和《悲惨世界》相同的主题吸引新的导演尝试新的演出。《求情》1951 年出版，1964 年初演，1978 年和 1996 年再次上演。

时间进入 21 世纪。法兰西剧院 2001 年至 2002 的演出季节里，上演《吕伊·布拉斯》，这是一次盛大的演出，布景取材西班牙画家委拉斯开兹（Vélasquez）的画作，是导演的大制作。今天，有的导演尝试以布莱希特（Brecht）的手法演雨果的剧作。可以说，雨果的戏剧作品继续吸引和考验新的导演才能，雨果戏剧仍然具有舞台的生命力。

我国清末小说家、《孽海花》的作者曾朴（1872—1935 年）是最早倾力翻译雨果戏剧的人。他翻译过雨果的小说《九三年》和少量诗歌，但对雨果戏剧情有独钟。他在上海创办"真美善"书店，刊行过：

《欧那尼》（即《埃尔那尼》），1927 年 11 月真美善书店出版；

《吕克兰斯鲍夏》（即《吕克蕾丝·博尔日亚》）1927 年 11 月真美善书店出版；

《吕伯兰》（即《吕伊·布拉斯》），1927 年 11 月真美善书店出版；

《项日乐》（即《安日洛》），1930 年真美善书店出版。[50]

曾朴曾有出版"嚣俄戏剧全集"的念头，甚至立出了书目：

嚣俄著克林威尔，即《克伦威尔》；

嚣俄著玛莉韵妲洛姆，即《玛丽蓉·德·洛尔墨》；

嚣俄著嬉王，即《国王寻欢作乐》；

嚣俄著马丽丢陶，即《玛丽·都铎》；

嚣俄著弥格拉佛，即《城堡卫戍官》；

嚣俄著自由戏剧，即《自由戏剧集》；

嚣俄著双生子，即《孪生子》（雨果 1839 年创作的诗剧，未完成）。

如果曾朴能完全实现拟议中的翻译计划，真是一部不折不扣的"雨果戏剧全集"。[51]

2002 年，巴黎的雨果故居纪念馆举办大型专题展览："看星星"（Voir des étoiles），副题是"雨果戏剧的舞台演出"：展期从 4 月 12 日到 7 月 28 日。法国从事雨果戏剧研究的专家参与准备，撰写专文，搜集了和雨果全部戏剧作品从创作到上演相关的资料。"看星星"是什么意思？这个题目引自雨果 19 世纪 60 年代的一则笔记，我们在"雨果的戏剧"这一讲开始时已经介绍的这则笔记："戏剧，这是一件浩大和巨大的事情，这是人民。这是人类，这是生活。一出剧，是一个人。青铜面具下，是有血有肉的面孔。还有深沉的无限。我透过面具的小孔，看到的不仅是眼睛，我看到了星星。"[52]

第十讲　雨果的绘画

请为他双重的苦恼牵挂：

先是自觉自愿出来流亡，

现在又身不由己当画家。

转引自《雨果的光荣展》（1985），485 页。

Plaignez-le pour ce double ennui,

Etant le proscrit volontaire,

D'être le peintre malgré lui.

《*La Gloir de Victor Hugo*》（1985）p.485.

　　1988 年，我们在法国访问，见到法国"大学校际雨果研究会"前秘书长罗萨教授。他谈到法国 1985 年纪念雨果逝世 100 周年的主要收获，是公众恍然大悟：雨果不仅是诗人，还是画家。1992 年年初，我们在上海《艺术世界》写了一篇短文：《墨的太阳——雨果的画》[1]。可能，这是我国第一次介绍雨果的绘画创作。

　　其实，"雨果不仅是诗人，还是画家"，是法国作家、评论家戈蒂耶（Gautier）早在 1838 年写下的一句话。法国公众晚了一个半世纪，才认识雨果的绘画天才。1838 年，雨果的一幅题为《利埃尔的钟楼》，被收入一本《各国画册》出版，戈蒂耶为此画写了评论：《画家雨果先生》。1852 年，同一个戈蒂耶为巴黎的雨果家具拍卖会写的报道更是断言："维克多·雨果如果不是诗人，则会是第一流的画家。"[2] 戈蒂耶真是好眼力。因为，雨果一生最好的绘画作品，是在 1852 年以后，尤其是在流亡期间创作完成的。

　　今天，雨果是画家已是人所共知的事实。综观雨果的一生，他对自己的绘画创作始终采取谦逊和低调的态度。但是，雨果 1881 年 8 月 31 日有一份"追加遗嘱"：

19 | 雨果的绘画作品，生前于
1862 年结集出版，由舍内
雕刻

02 | 《密忒恩峰》，1839 年，今存雨果故居

　　"我把我的全部手稿，以及一切可以找到的我写成文字的东西，或我画有图
画的东西，赠予巴黎国立图书馆……"[3]

　　我们可以这样理解：雨果的绘画和文字一样，都是他一生创作的组成部分。我们也
可以这样理解：雨果的绘画是他一生创作不可分割的组成部分。此时，雨果已是年
近八旬的老人。此时，雨果一生漫长的创作生涯已接近尾声。他对自己毕生的创作
有这样的总结，应该引起我们的重视。

　　1881 年，雨果在身后已经留下了多少文学作品呢？他已经出版了 17 部诗选，包
括《悲惨世界》在内的 6 部长篇小说，10 部剧本，以及大量的文艺评论、政论作品
和游记作品等。但是，1881 年，雨果又有怎么样的绘画经历呢？有没有参加过画展？
尤其是有多少人知道雨果是画家呢？

　　据说，童年的雨果在绘画方面有早熟的表现。《雨果夫人见证录》告诉我们，
1811 年，雨果夫人带三个儿子从巴黎来西班牙马德里和丈夫雨果将军团聚。母亲送
孩子上贵族学校，认为小儿子维克多"对绘画很有天分，在这方面使老师们感到吃
惊。"[4] 当年雨果 9 岁。但是，我们从童年雨果画在拉丁文作业本上的图画看来，这
"天分"和同龄的其他孩子相比，并无很大差异。雨果是"神童"的神话，仅仅是和

诗歌相联系的。

　　30 年代，雨果已是四个孩子的父亲了。他慈父的形象之一，是喜欢给孩子们画些小动物，小人故事之类，让孩子们开心。友人丰达内（A. Fontaney）在《日记》中写道："1832 年，维克多·雨果作作画……画些多多（幼子维克多的昵称）、比斯塔的小漫画，他每天晚上放在孩子们床上，孩子们清早醒来，看到了十分喜悦。"[5]

　　30 年代后期，雨果几乎每年夏天带情人朱丽叶外出旅行。诗人在旅途中勤于给家人写信，在信中不仅畅谈观感，更有小幅风景画点缀其间。1840 年，雨果的岳父富谢先生给女婿写道："昨天，我们把你的五幅画摊开在桌子上。你得离得远远的，才没有听到这帮孩子们爆发出来的欢呼声。两个男孩出去争抢，谁拿《猫山》，谁拿《鼠山》。总之，人人都为自己的奖品感到高兴。"[6] 我们知道，19 世纪的文人雅士出外旅行，都会带本小画册，有沿途作画的习惯，和今天的游客拍风景照相同。再说，当时有文化修养的人，大多也会画上几笔。雨果夫人不就给子女们画过小像吗？雨果信中附寄的风景画，最后的归宿，也只是亲友个人收藏的画册。我们不必由此引出意义重大的推论。原来，雨果是个喜欢画画的诗人。

　　不过，我们注意到：这些画有时也会引起专业画家的兴趣。1837 年秋，雨果的挚友、画家布朗热（Louis Boulanger）给雨果写信："我那天去看尊夫人，她给我看了一页信纸，上有你一幅精彩的画，画了一座广场，我想是根特的广场。我肯定地告诉你，我对此画很感兴趣。请你为我们这些不能跟你同去的人多多地画。"[7]

　　1847 年，雨果将自己的四幅画交给雕刻家马尔维（Marvy），制成铜版画，发表在《当代风景画家》一书中。诗人雨果的名字第一次和著名风景画家柯罗（Corot）等人并列一起。1859 年 12 月 2 日，美国废奴主义领袖约翰·布朗（John Brown）被绞刑处死。雨果震惊。他把自己一幅 1859 年创作的画交保尔·舍奈（Paul Chenay）雕刻，于 1860 年 4 月出版，题名为《绞刑犯》。这是雨果生前唯一的一次主动出版自己的绘画作品，目的是颂扬为解放黑人献身的约翰·布朗。

　　雨果的画开始在艺术界被人认识。诗人、艺术评论家波特莱尔对雨果绘画的高度赞赏，是引人注目的事情。波德莱尔在《1859 年的沙龙》这篇专题长文中写道："我……也没有看到德拉克洛瓦风景画具有的超自然的美，也没有看到流淌在雨果绘画作品中壮丽的想象力，像是天空中的谜一样。我说的是他用中国墨画的画，因为，我们的诗人是诗歌中的风景画家之王，这是显而易见的。"[8] 其实，波德莱尔早在1855 年已经把雨果和大画家德拉克洛瓦相提并论了："此地可以提醒大家，大师们，

03 | 《有十字架的古堡》，1850 年，今存雨果故居

04 | 《欢快的城堡》，1850 年，今存雨果故居

诗人或是画家，雨果或是德拉克洛瓦，总是比他们胆怯的钦佩者超前若干年。相对于天才来说，公众是一只走慢的时钟。"[9]

舍奈由于铜版画《绞刑犯》的成功，取得雨果的信任。1862 年，他进一步取得雨果的同意，将雨果的 13 幅画由他雕刻，请戈蒂耶撰写长序，由卡斯特尔（Castel）出版社出版画册。虽然画册在商业上并不成功，但这是雨果生前正式出版的唯一一本画册。

雨果一向认为，绘画纯粹只是他个人的消遣娱乐，既然他不是画家，他的画不值得发表。雨果在给出版商卡斯特尔的信中一再强调这一点。他对被人看成是画家，态度被动，甚至是无可奈何。1863 年 3 月 6 日，雨果致弟子默里斯的信："你是知道的，出版一本画册，于我是迫不得已的违心事情。我是已经尽量排除这种奢望的。这些乱涂乱画的东西，是留给我亲近和宽容的挚友的。"[10]

1901 年，坎博（L. Guimbaud）在《漫画家雨果》一文中，首次披露了一首诗。雨果在赠情人朱丽叶的《画册》上写了一首自嘲诗，生动地写出了自己成为画家的百般无奈：

作者把他被人发现的画，

今天在您的羽翼下埋藏，

请为他双重的苦恼牵挂：

先是自觉自愿出来流亡，

现在又身不由己当画家。[11]

05 | 《鹰首雨果城堡》，1850 年，
今存维勒基埃雨果纪念馆

　　一方面，雨果严格区分自己诗人的社会职责和绘画的个人兴趣，另一方面，雨果逐渐意识到自己具有的绘画才能。1873 年，雨果主动向画家菲里浦·布尔蒂（Philippe Burty）出示自己的一组画稿：《女巫的诗篇》。布尔蒂在 1874 年写道：“维克多·雨果先生最近完成了一组六十余幅人物像，可怕，滑稽，有的很动人；人像构成了对一个着魔的青年女子审判、责罚和用刑的各色人物。”[12]

　　1876 年于格（Eugène Hugues）出版社大型精美的插图版《雨果全集》开始出版。这套全集大量的插图中包括了雨果自己的绘画作品。由于全集同时又是普及版，所以，让广大读者有机会直接接触到作者一些精彩的绘画作品。

　　1888 年 5 月 3 日，雨果逝世不足三年，巴黎乔治·珀蒂（Georges Petit）画廊举办有默里斯组织的“雨果画展”，全称是“雨果手稿和绘画展”。画展由当时法兰西共和国总统卡尔诺剪彩，总统携夫人认真参观，加上文学界、艺术界的名流纷纷前往，一时在新闻界引起极大的轰动。诗人维尔哈伦（E. Verhaeren）感叹道：“雨果主要的画作真应该由国家买下来，以其即兴的艺术给现代美术馆毫无艺术趣味的墙上增添光彩。”[13]《费加罗报》记者沃尔夫（Albert Wolff）写的报道：“《雨果手稿和绘画展》是一大盛事；我们第一次看到这位在本世纪历史上占有一席之地的画家的形象在显露出来。”而“其中有些篇章真可以进入卢浮宫”。[14] 雨果“画家的形象在显露出来”的说法是客观的。《费加罗报》是在法国有影响的大报，人人都知道卢浮宫是存放人类文化艺术珍品的殿堂。沃尔夫以《费加罗报》记者的身份，对自己读者

06 | 雨果《海上劳工》绘画：《海鸥穿越黑暗》，1864
年—1866 年，今存国立法兰西图书馆

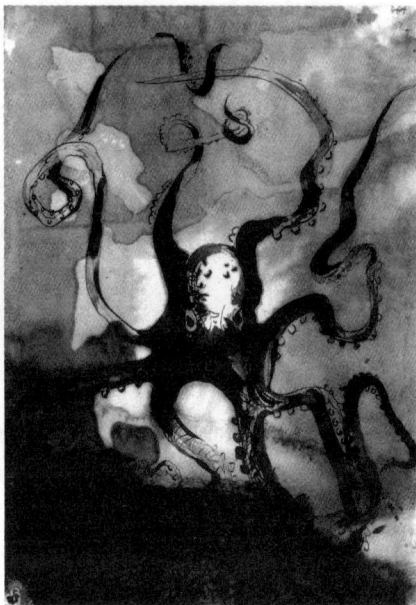

07 | 雨果《海上劳工》绘画：《章鱼》，1864
年—1866 年，今存国立法兰西图书馆

下这样的结论，对雨果绘画跳出少数知情人的圈子，走进社会，走进艺术界，意义
不小。

　　1902 年，雨果 100 周年诞辰。又是在默里斯的努力和促成下，巴黎市议会通过
决议，在今天的孚日广场六号，即雨果 1832 年至 1848 年的住所，成立"雨果故居
纪念馆"。雨果故居纪念馆的主要任务之一，是展出馆藏的雨果绘画作品，有 500 多
幅。作家罗斯唐（Edmond Rostand）参观后，大呼"令人目瞪口呆的启示"[15]。

　　20 世纪初期，对于雨果绘画的命运产生重大影响的一件大事，是以布勒东（A.
Breton）为首的超现实主义艺术家对雨果绘画的发现和欣赏。虽然布勒东等人发现
雨果有一定的偶然性，但这对 20 世纪艺术界接受并欣赏雨果绘画产生重要的作用。
雨果的重孙让·雨果（Jean Hugo）是画家。让·雨果的第一个妻子瓦朗蒂娜·雨果
（Valentine Hugo）也是画家。瓦朗蒂娜·雨果以后和超现实主义流派过从甚密，并有
一段时间和布勒东生活在一起。结果，布勒东通过瓦朗蒂娜·雨果不仅见到了一些雨
果鲜为人知的绘画作品，并且亲自收藏了其中的一些画。

　　布勒东 1936 年在《奥斯卡·多明盖兹》一文中，提到雨果绘画中有"无与伦比

08 ｜ 《名片》，1856 年元旦

的暗示力量"。[16] 这位超现实主义的祖师爷在 1957 年的《神奇的艺术》中，对画家雨果有更加重要的评述："在这个领域内，最有决定意义的话，应该属于一个既不是职业雕刻家，也不是职业画家的人，就精神上而言，这就足够了。这个人还先于兰波，已经借助画笔和钢笔上的墨水，看到有办法可以'固定眩晕'，探求自己的潜意识……这位不受重视的水墨画、'墨渍画'和想象力恣肆奇兀的画的作者，是一位诗人，名字叫维克多·雨果。"[17]

　　兰波是象征派诗人，"固定眩晕"（fixer des vertiges）是他发明的创作手法。把雨果的画和兰波的诗并列，而且把兰波的诗置于雨果的画之后，不仅给"不受重视"的画家雨果正名，而且是承认画家雨果是 20 世纪现代艺术的先驱之一。

　　马克斯-保尔·富歇（Max-Pol Fouchet）在其《我有一天回忆》中报道说，让·雨果告诉大家：毕加索在让·雨果家里看到雨果的一些画，失声喊道："像你祖父这样的画，我也一直在画！"[18] 毕加索说的"祖父"应该是"曾祖父"。毕加索晚雨果近 60 年，说明毕加索从事的艺术探索，比雨果长期秘不示人的绘画创作晚了半个世纪。

对于雨果"追加遗嘱"中提到的"以及一切可以找到的……我画有图画的东西",20世纪艺术界,20世纪的广大公众,先后有两大发现。第一,雨果作为浪漫主义运动的旗手,作为19世纪法国文学的高峰,作为法国传统文学的集大成者,身后留下的绘画作品竟然接二连三受到现代艺术大师的高度赞赏。

第二,雨果传世绘画作品的数量,在20世纪经历了一个不可思议的"增值"过程。雨果故居纪念馆开馆时的馆藏估计在500幅上下,通常的估计是450幅左右,这个数字一直维持到50年代。1967年马森(Jean Massin)主编的《编年版雨果全集》收进了当时所能搜集到的全部雨果画作,厚厚两大卷,竟然有2000幅左右。1985年,为雨果逝世100周年举行的"雨果光荣展"(La Gloire de Victor Hugo),专家的估计数字又增至3000幅。2000年6月23日,本书作者拜访法国国立"橘园美术馆"馆长、雨果绘画专家若热尔(Pierre Georgel)先生时,他提供的数字是将近3500幅。[19]

今天,我们可以说,雨果不是一位会作画的作家,正如雨果不是一位会写诗的画家一样。雨果是作家,是诗人,是小说家,是剧作家。同时,在充分和完整的意义上,雨果也是画家。这样,面对画家雨果,面对留下3500幅作品的画家雨果,鉴于雨果绘画对我们中国读者来说,还是一个相对陌生的话题,我们想到一些需要回答的问题。

问题之一:雨果生前如何理解自己的绘画作品和绘画成就。

我们注意到,雨果直到19世纪40年代,对自己兴之所至,随手画来的作品,以一种轻松的心情,并不放在心上。但是,我们看到在他根西岛"高城居"弹子房的墙上,挂满了自己的画作,还兴致勃勃地给许多画亲自加上画框,对自己的画框加以精心修饰。这些画多是个人的纪念,是对往事珍贵的回忆。流亡期间,雨果逢年过节,随手画些小画,分赠亲友,说是《名片》(carte de visite)。1861年元旦,雨果手记:"我拿出六幅画作为开奖的奖品。"[20]可见,雨果是在个人生活的范围内,把绘画看成是纪念和回忆的寄托,是增添生活情趣的手段。

但是,一旦有人把雨果的绘画请出个人的天地,确认他的画家身份,他不仅谦虚,而且谨慎,拒不接受哪怕是朋友善意的请求。雨果反复强调:"坦白说,我从来无法想象我的你称之为绘画的作品,会引起你这样内行的出版商的兴趣"[21],"一些

09 │ 《菲安登的老桥》，1871 年，今存雨果　　　10 │ 《月光下的菲安登街道》，1871 年，今存雨果故居
　　　故居

画画时的试笔"[22]，"这些人家非要说成是我绘画作品的东西"[23]，"这些乱涂乱画的东西"[24]，"一个有别的事情要做的人在纸上不无笨拙地泼洒下的这些笔墨线条"[25]。对于自己的绘画手法，则是他的绘画"有点儿野气"[26]。虽然雨果对波德莱尔对自己的欣赏"十分高兴，深为骄傲"，但仍然强调"出版一本画册，于我是迫不得已的违心事情"。

　　在雨果看来，他是作家，文学是他面对社会的责任，而绘画只是他面对自己的事情。所以他说得很清楚：我"是一个有别的事情要做的人"。"别的事情"是文学创作，是启发人民、引导人民的文学作品，这才是作家的责任。在文学和绘画可能产生冲突时，当然以作家的责任为重："我不是为我个人的乐趣而存在于这片土地上的。我像是一头役畜，套在责任上。而现在的此时此刻，我已来日无多，我不知道我是否能够做完我该做的事情。"[27]

　　问题之二：雨果文学创作和艺术创作的关系。

　　雨果严格区分自己作家的本分和"我在写两节诗中间轻松一下"[28]的业余绘画。我们可以具体看看他的文学创作和绘画创作之间究竟是怎样的一种关系。

　　时至 1850 年，抒情诗人雨果在连年生活忧患和政事忙碌之后，似乎才思枯竭，不见有佳作发表。但正是这 1850 年，今天的读者才知道雨果正在画他的几幅"大制作"。例如，《鹰首雨果城堡》，《有十字架的古堡》，《三棵树的风景》等，甚至还有没有主题的墨渍画。雨果的创作冲动部分从诗歌向绘画转移，诗歌创作出现的空白由绘画部分地取而代之。流亡生活开始后，1852 年至 1853 年间，雨果进入文学创作空前紧张的时期，《惩罚集》和《静观集》相继完稿问世。与此同时，雨果的绘画明显减少。而到 1866 年夏天，雨果的文学创作和绘画创作一度出现双管齐下的局面。绘画方面，我们有所谓的三大"灯塔"（指《埃迪斯通灯塔》，《头盔灯塔》和《头盔灯塔》的细部），而文学方面，正是长篇小说《笑面人》最初几章完成的时候。研究这一现象的若热尔这样认为："仅仅 1850 年一年，除《有十字架的古堡》外，我们保存了 14 幅这样的作品，每一幅都是名副其实的'作品'，诗人的创造天才低沉了，使人心碎，但继续有生命力。河水没有干涸，但流入了地下。"[29] 这"地下"，便是半个世纪后才让世人惊叹不已的绘画创作。

文学和绘画是雨果艺术天才的两个侧面，这两个侧面彼此相通，但不能相互替代，共同构成了雨果富于创造的头脑。

让·马森在"介绍"雨果的两千幅绘画作品时，有一种看法很值得重视："诗人的信息，是万物不可分割地一起共同存在；画家的信息，是每一种生命，每一种东西，无须任何陪衬，足以回应整个世界，足以独自表达宇宙整体的一个侧面。"[30] 所以，他认为："在雨果身上，文学作品起'认识'（connaître）的作用，而绘画作品起'辨认'（reconnaître）的作用。"[31]

雨果的文学创作和绘画创作还有另一层关系。我们知道，雨果的一些绘画作品，都能在他的文学作品中找到某种"源头"。《巴黎圣母院》、《悲惨世界》和《笑面人》都有一些相关的绘画作品。雨果本人在《海上劳工》的手稿中竟安排下整整 36 幅精彩的绘画。一个容易产生的印象：画家雨果为作家雨果亲自画插图。如果确是如此，当然这是作家雨果的幸事。但是，细细观察，并非如此。虽然两者题材相通，但不存在绘画为文学服务的问题。我们发现，文学作品的主要人物，主要情节，未必有"绘画"的配合，而现有的画作又往往只和文学作品的细枝末节相关。《笑面人》的三座灯塔和小说的正面情节几乎无关。而在 30 多幅《海上劳工》的绘画里，甚至没有为主人公吉利亚特留下一幅肖像。

文学创作和绘画创作各自遵循自己的创作轨迹，可以彼此交叉，但这是两个独立的创作领域。雨果绘画研究家福西雄（Henri Focillon）很有见地地认为，雨果的画"不仅仅图解他的一生和他的文学创作"[32]。

问题之三：画家雨果在 19 世纪艺术史的地位。

雨果的绘画天才受到戈蒂耶的钦佩，受到波德莱尔的好评。但是，总的说，对于 19 世纪的艺术界而言,一方面雨果画作的主体没有公之于众,另一方面,事实上也没有得到艺术界的承认。时至 20 世纪初,《费加罗报》记者呼吁雨果"在本世纪历史上有一席之地",但是,19 世纪从新古典主义到浪漫主义,从现实主义到印象派和象征派,我们很难为雨果找到合适的"一席之地"。自始至终,雨果游离于 19 世纪的美术界,是个非主流的画家。雨果没有接受艺术教育,没有师承,也不依附任何流派。

雨果的绘画作品中,水墨画占了很大比例。据若热尔介绍,欧洲水墨画的传统远承伦勃朗,近有达维德。但水墨画在 19 世纪几乎无人问津。雨果对波德莱尔坦言:"我在画里一起用上了铅笔、木炭、乌贼汁、木炭笔、炭黑以及各种各样稀奇古怪的混合物,方能大体上表现出我眼中,尤其是我心中的景象。"[33] 雨果自己描述的作画形象,和 19 世纪画坛的画家形象是相去甚远的。

夏尔·弗洛兰旦(Charles Florentin)有《雨果的雕虫小技》一文:"和雨果亲近的人经常看到他沉思着将一瓶墨泼在一张白纸上。他们好奇地走近……突然,大师的手指,或垂手可及的一件东西,甚至一根火柴,在纸上东划西划,显露出一幅令人迷惑的景象,风景或雉堞,先勾勒出顶峰,再补上山脚。"[34] 这不是 19 世纪画家在从事创作,而是 20 世纪画家的创作习惯。

雨果研究家儒尔内(René Journet)和罗贝尔(Guy Robert)有这样的总结:"艺术家当然不必等到 20 世纪,才可以尝试各种材料,各种工具,首先为了看看'到底会有什么结果'。这是处在艺术和游戏两者边缘之间很难说清楚的活动领域。雨果在

11 | 《菲安登城堡》,1871 年,今存雨果故居

12 | 《申根的城堡》,1871 年,卢森堡历史与艺术博物馆明信片,程曾厚收藏

自己的时代，考虑到他没有接受专业的教育，尤其是富于创造性的。"[35]

雨果是 19 世纪的边缘画家，却是 20 世纪的前卫画家。

问题之四：雨果和 20 世纪艺术的关系。

从某种意义上说，雨果是 20 世纪现代艺术的先驱之一。早在布勒东评论雨果绘画之前，一些人已经看出了雨果画中不同寻常的特色。19 世纪画家布尔蒂和雨果有过交往。他认为："事情真古怪，我们不怕强调这一点：这 24 幅绘画作品，以独特的方式重现了《〈克伦威尔〉序》对 1830 年文学流派所起的作用。这些画里包括了全部的新理论……"[36] 这等于说，雨果的画预示了一场新的绘画革命。20 世纪评论家达索（P. Dassau）说得干脆："他放任想象力自由驰骋，超越了整个造型艺术的运动：印象派、超现实主义、点彩派。他在还没有名称之前实践过折叠画、剪贴画、粘贴画。"[37]

雨果对专业出版商卡斯特尔说："我是在几乎是无意识的幻想状态下，就着笔端

13 ｜ （西班牙）《巴萨热斯》，1843 年，今存国立法兰西图书馆

的余墨作画的。"[38] 他对评论家波特莱尔说，他用各种各样稀奇古怪的混合物，"大体上表现出我眼中，尤其是我心中的景象"。1865 年 1 月 7 日傍晚五时，雨果在一幅画上写道："在黑暗中画成。我在墙上所见。"这一切，清楚表明画家雨果的创作手法，是地道的 20 世纪画家的创作手法，和超现实主义倡导的"自动写作"不谋而合。

艺术评论家比贡（Gaëtan Picon）在研究雨果的绘画后，认为"这幻视的方面，我们今天看来是雨果最主要、最具有个人特色的方面"[39]。德拉朗德（Jean Delalande）著有专著《雨果是天才和通灵的画家》，他在书后的结论对画家雨果钦佩不已：雨果是"一个奇才，有人很正确地比之于文艺复兴时期的这些艺术家，如达·芬奇，他们'写作时候的休息是画画，雕刻时候的休息是参与公众生活'"[40]。

1963 年 2 月 23 日，法国通俗画刊《巴黎－竞赛》（Paris-Match）画报以 11 个版面的篇幅，向上百万的普通读者介绍雨果的绘画成就。文字作者加尔（Michel Gall）认为雨果的画中有"印象派画，抽象派画和超现实主义画"，认为雨果的一些画可以署名为"特纳"，"克利"，"达利"和"马蒂斯"，标题更是引人注目：《现代艺术之父雨果》。[41] 1991 年，法国"橡树"出版社和阿谢特出版社联合出版大型《19 世纪的艺术历程》，逐年论述一百年间的艺术史发展，"1854 年"的头条"大事"，是将雨果列为"特级大师"，并配有两幅画：1853 年画的一幅精彩的《墨渍画》，和 1839 年画的《密忒恩峰》。[42]

艺术品在西方可以进入市场，具有市场价值。雨果的绘画作品不是油画，多是小幅的水墨画。1962 年 6 月 8 日，雨果的四幅水墨画在巴黎售出的价格分别为 1500 法郎、1850 法郎、2100 法郎和 6000 法郎。将近 20 年后，"1981 年 6 月，诗人的重孙让·雨果脱手 50 来幅曾祖父的绘画作品。有些作品的拍卖价在 20 万法郎左右。"[43]

2000 年 11 月 29 日，巴黎一家拍卖行拍卖一批和雨果在海岛流亡相关的文物，其中一幅雨果赠友人的水墨画，题作《河景》，比 32 开本略小（14×22 cm），作于 1867 年，背面也有画，签名，日期为 1868 年 1 月 1 日。此画中间垂直破裂，超过原画高度的四分之三。拍卖结果：标价 5 万到 6 万法郎，拍出价 13 万法郎。

从 1888 年巴黎乔治·珀蒂画廊的第一次雨果画展后，一个世纪以来，法国、瑞

14 | 《墨渍画》，1871 年，今存国立法兰西图书馆

士、英国、意大利、奥地利、美国、日本等国先后举办过雨果的绘画作品展。2000
年 6 月 2 日至 9 月 10 日，西班牙马德里举行大型的雨果画展，题为《笔下混沌》(*Du
chaos dans le pinceau*)，10 月 12 日《笔下混沌》移师巴黎雨果故居纪念馆，展览到
2001 年 1 月 7 日。《笔下混沌》源出雨果《悲惨世界》里的一句话，展出雨果的 259
件造型艺术作品。《笔下混沌》得到国立法兰西图书馆的通力合作，法国文学和艺术
界多位著名人士，尤其是艺术史专家，撰写专文。展览会和以往的雨果绘画展览不
同，不是吸引参观者的好奇心，而是明确从现代艺术的视野，审视雨果的全部绘画
和其他造型艺术的成果。雨果故居纪念馆的总馆长莫里纳利（Danielle Molinari）夫
人在致辞中说："在我们同事、杰出的专家皮埃尔·若热尔在雨果故居举办非常精彩
的展览会 28 年之后，此次展览首要的功绩是：给予雨果的绘画作品以艺术创作的完
整地位；在小宫博物馆举行《墨的太阳》展览会 15 年之后，此次展览已经集合了国
立法兰西图书馆和巴黎市政府双方的学术资源，现在是时候了：接过火炬，给火炬
打开 21 世纪的大门。"[44]

问题之五：雨果绘画研究。

雨果绘画的研究，可从 1862 年戈蒂耶为"卡斯特尔 – 舍奈画册"所写的序言开

15 | 《老房子》，花边印画，创作年代不详，今存雨果故居

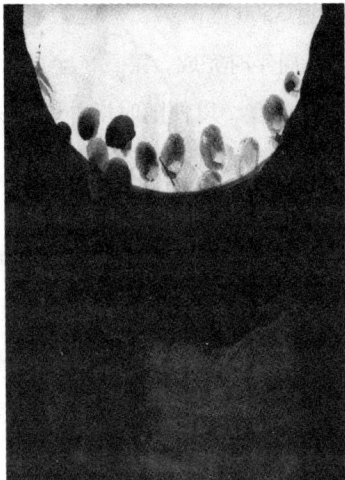

16 | 《指印画》，1864 年，今存国立法兰西图书馆

始，至今有 150 年的历史了。历年出版的雨果画册和画展目录也为数不少。1967 年由马森主编的《编年版雨果全集》第一次在十八卷的全集里，用整整两卷的大篇幅（第十七卷和第十八卷），出版当时能够搜集到的雨果绘画作品。这两卷共收入两千幅整。马森为一个作家的全集编进两千幅画，需要勇气，也需要远见。他的结论却是无可奈何的遗憾："维克多·雨果，这个天才所缺少的，仅仅是被人认识而已。"[45] 早在 40 多年前，作家昂里奥（Emile Henriot）也有类似的感叹："维克多·雨果的绘画，一如莎士比亚的十四行诗，大家谈得多，而看得少。"[46]

时至今日，研究作家雨果的人如果对画家雨果一无所知，不仅是研究工作的一大缺憾，还会带来不必要的混淆和差错。但是，我们也要承认，展开雨果绘画研究的一大困难，是至今没有出版一部"雨果绘画全集"。《编年版雨果全集》只是"文字"的全集，远不是"绘画"的全集。马森自己承认："由于很多很多的私人收藏暂付阙如，这只能是狭义上的'全集'。"[47] 雨果的绘画作品散见于各种画展目录和各种画册，不过画展受主办单位收藏的局限，画册常常有编者特殊的视角。

1985 年，若热尔在为"雨果光荣展"写的《〈身不由己当画家〉的前前后后》一文中说过："所以，首先应该对 3000 来幅作品（如有可能根据客观的信息），拟定一份清单，确定作品的创作年代。这项繁难的工作今天已有很大进展了，我们希望在以后几年内予以完成。"[48] 15 年以后的 2000 年 6 月，我们带着这个问题，在巴黎拜访了若热尔先生。若热尔的回答有三点。第一，目前可以估计到的雨果绘画作品已接近 3500 幅。第二，他毕生从事的"雨果绘画总目"可望于 2002 年，即雨果诞辰 200 周年时完成。第三，全部工作成果争取出版，既以传统的书本形式出版，也考虑出版光盘，以便随时增补新的材料。[49] 只是，时至 2008 年，我们没有看到"雨果绘画总目"的出版。

问题之六：雨果画和中国画的关系。

对于中国读者而言，雨果绘画研究有一个无法回避的问题。但这个问题既十分有趣，又十分困难。这就是雨果画和中国画的关系。首先，两者之间有没有关系？恐怕很难说没有一点关系。其次，雨果画和中国画究竟有哪些关系？是什么性质的关系？

迄今，法国的雨果研究界，包括雨果绘画研究的主要专家若热尔，从总体上说，还没有触及这个问题。我们可以承认，雨果画和中国画的关系研究可以纳入一个更大的主题：雨果和中国艺术，或雨果和中国文化。我们遗憾地看到：这个可能广阔的领域至今仍然无人耕耘。

就雨果画和中国画的关系而言，我们注意到以下三个方面。

第一，雨果绘画使用的材料。他主要的创作形式是"水墨画"(lavis)。这在 19 世纪的西方画坛上，是罕见的例外。可是，水墨画恰恰是中国传统绘画的主要类型。

第二，水墨画的手法是以墨代彩。雨果画使用的材料，都是具有黑色或深色效果的材料：木炭、石墨、煤粉、乌贼墨、桑葚汁、黑石以及"中国墨"(encre de Chine)。西方的画家在 19 世纪用"中国墨"画画，平心而论，足以引起我们的好奇和惊叹。

第三，雨果的长子夏尔·雨果 1864 年有一篇回忆性文字《过路人在雨果家里》：

我见过维克多·雨果作画……一旦纸、笔和墨水瓶端上桌子，维克多·雨果便坐下，他这就画起来，事先不勾草图，没有先入为主的想法，运笔异乎寻常地自如，画的不是全图，而是景物的某个细节。——他会先画树枝而成森林，先画山墙而成城市，先画风向标而成山墙，一步步，白纸上猛然现出一幅完整的作品，其精细和明晰，如同照相的底片，经化学药品处理，即可现出景物。这样完成后，作画人要来一只杯子，泼下清咖啡，其风景画即告完成。结果便是一幅出人意料的画，雄浑，意境奇肆，总是富有个性，使人依稀想见伦勃朗和皮拉内西的铜版画。[50]

夏尔所说的"泼清咖啡"(une averse de café noir),"清咖啡"在法语里就是"黑咖啡"。"泼清咖啡"和中国传统写意画的"泼墨"又何其相似乃尔。中国的泼墨山水,画无定法,依墨色浓淡,依墨迹大小,点染而成山水。而夏尔告诉我们:雨果"事先不勾草图,没有先入为主的想法,运笔异乎寻常地自如,画的不是全图,而是景物的某个细节"。这又是何其相似乃尔。可见,中国的泼墨山水和雨果的泼咖啡画在精神上是相通的。

我们再看雨果具体的绘画作品。《编年版雨果全集》第十七卷列出一组"中国题材画"(Chinoiseries),包括 19 幅铅笔画、钢笔画、和 38 幅"烙画"(pyrogravures),共 57 幅图。这 19 幅铅笔画、钢笔画和 38 幅"烙画"有明显的联系,可以看成是"烙画"的草图。这 38 幅烙画是雨果为情人朱丽叶在根西岛的居所"高城仙境"(Hauteville-Fairy)的客厅亲自设计和制作的。今天,这些烙画陈列在巴黎"雨果故居纪念馆"三楼的常设展厅里,称作"中国客厅"(Salon chinois)。

法国老一辈的雨果专家戈东(Jean Gaudon)先生认为雨果画和中国画的关系问题是一个问得很有道理的问题。我们把这个问得很有道理的问题向若热尔先生提了出来。他回答说,他的卡片柜里可能有雨果接触到中国画的记载,但也只是可能而已。但他明确认为:雨果绘画的风格并没有直接受到中国画的影响,更不可能是决定性影响。黑白分明,浓淡有致,是雨果的一贯风格。尤其是他在海岛上流亡期间,想象力更是海阔天空,世界万物显得若即若离,又无边无际,客观上接近了中国传统画的风格,这是雨果个人创作风格在特定历史背景条件下发展演变的结果,是不谋而合。雨果的画和中国画在精神上有相通的一面。[51]

说起巴黎雨果故居的"中国客厅",客厅里有若干雨果的彩色画,完全是中国图案。雨果从未来过中国,不可能创作出这些中国的景物和人物来,这应该是对中国图案的模仿。若热尔同意这个看法,并补充说雨果的画是对中国工艺品图案的滑稽模仿,带有幽默的风格。至于能否找到这些中国工艺品的原件,现在并无痕迹可寻。雨果在根西岛高城居里的中国工艺品,巴黎雨果故居"中国客厅"里的中国工艺品,都不是答案。看来,雨果和中国艺术的确有缘。但其中有很多没有解开的谜,或者,这些谜已经消失在历史神秘的长河中,消失在历史永恒的黑夜里,让后人寻觅,让后人感慨。

2008 年 1 月 19 日，我们在"雨果研究会"每月一次例会的会议纪要上，看到一则和雨果绘画相关的材料。若热尔已经统计到上百幅雨果绘画的赝品。这从反面印证了一个事实：雨果是一个画家。

第
十
一
讲
　
雨
果
的
事
业
之
一
　
维
护
人
权
／
消
灭
贫
困

何年何月才能说："人啊！恶已经消失！"

《撒旦的结局·耶稣受难像》

Quand donc pourra-t-on dire: Hommes, le mal n'est plus !

La Fin de Satan》《*Le Crucifix*》

心里只有爱，孩子，心中没有恨，

对一切怜悯！

《静观集》《给我的女儿》

Ne rien haïr, mon enfant; tout aimer,

Ou tout plaindre !

Les Contemplations》《*A ma fille*》

雨果是留下伟大作品的作家。

雨果不是象牙塔里的文人。雨果先是 19 世纪 30 年代喜欢走上街头观察社会、观察生活的作家。40 年代，雨果从政，雨果是在贵族院、在制宪议会发言讲话的政治家，1848 年和 1851 年，两度爬上枪林弹雨中的街垒。雨果是以身作则、把理想付诸行动的人。他逝世前两天留下的最后墨宝，他一生最后的遗嘱性的思想："爱，就是行动"（Aimer, c'est agir）。[1]

雨果一生从事伟大的事业。

1985 年，戈东教授为雨果逝世 100 周年准备大型、普及性的巡回展览：《伟大的作品，伟大的事业》（Les Grandes Oeuvres / les Grandes Causes）。第一次把雨果的事业和雨果的作品相提并论，放在同等重要的位置。戈东的思路给人启发。2002 年，有人把雨果的政论著作精选后结集出版。但是，相对来说，历来对雨果文学作品

| 01 | 雨果绘画:《贫困》,《悲惨世界》的卷首插画,今存雨果故居 | 02 | 关于雨果的漫画:《用鼻子闻闻》,1878 年 |

的教学、研究和传播,做了大量的工作,而对雨果从事的事业,虽然并不陌生,但关注较少,尤其没有把雨果从事的事业和与他事业相关的文字,给予高度的重视。我们有意在本书中,从雨果的文字作品出发,对雨果一生的事业,加以初步的整理和分类,希望引起大家重视。任何研究的第一步,先是提出问题,接着是积累素材。

雨果是人道主义者,他提出人权,坚持良心,反对死刑,维护和平,反对战争,要求消除贫困,提出保护妇女权利和儿童权利,主张义务教育,等等。1854 年 2 月 24 日,雨果身为流亡者,在泽西岛纪念 1842 年"二月革命"的纪念宴会上致辞:"但愿未来的革命和'二月'一样,确认人权,但愿未来的革命能宣布妇女的权利,制定儿童的权利;就是说,给前者以平等,给后者以教育。"[2]

雨果相当一部分的社会活动,以演说辞和公开信的形式,公之于世,收录在四卷《言行录》里,这为我们了解和研究雨果的事业提供了方便。此外,雨果的社会思想也散见于历史著作《见闻录》,更经常出现在他的文学作品里,浓缩在他的诗歌作品里。

我们先考察一下雨果人道主义的思想基础,再逐一具体了解雨果对 19 世纪的法国社会,某种意义上也是对人类社会面对的一系列重大问题的阐述。雨果首先提出"权与法"这一对基本概念,由此引申出"人权"和人的其他基本权利。雨果一再强调人的"自由"和人的"良心"。这也是雨果人道主义思想的两个重要方面。

捍卫人权

1875 年 6 月，雨果为《言行录》第一卷"流亡前"写了一篇可以当作序言的《权与法》。"流亡前"的时间从 1841 年到 1851 年 12 月政变止。《权与法》既是事后的回顾，也可以看成是全部四卷《言行录》的总序言，是雨果一生事业的总结论。《权与法》篇幅很大，合中文两万多字。《权与法》是雨果 1845 年至 1851 年从政 6 年以来，经过流亡生活 19 年的沉思，经过普法战争和巴黎公社四年多的动荡，是雨果社会政治思想的某种积淀。

雨果在《权与法》的第二部分里认为："权与法，这是两种力量：两者和谐，产生秩序，两者对抗，产生灾难。权利从真理的顶峰说话和指挥；法律从现实的低层反驳；权利在正确中活动，法律在可能里活动；权利是神圣的，法律是人间的。这样，自由，这是权利；社会，这是法律。由此而来有了两种法庭：一种法庭上的人讲理想，另一种法庭上的人讲事实；一种法庭是绝对的，另一种法庭是相对的。在这两个法庭中，前者是必需的，后者是有用的。良心在前者后者之间移动。这两股力量之间的协调尚未建立，一股是不变的，一股是可变的，一股是镇定的，一股是激烈的。法律源自权利，但是如同江河来自水源，会有两岸的弯弯曲曲和泥沙杂质。经常，实情和规律背道而驰；经常，结局违反原则；经常，结果不服从原因；人类的生活状况注定就是这样。权与法不断有争议；从两者常常是十分激烈的争论中，有时出来的是黑暗，有时出来的是光明。"这篇序文接着说："法律有涨潮，流动，浸入和经常是浑水的无序状态；但权利是不会下沉的。只要权利浮在良心上面，一切都可以得救。上帝是不能淹没的。权利的坚持对法律的固执；一切社会动乱由此而来。"[3]

雨果提出："只要权利浮在良心上面，一切都可以得救。"

小说《悲惨世界》里，散见雨果的政治理念和社会理想。雨果借《悲惨世界》的人物安灼拉站在 1832 年的街垒上讲话，肯定"人权"正是 1789 年法国大革命提出的"自由、平等和博爱"的原则。安灼拉对自己的战友说：

"在政治上，只有一个原则：人对自己的主权。这种我对自己的主权就叫自由。具有这种主权的两个或两个以上的人组织起来就出现了政府。但在这种组织中并不放弃任何东西。每人让出一部分主权来组成公法。所有人让出的部分都是等量了。每个人对全体的这种相等的让步称为平等。这种公法并不是别的，就是大家对个人权利的保护。这种集体对个人的保护称为博爱。各种主权的集合点称为社会。这个集合是一种结合，这个点就是一个枢纽，就是所谓社会联系，有人称之为社会公约，这都是一回事，因为公约这个词本来就有着联系的意思。我们要搞清楚平等的意义，因为如果自由是顶峰，那平等就是基础。公民们，所谓平等并不是说所有的植物长得一般高，一些高大的青草和矮小的橡树结为社会，邻居之间的忌妒要相互制止；而在公民方面，各种技能都有同样的出路；在政治方面，所投的票都有同样的分量；在宗教方面，所有信仰都有同样的权利；平等有一个工具：免费的义务教育。要从识字的权利这方面开始。要强迫接受初等教育，中学要向大家开放，这就是法律。同等的学历产生社会的平等。"（《悲惨世界》第五部，第一卷，第五章《在街垒顶上见到的形势》）[4]

雨果有一个思想：奴隶制是对人权最赤裸裸的践踏。

1868 年，雨果在个人生活里刚刚失去妻子和孙子两个亲人，但他关心西班牙废除奴隶制的问题。古巴长期来是西班牙的殖民地，用从非洲贩运来的奴隶种植甘蔗和烟草。1868 年，古巴人民第一次举行独立起义。为此，雨果写过两封公开信。在《第二封致西班牙的信》中宣称：

被一国人民解放多少人，就是增加多少人。你们要做伟大的完整的西班牙。你们需要的东西，是加一个直布罗陀，是减一个古巴。……奴隶制的桎梏也许是套在主人的头上，而不是套在奴隶的头上。两人之间，谁有谁？难说。以为自己是被买来买去的人的主人，可就错了；你是他的囚徒。……这个黑人，你以为他是你的；其实你是他的。你夺走他的身体，他夺走你的智力和你的荣誉。……家里有一个奴隶，就是家中有一个野蛮的灵魂，就在你的身上。……不知道有博爱，就会倒霉。如果你们是荣耀和杰出的人民，把奴隶制当成制度，会使你们十恶不赦。专制君王额头上的王冠，奴隶脖子上的桎梏，是同一个圆箍，你们人民的灵魂被箍住了。你们的一切辉煌上有这个污点：黑奴。奴隶把他的愚昧强加给你们。你们不把文明传给他，他就把野蛮传给你们。欧洲有了奴隶，就给自己接种上非洲。高贵的西班牙人民啊！这对你们是第二次解放。你们已经摆脱了专制君王；现在，请摆脱开奴隶吧。[5]

1876 年 8 月 29 日，雨果已是放下笔杆的作家。这一天，雨果拿起笔，写了一篇题为《支持塞尔维亚》的文章。1876 年 7 月，奥斯曼帝国的属国塞尔维亚公国由于支援波斯尼亚和黑塞哥维那的起义，遭到土耳其军队的血洗。欧洲各国政府出于政治利益的考虑，装作视而不见。雨果叹道："各国政府什么都看不见，因为有了这双近视眼：国家的利益；人类看东西用另一只眼睛：良心。"[6] 雨果接着说："但是，有人会对我们说：你忘了有某一些'问题'。谋杀一个人是罪行，谋杀一个国家的人民是'问题'。每个政府有自己的问题；俄国的问题是君士坦丁堡，英国的问题是印度，法国的问题是普鲁士，普鲁士的问题是法国。我们的回答：人类也有自己的问题；这个问题是这样，比印度大，比英国大，比俄国大：这是小孩在妈妈的肚子里。要用人的问题替代政治问题。"雨果用妇女怀孕生孩子的小事，压倒各国政府政治外交的大事，出人意料，含有深意。雨果认为，人类最大的问题，是人的问题。所以，"要用人的问题替代政治问题"[7]。

1905 年，诗人格雷格（F. Gregh）出版《雨果研究》，强调雨果作品中"存在着压倒一切否定意见的某种现实，这就是大量的人道主义力量和永久的美感"[8]。

我们引一则雨果亲身经历的和"良心"有关的事情。巴黎公社失败后，雨果从比利时回到巴黎。由于他捍卫给公社社员的庇护权，在法国信誉扫地。有人请求雨果为被捕的公社社员、前记者罗什福尔（Henri Rochefort）求情。雨果并不抱多少希望，他乘坐火车去凡尔赛，求见政府总理梯也尔（Thiers）。车厢里有人认出了他，对他怒目而视。但返程时，有个少妇看到是雨果，吻了吻他放在一边的帽子。雨果对梯也尔说："我们之间有分歧，这你要坚持，我也要坚持。但良心的交流还是可能的。"在历来维护弱者利益、即将为大赦奋斗的雨果和负责镇压巴黎公社的政府总理梯也尔之间，在政治行为和思想感情如此对立的两个人之间，"良心"是唯一还可能交流的通道。在雨果看来，"良心"是人之所以是人的本质属性。对雨果来说，"良心"是他做人的依据，是他行为的准则和起点；对梯也尔来说，他负责政府行为，"良心"可能是他行为准则的边线而已。

雨果重视人有"良心"，认为"良心"是人类历史进步的推动力量。雨果在《历代传说集》里有一首著名的诗篇《良心》[9]，雨果还画有一幅画：《面对坏事的良心》，突出了人类"良心"的力量。[10]

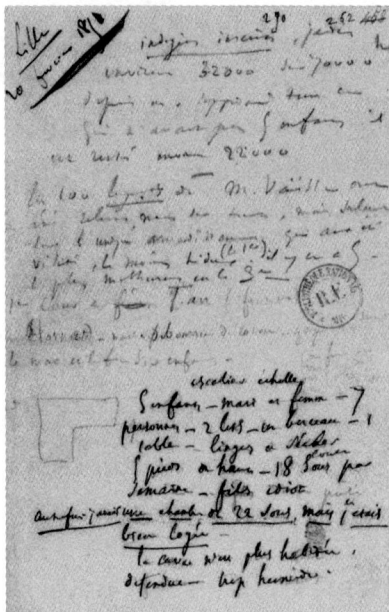

03 │ 雨果 1851 年 2 月 10 日访问里尔地窖的笔记

雨果的《秋叶集》里有一首题为《救济穷人》的诗篇。1829 年至 1830 年冬天，巴黎奇寒。诗人写成此诗，在鲁昂售价一法郎，收入用来救济穷人。雨果此时主要是个抒情诗人，对社会的贫富现象，更多的是感性的同情和怜悯。

> 大慈大悲，会受到穷人的热烈欢呼！
> 谁受到命运虐待，慈悲是他的慈母，
> 谁被踩在脚底下，慈悲扶起他的手，
> 慈悲紧跟着受苦受难的上帝一起，
> 如果有需要，可以完全奉献出自己，
> 慈悲说："喝吧！吃吧！这是我的血和肉。"

> 但愿这是慈悲，噢！是的，是慈悲，富人！
> 为了穷人有饭吃，拯救你们的灵魂，
> 从你们孩子手中，从你们妻子胸前，
> 大把大把地拿走摆设、缎带和钻石，
> 花边、珍珠和青玉，金银财宝和首饰，

这都是虚幻的过眼云烟！

施舍吧，富人！施舍正是祈祷的姐妹。
唉！如果你们门前出现有老人一位，
他全身已经冻僵，白白地跪下双膝；
如果在你们脚边，手被冻红的小孩，
在捡拾你们大吃大喝的剩饭剩菜，
天主对你们背过脸去，天主在生气。

施舍吧！为了让使家庭幸福的上帝，
给你们女儿妩媚，给你们儿子勇气，
为了让你们家的葡萄能永远香甜；
为了让你们谷仓堆满丰收的粮食；
为了能成为善人；为了能看到天使
　　夜里在你们的梦中出现！

施舍吧！总有一天，我们会闭上双目。
你们的施舍就是你们天上的财富。
施舍吧！好让人说："是他怜悯了我们！"
为了别让穷人在风雨中冷得发抖，
别让穷人在你们宴席边饿得难受，
别在你们宫殿前露出羡慕的眼神。

施舍吧！为了得到耶稣基督的爱情，
为了让坏人在叫你们时恭恭敬敬，
为了让你们家庭能平安，和睦亲切，
施舍吧！好让你们最后的时辰来临，
天上有个乞丐在祈祷，有力的声音
　　能为你们一切消除罪孽！[11]

消除贫困

对世界文学而言，雨果的主要贡献是《悲惨世界》，小说最初题名为《贫困》。"贫困"是雨果最关心的社会问题。《悲惨世界》是围绕"贫困"展开的社会小说。

1849 年 7 月 9 日，雨果在制宪议会发表关于"贫困"的演说。1851 年 2 月，雨果访问北部城市利尔的贫民窟"利尔的地窖"，走进贫困这个社会伤口最惨不忍睹的深处。《悲惨世界》呈现在我们眼前的是社会底层的悲惨世界。贫困，失业，卖淫，童工，流浪，起义，街垒。政治家雨果思考的问题，由作家雨果写进小说。

贫困，这是雨果一生思考不尽的大问题。这一点似乎和浪漫主义没有必然的联系。但是，中篇小说《死囚末日记》和《悲惨世界》有渊源关系，出版于 1829 年，这正是他为浪漫主义文学进行斗争的高潮。短篇小说《克洛德·葛》和《悲惨世界》一脉相承，1832 年创作，1834 年出版，正是雨果作为浪漫主义作家功成名就的时候。

我们在雨果第一部诗集《颂歌集》的第一首诗《诗人在革命之中》，已经读到：

> 不行，诗人自愿去流放，
> 诗人要安慰大地之上
> 捆住手脚的可怜人类……[12]

雨果 1854 年创作的《写在一八四六年》，是诗人对自己政治上成长的回顾：

> 侯爵，我二十年来心中唯一的思想：
> 是为人类的事业服务，如今天一般。
> 生活是一座法院；弱者竟然和坏蛋
> 彼此捆绑在一起，被带上法庭受审。
> 我写作品和剧本，我用诗句和散文，
> 来为小百姓讲话，并为穷苦人辩护
> 去向富人家恳求，还向狠心人疾呼…

《静观集》：《写在一八四六年》[13]

04　1862 年，雨果开始在高城居举办"穷孩子晚餐"

雨果的世界观和历史观的核心是"人"，在 19 世纪的历史条件下，这个"人"是穷苦人，反映在他的文学创作中，浓缩而成《悲惨世界》。雨果在手记里写过："在文学上，我支持大人物，反对小人物，而在政治上，我支持小人物，反对大人物。"[14]1846 年 10 月 11 日，雨果在创作《贫困》的时候写下的诗句，是对《悲惨世界》主题的概括：

> 我很关心劳动者，我也很关心穷人，
> 我从内心的深处就是他们的弟兄；
> 如何去引导激动、急不可耐的群众，
> 如何使权利越来越多，并更加牢靠，
> 如何使人世间的痛苦能越来越少，
> 饥饿，沉重的劳动，疾病，贫穷的生活，
> 所有这一切问题紧紧地攫住了我……[15]

《全琴集》:《致路易·布……》

雨果是 19 世纪法国作家中，对社会贫困现象看得最多、想得最多，也是写得最

多的作家。雨果对贫困现象想得最多。

1849年6月事件刚刚过去，他7月9日登上制宪议会的讲坛，做有关贫困问题的发言：

> ……我和有些人一样，我们认为并断言，我们可以摧毁贫困。
>
> 请注意这一点，先生们，我不是说减少，缩小，限制，限定，我是说摧毁。贫困是社会肌体上的一种疾病，如同麻风病是人的肌体上的一种疾病；贫困可以消失，如同麻风病已经消失。摧毁贫困！……
>
> 我们希望我们这个大会能进行，必要时我会提出正式的建议，对法国劳动和受苦阶级的真实处境，进行一次严肃的大调查。如果我们想把病治好，怎么能不探明伤口？……
>
> 还有其他的事实：最近几天，有个人，我的上帝，一个不幸的作家，因为贫困既不放过手工业职业，也不放过自由职业，一个不幸的人死于饥饿，名副其实地死于饥饿，有人在他死后，发现他有六天没有吃东西了。你们想不想听听更加凄惨的事情？上个月，霍乱重又猖獗，有人看到一个母亲，带着四个孩子，在隼山上尸体场传染瘟疫的肮脏破烂里找吃的。……
>
> 我要说，在一个文明的国家里，这样的事实牵动整个社会的良心。……
>
> 我希望我们的大会，不管多数派，少数派，我在这样的问题上不分多数派和少数派；我希望我们的大会共有同一颗心灵，走向这个伟大的目标，这个壮丽的目标，这个崇高的目标：废除贫困！……
>
> 你们是一事无成……只要得到巩固的物质秩序没有以得到巩固的道德秩序作为基础！你们是一事无成，只要人民在受苦！你们是一事无成，只要在你们下面有一部分人民伤心绝望！你们是一事无成，只要年富力强又在劳动的人可能没有面包！只要劳动过的老人可能没有居所！只要高利贷盘剥我们的乡村，只要我们城里人有人在饿死，只要没有博爱的法律，没有符合福音的法律，从四面八方来帮助贫穷、诚实的家庭，帮助善良的农民，帮助善良的工人，帮助心地善良的人！ [16]

雨果记载自己做的梦。1847年8月31日起，巴黎圣奥诺雷区发生民众骚乱，持续好几天。雨果记下了9月6日的"一个梦：骚乱，贫困"：

昨天夜里，我做了以下的梦。大家因为圣奥诺雷街的骚乱，谈了一个晚上的暴动。

我入梦了。……

一名妇女从我身边经过。她衣衫褴褛，背着个小孩。她没有跑。她慢慢地走着。她年轻，苍白，冷冰冰的，样子可怕。

她经过我身边时，转过身来，对我说："太不幸了！面包买到三十四个苏，面包店老板给的分量还不足。"

我看到那束光在广场尽头闪出了火，我听见了炮声。我醒了。

有人刚刚砰的一声关上了大车门。[17]

日有所思，夜有所梦。

雨果对贫困现象看得最多。

雨果说："我会提出正式的建议，对法国劳动和受苦阶级的真实处境，进行一次严肃的大调查。"一年半以后，雨果去访问"利尔的地窖"，成为贫困看得最多的作家。最初，1851年2月3日，经济学家阿道夫·布朗基[18]给维克多·雨果写信，决定了雨果对利尔地窖的访问。2月20日，雨果去利尔访问。3月，他开始起草这份"为穷人说话！"的辩护词。由于局势变化，雨果最后没有发表这次演说的时间和机会。

……我们所到的第一座地窖在水胡同2号。我把地方告诉你们。虽然大门从上午朝着太阳洞开，因为那是一个2月的大晴天，从这座地窖里冒出来的强烈的恶臭，空气严重污浊，我们7个来访者中只有3人能走下地窖。第四个人想试试，没有走完楼梯的一半，这和1848年利尔行政长官的情况一样，他陪伴布朗基先生来，到地窖门口似乎透不过气来，不得不匆匆走上地面。……

请想象患病的孱弱的居民，一些站在门槛上的幽灵，迟来的成年，早熟的衰老，青少年看来以为是孩子，年轻的母亲看来以为是老太，瘰疬、佝偻病、眼炎、白痴，难以想象的穷困，到处是破衣服，有人指给我看一个戴银耳环的女人，像是稀罕的事情！

　　而在这一切的中间，是不间断的劳动，艰苦的劳动，没有足够的睡眠时间，男人劳动，女人劳动，成年人劳动，老年人劳动，儿童劳动，残疾人劳动，加上经常没有面包，加上经常不生火，加上这个瞎眼的妇女有两个孩子，一个已经死了，另一个快死了，加上这个有肺痨病的织网工人已奄奄一息，加上有癫痫病的妇女有三个孩子，每天挣三个苏！请你们想象这种种的一切，而如果你们抗议，如果你们怀疑，如果你们否认……

　　啊！如果你们否认！好啊，劳驾你们外出几个小时，有怀疑的人，随我们来，我们会让你们亲眼看到、亲手摸到这些伤口，这些称之为人民的基督在流血的伤口！……

　　各位先生，这份我刚才陈列在你们眼前的糟蹋的预算，这些我刚才给你们细算的钱，这些我刚才一一列出的百万法郎，这些无用或有害支出中吓人的浪费，你们知道是什么？这是好几百万人的吃饭和穿衣！

　　这是穷苦人的血！这是睡干草的人的床！这是没有房子住的人的屋，这是光脚走路的人的鞋，这是衣不蔽体的人的衣服，这是在地窖里生活的人的空气，这是身上发冷的人的火，这是肚子饿的人的面包，这是正在死去的人的生命！

　　……我是来这座讲坛上揭发的。先生们，我对你们揭发贫穷！

　　我对你们揭发贫穷，贫穷是一个阶级的灾难，是每个阶级的危险！我对你们揭发贫穷，贫穷不是个人的痛苦，贫穷是社会的灭亡，贫穷产生了农民起义……产生了1848年6月！我对你们揭发贫穷，这是穷人漫长的病危，结果是富人的死亡！

　　立法者们，贫穷是法律最不共戴天的敌人！请追究它，打击它，摧毁它！

　　因为，我将永不疲倦地说，我们可以摧毁贫穷！贫穷不是永恒的！……贫穷不是永恒的！贫穷的法则是衰退和消失。贫穷和无知一样是黑夜，而黑夜永远被白昼取代。……

　　啊！请想一想，当时间临近，当时刻来临，当事到尽头，你们可知道，在开始革命之前，什么是最有说服力的，最抵挡不住的，最可怕的，不是梯也尔先生签署的1830年的记者抗议书，不是奥迪隆·巴罗先生1847年挥舞的宴会，不是夏多布里昂，不是拉马丁，甚至不是米拉波，甚至不是丹东，而是一个孩子对妈妈喊：我饿！ [19]

政治家雨果参观以后作出了结论："我必须和你们说清楚，那个我在利尔的地窖里看见的不幸的衣衫褴褛的母亲，四周是她六个饥寒交迫得奄奄一息的孩子，那个可怜的老妇人，发烧，饥饿，瘦削，垂头丧气，一声不吭地躺在地上，衰弱得无力伸出手来接人家给她的施舍。你们可知道，日子一到，时间来临，她会站起来，她会直立起来，她会突然长大，她会变成幽灵和巨人，这会是贫穷可悲的真面目，她会用猛然变得十分可怕的双臂，一把抱住你们的法律秩序，你们的社会秩序，你们的政府，你们的政治家，这整个旧世界，她将会对你们像雷声一般地吼叫：看清我的脸，我的名字叫革命！"[20] 我们将会看到，作家雨果又会把政治家雨果的结论，写进未来的小说《悲惨世界》。

雨果对贫困现象写得最多。

世界文学史上，只有一部《悲惨世界》，只有一部《贫困》。

《惩罚集》中的《寻欢作乐》，是雨果把访问利尔的地窖升华为诗句：

> 地底下，绝望披着肮脏的破衣打盹；
> 地底下，别处温暖、明媚的人生阳春，
> 　　　此地像凄凉的冬季；
> 阳光下处女红润，黑暗中发紫变丑；
> 地底下，瘦骨嶙峋，只剩下皮包骨头，
> 　　　穷得精光，衣不蔽体；
>
> 地底下，他们比街上的阴沟更低下，
> 从生活里、太阳下消失的一个个家，
> 　　　一群群人，哆哆嗦嗦；
> 我走进了地底下，一个矮小的女孩，
> 凶狠得像墨杜萨，而脸上又像老太，
> 　　　"我十八岁！"她对我说。
>
> 地底下，可怜的母亲没有一张木床，
> 只好挖一个窟窿，把她的孩子安放，

　　孩子像小鸟在颤抖；

这些无辜的儿童，目光像白鸽一般，

唉！刚刚来到世上，找到的不是摇篮，

　　却是一座一座坟头！

里尔的地窖啊，人们在石壁下死亡！

我两眼啼哭，目睹他们咽气的情状，

　　老人家枯瘦的身躯，

眼神惊恐的女儿，只能以长发蔽身，

麻木的母亲怀里，孩子仿佛是鬼魂！

　　但丁啊，人间的地狱！ [21]

　　《静观集》里有更多写"贫穷"的诗篇。《哀伤》长 336 行，由 8 则"哀伤"的情节加结论组成。小女儿阿黛尔的《日记》提到：1855 年 12 月 25 日，圣诞节："'我将给你们念的这首诗，'他对我们说：'来自 1845 年的贵族院，可以说，我是在贵族院里开始用这张纸写诗的，'父亲给我们看了这张令人肃然起敬的纸……父亲给我们念了这首诗后对我们说，正是这首诗里包含了未发表的长篇小说《悲惨世界》的萌芽……" [22]

　　我们在《哀伤》的结论部分读到：

这是黑夜，人和人彼此摸索着寻找；

赤裸身子的幼童伸出伤心的小手；

犯罪向这片茫茫黑暗张开了大口；

又烂又破的躯体不敌风又冷又寒，

一阵阵吹刮，吹得人灵魂又破又烂；

没有人心中没有不切实际的幻想。

谁在哭泣？母亲。男人牙齿咬得直响。

谁在抽泣，是处女，温柔惊恐的眼神。

谁在说：我冷？祖母。谁在说：我饿？人人。

底层是触目惊心，表面是幸福欢畅。

佳肴珍馐的盛宴开在饥饿的头上，

上面是小帽插花，上面是轻歌欢笑，
下面却有苍白的大堆痛苦和喊叫！
这些人幸福。他们只想着一个念头：
如何荒唐地丢弃更加荒唐的白昼？ [23]

《静观集》里有《春日所见》一诗：

饥饿，饥饿是妓女对你投来的目光，
饥饿是盗贼手持铁的棍棒在守候，
苍白的孩子路上偷个面包的小手，
饥饿是被遗忘的穷人有高烧病急，
是阴沉的角落里病床上有人喘息。
上帝啊！欣欣向荣，大地虽受到惊扰，
大地上却长满了果实、麦子和青草，
树木才结完果实，田沟里又在忙碌；
万物生生不息时，上帝，你宽宏大度！
当接骨木香甜的嫩叶有蜜蜂飞来，
当池塘里有清水给鸣禽喝个痛快，
当坟墓能让一只又一只秃鹫吃饱，
当大自然能敞开自己斑斓的怀抱，
让豺狼，让雪豹和鳝蜥都吃得高兴，
人在咽气！——噢！饥饿，这是公众的罪行；
是从我们愚昧里出来的巨大凶手。[24]

　　《春日所见》是和《历代传说集》的名篇《穷苦人》相联系的。《穷苦人》是叙事诗，256 行。《穷苦人》写完的第二天，雨果又写下《春日所见》。可见，两首诗都属于"为穷人说话"的灵感。雨果把一则穷人感人的故事写成史诗，把穷人的日常生活提高到史诗的高度，是寓有深意的。

　　雨果为"贫困"做了一些事情。

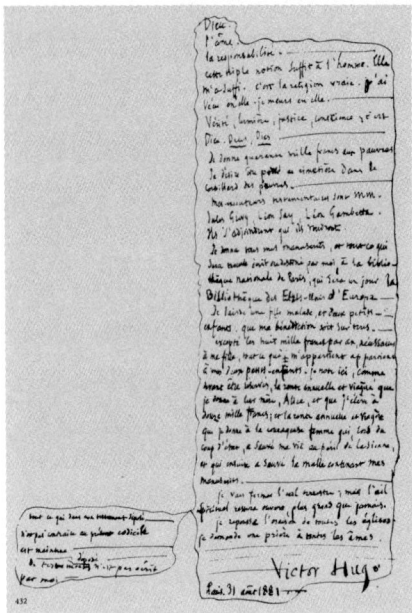

05 | 雨果 1881 年的"追加遗嘱":"我留下 4 万法郎给穷人。我要用穷人的柩车把我运到墓地。"

我们知道:雨果立过几次遗嘱。最后一次,1883 年 5 月 22 日,把遗嘱托付给奥古斯特·瓦克里,其中第一条:"我留下 4 万法郎给穷人。"

"4 万法郎"对雨果留下的全部遗产来说,可能只是个具有象征意义的数目;和 1881 年遗嘱里留给有病的女儿、儿媳妇和朱丽叶的年金相比,也不算是个很大的数目;即使和《悲惨世界》的稿费相比,也仅为稿费的六分之一。不过,我们也可以相问:19 世纪无钱的作家,或是有钱的作家,有谁给穷人留下一点哪怕是象征性的钱?

我们肯定地说,雨果一生是个乐善好施的人。雨果不仅书中和诗中对穷人"慈悲为怀",也是生活里帮助穷人的人。尤其是在流亡生活里,雨果的纪事册里,记下了每一次对穷寡妇,对有病的邻居,对生活困难的人,点点滴滴的救济和帮助。帮助穷人,帮助现实的穷人,是雨果生活的一部分。请看雨果的手记:

大笔捐款:"1864 年 3 月 17 日,帮助'美国卫生委员会',500 法郎。"[25]

雨果在手记里有年度小结:"1864 年总共为穷人支出 2960 法郎(约数,许多小事情不计)"[26],事实上,这一年超过 3000 法郎。

小笔捐助:"1865 年 3 月 18 日,捐助安特卫普水手寡妇和孤儿,给默里斯寄出 30 法郎。"[27]

日常的小额救助或零星帮助:

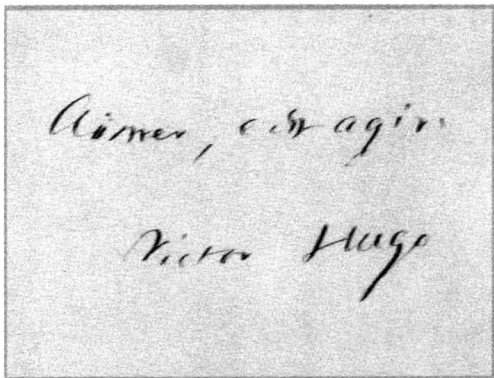

06　雨果逝世前 3 天的最后遗墨："爱，就
　　是行动。"今存雨果文学之家

1862 年："从今天 3 月 30 日起，我给让·亨利每天 40 生丁的补助，给他的药费付到他康复或死去（我怕他是肺痨病）。"[28]

"1865 年 3 月 23 日：肉、面包和煤给玛丽亚·格林。"[29]

雨果在小说《悲惨世界》即将完稿的时候，忽发奇想，想出一个"穷孩子的晚餐"的念头。1862 年 3 月 5 日手记："我和玛丽·西克斯蒂（女仆）安排好，以实现我的'穷孩子餐'的想法。每周一次，12 个穷孩子在我家里吃饭。和我家里吃一样的饭。我们给孩子们端菜端饭。"[30]

1862 年 10 月 5 日，雨果致出版商卡斯特尔的信中谈起"穷孩子的晚餐"：

　　有一个时期以来，在我根西岛上的家里，我开始了一个小小的互助友爱的做法，我很想予以发展，更想使其传播。这件事情微不足道，我可以谈谈。每周一次，给贫穷的孩子开一顿饭。每个星期有几位家境贫苦的母亲让我很高兴，带她们的孩子来我家吃晚饭。我先是请来 8 个，以后是 15 个；现在有了 22 个。这些孩子一起吃晚饭；他们济济一堂，天主教徒、耶稣教徒，英国人、法国人、爱尔兰人，不分宗教，不分民族。我要他们开心，要他们欢笑，我对他们说：要自由自在。他们吃饭前，吃饭后，谢一声上帝，简简单单，不要有良心负担的宗教陈规。我的妻子、女儿、媳妇、两个儿子、家里的仆人和我自己，我们为孩子们端饭端菜。他们吃肉、喝酒，这是童年的两大需要。他们饭后游戏，上学。有些天主教的神父，耶稣教的牧师，自由思想家和流亡的民主主义者一起，有时会来观看这样简朴的晚餐，我并不觉得有任何人不高兴。我简要地说；我觉得我已经多次反复说过，希望大家明白：引荐穷苦的人家进入不那么穷苦的人家，这种持平的、平起平坐的引荐由一些比我高明的人，尤其由心地善良的妇女所创设，这种想法应该并不坏；我认为这种想法是可行的，是会开花结果的，所以我谈起此事，以便有能力也有愿望的人仿而效之。这样做不是施舍，这是互助友爱。贫穷的家庭深入我们的家里，对我们和对他们都有益处；这样就会有事可做，会来来往往，还可以说让这一神圣的民主信条在我们面前行动起来：自由，平等，博爱。这是和我们未必幸福的兄弟相沟通。我们学习为他们服务，他们学习爱我们。[31]

雨果在 1867 年 12 月圣诞节的"穷孩子"晚餐上讲话，总结了这种"爱心"活动在各地推广后取得的成果。

> 我是个孤独的人，每年一次，打开家门。……
>
> 从宣传的角度看，这个活动成功吗？成功的。根据这个范例为穷孩子建立的每周一次的晚餐活动，开始在各个地方推广：瑞士，英国，尤其是美国。我昨天收到一份英国报纸，《利斯导报》，极力劝告建立这样的活动。
>
> 去年，我给你们读过一封附在《泰晤士报》上的信，宣布伦敦建立了 320 个孩子的晚餐会。今天，这是汤普逊夫人写给我的信，她是玛丽勒本教区穷孩子晚餐会的司库，他们接受了 6000 个孩子。从 300 个到 6000 个，一年之间，真是辉煌的进步。我祝贺，我也感谢我高贵的通信人汤普逊夫人。感谢她和她可尊敬的朋友们，这个孤独者的想法开花结果了。根西岛的小溪到伦敦流成了大河。[32]

雨果生前做的几乎最后一件事情。1884 年 9 月 25 日，雨果应邀来到默里斯的家乡沃勒，他想为沃勒的孩子们做他在根西岛上为孩子们做的事情。雨果设宴两桌，招待全镇最贫穷的两百个孩子用餐。雨果发言："要做两件事，两件很简单的事：有爱心，要劳动。……请你们给我的午餐会赏光，给我好好地吃。"[33]

我们可以再说一遍：雨果是法国 19 世纪对贫困现象想得最多、看得最多和写得最多的作家。雨果作为作家，也为贫困做过一些好事。

第十二讲 雨果的事业之二 妇女权利／儿童权利／义务教育

我呼吁争取妇女以及儿童的权利。

《静观集》《写在一八四六年》

J'ai réclamé des droits pour la femme et l'enfant;

《*Les Contemplations*》《*Ecrit en 1846*》

当她一无所有时，她捧出自己的心。

《惩罚集》《保琳娜·罗兰》

Quand elle n'avait rien, elle donnait son coeur.

《*Châtiments*》《*Pauline Roland*》

孩子咿呀咿呀时，听到上帝在说话。

《历代传说集》《孩子的职能》

Dans l'enfant qui bégaie on entend Dieu parler.

《*La Légende des Siècles*》《*Fonction de l'Enfant*》

人人一打开书本，便能把翅膀找到。

《精神四风集》《参观苦役犯监狱有感》

Tout homme ouvrant un livre y trouve une aile, et peut...

《*Les Quatre Vents de l'Esprit*》

《*Ecrit après la visite d'un bagne*》

妇女权利

诗人多有自己的"缪斯"。雨果的一生中，有四个女人对他的思想、生活和创作产生过影响：母亲索菲·特雷布谢，妻子阿黛尔·富谢，女儿莱奥波尔迪娜，情人朱丽叶·德鲁埃。这是只和诗人和作家雨果有关的女性。雨果对妇女，有更高层面上的理性思考。雨果在个人生活里，更从社会斗争中，感受到妇女在社会和历史上的重要性，理性地感到需要提出妇女和男人应该享受同等的社会权利。法国直到 20 世纪的 1946 年，直到第四共和国的宪法里，才规定妇女有选举权。雨果的女权意识比历史早了一个世纪。

1853 年，雨果在海岛流亡。7 月 26 日，雨果《在路易丝·朱利安墓前的演说》：

"男人们，公民们，我们已经不止一次骄傲地说过：18 世纪宣告了男人的权利；19 世纪会宣告女人的权利；但是，我们要承认，公民们，我们一点也没有着急；我也认为，有许多是严肃的考虑，要加以深思熟虑地研究，使我们停下了步来，就在我说话的此刻，就在进步已经到来的此地，在最优秀的共和党人中间，在最真诚、最纯正的民主派中间，有许多的精英人物对接受男女之间人的心灵的平等，因此，接受公民权利的相似，且不说是等同，都还在犹豫。"雨果接着说："公民们，让我们大声地说，既然繁荣继续，既然共和国曾站立起来，而妇女们却被我们遗忘，也被她们自己遗忘；她们只限于闪闪发光，只限于温暖精神，安慰人心，唤醒热情，指出一切善良、公正、高尚和真确的事情。她们没有更多的抱负。"[1]

路易丝·朱利安是共和派的女工，写过诗歌和歌曲，于 1853 年 1 月被捕。她身患肺病，又有残疾。她被逐出法国本土，没有生活来源，便去比利时，又被逐出比利时，最后避居泽西岛，在岛上贫困地死去。

雨果看到男女在法律面前不平等，妇女没有权利。雨果认为必须在立法的层面，改变男女不平等的局面。1872 年 6 月 8 日，雨果回复《妇女的未来》主编莱翁·利歇尔（Léon Richer）：

"四十年来，我一直辩护你所献身的伟大的社会事业。说起如下的事实是很痛苦的：今天的文明里有一个奴隶。法律用委婉语。我称为奴隶，法律称为未成年人。这个根据法律是未成年人，这个根据现实是奴隶，就是妇女。男人不平等地占有了

01 │ 雨果关于教育法案的演说辞

DISCOURS
DE
VICTOR HUGO
DANS LA DISCUSSION
DU PROJET DE LOI SUR L'ENSEIGNEMENT.

MESSIEURS,

Quand une discussion est ouverte qui touche à ce qu'il y a
de plus sérieux dans les destinées du pays, il faut aller tout de
suite, et sans hésiter, au fond de la question. (Mouvement d'at-
tention.)
Je commence par dire ce que je voudrais, je dirai tout à
l'heure ce que je ne veux pas.
Messieurs, à mon sens, le but, difficile à atteindre et lointain
sans doute, mais auquel il faut tendre dans cette grave ques-
tion de l'enseignement, le voici. (Plus haut! plus haut!) L'ora-
teur reprend :
Messieurs, toute question a son idéal. Pour moi, l'idéal de

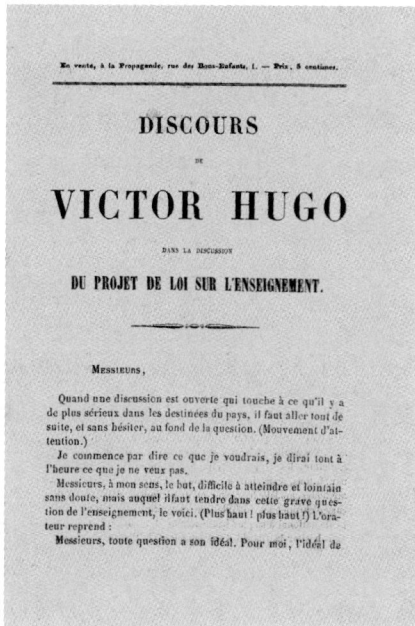

民法的两个盘子。民法的平衡对人的良知很重要。男人把全部权利压在自己一边，把全部责任压在妇女一边。由此产生深深的混乱。由此产生妇女的被奴役地位。在我们目前的立法中，妇女一无所有，妇女在司法上是不存在的。只有公民，没有女公民。这是一个严重的情况，这个情况必须终止。……怎么！有个人，一个神圣的人，用血肉养育了我们，用乳汁喂大的我们，用爱心充实了我们，用心灵照亮了我们，而这个人在受苦，这个人在流血，在哭泣，在衰竭，在战栗。噢！我们要全心全意，为这个人服务，捍卫这个人，救助这个人，保护这个人！我们要吻我们母亲的双脚！"[2]

2002 年，"法兰西思想传播协会"（ADPF）出版网络版的"雨果展览"。其中有雨果有关妇女权利的阐述："男人有他的法律；男人是为自己制定法律；女人只有男人的法律，别无其他。女人在公民身份上是未成年人，在精神上是奴隶。妇女的教育便吃这双重性的亏。由此产生许多痛苦，其中也有男人的份；这是对的。必须进行改革。改革要有利于文明，有利于真理和光明。如同你的书这样严肃和有分量的书籍，都会极大地有助于做到这一点；我以哲学家的身份感谢你高贵的研究，亲爱的同行，我握你的手。"[3]

1875 年 3 月 31 日，雨果回复"改善妇女命运协会"的来信：

男人是 18 世纪的问题；妇女是 19 世纪的问题。……女人握有男人的心。在法律面前，妇女是未成年人，无所作为，没有公民行为，没有政治权利；妇女什么也不是。在家庭面前，女人是一切；因为她是母亲。……谁分担一部分担子，谁应该有一部分权利。人类的一半没有平等地位，必须让这一半回到平等里来。这将是我们这个伟大世纪的伟大光荣之一：以妇女的权利抗衡男人的权利；就是说，让法律和风俗取得平衡。[4]

雨果熟悉妇女的悲惨命运。他在《悲惨世界》里讲述芳汀的故事。芳汀把女儿珂赛特寄养在德纳第夫妇家里。自己被解雇，没有工作，债主逼债，德纳第夫妇敲诈，芳汀走投无路。终于，贫穷逼得妇女跳进了火坑。芳汀是 19 世纪"未婚妈妈"的可悲形象。

她没有床了，只留下一块破布，那便是她的被，地上一条草苫，一把破麦秸椅。她从前养的那棵小玫瑰花，已经在屋角里枯萎了，没有人再想到它。在另一屋角里，有个用来盛水的奶油钵，冬天水结了冰，层层冰圈标志着高低的水面，搁在那里已经许多时候了。她早已不怕人耻笑，现在连修饰的心思也没有了。最后的表现，是她常戴着肮脏的小帽上街。也许是没有时间，也许是不经意，她再不缝补她的衣衫了。袜跟破了便拉到鞋子里去，愈破便愈拉。这可以从那些垂直的折皱上看出来。她用许多一触即裂的零碎竹布拼在她那件破旧的汗衫上。她的债主们和她吵闹不休，使她没有片刻的休息。她在街上时常碰见他们，在她的楼梯上又会时常碰见他们。她常常整夜哭，整夜地想，她的眼睛亮得出奇。并且觉得在肩膀里，左肩胛骨的上面时常作痛。她时时咳嗽。她恨透了马德兰伯伯，但是不出怨言。她每天缝 17 个钟头，但是一个以低价包揽女囚工作的包工，忽然压低了工资；于是工作不固定的女工的每日工资也减到了 9 个铜元。17 个钟头的工作，每天 9 个铜元！她的债主们的狠心更是变本加厉。那个几乎把全部家具拿走了的旧货商人不停地问她说："几时付我钱！贱货？"人家究竟要她怎么样，慈悲的上帝？她觉得自己无路可走，在她的心里便起了一种困兽的心情。正当这时候，德纳第又有信给她，说他等待了许久，已经是仁至义尽，他立刻要 100 法郎，否则他就把那小珂赛特撵出去，她大病以后，刚刚复原，他们管不了天有多冷，路有多远，也只好让她去，假使她愿意，死在路边就是了。"100 法郎！"芳汀想道，"但是哪里有每天赚 5 个法郎的机会呢？"

"管他妈的！"她说，"全卖了吧。"

那苦命人作了公娼。[5]（《悲惨世界》，第一部，第五卷，第十章，"大功告成的后果"）

在另一种境遇下，在政治斗争的环境里，雨果又为妇女的高尚、伟大、奉献和自我牺牲所感动。《惩罚集》里出现三首歌颂妇女的诗篇，是值得注意的事情。这三首诗是《保琳娜·罗兰》、《女烈士》和《致妇女们》。

《保琳娜·罗兰》

她既不懂得傲慢，她也不懂得仇恨；
她有爱心，又朴素，又安详，却又穷困……
她待人亲切，体贴，走进贫穷的屋宇，
探访并慰问大家受尽饥饿和痛苦，
探访躺在破床上沉思默想的病夫，
探访贫苦人住的愁眉苦脸的阁楼；
如果侥幸有点钱，她有点东西在手，
和大家分而享之，就如同姐妹相亲；
当她一无所有时，她捧出自己的心。
她高尚，沉静，爱人如太阳播撒光明。
全人类对她来说组成同一个家庭，
正如她三个孩子也就是整个人类。
她呼喊：进步！爱心！天下是兄弟姐妹！
她为有痛苦的人打开美好的前景。[6]

《女烈士》

人民，她们是你的姐妹，是你的妻女！
她们的弥天大罪，人民啊，就是爱你！……

这些妇女是信仰，是美德，也是理性，

这些妇女是公平，廉耻，正义和骄傲。[7]

《致妇女们》

上帝给你们一切，妇女们，上帝掌握：

在暴风雨中只有翠鸟能昂首挺胸，

而你们又是美人，你们而且是英雄。

尘世间还有妇女，在天上还有先辈，

此外，我们就一无所有！……

是圣米迦勒[8]脚踩一头披鳞的怪兽，

我们说：这是"光荣"；我们说：这是"自由"！

手中有一柄金光闪闪的长剑舞动，

凭这么一副丰采，凭这么一副仪容，

当我们需要称呼，就要把名字找寻，

我们想，天使长是男人，却更像女性！[9]

1876年6月10日，雨果为在女作家乔治·桑的葬礼上请人宣读的演说词中，不忘借这个难得的机会，提醒我们"男女平等是人人平等的组成部分"：

"乔治·桑在当代占有独一无二的地位。别人都是伟大的男人；她是那个伟大的女性。本世纪的法则是完成法国大革命和开始人类大革命。其中，男女平等是人人平等的组成部分，必须有个伟大的女性。需要有女性证明她有一切男性的品质，而又丝毫不失自己天使般的品质；需要坚强，而又不失其温柔。乔治·桑便是这样的证明。

既然有那么多人给法国丢脸，就应该有人为法国增光。乔治·桑是本世纪和我国的骄傲之一。她像巴尔贝斯有伟大的心胸，她像巴尔扎克有伟大的才智，她像拉马丁有伟大的灵魂。她的身上有一把诗琴。在这个加里波第创造了一个个奇迹的时代里，她创造了一部部杰作。……乔治·桑死去，但她留给我们女性的天才里显而易见有妇女的权利。"[10]

我们在 2002 年"法兰西思想传播协会"的（网络版）"雨果展览"中，看到一则反映法国妇女历史地位的年表。我们可以借此对照雨果对妇女权利的意见和认识。

法国妇女的地位

1802 年，在"拿破仑法典"中，单身妇女享受充分的公民权利。已婚妇女却相反，几乎被剥夺了权利。丈夫则有过分的权利。

1810 年，奸淫成为不法行为。丈夫奸淫处以罚款，妇女奸淫要判坐监。

1816 年，废除离婚。

1836 年，公共教育部长基佐创设妇女小学教育。

1842 年，妇女被允许成为医生或牙科医生。

1862 年，埃莉萨·勒莫尼耶创立公共女子职业教育。

1867 年，由公共教育部长维克多·杜吕伊创设公共女子中学。

1871 年，约瑟芬·安德烈创建"维护妇女权利协会"。她请雨果担任主席，雨果接受。

1876 年，于贝蒂娜·奥克莱尔创立另一个名叫"女权"的协会。她和雨果有长期通信联系。

1879 年，保尔·贝尔创立女教师师范学校。

1880 年，卡米耶·塞组织妇女中等教育。

1881 年，已婚妇女可以无须丈夫协助为自己开设储蓄存折，自由提款。

1882 年，朱尔·费里的一项法律创立对所有儿童实施的免费义务初级教育。

1884 年，"纳凯法"恢复离婚，并不改变涉及通奸的歧视性条款。

1885 年，向妇女开放某些职业，如医院住院实习医生，行政部门雇佣打字员。

1897 年，妇女可以在民事行为或公证书上做证人。

1898 年，妇女在商业法庭上有选举权。

1907 年，妇女在劳资调解委员会里有选举权和被选举权。

1909 年，如果妇女手持自行车车把或马的缰绳而穿长裤，不是不法行为。

1919 年，众议院投票赞成妇女有选举权。参议院于 1922 年和 1933 年两次拒绝这个建议。

1920 年，立法反对宣传堕胎和避孕。

1938 年，法律废止民法中大部分把已婚妇女置于丈夫监管下的规定，包括服从的条款。妇女今后可以无须丈夫的同意而注册上大学。

1946 年，妇女有选举权。

1967 年，避孕法。

1970 年，由家长的职权替代父亲的职权。

1972 年，同工同酬原则法。

（引自网络版"雨果展览"，第 13 页，法兰西思想传播协会，2002 年 1 月）

儿童权利

雨果提出妇女权利的同时，也提出儿童的权利。

雨果在家里是慈父。《秋叶集》里的《只要孩子一出现，全家的大大小小……》历来是脍炙人口的名篇。雨果为女人写得最美的诗篇，是《静观集》里写女儿莱奥波尔迪娜的诗。1877 年，雨果发表诗集《祖父乐》，用整整一部诗集，献给孩子，歌唱孩子，教育孩子。雨果是第一个拉着孩子的小手走进诗歌园地的诗人。如果编辑

02　雨果和请来的穷孩子合影，1864 年—1865 年

一部"雨果和孩子"的书，会是一件很有意义的事情。

1848 年 2 月 24 日，是法兰西第二共和国宣布成立的日子。流亡期间，流亡者集会纪念这个共和国的周年。1854 年的 2 月 24 日，雨果在纪念宴会上发表演说："但愿下一次革命，和'二月'一样，确认人的权利，但也要宣布妇女的权利，颁布儿童的权利；也就是说，妇女有平等，儿童有教育！"[11]

诗人雨果在《静观集》中，第三卷有长诗《哀伤》，其中有一段描写童工的生活，是对剥削童工的揭露和控诉，并把对童工的质问提高到诗的高度：

> 这些没有笑脸的孩子们去向何方？
> 可爱、沉思的儿童都有瘦削的脸庞，
> 这才八岁的幼女外出已无人陪同，
> 都在石磨下从事十五小时的劳动；
> 他们在同一座监狱上班，从早到晚，
> 他们去重复同样的运动，没了没完。
> 他们在大机器的牙齿下弯腰屈膝，
> 这丑八怪在咬嚼说不清什么东西，
> 天使被关进地狱，苦牢里孩子纯洁，
> 他们在劳动。这儿一切都是钢是铁。
> 永远不能做游戏，永远不能停下来。
> 孩子两颊是灰土。他们脸色多苍白！
> 天色才蒙蒙发亮，他们已筋疲力尽。
> 他们一点不明白，唉！这一切的原因。
> 他们似对上帝说："天呀，我们年纪小，
> 你看大人把什么担子让我们去挑！"
> 啊，强迫孩子从事多么可耻的劳役！
> 佝偻病！这种劳动如同有阴风刮起，
> 破坏上帝的作品，这种事就是祸殃，
> 毁掉脸上的容貌，毁掉心中的思想，
> 甚至还会带来的结果——这肯定如此！——

阿波罗成为驼背，伏尔泰成为傻子！

这劳动伸出铁掌，把小小年纪攫住，

先会创造出贫穷，然后产生出财富！

使用一个儿童，就是使用一把工具！

这进步使人怀疑："这进步是否可取？"

这进步扼杀青春年华！把话说到底，

它夺走人的灵魂，把灵魂交给机器！

要诅咒这被母亲恨之入骨的劳动！

都来诅咒这罪孽，会使人退化变种！

都来诅咒这奇耻大辱，这亵渎神明！

上帝呀，都来诅咒。我要为劳动正名，

真正的劳动神圣，高尚，并创造财富，

劳动使人民自由，劳动使人人幸福！[12]

作家雨果在《悲惨世界》里创造了两个令人难忘的儿童形象：珂赛特和伽弗洛什。先看伽弗洛什：

他的父母早已一脚尖把他踢进了人生。

他也毫不在乎地飞走了。

那是一个爱吵闹、脸色发青、轻捷、机警、贫嘴、神气灵活而又有病态的孩子。他去去、来来、唱唱、丢铜板、掏水沟、偶尔偷点小东西，不过只是和小猫小雀那样，偷着玩儿，人家叫他小淘气，他便笑，叫他流氓，便生气。他没有住处，没有面包，没有火，没有温暖；但是他快乐，因为他自由。

这种可怜的小把戏，一旦成了人，几乎总要遭受社会秩序这磨盘的碾压，但是，只要他们还是孩子，个儿小，也就可以逃得了。任何一点小小的空隙便救了他们。[13]（《悲惨世界》，第三部，第一卷，第十三章，"小伽弗洛什"）

再看珂赛特：雨果小说里"娃娃上场"这一章，写于 1847 年 7 月 5 日后不久。芳汀把女儿珂赛特寄养在开小客栈的德纳第夫妇家里。珂赛特是全家的出气筒。大家打发她去森林里"半山坡上的小水池"里打一桶水。这是圣诞节的夜里。

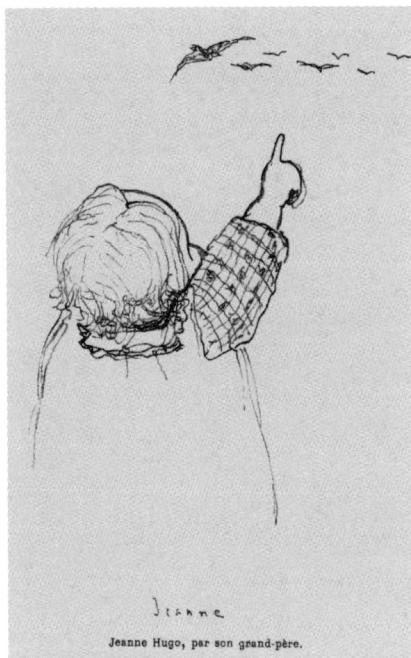

Jeanne Hugo, par son grand-père.

03　｜　雨果画的孙女让娜

04　｜　雨果拥抱孙子和孙女的照片

最后的一个摊子恰恰对着德纳第的大门，那是个玩具铺，摆满了晶莹耀眼的金银首饰，玻璃器皿，白铁玩具。那商人在第一排的最前面，用一块洁白的大手巾衬托出一个大娃娃，有二尺来高，穿件粉红绉纱袍，头上围着金穗子，真头发、珐琅眼睛。这宝物在那里陈设了一整天，十岁以下的过路人见了，没有不爱的，但是在孟费郿就没有一个做母亲的有那么多钱，或是说，有那种挥霍的习惯，肯买来送给孩子。……

珂赛特接着水桶出门的时候，尽管她是那样忧郁，那样颓丧，却仍旧不能不抬起眼睛去望那非凡的娃娃，望那"娘娘"，照她的说法。那可怜的孩子立在那儿呆住了。她还不曾走到近处去看过那娃娃。那整个商店，对她来说，就好像是座宫殿；那娃娃也不是玩偶，而是一种幻象。那可怜的小妞，一直深深地沉陷在那种悲惨冷酷的贫寒生活里，现在她见到的，在她的幻想中，自然一齐焕发为欢乐，光辉，荣华，幸福了。珂赛特用她那天真愁惨的智慧去估计那道横亘在她和玩偶中间的深渊。她向她自己说，只有王后，至少也得是个公主，才能够得到这样一个"东西"。她细细端详那件美丽的粉红袍，光滑的头发，她心里想道："这娃娃，她该多么幸福呵！"她的眼睛离不开那家五光十色的店铺。她愈看愈眼花。她以为看见了天堂。在那大娃娃后面，还有许多小娃娃，她想那一定是一些仙女仙童了。她觉得在那摊子底里走来走去的那个商人有点像永生之父。

在那种仰慕当中，她忘了一切，连别人教她做的事情也忘了。猛然一下，德纳第大娘的粗暴声音把她拉回到现实中来：

"怎么，蠢货，你还没走！等着吧！等我来同你算账！请问一声，她在干什么！小怪物！"

德纳第大娘到街上望了一眼，望见了珂赛特正在出神。

珂赛特连忙提着水桶，放开脚步溜走了。[14]（《悲惨世界》第二部，第三卷，第四章"娃娃上场"）

今天，珂赛特作为音乐剧《悲惨世界》的品牌形象，为世界各国的读者和观众所熟悉。

雨果的厚厚一册《言行录》，直接谈及儿童问题的文字，我们仅仅找到"颁布儿童的权利"和"儿童有教育"两句文字。相反，我们在也是厚厚一册的《见闻录》里，发现有整整一篇讨论"童工"问题的笔记。

1847年，法国政府提议将童工的最低年龄从8岁提高到10岁，将童工的工作时间从每天8小时提高到12小时。雨果准备参加辩论，写下部分笔记：

请制定一条成为母亲的法律。

如果关系到儿童，法律不再应该是法律；法律应该是母亲。

或者：……法律应该是"一位母亲"。

（法律的弊病）

以前，儿童8岁可开始劳动。今后，他们10岁可以劳动。对家庭是损失。

以前，儿童可做轻度的力所能及的劳动，一天8小时。现在，儿童可做艰苦的劳动，一天12小时。对儿童有损害。

以前，儿童被迫上学至12岁。现在，仅仅由市长出具证明，可以免于儿童上学。而市长可能是厂主。对儿童有损害。

05 | 1868 年，雨果请根西岛的穷孩子吃晚饭并致辞

———————

你们对儿童制定法律？儿童不会说话。

他们不会说话。为什么？因为他们不懂。还有更严重、更叫人可怜的事情吗？他们不懂。他们从不怀疑你们在照管他们；他们甚至不知道你们在为他们做什么。你们没有感到，这样会触及你们的良心深处吗？

他们不会说话。而如果他们会讲，他们又有多少话要讲啊！那他们会向你们描述他们的命运，他们的苦工，他们劳动前、劳动后的疲劳，没有关心，教育，休息和睡眠；他们会说在使他们不堪重压的劳动方面，家里的贫穷和贪婪的厂主说的是同样的语言。他们会对你们说，劳动本来是一种教育，实际却只是一种可耻，一种愚昧。他们会告诉你们，他们经受的一切苦难，先生们，他们在立法者面前是唯一绝对无知、绝对无辜的生命。啊！先生们，请可怜他们；请不要在命运、弱小 [杠去：家庭]、贫穷的一切沉重负担之上，再加上最后一项沉重的负担：无效的法律。

……你们为公共财富增加了几寸白布，许多寸白布，我是知道的。但是，你们从上帝身边夺走了一个个灵魂，从文明夺走了一个个聪明人，从国家夺走了一个个公民。

*

童工

童工有千百种形式，大部分使人劳累不堪，几乎每一种都使人愚昧。

我仅仅举出一种，可由此判断其他种种。

先生们，工业创造了种种的大怪物，几乎有生命，会以巨大的可以调节的力量运转，仿佛会听，仿佛会看，仿佛有愿望。然而，为了让生命完整，这些机器需要一颗颗灵魂。有人取来一个个儿童。

为什么取来一个个儿童？先生们，工业精于计算。工业需要的灵魂要不占空间，吃得很少，又不贵。

这就有了一个个可怜的生命，被迫放弃为自己，也为上帝，而成为聪明的人。他们的命运是从此成为机器的灵魂。

―――――

在无所不能的贪婪激情的驱使下，英国发生了一件件可怕的事情，法国发生了一件件痛苦的事情。在人类和福音的道路上，还要向前走很多路。怪事！法律却建议后退一步。……

*

正是这个令人肃然起敬的法，这一切无助者永恒的保护者，这弱者对于强者的永恒的支持者，今天站起来，在恳求你们，在抗议一项违反公正、违反人类的法律草案，在对你们呼喊：不要让成年人剥削儿童！[15]

雨果最后没有做关于童工立法的讲演。雨果也没有写完他对童工立法的完整意见。雨果呼吁对儿童的法律应该成为"一位母亲"，呼吁："不要让成年人剥削儿童！"这份笔记写成后一个月，雨果写下了《悲惨世界》里珂赛特在圣诞节夜晚看玩具的一段。我们没有忘记：雨果写下这则笔记的时候，他的身份是国王钦命的贵族院世卿，即贵族院议员。

义务教育

对雨果来说，"妇女的权利"，尤其是"儿童的权利"，是和受教育的权利不可分割的。雨果心目中的理想，是实现强迫义务教育。

1850年1月14日，制宪议会展开对"法卢法案"的辩论。政府抛出的"法卢法案"以教育自由为幌子，事实上偏袒天主教主导的宗教教育。第二天，雨果发言，予以反驳。雨果的《关于教育自由的演说》，是第一次有人提出"儿童的权利"。儿童的第一个权利，就是接受教育的权利。

> 各位先生，一切问题都有个理想，这个教育问题的理想如下：义务和强迫教育。强迫是初等的教育，义务是一切程度的教育。强迫初等教育，是儿童的权利，这个权利，你们可不要弄错，比父亲的权利更加神圣，是和国家的权利相融为一体的。我接着说。据我看来，这就是问题的理想：在我刚才提出的情况下义务强迫教育。盛大规模的公共教育由国家提供和调节，从乡村学校出发，一级一级向上，直到法兰西学院，再往上，直到法兰西研究院。科学的所有大门，向所有的学子大开。无论哪儿有一块地，无论哪儿有一个人，就应该有一本书。没有一个市镇没有学校，没有一座城市没有中学，没有一个首府没有学院，一个巨型的智力车间整体，更确切地说，一张巨型的智力车间网，公立中学，体育馆，初级中学，讲席，图书馆，加上这些教育机构在全国国土上的影响，处处唤醒才干，处处促成志向。一言以蔽之，一张人类知识的长梯由国家的手牢牢地树立起来，树立在最底层、最默默无闻的群众之间，而顶端通向光明。没有任何间断：人民的心是和法兰西的头脑联系在一起的。
>
> 以上，就是我会对全国公共教育的理解。[16]

雨果对保守派教育部长法卢提出的"法卢法案"的批评中，勾勒出一个公共教育体系，可以摆脱天主教教会的控制。

1845年，在雨果撰写《悲惨世界》的第一阶段，他借米里哀主教的嘴讲出自己对教育的想法。这个想法和保守派政客中通行的理论是背道而驰的。对他们来说，发展公共教育带有风险。阅读"坏书"对公共秩序可能是危险的事情。而对雨果来

06 │ 雨果的小姨朱莉准备的穷孩子名单

07 │ 雨果《凶年集》长诗《谁的错误》结句："我是文盲。"

说，无知和贫困之间的联系，是不法行为和重大罪行的原因。

米里哀说："对于无知识的人，你们应当尽你们所能教的多多地教给他们；社会的罪，在于不办义务教育；它负有制造黑暗的责任。当一个人的心中充满了黑暗，罪恶便在那里滋长起来。有罪的并不是犯罪的人，而是那制造黑暗的人。"[17]

以后，雨果开始流亡生活，没有机会在讲坛上发挥自己关于教育问题的看法，但诗人雨果始终念念不忘孩子和教育、罪犯和教育的问题。

《谈谈贺拉斯》，见《静观集》，第一卷，第十三首：

> 一天，当人会变得聪慧，
> 当我们不再借助鸟笼去教导鸟类，
> 一旦各种丑陋的社会确实地感到：
> 孩子被好好理解，额头才抬得高高，
> 看到自由的努力曾经探求过天宇，
> 我们便会认识到雄鹰成长的规律，

而当日中的太阳为人人大放光明，
知识很崇高，学习才是甜美的事情。
在把拉丁希腊的大书，孤独的典籍，
这样留在学习的高山之巅的同时，
书中雷电震吼，星星微笑，大海闪光，
精神的浩然大风在书里来回激荡，
只有给这些书本解释得亲切生动，
让大家爱这些书，才能叫大家读懂。
荷马有大潮来回往复，汹涌的洪波
带走着迷的学生；孩子便再也不做
套在维吉尔身后的牛马，身心疲惫；
我们再不会看到 这活泼的机灵鬼
被一个学究或是神父的鞭子一抽，
变成罚做作业的苯马，气喘得难受。
每一个乡村都有自己简朴的庙堂，
再没有冬烘先生，现在是灿烂阳光，
他迂腐得进不去一丁点儿的光明，
现在有学校教师，教师认真又清醒，
他是进步的法官，他是理想的祭司，
无知的医生；我们看到历来的学子、
历来的学究都会消失得无影无踪。
黎明唱着歌走来，绝不是气势汹汹。
子孙会在洁白的天地里笑话我们；
我们靠恶狠狠的猫头鹰，他们思忖：
给小麻雀的教育又能是什么情状。
这样，年轻的心灵，这样，年轻的目光，
才能以安详而又从从容容的感觉，
仰望庄严、亲切和至高无上的科学；
这样，不再有无聊、令人窒息的天书；
老师是时时关怀孩子的温厚使徒，

让孩子品尝上帝，品尝蓝天和圆满，

让小小心灵畅饮无穷无尽的酒盏。

这样，万物是真，信条，权利，义务，律法。

大自然啊，可在你黑黑的侧墙底下，

放行一点纯洁的微光，越来越明亮，

黑暗的大字——写在启蒙的书上！ [18]

据说，这几行诗成稿于 1855 年。雨果在诗中按照自己的理解，对教育的方法和目的，描绘了一幅乌托邦式的景象。他对当时实行的教育持严厉的批评态度。对雨果来说，公共教育是孩子间的平等之路，是社会进步的钥匙。

《参观苦刑犯监狱》，1853 年 3 月 6 日写于泽西岛。原稿最初题为《免费义务教育》。此诗最后在 1881 年的《精神四风集》里发表。

参观苦役犯监狱有感

每教好一个孩子，就减少一个败类。

苦役犯的监狱中十分之九的窃贼，

就从来没有进过一次学校的大门，

不会读书和写字，签名时就按指纹。

他们是在黑暗中成为罪犯的一员。

无知是漫漫黑夜，黑夜连接着深渊。

理智卑躬屈膝处，诚实会奄奄一息。

一切著作，第一个作者永远是上帝。

他在凡人皆沉醉不醒的这个世上，

在每一页书本里放下思想的翅膀。

人人一打开书本，便能把翅膀找到，

并在自由的灵魂翱翔的空中逍遥。

学校和教堂一样，同样是一座圣殿。

在儿童扳着手指拼读的字母中间，
每个字母下藏着一种美好的思想；
人心借这微弱的灯光把自己照亮。
所以，请把小书本送给小孩作礼品。
请拿一盏灯前走，让孩子跟你前进。
黑夜会产生谬误，谬误会使人动刀。
缺乏教育，会使得并不健全的头脑，
会使得两眼一片漆黑的可悲本能，
这些好似幽灵的瞎子，都面目可憎，
在道德的世界里行走时瞎摸一起，
会使他们陷入于人兽不分的境地。
让我们点燃思想，这是首要的法令，
让我们把低劣的羊脂也化成光明。
智慧在这个世上也要求得到启发；
嫩芽有权要开花；谁不在思考观察，
就不在生活。这些窃贼有生的权利。
学校能点铁成金，我们可不要忘记，
而无知却把黄金蜕变为烂铁废铜。

我要说，这些窃贼也拥有财富一种：
他们必然会有的不灭而尊严的思想；
我要说，他们都在贫困生活里遭殃，
有权向阳光之下幸福的你们伸手，
有权向你们结算他们思想的报酬；
他们本是人，却被人变成畜生一伙；
我要说，我怪我们，我同情他们堕落；
我要说，正是他们才被人抢劫一空；
我要说，他们犯的罪行又大又严重，
但第一步可不是他们自己的错误；
他们被夺走火炬，还能看得清前途？

第一件罪行先在他们的身上犯下，

别人扑灭了他们身上思想的火把；

而社会又偷走了他们身上的灵魂。

他们都是不幸者，他们并不是敌人。[19]

《谁的错误?》，见《凶年集》，1871 年 6 月 25 日于卢森堡小城菲安登写成。卢浮宫面临里沃利街一侧的图书馆，在巴黎公社期间被焚毁。《谁的错误?》通篇的指摘和规劝，经文盲纵火犯一句平平常常的回答，化成对社会的控诉。

谁的错误？

"是你刚才放了火，烧了图书馆?"

"是我。

我点的火。"

"可这是令人发指的罪过！

你犯的罪行在害你自己，你好猖狂！

是你刚才扼杀了你心灵中的阳光！

被你吹灭的正是照亮自己的火炬！

你狂妄至极，大逆不道，你竟然敢于

烧毁你的嫁妆，你的遗产，你的财富！

书永远站在你的一边，书为你辩护。

书对你有用，书和主子却针锋相对。

一座图书馆正是一种信仰的行为，

证明愚昧无知的人们，一代又一代，

在茫茫的黑夜里尊重曙光的到来。

怎么！向这个贮存真理的可敬场所，

向这些雷电交加、光芒四射的杰作，

向这历代的坟墓，如今已成为知识，

08 | 1884 年 9 月 28 日，雨果访问小镇沃勒，隆重地请全镇 100 个穷孩子吃饭并致辞

向以往的各个世纪，向古人，向历史，

向未来当作课本认真学习的过去，

向只有开始、没有结束的大势所趋，

向诗人！怎么，向这名家名作的大成，

向埃斯库罗斯般非凡的书中贤圣，

向荷马、约伯一般顶天立地的精英，

向莫里哀，向伏尔泰，向康德，向理性，

混蛋，你竟然扔进火把的熊熊烈焰！

你把人类的全部思想化成了灰烟！

能够解放你的人，你是否已经忘记，

这就是书？书本在图书馆排列整齐；

书在发光；书消灭绞架、饥馑和战争，

因为书把它们都照亮，如同是明灯；

书在说话；再没有奴隶，再没有贱民。

读柏拉图、弥尔顿、贝卡利亚的作品，

读这些先知，莎士比亚，高乃依，但丁；

他们巨大的灵魂会在你身上觉醒；

书使你沉思，严肃，温和，你一旦入迷，

你就会感到自己和他们一般高低；

你感到这些伟人在你头脑里成长；

他们开导你，如同黎明把回廊照亮；

他们温暖的阳光越深入你的心底，

越使你心情平和，越使你富有生气；

你的心灵和他们会有问，也会有答；

你发现自己日益完美，而你的自大，

你的火气，罪恶，国王，皇帝，偏见种种，

你会感到如冰雪在火中——消融！

因为在人的身上首先是知识先行。

然后是自由来到。所有这一切光明，

都属于你，要明白：是你把光明熄掉！

只有书才能达到你所梦想的目标。

书进入你的思想，就在思想中解除

谬误横加在真理身上的层层束缚，

因为，每一颗良心是个费解的难题。

书是你的向导，你的卫士，你的良医。

书消除你的疯狂；书治愈你的仇恨。

你丢掉这一切，唉！你自己要负责任！

书是知识，又是你自己的宝贵财富，

书是权利，是真理，又是美德，是义务，

书是进步，是理性，能驱除一切狂妄，

你呀，是你毁掉了这一切！"

"我是文盲。"[20]

我把青铜的琴弦添加上我的诗琴。

《秋叶集》《朋友，最后一句话》

Et j'ajoute à ma lyre une corde d'airain !

《Les Feuilles d'Automne》《Ami, un dernier mot!》

唉！这是大地和人类正在同声哭泣。

《秋叶集》《山上听到的声音》

Hélas ！ c'était la terre et l'homme qui pleuraient.

《Les Feuilles d'Automne》《Ce qu'on entend sur la montagne》

我死死地注视着这件丑恶的事情。

《静观集》《在最初的时候……》

请再一次开恩吧，请以坟墓的名义，

以摇篮的名义开恩！

《光影集》《致路易－菲利普国王》

Grâce encore une fois ！ grâce au nom de la tombe !

Grâce au nom du berceau !

《Les Rayons et les Ombres》《Au Roi Louis-Philippe》

保卫和平，反对战争

　　1849 年，法国巴黎召开和平代表大会，雨果当选为大会主席。
20 年后的 1869 年，瑞士洛桑召开和平代表大会，雨果当选为大会主席。雨果是 19 世纪的和平战士,坚持反对战争、保卫和平的立场。我们看到,雨果不是无条件的和平主义者。雨果区分正义的战争和非正义的战争。雨果歌颂推动历史进步的革命起义,雨果支持摆脱民族压迫的争取民族独立的战争。

1849 年的巴黎和平代表大会上,雨果当选大会主席。8 月 21 日,雨果致开幕词:

"你们可知道你们以什么替代士兵吗?你们以什么替代步兵和骑兵,替代大炮,小炮,长枪,长矛,刀剑吗?你们会放上一只小小的杉木盒子,你们会称之为投票箱,而从这只木箱里出来的,是什么?一次大会!…… 由大会决定,由大会评判,用法律解决一切问题,大会从每个人手中把刀剑打落在地,大会在人人心中树立正义,对每个人说:你的权利到此为止,你的责任由此开始。打倒武器!和平地生活吧!……你们将不再叫作战争,你们的名字叫文明!"[1]

雨果在大会上列举数字,揭露欧洲军备的浩大开支:

"欧洲各国为维持军队,每年支出的总数不少于 20 亿,如果加上对战争物资器材的保养,支出达 30 亿。还要请你们加上两百多万男子浪费了的劳动成果,这是最健康、最强壮、最年轻的男子,是人口中的精华,你们不能把这劳动成果的估计少于 10 亿,你们将会算出来欧洲每年为常规军花费 40 亿。先生们,和平才维持了 32 年,32 年间,在和平时期为战争花费了 1280 亿吓人的钱!请假设一下欧洲各国人民不是相互不信任,不是相互嫉妒,不是相互仇恨,而是相亲相爱;请假设一下,他们本来想一想在大家是法国人,或是英国人,或是德国人之前,大家都是人,想一想如果各国都是祖国,人民就是一家;而现在,这笔 1280 亿被不信任花得疯狂,花得冤枉,请让信任来花这笔钱!这给予仇恨的 1280 亿,请给予融洽和谐!这给予战争的 1280 亿,请给予和平!"[2]

1851 年,雨果准备"利尔的地窖"演讲稿时:主张裁军,揭示和平时期巨大的军费开支是浪费:

"欧洲的外交将会决定按比例裁军的必要措施,并结束这荒唐的武装和平,35 年来吞噬了文明世界,这是由政治家一手造成的真正人为的公共灾难,仅仅在我国王政复辟的 32 年里,这事情说出来也可怕,让欧洲花费了 1280 亿的惊人数目!……

按比例的裁军谈判,给每个国家保留其相对实力的代表性,在维持大国平衡的同时,减轻各国人民的负担,如果没有这样迫切有力的裁军,不仅法国,而是欧洲

01　│　雨果绘画:《良心面对坏事》

会破产! ”[3]

1869 年，瑞士洛桑举行“和平代表大会”。雨果在比利时的布鲁塞尔，9 月 4 日写成书面发言:

“人的血是珍贵的，生命是神圣的。多么庄严的催逼。要说最后一次战争是必需的，唉! 我当然不属于否认的人。这会是一次怎么样的战争? 一次征服的战争。征服什么的战争? 自由。人的第一需要，人的第一权利，人的第一责任，是自由。”[4]

由于代表大会坚持，雨果决定亲自来洛桑，9 月 14 日，他主持大会开幕:

“我们要的是什么? 和平。我们要和平，我们热切地要和平。我们绝对地要和平。我们要人和人之间的和平，人民和人民之间的和平，种族和种族之间的和平，兄弟和兄弟之间的和平，亚伯和该隐之间的和平。我们要仇恨之间巨大的和解。……和平的第一个条件，是解放。为了取得这样的解放，当然需要有一次革命，这将是最高的革命，也许，唉! 将是一次战争，这将是最后的战争。这样，一切都将完成。和平，既然是不可侵犯的，将是永恒的。于是，再没有军队，再没有国王。过去消亡。这就是我们要的东西。我们要让人民自由地生活，耕耘，买进，卖出，劳动，

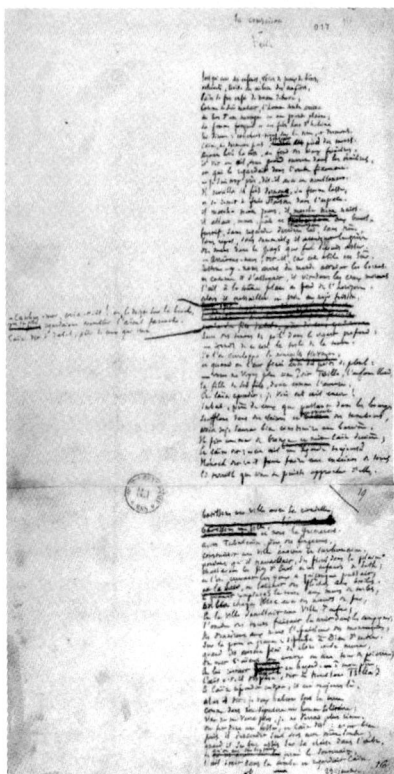

02 | 雨果《历代传说集》中《良心》一诗的手稿

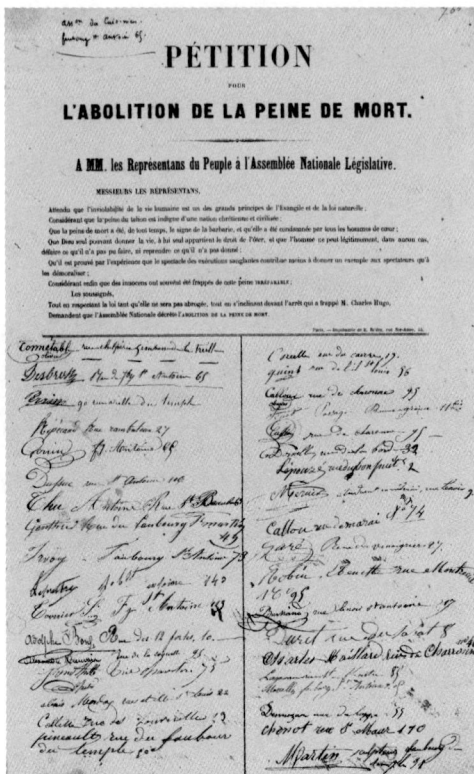

03 | "废除死刑的请愿书",夏尔·雨果撰文控诉死刑,被判有罪,公众1851年5月声援夏尔·雨果所写的请愿书

讲话,相爱,思索,要有学校造就公民,不要再有国王制造枪炮。"[5]

1878年5月30日,雨果做《纪念伏尔泰逝世一百周年的演说》,收录在《言行录》里。这位76岁高龄的老人不忘借此机会"羞辱战争":

"啊!让我们宣布绝对的真理。让我们羞辱战争。不,血淋淋的光荣是不存在的。不,制造尸体,既不是好事,也没有用处。不,生命不能为死亡而劳动。不,我周围的母亲们啊,战争这个窃贼不能再继续偷窃你们的孩子。不,妇女在痛苦中分娩,男人出生,各国人民耕耘播种,农民给田野施肥,工人让城市丰饶,思想家在沉思,工业产生奇观,天才产生奇迹,面对星光灿烂的天空,人类巨大的活动不断努力,不断创造,不能为了去这个恐怖的国际博览会,名字叫战场!"[6]

我们知道:法国在普法战争失败后,失去东部的两个省阿尔萨斯和洛林。当时国内的政治家把报复看成是神圣的责任,而不识时务的雨果却说:"让我们羞辱战争"。

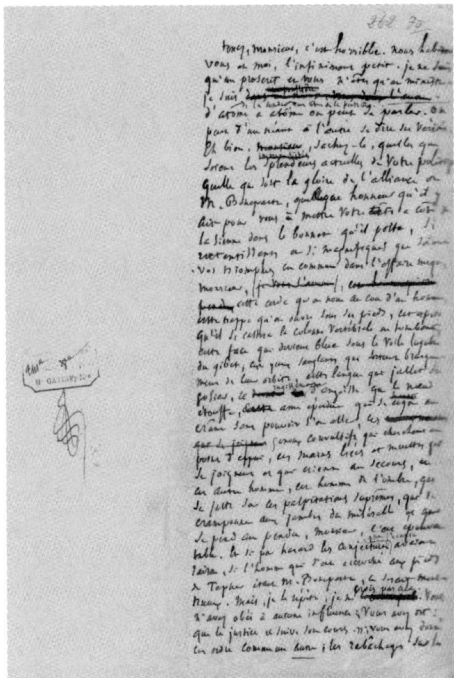

04　雨果因英国对根西岛罪犯执行绞刑，给英国首相帕默斯顿爵士的抗议信手稿

雨果不仅仅只有天使一般的和平主义，《悲惨世界》里，雨果描写马吕斯在1832年的街垒上，思考革命的必要性：

"被他的思潮起伏所苦恼，他的头慢慢地低下去了。

他又忽然抬起了头。精神上刚起一种极为壮观的矫正，有了墓边人所特有的那种思想膨胀，接近死亡能使人眼睛明亮。对将来采取的行动他也许正看到一种幻象，不是更为悲惨而是辉煌的幻象。街垒战，不知由于灵魂的一种什么内在作用，在他思想的视力前忽然变了样。他梦幻中的一大堆喧嚣纷扰的问号一齐回到他的脑子里，但并没有使他烦乱。他一一作出解答。

想一想，他父亲为什么会发怒？难道某种情况不会让起义上升到天职的庄严高度吗？对上校彭眉胥的儿子来说，他如果参加目前的战斗，会有什么东西降低他的身份呢？这已不是蒙米赖或尚坡贝尔，而是另外一回事。这里并不涉及神圣的领土问题，而是一个崇高的理想问题。祖国受苦，固然是的；但是人类在欢呼。并且祖国是不是真正会受苦呢？法兰西流血，而自由在微笑；在自由的微笑面前法兰西将忘却她的创伤。况且，如果从更高的角度来看，人们对内战究竟会说些什么呢？

内战？这意味着什么？难道还有一种外战吗？人与人之间的战争，不都是兄弟之间的战争吗？战争的性质只取决于它的目的。无所谓外战，也无所谓内战。战争只有非正义的和正义的之分。在人类还没有进入大同世界的日子里，战争，至少是急速前进的未来反对原地踏步的过去的那种战争，也许是必要的。"[7]（《悲惨世界》，第四部，第十三卷，第三章"边缘的极限"）

1859 年 7 月 2 日，雨果写下"六千年以来，吵吵闹闹……"一诗，收入 1865 年出版的《林园集》。雨果在诗中以调侃的文笔，鞭笞人类历史上出现的无数战争。雨果并非是无条件的反战主义者。这首诗是《林园集》第三部分"自由，平等，博爱"的首篇。手稿上这部分的原题作"反对战争，支持斗争"。

> 六千年以来，吵吵闹闹
> 的人民多么喜欢战争，
> 上帝白浪费时间制造
> 星星满天，又鲜花一捧。
>
> 这百合纯洁，鸟窝金黄，
> 茫茫天空都提出忠告，
> 但不能把人类的疯狂
> 从其惊慌的心中除掉。
>
> 至于我们伟大的爱情：
> 野蛮杀戮，加胜利辉煌；
> 对于懵懵懂懂的生灵，
> 鼓声便是他们的铃铛。
>
> 光荣让天下母亲心中，
> 不切实际地想入非非，
> 又把天下幼小的孩童，
> 在凯旋的车轮下碾碎。

我们的幸福真不好受；
幸福是喊：冲啊！不怕死！
幸福是嘴巴上有满口
吹军号喷出的唾沫子。

钢刀有光，野营冒炊烟；
我们阴沉沉火冒三丈；
当大炮点燃，喷出闪电，
阴暗的心灵才有希望。

这一切为了殿下亲王，
你还来不及入土为安，
他们便相互客气谦让，
这时候你在开始腐烂，

这时候，田野冷冷清清，
有飞鸟麇集，豺狼转悠，
来看看是否，面目狰狞，
你的白骨上还有余肉！

没有一个民族能容忍
别的民族在身边生活；
有人利用我们的愚蠢，
有人挑起愤怒的烽火。

是个俄国人！那掐死他，
叫那克罗地亚人灭亡！
连续射击。很好。干吗
此人穿一件白的军装？

而这个人，我把他消灭，
我一走了之，理所当然，
既然他犯下这个罪孽：
出生在莱茵河的右岸。

罗斯巴赫！滑铁卢！复仇！
人会丧失一切的理智，
为一点胡言乱语昏头，
只会屠杀，又愚昧无知。

人们可以喝水在泉边，
可以跪在树荫下祈祷，
可以爱，在橡树下思念，
杀死亲兄弟才更美好。

相互刀砍，再相互刺杀，
翻山越岭地到处奔跑；
攥着拳头，恐怖一把
紧紧抱住战马的鬃毛。

平原上已是黎明时分！
啊！云雀歌唱，反反复复，
有人心中还能有仇恨，
说真的，我真感到佩服。[8]

人类良心

——捍卫弱小民族

19世纪20年代初，欧洲爆发第一场民族独立运动：希腊人民奋起反抗土耳其的残暴统治，展开武装斗争，赢得欧洲各国人民的同情和支持。雨果顺应潮流，出版《东方集》。集中的名篇，如《卡纳里斯》《月光》和《希腊孩子》，就是雨果最早为声援弱小民族而弹响的"青铜的琴弦"。

"青铜的琴弦"来自《秋叶集》。诗集的最后，雨果添上一首《朋友，最后一句话》：

> 我十分憎恨压迫，憎恨得无以复加。
> 因此，当我一听到酷烈的天宇底下，
> 在被残暴的国王统治的世界一角，
> 有被扼杀的人民正在呼喊和哭叫；
> 当我们母亲希腊被基督教的国王
> 让土耳其刽子手肢解得濒于死亡；
> 当流血的爱尔兰在十字架上咽气……
> 我感到诗人就是审判他们的法官！
> 感到愤怒的诗神以强有力的手腕，
> 可以把他们绑上当作刑柱的王座，
> 他们怯懦的王冠就是他们的枷锁，
> 还可以赶走这些有人祝福的国王，
> 在额头印上一句抹擦不掉的诗行！
> 诗神对被宰割的人民应牢记心中。
> 啊！于是我忘却了爱情、家庭和儿童，
> 忘却健康的情趣，忘却柔和的歌吟，
> 我把青铜的琴弦添加上我的诗琴！ [9]

《悲惨世界》里，革命社团"ABC 的朋友"有一位成员叫弗以伊：

> 弗以伊是个制扇工人，一个无父无母的孤儿，每天挣不到三个法郎，他只有一个念头：拯救世界。他还另外有种愿望：教育自己，他说这也是拯救自己。通过自学他能读能写，凡是他所知道的，全是他自己学来的。弗以伊是个性情豪放的人。他有远大的抱负。这孤儿认人民为父母。失去了双亲，他便思念祖国。他

不愿世上有一个没有祖国的人。他胸中有来自民间的人所具有的那种锐利的远见，孕育着我们今天所说的"民族思想"。他学习历史为的是使自己能对他人的所作所为愤慨。在这一伙怀有远大理想的青年人当中，别人所关心的主要是法国，而他所注意的是国外。他的专长是希腊、波兰、匈牙利、罗马尼亚、意大利。这些国名是他经常以公正无私的顽强态度不断提到的，无论提得恰当或不恰当。土耳其对克里特岛和塞萨利亚，俄罗斯对华沙，奥地利对威尼斯所犯的那些暴行使他无比愤怒。尤其是1772年的那次暴行更使他无法容忍。真理与愤慨相结合，能使辩才所向披靡，他有的真是这种辩才。他滔滔不绝地谈着1772这可耻的年份，这个被叛变行为所伤害的高尚勇敢的民族，由三国同谋共犯的罪行，这丑恶而巨大的阴谋，从这以后，好几个国家都被并吞掉，仿佛一笔勾销了它们的出生证，种种亡国惨祸都是以1772年作为模型的榜样复制出来的。现代社会的一切罪行都是由瓜分波兰演变来的。瓜分波兰仿佛成了一种定理，而目前的一切政治暴行只是它的推演。近百年来，没有一个暴君，没有一个叛逆，绝无例外，不曾在瓜分波兰的罪行上盖过印、表示过同意、签字、画押的。当人们调阅近代叛变案件的卷宗时，最先出现的便是这一件。维也纳会议在完成它自己的罪行之前便参考过这一罪行。1772响起了猎狗出动的号角，1815响起了猎狗分赃的号角。这是弗以伊常说的话。这位可怜的工人把自己当作公理的保护人，公理给他的报答便是使他伟大。正义确是永恒不变的。华沙不会永远属于鞑靼族，正如威尼斯不会永远属于日耳曼族。君王们枉费心机，徒然污损自己的声誉。被淹没的国家迟早要重行浮出水面的。希腊再成为希腊，意大利再成为意大利。正义对事实提出的抗议是顽强存在着的。从一个民族那里抢来的赃物不会由于久占而取得所有权。这种高级的巧取豪夺行为绝不会有前途。人总不能把一个国家当作一块手绢那样随意去掉它的商标纸。"[10]（《悲惨世界》，第三部，第四卷，第一章，"一个几乎留名于世的组织"）

雨果40年代从政后，就欧洲的政治外交问题发表过自己的看法。雨果在海岛流亡后，在潜心创作的同时，和全世界各国和各界人士保持通信联系，接受世界各个角落传来的呼救声音，从海岛向世界各地发出自己的响应，自己的声援。雨果尤其在19年的流亡生涯期间，体现了"人类的良心"。多少封求救的信从世界各地飞来，多少封积极回应的信飞向世界各地。我们又想起《秋叶集》里的诗句："我把青铜的琴弦添加上我的诗琴！"

2002 年，"法兰西思想传播协会"出版供陈列或张贴用的一套资料，题为《维克多·雨果在世界的中心》(*Victor Hugo au coeur du monde*)，有雨果的书信手稿，发表雨果文章的欧洲报刊，和相应的图片资料。《维克多·雨果在世界的中心》，完整地记录了流亡者雨果和全世界被压迫、被奴役的弱小民族心心相印的紧密联系。我们列出目录如下：

意大利	1849—1856 年
美国	1851—1859 年
英国和爱尔兰	1851—1867 年
葡萄牙	1859—1867 年
海地	1860—1865 年
中国	1861 年
意大利	1861—1864 年
比利时	1862 年
瑞士	1862—1869 年
墨西哥	1863—1867 年
俄国	1863—1882 年
克里特岛	1866 年
西班牙	1868 年
德国	1870 年
古巴	1870 年
塞尔维亚	1876 年
巴西	1884 年

这份目录涉及 17 个国家和地区，其中欧洲 11 处，美洲 5 处，亚洲 1 处。这一处亚洲，便是我们中国，便是雨果 1861 年 11 月 25 日，写下因英法联军焚毁中国圆明园而奋起抗议的信件。雨果身为海上孤岛的流亡者，只是一块礁石上孤独的弱者，但有博大的心胸，为全世界受欺压、受凌辱的弱小民族，为全世界受苦受难的弱小

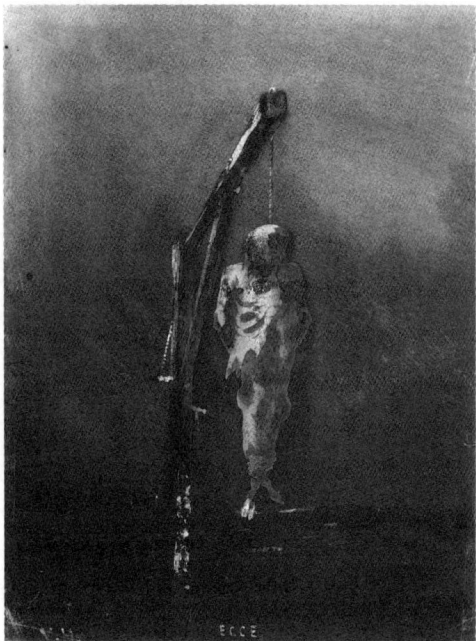

05 | 美国绞刑处死约翰·布朗，雨果绘画：
"看哪！"，1854 年

者，伸张正义，伸出有力的大手，大声疾呼，发出有力的声援。雨果一生为民族解放事业做出的贡献，是一册厚重的大书。

雨果为弱小民族伸张正义的斗争，我们简要举出以下几件。

1856 年 5 月 25 日，雨果收到意大利统一运动的领袖马志尼从伦敦寄来的信："我请求你为意大利说几句话。意大利此刻正倒向国王们一边。请警告意大利，把意大利扶起来。"马志尼请雨果写"20 行字"。雨果深感这"20 行字"不好写。5 月 26 日，雨果写了一封中文近 3000 字的《致意大利》：

> 意大利人，有个默默无闻、但是忠诚的兄弟，对你们说话。……你们会接受！你们会放下武器！这场在你们心中酝酿、在你们眼前燃烧的阴沉而壮丽的革命，你们会推迟！这可能吗？……你们意大利人，是人类的精英，是母体民族，是大地所曾养育过的最灿烂夺目的群体之一……要有信仰。不要折中，不要妥协，不要断断续续，不要零敲碎打。怎么说！拥有权利的时候，去接受让步，有人民支持的时候，去接受君王支持！这样的进步里包含了放弃权利。不行。要看得高些，要想得准些，要走得直些。

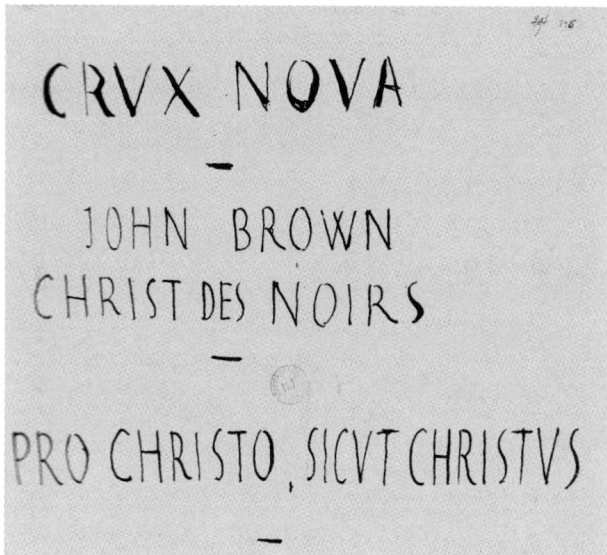

06 | 雨果为《看哪！》手写的说明文字："约翰·布朗，黑人的基督"

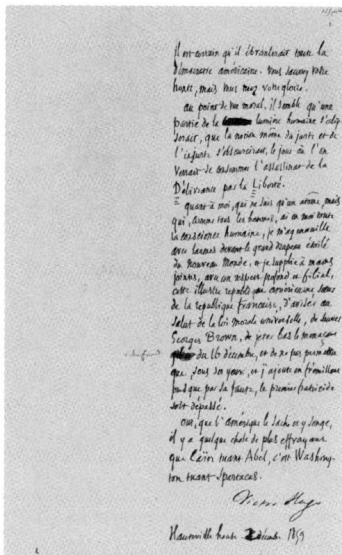

07 | 雨果"关于约翰·布朗的话"手稿，1859年12月2日

　　兄弟们，正当自己是意大利古老的世系，正当自己的血管里有历史的每一个美好的世纪，有文明的纯正血液，正当自己既不是杂种，又没有退化……一言以蔽之，自己感到身上无所不能时；自己在想自己的解放掌握在自己的手里，自己的命运掌握在自己的意志里……思想上要永远记得这句外交上丑恶的话："意大利不是一个国家，这是一个地理名词。"[11]

　　人类思想的这两位巨人在这片土地上留下了自己的影子：米开朗琪罗和但丁；米开朗琪罗是审判，但丁是惩罚。

　　让你们崇高的使命始终如一，永远纯洁。

　　不能让自己变得软弱，变得渺小。

　　不要睡眠，不要麻木，不要迟钝，不要鸦片，不要休战。动起来，动起来，动起来！对于大家的责任，对你们，也对我们，是今天，动起来，是明天，举行起义。

　　你们的使命既是破，又是立。这个使命不能不完成。请不必怀疑，老天将让这片阴影里走出来一个伟大、强大、幸福和自由的意大利。你们身上孕育着吞噬过去的革命，创建未来的新生。我们在黑暗中可以看见的这个意大利庄严的额头上，同时出现大火冒出来的火苗，和黎明升起来的曙光。[12]

1863 年，意大利的加里波第给雨果写信：

亲爱的朋友：

我为意大利再需要一百万条枪。

我肯定你会帮助我募集必要的资金。

钱可以交在我们的司库阿特利亚诺·雷马里先生的手里。

你的朱·加里波第

1863 年 8 月于卡普雷拉岛

雨果的复信：

亲爱的加里波第：

我当时不在，以致很晚收到你的信，你收到我的回信也晚了。

我附在信内的捐助请查收。

当然，你可以放心，我会尽到我的微薄之力。既然你认为有需要，我只要抓住机会，大声说话的。

你需要一百万只胳膊，一百万颗心，一百万颗灵魂。

你需要各国人民的大动员。这样的日子会来到的。

你的朋友

维克多·雨果

1863 年 11 月 18 日

于高城居 [13]

1861 年，胡亚雷斯当选墨西哥的改革派总统。是年，英国、西班牙和法国借口出兵攻打墨西哥。后英国和西班牙退出。至 1863 年，拿破仑三世的法国在继续作战。6 月 10 日，法军攻占墨西哥城，胡亚雷斯总统领导人民展开抗法战争。直至 1867 年，法军被迫撤出，胡亚雷斯凯旋。是为墨西哥历史上的"第二次独立战争"。

1863 年，雨果给被围困的墨西哥人民写信：

普埃布拉 [14] 的居民们，

你们相信我和你们在一起是对的。

不是法国，而是帝国对你们作战。当然，我和你们在一起。我们站起来反对帝国，你们从你们一边，我从我的一边，你们在自己祖国，我在流亡中。

战斗吧，斗争吧，要凶狠。如果你们认为我的名字有点用，请你们用好了。……

抱住希望。你们英勇的抵抗依靠的是权利，有正义这个伟大的信念支持抵抗。

谋杀墨西哥共和国是谋杀法兰西共和国的继续。一次埋伏补充另一次埋伏。我希望，帝国会在它卑鄙的企图中失败，你们会战胜的。但是，无论如何，无论你们战胜或是战败，法国总是你们的姐妹，是你们光荣的姐妹，也是你们不幸的姐妹，至于我，既然你们向我的名字发出呼吁，我再说一遍，我和你们在一起，你们战胜，我带给你们我公民的兄弟情谊，你们战败，我带给你们我流亡者的兄弟情谊。[15]

1812 年后，波兰是俄国的保护国。波兰人民 1830 年和 1848 年两次独立运动均告失败，遭到严酷的镇压。1863 年 1 月，波兰爆发革命。起义又遭镇压。俄国革命家赫尔岑给雨果写信："伟大的兄弟，救命！请为文明说句话。"雨果写出《致俄国军队》：

俄国士兵们：

请重新做人。……你们昨天是农奴，今天是奴隶，被从你们母亲、未婚妻身边，从你们家里硬抢出来……如果你们自己是受害者，却要对付受害者；如果当此可敬的波兰站起来的神圣时刻……如果你们不是返回家园，对付各国人民的刽子手，而是借助武器和人数的优势，卑鄙地镇压这些英勇、绝望的居民，他们要求最简单的权利，即有祖国的权利；如果你们在 19 世纪的盛世完成对波兰的谋杀，如果你们这么做，要知道，俄国军队的士兵们，你们将会，看来是不会的，连美国南方的匪徒都不如，你们将会遭到文明世界的唾弃！武力的罪行永远是罪行；人人的憎恶便是一种惩罚。

俄国士兵们，要学波兰人的榜样，不要和他们打仗。

你们在波兰遇到的，不是敌人，而是榜样。

维克多·雨果

1863 年 2 月 11 日于高城居[16]

1864 年，波兰人民的起义再一次以失败告终。

爱尔兰的"芬尼亚勇士团"是一个争取民族独立的反英秘密组织。被捕判刑的勇士团成员家属给雨果写信求援。雨果写了《给英国的信》：

> 都柏林在不安之中。……我们眼前的一封信写道："……绞刑架即将树立，首先是伯克将军"…… 1867 年，英国是不会处决爱尔兰的。这位伊丽莎白是不会把这位玛丽·斯图亚特斩首的。
>
> 19 世纪存在了。
>
> 绞死伯克！不可能。……你们以各种形式出色地实施伟大的公民权，你们有新闻自由，讲坛自由，信仰自由，结社自由，工业自由，居住自由，个人自由，你们通过改革将会有全民选举，你们是投票、民意测验、集会的国家，你们是有人身保护法的强大的人民。好啊！对这一切辉煌的事物，请加上伯克被绞死，正是因为你们是最伟大的自由的人民，你们变成最渺小的人民！……
>
> 此时此刻为这几位犯人说话，是为了救助爱尔兰；这也是为了救助英国。……
>
> 各位妻子和少女，你们给一个流亡者写了信，你们无须给自己裁剪黑袍。放心地看着你们的孩子在摇篮里安睡。现在是一位失去亲人的女人[17]在治理英国。一位母亲是不会制造孤儿的，一位寡妇是不会制造寡妇的。
>
> 维克多·雨果
> 1867 年 5 月 28 日于高城居[18]

雨果的这封信起到了作用。没有对芬尼亚勇士团的成员执行死刑。

1870 年年初，古巴爆发起义，遭到西班牙统治者的野蛮镇压。古巴妇女一份有三百多人签名的求援信，从纽约寄给雨果，请雨果干预。雨果写成《致古巴妇女的信》：

> 古巴妇女们，你们的声音在呻吟，我的声音在警告。这两股声息，你们的是呜咽，我的是建议，这是我们唯一剩下的东西。我们是什么？是软弱。不，我们是力量。因为，你们是权利，而我是良心。

LE VIEUX ORPHÉE, par GILBERT-MARTIN.

| 08 | 雨果的讽刺画：《听到反对死刑的嚷嚷不高兴。这些夸夸其谈算什么？》 | 09 | 雨果反对俄国屠杀犹太人的呼吁后，新闻界的漫画 |

良心是灵魂的脊梁骨；只要良心是正直的，灵魂就站得住……

没有一个国家有权把爪子伸向另一个国家，西班牙无权控制古巴，英国无权控制直布罗陀。一个人不应占有另一个人，一个人民也不应占有另一个人民。这罪行犯在一个国家身上，比犯在一个个人身上更加可恨；就是这样。扩大奴隶制度的范围，就是增加丑行的可耻。一个人民是另一个人民的暴君，一个种族骗取另一个种族的生命，这是巨大的章鱼在吸吮，而这么骇人听闻地趴在别人身上，是19世纪可怕的事实之一。此时此刻，我们看到俄国在波兰身上，英国在爱尔兰身上，奥地利在匈牙利身上，土耳其在黑塞哥维那和克里特岛身上，西班牙在古巴身上。处处是咬开的血管，有吸血的蝙蝠趴在尸体上。

静观希望，是我历来的宗教。……我感谢上帝从今后给我这样的确信；身处黑夜中的流亡者仅有的幸福，是看到曙光从自己的心中升起。

维克多·雨果

于高城居[19]

古巴岛上进行战斗的领袖们请求雨果为他们伸张正义。雨果写道：

　　我不看力量在哪一边，我看正义在哪一边。……

　　宗主国有做母亲的权利，宗主国没有做刽子手的权利。……

　　在文明的进程中，兄长不是权利，而是责任。……

　　说文明包含殖民，说殖民包含监管，好吧；但是殖民不是剥削；但是监管不是奴役。……

　　古巴成年了。

　　古巴只属于古巴自己。

　　到西班牙人民当家做主的那一天，他要收回直布罗陀，并交还古巴。

维克多·雨果

于高城居 [20]

　　雨果在流亡期间，正如他自己所说："我是良心。"我们看到雨果有一幅创作年代不详的水墨画：《面对坏事的良心》。从黑暗深处，伸出一只五指张开的大手。[21]

反对死刑

　　雨果一生投身的事业中，他一生进行的斗争中，"反对死刑"是雨果终生的主题。"反对死刑"，是雨果觉醒最早，反对最为激烈，始终坚持不渝，声音最为响亮，已经取得成功的一场斗争。

　　1829 年，雨果匿名发表《死囚末日记》。1832 年，雨果为这篇中篇小说新写了一篇序言：作者"当时有意想做的事情，他希望后代在他作品中看到的内容，如果后代能为此操一点点心的话，不是为选定的某某犯人，某某特定的被告，作专门的总是简单的过渡性的辩护；而是为现在和今后的一切被告所做的普遍和持久的辩护词"。[22]小说是一篇囚犯临刑前痛苦的独白。雨果一生的作品创作出两千多个人物，《死囚末日记》中的主人公是唯一没有姓名、没有年龄、没有职业的人物。他只是"死囚"。

　　1982 年，法国废除死刑。法国废除死刑和雨果有关系吗？有关系，关系很大很大。1982 年，废除死刑的法案由当年的司法部长巴丹泰（Robert Badinter）提出。巴丹泰阅读和研究过雨果有关反对死刑的文献。巴丹泰在一篇文章的最后，说了七个字："谢谢，维克多·雨果！"[23]

雨果 1848 年 9 月 15 日，发表赞成废除死刑的演说：

> 你们刚才接受住宅的不可侵犯性，我们要求你们接受一种更高、更神圣的不可侵犯性：人的生命的不可侵犯性。……18 世纪，这是 18 世纪光荣的一部分，废除了酷刑；19 世纪将废除死刑。也许，你们不会今天就废除死刑；但是，不必怀疑，你们明天将废除死刑，或者你们的后继者将废除死刑。[24]

1851 年，雨果的儿子夏尔在《时事报》上发表一篇反对死刑的文章，因"藐视法律"被捕判刑，雨果身为议员，6 月 11 日亲自出庭辩护：

> 真正的罪犯，我要强调说，是我，是我二十五年来，以各种方式和死刑的刑法制度进行了斗争！是我二十五年来，在一切场合为人的生命的不可侵犯性进行辩护！这个为人的生命的不可侵犯性辩护的罪行，我在我儿子之前，在我儿子之前很早就犯下了。代理检察长先生，我自首！我犯下这罪行，还有一切加重罪行的情节，有预谋，顽固不化，屡教不改！对，我宣告，这个野蛮的刑法制度的残余，这个古老的不聪明的同等报复法律，这个以血还血的法律，我一生都在和它斗争，——我一生都在斗争，各位陪审员先生！——只要我胸腔里还有一口气，我就要和它斗争，尽我作为作家的一切努力，以我作为立法者的每一个行为，每一次投票，我在这位在场的死刑受害者（雨果先生伸出胳膊，指指法庭上面，大厅深处的基督像）的面前宣告，他望着我们，他在听我们说话！我在这个绞刑架的前面发誓，两千年前，为了教育千秋万代，是人的法律在绞刑架上钉死了神的法律！[25]

夏尔最后被判入狱 6 个月。

《惩罚集》中有一首诗，题作《海边》，写古希腊的刺客哈莫狄奥斯和"风""剑"、"坟墓"、"大地"、"大海"和"自由"等多种事物或抽象概念之间的对话，很有特色。最后一句诗，是"良心"发言："你可问心无愧地去把这个人杀掉。"[26]"这个人"指政变的发动者、作伪誓的波拿巴总统。以后，雨果改变想法，认为"惩罚"不在于肉体消灭，而要让他遗臭万年。所以，又写下《不行》一诗，修正自己的观点："不行，不要杀死他。示众的丑恶木柱，/ 有时候，需要找个皇帝来点缀一下。"[27]

小说《悲惨世界》有对执行死刑的工具绞刑架的凝重思考：

> 断头台，的确，当它被架起来屹立在那里时，是具有一种使人眩惑的力量的；在我们不曾亲眼见过断头台前，我们对死刑多少还能漠然视之，不表示自己的意见，不置可否；但是，如果我们见到一座，那种惊骇真是强烈，我们非做出决定，非表示赞同或反对不可。有些人赞叹它，如德·梅斯特尔。有些人痛恨它，如贝卡里亚。断头台是法律的体现，它名叫"镇压"，它不是中立的，也不让人中立。望见它的人都产生最神秘的战栗。所有的社会问题都在那把板斧的四周树起它们的问号。断头台是幻觉。断头台不是一个架子。断头台不是一种机器。断头台不是由木条、铁器和绳索所构成的毫无生气的机械。它好像是种生物，具有一种我说不出的阴森森的主动能力。我们可以说那架子能看见，那座机器能听见，那种机械能理解，那些木条、铁件和绳索都有欲望。当它的出现把我们的心灵抛入凶恶的梦想时，断头台就显得怪可怕，并和它所作所为的一切都结合在一起了。断头台是刽子手的同伙，它在吞噬东西，在吃肉，在饮血。断头台是法官和木工合造的怪物，是一种鬼怪，它以自己所制造的死亡为生命进行活动。"[28]（《悲惨世界》，第一部，第一卷，第四章"言行合一"）

这一段有关断头台的描写和思考，是雨果在 1860 年审阅《悲惨世界》时增加的。

1854 年初，正当雨果在泽西岛流亡的时候，附近根西岛上一个叫塔普纳（Tapner）的人被判处死刑。维克多·雨果和这个年轻的罪犯素不相识，但他本着一贯反对死刑的立场，出面干预。他先给全岛居民写信呼吁，引起各方重视。英国政府三次宣布缓期执行。

雨果理解的事情经过如下："1853 年 10 月 18 日，星期二，有个叫约翰-查尔斯·塔普纳的男人，深夜走进一个叫索容太太的女人家里，把她杀害了；于是他抢了她的财物，并给尸体和房子放了一把火，希望第一个大罪会借第二个大罪而烟消云散。他算计错了。罪行并不乐于帮助人，大火也拒绝掩盖谋杀。老天不是窝主；老天交出了杀人犯。"

雨果写出《致根西岛居民》，向岛民呼吁："要在根西岛事实上废除死刑，取决于你们；1月27日，要让一个人不被'绞死'，取决于你们；要让你们看不到这个可怕的景象，这个会在你们的蓝天上留下污点的景象，取决于你们。你们自由的宪法让你们掌握完成这个宗教和神圣事业的一切手段。"

雨果为一切死刑犯辩护的根本理由是"人的生命不可侵犯"，他的情绪很激动："不！不要折磨人！我们是这个伟大世纪的人，我们再不要这些。我们为了有罪的人，也为了无罪的人，都不要这些。我再说一遍，罪行靠悔恨赎罪，不靠一把大斧，一个活结赎罪；血要用眼泪，不是用血来冲刷。不！不要再让刽子手有活儿干。我们的心上要记住这些，让笃信宗教和诚实的法官的良心和我们的良心想到一起去：不论强盗被处决，不论英雄受酷刑，都是侵犯人的生命的不可侵犯性的滔天大罪，一切绞架都是犯罪的。杀人的法典是个歹徒，法律啊，却带上你的面具，可以杀人，杀大量的人而不受惩罚。所有的绞架上都有无辜者和烈士们的名字。不，我们再也不要酷刑。"

所以，"对我而言，这个杀人犯不再是杀人犯，这个纵火犯不再是纵火犯，这个窃贼不再是窃贼；这是个即将死去而在颤抖的人。不幸使他成为我的兄弟。我为他辩护。"所以，"英吉利海峡群岛，你要成为这个崇高的沉船者的救生木筏！正当东方和西方为君王们的心血来潮在较量，正当各个大陆处处只见诡计，暴力，欺诈，野心，正当大国迷恋渺小的感情，你们是小国，请做出伟大的榜样。让人类的眼睛安静一点吧。"[29]

雨果干预的努力没有成功。在法国驻英国大使求见英国内政大臣帕默斯顿勋爵后两天，塔普纳于2月10日被执行绞刑。11日，雨果写了一封愤怒的《致帕默斯顿勋爵的信》，详细讲述了行刑的野蛮过程。

你没有屈从任何的影响；你说过：让"司法进行下去"；你不经意地下了这道命令；关于死刑的啰唆话让你无动于衷。绞死一个人，喝一杯酒。你没有见到这行为的严重性。这是政治家的轻率；仅此而已。先生，把你的轻率行为留在世界上，不要送给天国。请相信我，不要和天国深沉的事物开玩笑；这儿可不要留下你的任何东西。这是冒失行为。天国深沉的事物，我比你离得更近，我看得见。要留神。"流亡的人像个死人。"我是从坟墓里对你讲话的。得了！管他呢！一个人绞死了；又怎么样？[30]

美国弗吉尼亚州废奴主义者领袖约翰·布朗（John Brown）率领家人，发动武装斗争失败，以叛乱罪判处绞刑。消息传到欧洲，雨果大为震惊。12月2日这个日子又提醒雨果在历史的大是大非面前，勇敢地承担责任，他通过欧洲自由派报纸发表《致美利坚合众国的信》：

> 至于我，我是无足轻重的，但是我和每一个人一样，我身上有人类的全部良知，我在新大陆伟大的星条旗面前含着泪跪下来，我合起双手，带着深沉的孝意，祈求这个卓越的美利坚合众国考虑拯救普遍的道德原则，救救约翰·布朗，抛弃12月16日可怕的绞刑架，不要在他的面前，我颤抖地加上一句，几乎由于他的错误，不要允许第一次的骨肉残杀会被比下去。对，愿美国知道，并且想到，会有什么东西比该隐杀死亚伯更加可怕，这便是华盛顿杀死斯巴达克斯。

约翰·布朗被绞刑处死。雨果为他写下"墓志铭"："为了基督，如同基督。"[31]

雨果出于反对死刑的立场，救过法国革命家巴尔贝斯的经过，也很感人。1862年7月，有人从荷兰的海牙给雨果写信。写信人叫巴尔贝斯（Armand Barbès）。巴尔贝斯是19世纪的革命家。如果说雨果想救无名小卒塔普纳的生命没有成功，但他刀下救了这个革命家的一命。巴尔贝斯和布朗基于1839年起事失败，被判处死刑。当时路易－菲利浦正值女儿夭折而王孙诞生，雨果写了四行诗，请求国王赦免。这四句诗收入诗集《光影集》：

> 为了你如同白鸽一般飞去的天使！
> 为了这温柔、纤弱、芦苇一般的王孙！
> 请再一次开恩吧，请以坟墓的名义，
> 　以摇篮的名义开恩！

（1839年）7月12日子夜[32]

　　瑞士作家让路易·高尔努兹（Jeanlouis Cornuz）计算过："法语最美丽的四句诗，每一句值将近 8 年的人命。"[33] 因为，巴尔贝斯释放后，于 1870 年去世，又活了 31 年。不过，巴尔贝斯释放后，从此消失。他以后继续从事革命活动。直到他读了《悲惨世界》后，给雨果写信：

　　　　亲爱的杰出的公民，

　　　　你在《悲惨世界》第七卷中提到的犯人，你会认为是个忘恩负义的人。

　　　　早在二十三年以前，他就感激你！……而他没有对你说过一句话。

　　　　请宽恕他！请宽恕他！

　　　　我在 2 月以前的监狱中，早已多次下过决心，一旦恢复自由，便尽快到你家里来。

　　　　真是年轻人的梦想！这一天到来时，却把我像一根折断的小草，扔进了 1848 年的漩涡之中。

　　　　我当初如此热切盼望着的事情，我却什么也做不了。

　　　　此后，请原谅我这么说，亲爱的公民，你崇高的天才总是制止我表达我的思想。

　　　　在我危难的时刻，我为自己得到你一线光明的保护而自豪。既然你在保卫我，我不能死。……

　　　　　　　　　　　　　　　　　　　　　　　　　　　　　　阿·巴尔贝斯

　　　　　　　　　　　　　　　　　　　　　　　　　1862 年 7 月 10 日于海牙[34]

雨果立即于 7 月 15 日回信：

　　　　我流亡的兄弟，

　　　　当一个人像你那样，曾是进步的战士和烈士；当他为了民主和人道的神圣事业，贡献出他的财产，他的青春，他追求幸福的权利，他的自由；当他为了实现理想，可以接受各种各样的斗争，各种各样的考验，诬蔑，迫害，背叛，漫长岁月的牢房，漫长岁月的流亡，当他为了忠诚走到断头台的铡刀之下；当一个人做到了这一切，人人都欠他的，而他不欠任何人任何东西。任何人把一切给了人类，便还清了欠个人的债。

你不可能对任何人是忘恩负义的。如果 23 年前，我没有做你想感谢我的事情，那会是我，我今天看得清清楚楚，会是我对你忘恩负义。

你为人民所做的一切，我的感觉是给个人帮忙。

在你让我回忆起的年代，我尽了一份责任，一份小小的责任。如果我当时有幸给你偿付一点人人欠你的债，这一时一刻和你整个的一生相比，是不值一提的，我们每个人并不因此而少欠你的债。

我的报酬，要是说我配有报酬的话，就是我的行为本身。不过，我仍然以感动的心情接受你寄给我的高贵的话，我为你宽宏大度的感激而深深地感动。

我复信时还在为你的来信激动。从你的孤独中向我的孤独照来一线阳光，真是一件美好的事情。不久再见，在这世界上，或不在这世界上再见。我向你高贵的灵魂致敬。

维克多·雨果 [35]

最后，我们引证一段 21 世纪今人的评语："有些斗争照亮了人的一生。雨果反对死刑的斗争就是。从他的良心觉醒开始，到他最后咽气，他一直在和死刑作不断斗争。在他穿越整个世纪的光辉历程里，他废除死刑的激情和信念始终如一，这在他其他的公众生活领域里是没有的。19 世纪的维克多·雨果先后是正统主义者、波拿巴分子、奥尔良派、共和派：一直主张废除死刑。查理十世时代享受年金，路易 - 菲利浦时代的法兰西世卿，第二共和国时代是议员，帝国时代是流亡者，1871 年国民议会上当选代表，第三共和国时是参议员，他不论任何政体，不论任何环境，口诛笔伐，不停地无情地和死刑斗争。60 年间，他在法国，在全世界，是废除死刑的歌手、先知和骑士。世纪最伟大的作家，会是废除死刑的第一人。他给予反对死刑斗争的灵感和声音，穿越了时间。自由有米拉波（Mirabeau），社会主义有饶勒斯（Jaurès），废除死刑有维克多·雨果。他的愿望、他的布道取得胜利以后 20 年，他的声音还在我们身上回响。我们的感激之情，可比之于他的作品：巨大。"

写下这段话的作者，正是 1982 年以法国司法部部长的身份，提出废除死刑的议案并获得通过的巴丹泰。[36]

第十四讲 雨果的事业之四 争取大赦—保护文物—保护动物

我心肠软，曾要求普天下实行赦免；

《静观集》《写在一八四六年》

Tendre, et j'ai demandé la grâce universelle ;

《*Les contemplations*》《*Ecrit en 1846*》

我注视这个世界，真感到忧心如焚。

《精神四风集》《阿弗朗什附近》

Triste jusqu'à la mort je contemplais ce monde.

《*Les Quatre Vents de l'Esprit*》

《*Près d'Avranche*》

这头卑劣、污秽的驴子，全身都挨打，

比苏格拉底神圣，也比柏拉图伟大。

《历代传说集》《癞蛤蟆》

Cet abject, souillé, meurtri sous le bâton,

Est plus saint que Socrate et plus grand que Platon.

《*La légende des siècles*》《*Le Crapaud*》

争取大赦

雨果一生为之奋斗的诸多事业，都是大事业，事业就是理想，而理想只能接近而已。人生有涯，至于实现，谈何容易。但有一个例外。那就是雨果争取大赦的事业。19 世纪 70 年代的"大赦"，是指对巴黎公社失败后被判刑、被流放、被迫逃亡国外的公社社员和

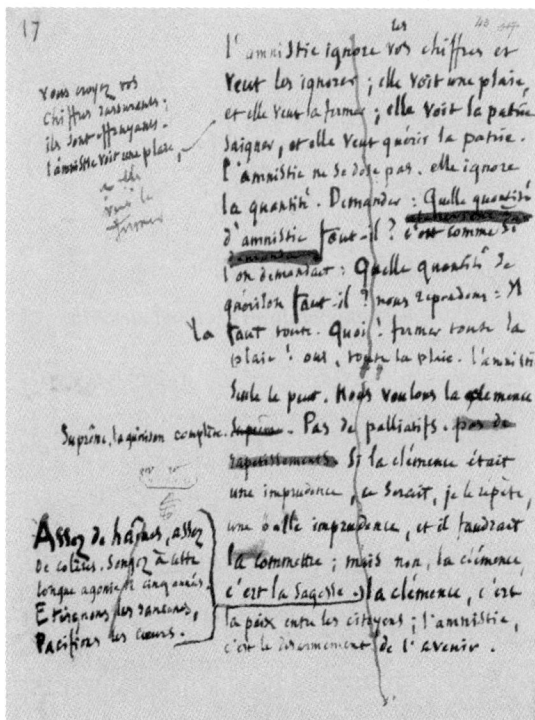

01 | 1876年5月22日，雨果在参议院 呼吁大赦的演说手稿

公社战士实行"充分而完全的大赦"。

我们在雨果的生平里，谈到他对巴黎公社的原则立场：承认公社的权利，但反对公社的极端措施。雨果尤其认为内战应该服从外战；选择公社成立的时机不好。

巴黎公社事起突兀，又很快在血泊中倒下。雨果立即从布鲁塞尔高举"庇护权"的大旗。为此，他招来一系列个人生活的挫折，他在国内国外一度声名狼藉。1872年，他在立法选举中被击败，但他并不气馁。

雨果为被判刑、流放的公社战士愤愤不平，要求全国和解，要求全国宽容，以达到实现大赦的最后目的。

雨果在《凶年集》里有名篇《在一座街垒上面，在铺路石的中间》，写视死如归的公社小战士：

在一座街垒上面，在铺路石的中间，

此地被脏血玷污，此地用热血洗遍，

有十二岁的男孩和大人一起被俘。

"你是他们一伙的？"孩子答："同一队伍。"

"那可好哇，"军官说，"我们要把你枪毙。

你就等着吧。"孩子望着高大的墙壁，

火光一闪又一闪，伙伴们纷纷倒下。

这男孩对军官说："你能否让我回家？

我回家去把这表交还给我的母亲。"

"你想溜？""我就回来。""你的家是远是近？

这些流氓都害怕。""住前面，水池旁边。

我马上回来，队长先生。"他许下诺言。

"滚，太可笑了！"孩子走了。"这也算花招！"

士兵和他们军官都一起哈哈大笑，

这笑声和死者的咽气声同时传来；

可笑声停了，因为脸色苍白的小孩

突然又出现，他像维阿拉一样骄傲，

他走来背靠着墙，对他们说："我已到。"

死神也感到羞愧，军官免了他一死。

这场风暴把一切都已经搅乱，孩子，

善和恶难以区分，也难分英雄强盗，

你为何投入这场战斗，我并不知道，

但你无知的心灵就是崇高的心灵。

你又善良，又勇敢，你向深渊的绝境

走了两步：一步向母亲，一步向死亡；

孩子有的是天真，大人则后悔难当，

别人要你做的事，责任不由你承担；

这孩子神气、英勇，他宁可不要平安，

不要生命和游戏，不要春天和朝阳，

只要一座朋友们死去的阴暗高墙。[1]

雨果研究家戈东在 2002 年"法兰西思想传播协会"网络版的《雨果展览》里认为,"雨果在这首诗中对巴黎公社的态度,并不局限于对重大罪行一碗水端平。在凡尔赛分子和公社社员造成的罪行之上,还有英勇无私的行为和榜样。这样,天平倒向了弱者的一边,弱者代表了人性中较好的一面,代表了人类历史和文化中更为高尚的一面。"[2]

《凶年集》中的《致被踩在脚底下的人》,预告了雨果对待失败的公社社员的态度和立场:

> 噢!我和你们一起!我伤心,我也开心。
> 挨打、受到摧残的人才能把我吸引;
> 我感到是他们的兄弟;当他们掌权,
> 我斗争,打倒在地,我要为他们申辩;
> 因为众人摸黑时,使我看得更清楚,
> 我要忘掉他们的咒骂,他们的愤怒,
> 他们曾经叫我时,怀有多大的仇恨。
> 而当他们不幸时,我再也没有敌人。
> 首先是人民,人民盼望有报酬。人民,
> 人民也有的时候会变得不得民心,
> 可怜的家庭,男人、女人、孩子和前途,
> 权利、工作和痛苦,我要为人民辩护;
> 我为迷途者、弱者辩护,这大批群众
> 从来就无依无靠,垮下来无所适从,
> 在动乱的事变里跌倒后头脑不清;
> 他们是无知无识,他们便严酷无情;
> 唉!还需要向你们再谈论多少时间,
> 反复讲,你们应该走在他们的前面,
> 要把城市他们的一份让他们做主,
> 正是你们的瞎眼造成他们的盲目;
> 监管的时候吝啬,现在尝到了苦果。
> 他们让你们痛苦,你们先对人折磨。

你们没有手把手，给他们指引前途，

教会他们能认清黑夜，并走上正路；

是你们让他们在迷宫里毫无办法。

他们使你们恐怖，你们让他们害怕；

他们没有感受到你们的兄弟情谊。

他们彷徨；善良的本性借光明充饥；

他们迷茫的心灵得不到任何满足；

他们是在比树荫幽暗的密林深处

更阴沉的黑夜里寻找一点点光亮；

没有灯塔。摸着走，走投无路而绝望。

一个活不下去的人如何又能思考？

恶性循环中转来转去，会头晕跌倒；

贫困这个转轮使伊克西翁也头晕。

正因为如此，我才下定了这个决心：

为人人要求面包，为人人要求光明。[3]

　　雨果为被投入监狱的公社社员，为即将出发去海外流放的公社社员奔走呼告，出面斡旋。他1871年10月为狱中的亨利·罗什福尔去凡尔赛找梯也尔求情。1873年，他给新总统麦克－马洪写信，未果。1873年，他第三次给副总理布罗伊公爵写信。收信人给老人面子，给他复信，仅此而已。[4]

　　1872年4月23日，雨果把当了3个星期巴黎议员的津贴，675法郎，捐助政治犯家属。[5]

　　1872年9月21日，雨果在根西岛，未能参加巴黎共和派人士纪念法国大革命第一共和国的周年纪念日。他写了《共和国周年致同胞们》：

　　……现在，我提议祝酒。

　　但愿我们的当政者不要忘记，君主制度的证据是西伯利亚……共和国的证明是大赦。

　　我为大赦祝酒，大赦将会使全体法国人是兄弟，为共和国祝酒，共和国将会使各国人民是兄弟。[6]

雨果在巴黎公社失败后第二年，提出"大赦"："我为大赦祝酒，大赦将会使全体法国人是兄弟"。事实上，争取大赦的斗争刚刚开始。

1876年1月30日，雨果当选参议员，2月1日，雨果收到政治犯桑博泽尔妻子的求援信："是个不幸的女人来求你，她确信自己的痛苦会在你心中引起反响。"2月7日，雨果给共和国总统写信："尚未离开法国的政治犯的妻子特意给我写信。……你下个命令，可以延迟出发。"[7]

1877年，新诗集《祖父乐》出版。诗人在童趣里夹杂私货：大赦。一首《让娜在黑屋子里被罚吃干的面包》，在写孩子日常生活的小诗里，出人意外地竟有政治生活的重大主题。原来，老诗人煞费苦心，想尽一切办法，利用一切机会，为他念念不忘的大赦制造舆论：

> 让娜在黑屋子里被罚吃干的面包，
> 反正犯了什么罪。我责任没有尽到，
> 我这是犯渎职罪，去看流放的女犯，
> 并且，我暗中偷偷塞给她蜜饯一罐，
> 这可是违法行为。于是在我的城里，
> 全社会安危赖以维系的大小官吏，
> 都感到义愤填膺：
>   "孩子知道你软弱，
> 她很了解你，你是懦夫，这她也知晓。
> 别人生气时，她却看到你反而在笑。
> 还能不能有什么政府？每刻和每时，
> 你都在扰乱秩序；权力变得很松弛；
> 没有了规章制度，孩子可就会胡来。
> 是你破坏了一切。"我只好低下脑袋……[8]

1878年5月30日，伏尔泰逝世100周年。伏尔泰是提倡"宽容"精神的先哲。"大赦"需要"宽容"。于是雨果发表了热情洋溢的长篇演说，演说理所当然落实到

"大赦" 上来：

> ……微笑，就是伏尔泰。
>
> 这微笑，是睿智。这微笑，我再说一下，就是伏尔泰。这微笑有时变成笑声，但是，其中蕴涵有哲理的忧伤。对于强者，他是嘲笑者；对于弱者，他是安抚者。……
>
> 那一天肯定快来了，大家会承认睿智就是仁慈，到那一天，当大赦颁布时，我肯定，伏尔泰在天上的星星里会微笑的。[9]

1876 年年初，雨果当选巴黎市参议员。好啊，机会来了。这不是个人的荣誉，雨果要荣誉干什么？雨果开始争取大赦的正规战，这是一场持久的攻坚战。雨果先后在参议院发表过三次演说，他从一切角度论证大赦的合理性、必要性和迫切性。第一次，失败了。第二次，失败了。第三次，雨果终于成功了。这是雨果在有生之年，第一次看到他为之奋斗的一项事业成功了。

1876 年 5 月 22 日，参议院第一次讨论雨果大赦的建议。雨果全面阐述他的意见：

> 各位先生：
>
> ……当重新劳动的时刻又来临时，四面八方提出的要求，大家所乞求的，大家所希望的，是平心静气；先生们，只有一种平心静气，就是遗忘。
>
> 各位先生，用政治语言说，遗忘叫大赦。
>
> 我要求大赦。
>
> 我要求充分的完整的大赦。没有条件。没有限制。大赦就是大赦。
>
> 只有遗忘会原谅。
>
> 大赦没有剂量。要问：需要多少大赦？这仿佛在问：需要恢复多少健康？我们回答：需要完全恢复健康。
>
> 需要愈合一切伤口。
>
> 需要熄灭一切仇恨。……
>
> 宽大不是别的，就是公正，是更加公正。审判只看到错误，宽大看到了罪犯。对于审判，错误是在某种不可避免的孤立情况下出现的；对于宽大，罪犯出

现时,围着一个个无辜的人;他有父亲,有母亲,有妻子,有几个孩子,他们和罪犯一起判刑,忍受他受的刑罚。他呢,他去苦役犯监狱,去流放;他们呢,他们受苦受难。他们应该受惩罚吗?不。他们在忍受惩罚吗?是。所以,宽大认为审判并不公正。她出面调解,她赦免。特赦是天上的审判对地上的审判加以崇高的修正。

……大赦之所以了不起和有效,在于其中有人类的团结。这不仅是个最高权力的行为,这是兄弟友爱的行为。这是对纷争的否认。大赦是愤怒的彻底消灭,是内战的结束。为什么?因为大赦包含了彼此的原谅。

我要求大赦,

我为了和解的目的要求大赦。

此地,有人对我提出反对;这些反对几乎是控告。有人对我说:你的大赦是不道德的,不人道的。你在破坏社会秩序。你变成了纵火犯和杀人犯的辩护者!你在为谋杀辩护!你来救坏人!

我停下来。我扪心自问。

先生们,我五年来在自己的能力范围内,一直在尽一个痛苦的责任,其实,别的人条件比我好,这个责任会尽得比我更好。我经常地、尽可能经常地,恭恭敬敬地访问贫困。对,五年以来,我经常登上伤心的楼梯;我走进夏天没有风、冬天没有火的住所。1872年,我见过一位母亲,她的孩子,一个两岁的孩子,因为缺乏食品患肠道狭窄死了。我见过满屋子高烧和痛苦的卧室；我见过合掌哀求的双手；绝望挣扎的胳膊；我听过老人、妇女、孩子的喘息和呜咽；我见过苦难，悲痛，无以名状的贫困，匮乏的破衣烂衫，饥饿惨白的脸蛋，每当我问起这一切贫困的原因，大家回答我：因为男人不在家！男人，是支点，是劳动力，是活力和有力的中心，是家庭的支柱。男人不在家，所以贫困就当家。所以，我说：需要男人回来。而因为我这样说，我听到诅咒的叫喊。而尤其甚者，是挖苦讽刺的话。我承认，我很吃惊。我在想，他们做了什么坏事，这些忍饥挨饿的人，这些老人，这些孩子，这些妇女；这些丈夫没有死的寡妇，这些父亲活着的孤儿！我在想，为他们没有犯过的错误而惩罚这些受苦的人群，这公平吗？我要求把父亲还给他们。我因为同情重重的困境，我因为不喜欢看到残疾人饥寒交迫在颤抖，我因为在无法安慰的老太太面前下跪，我因为想温暖幼童的光脚，而激起阵阵的愤怒，我感到惊讶！我真想不通我保护家庭，就会动摇社会，我因为替无辜辩护，怎么就会成了罪行的辩护律师！

……我凭着自己同情的信念，有时候不知不觉越出了自己规定的界限，请想想，我此刻是宽大的发言人，如果宽大是冒失行为，这是美好的也是允许我这把年纪有的冒失行为；请记得怜悯过了头，如果怜悯能够过头的话，在活了一大把岁数的人身上也是可以原谅的，受过苦的人有权保护正在受苦的人，是一个老人为妇女、为孩子在恳求你们，是一个流亡者为失败者向你们说话。

各位先生，有一个深深的疑问掺和在内战里面。我请谁佐证？官方报告。报告在第二页承认："（3月18日）运动的不明朗性让每个人（我是引文）隐隐看到是在实现某些也许是正确的思想。"这正是我们历来所讲的话。先生们，提起的诉讼是没完没了的，大赦更应该是没完没了的。只有大赦，完整的大赦，才能消除这件对群众起诉的案子，案子开始便逮捕38000人，其中有850名妇女，有651个15、16和17岁的孩子。

各位先生，你们中间能有一个人，今天经过巴黎的某些区而不感到揪心；例如，在罗什舒阿尔街和林荫大道的拐角处，走近这堆仍然看得见的铺路石被难看地撬了起来？这些铺路石下面有什么？是那阵阵受害者模模糊糊的叫喊声，有时会久久地传给未来。我停一下；我给自己规定过一些保留，我不想越轨；但是，这阵阵听不下去的叫喊声，要由你们来平息它。先生们，五年来，历史的眼睛盯着巴黎这块伤心的底土，只要你们没有合上死者的眼睛，没有颁布遗忘的法律，

03 | 小说《巴黎圣母院》促成对巴黎圣母院的修复工程

04 | 2012 年，巴黎圣母院举行"瞻仰圣冠"的宗教仪式

巴黎会永远听得见有恐怖的声音从中传上来。……

为了一切理由，为了社会的理由，为了道德的理由，为了政治的理由，请表决通过大赦。理直气壮地通过大赦。请在做假的警告之上站立起来。请看，取消戒严令很简单。颁布大赦令也会很简单。宽恕吧。

……熄灭仇恨，合上伤口，安抚人心，把共和国建立在公正的基础上，把和平建立在宽大的基础上……怜悯和温和是治理的良方。把道德的法则置于政治的法则之上，这是永远让革命服从文明的唯一方法。对人人说：要仁慈，就是对他们说：要公正。大难过后，要大立。[10]

雨果慷慨陈词。议案交付全体议员表决时，十人赞成。大赦议案被否决。

1879 年是大赦的关键一年。1 月 30 日，保王派总统麦克－马洪（Mac-Mahon）辞职，共和派的朱尔·格莱维（Jules Grévy）当选共和国总统。共和派终于执掌政府的全部权力。

1879 年 2 月 28 日，雨果在参议院第二次做争取大赦的演说：

……赦免是什么？这是一种处分。

大赦是什么？这是一笔勾销。……

内战只有平息下来，才告结束。

政治上，忘记是伟大的原则。

八年前，刮起一阵无法避免的风：有一些不幸的人被卷入进去；你们把他们抓住，你们对他们惩罚。

内战是个错误。谁的错误？

每个人，又没有一个人。对巨大的错误，要有巨大的忘却。

大赦，就是忘却。

……宽容，真正的宽容，唯一的宽容——忘却。只有这样，共和国，至高无上的共和国，全能的共和国，才会在黑暗中，在黑夜里，懂得从两团黑雾的碰撞中迸发出光明。

除雨果本人外，还有 17 位参议员签名支持。[11]

1880 年 7 月 3 日，雨果争取大赦的第三次演说：

我只说一句话。

我经常谈到大赦，也许，我的话在你们思想中没有完全消失；我不再赘述。

凡是已经说过的话，我让你们自己去追述，在各种时代说的，反对大赦的，赞成大赦的，有两个方面的事实，在政治方面，在道德方面；——在政治方面，一边总是对另一边指责犯同样的罪行，在任何的时期，不论被告是谁，不论法官是谁，总是同样的判刑，我们对此会在黑暗的深处隐隐看到这句安心而又凶险的话：胜利者审判失败者；——在道德方面，总是同样的呻吟，总是同样的乞求，总是同样的滔滔不绝，有的生气，有的温柔，而比任何滔滔不绝更有说服力的，是有的妇女向天空伸出双手，是有的母亲在哭泣。

我仅仅提请你们注意一件事实。

各位先生，7 月 14 日是个节日；你们的表决和这个节日相关。

这是个什么节日？这个节日是人民大众的节日。请看人人脸上灿烂的欢笑，请听人人嘴里发出的喧闹。这超越了人民大众的节日，这是全国的国庆。请看这一面面的旗帜，请听这一声声的欢呼。这超越了全国的国庆，这是普天下的节日。请看看人人的额头，英国人，西班牙人，意大利人，都有同样的热情；再也没有外国人。

各位先生，7月14日，这是人类的节日。

这样的光荣归于法兰西：法国伟大的节日，是世界各个国家的节日。

独一无二的节日。

这一天，7月14日，在全国的大会之上，在胜利的巴黎之上，在一片的光辉灿烂之下，高高地站立起一个形象，人民啊，比你更高大，祖国啊，比你更高大——人类！……

让我们感谢共和国吧。

至于我——请让我以一个回忆结束——三十四年前，我初出茅庐，踏上法国的讲坛——踏上这样的讲坛。上帝安排我最初的发言谈进步，谈真理；他今天安排我发言——考虑到我的年龄，也许是我最后的发言——是谈宽容，谈正义。[12]

1880年，法国实行大赦，巴黎公社失败后第九年，是年，雨果77岁。在太平洋新喀里多尼亚岛上流放的公社社员，流落在欧洲各国、甚至远去美国的公社社员，纷纷回国。《国际歌》的作者鲍狄埃，"红色圣女"路易丝·米歇尔等，先后回到祖国，继续从事他们各自的活动。

保护文物

1985年，法国"全国雨果纪念委员会"纪念雨果逝世100周年，举办《伟大的作品，伟大的事业》巡回展览，其中第九页的标题是"保护祖国文化遗产"："雨果从1823年起，挺身而出，反对破坏历史建筑物的人。他对'毁坏文物者'和不负责任的修复者终生展开一场战争。他为圣德尼修道院，为巴黎圣母院，为圣雅各塔，也为安布瓦兹城堡，为朱米埃日和圣旺德里伊修道院，为布鲁教堂，都进行过斗争，取得不同程度的成功。雨果在1834年至1848年间，是负责协调保护历史性建筑物的各委员会的成员，他在外出旅游期间，努力把他认为有价值的名胜古迹，摹写在自己的笔记本上。"文字之后，巡回展览列出13幅雨果出游期间创作的名胜古迹风景画，时间在1834年至1839年。

2002 年，法国"法兰西思想传播协会"的网络版"雨果展览"，纪念雨果诞生200 周年，共 33 幅。29 幅的标题："回忆／文化遗产"；文字内容："雨果从 1825 年游览萨瓦地区开始，奋起反对对法国名胜建筑的毁坏。他许诺自己要经常谈到这个题目，'会顺便谈到，也会破例谈到'。他从这一时期起，把他的批评矛头指向他称之为文物破坏的两个方面：拆毁和修复。他还要求国家进行干预，根据在他看来是决定性的论据，这在当时是很引起争议的。这是革命性的提法。"此外，该页还引用了雨果两则主张保护文物的语录。这样，法国最近两次普及性的大型"雨果展览"，都提到雨果主张保护文化遗产的思想。

2002 年中文版《雨果文集》的第十一卷《雨果散文》一册，收录了雨果两篇文章，总标题是《向毁坏文物者开战》。"开战"二字，是雨果 1825 年的用语。时至 21世纪初，我们看到：雨果是保护文化遗产的先行者，他的意见具有前瞻性。

1825 年的第一篇文章：

现在，已经到了任何人都不应该再保持沉默的时刻了。现在，普天之下终于应该发出呼吁，请新生的法兰西拯救古老的法兰西。这些令人赞叹的古迹，中世纪仅剩给我们的一点点古迹，正同时受到各种各样亵渎、损坏和坍塌的威胁，而这些古迹上留下了国家昔日光荣的印记，上面既有对于历代君王的缅怀，又有人民的传统。正当有人花大笔的钱，兴建一些我说不上是什么非驴非马的建筑物，可笑地声称在法国是希腊式或罗马式，其实既非罗马式，又非希腊式，而另一些精美的本国建筑物正在倒塌，而有人连了解一下的兴趣都没有，它们唯一的过错，只是起源是法国的，历史是法国的，用途也是法国的。布卢瓦三级会议城堡充作兵营，卡德琳·德·美第奇美丽的八角楼坍塌后被掩埋在骑兵营地的屋梁下面。在奥尔良，由贞德捍卫过的最后一段城墙遗址不久前已告消失。……

有人告诉我们，有几个英国人出"300 法郎"的价，买下了可以从令人赞叹的朱米埃日修道院的废墟中装箱取走任何喜欢的东西的权利。这样，额尔金[13]爵士的亵渎行为又在我国重演，而我们还有利可图。土耳其人出卖的只是希腊古迹，我们更高明，我们出卖的是自己的古迹。……

一幢建筑物里有两样东西：一是用途，二是美；建筑物的用途归业主所有，而美属于大家；毁坏自己的建筑物，是超越了他的权利。……

我们的古迹应该加以积极的监管。……我们再也没有以往岁月的才智。工业已经取代了艺术。

再说，这个题目完全可以写一本书。本文作者会经常重提此事，会顺便谈到，也会破例谈到；正如一个古罗马人一再地说："我这样想，必须摧毁迦太基"，这则笔记的作者也会反复地说："我这样想，不应该摧毁法兰西。[14]

1832 年的第二篇文章：

在王政复辟期间，文物破坏者心情舒畅，我们可以说，妙不可言地满地打滚。人人都会记得，文物破坏者当时是王家建筑师，而他是如何处理兰斯大教堂[15]的。有位博学、多才和诚实的人士，维泰先生，曾经指出这件事。我们知道，这座大教堂从上到下，刻满精美的雕刻作品，全身上下，都凸起在墙外。查理十世举行加冕礼[16]的时代，文物破坏者是佞臣，他怕这些垂直壁立的雕刻作品不要碰巧脱落下来，不要在国王经过的时候，不合时宜地砸在陛下身上；他花费整整三个月时间，用大槌猛敲，毫不客气地给古老的教堂修剪整齐！——本文作者家里就有一个美丽的基督头像，是这次行动不可多得的残片。……

而在艺术和批评全盘推陈出新之际，中世纪的建筑事业三个世纪以来第一次得到严肃地捍卫，取得了成功，同时取得成功的还有科学的种种道理，历史的种种道理，艺术的种种道理，理智、想象和人心所捍卫的普遍的大好事业。所以，不必再提已经批评过，而且批评得很好的事物；让我们从总体上告诉政府，告诉乡镇，告诉个人，他们要为偶然交在他们手里的全国性古迹负责。有账要从后人向前人算。……

这是一个事关大家的问题，事关国家的问题。每天，只要大家的利益高声说话，法律会让私人利益的尖声喊叫静下来。个人的产业过去在，现在仍然在向社会集体的方向改变。我们强制性地买下你的田产，改建一个广场，买下你的家宅，改建一座收容所。我们也会买下你的古迹。

如果需要法律，再说一遍，我们就制定法律。……而为名胜古迹制定一项法律，为艺术立法，为法兰西的民族性立法，为怀念立法，为大教堂立法，为人类智慧最伟大的作品立法，为我们父辈的集体成果立法，为历史立法，为被毁后无法弥补的事物立法，为一个国家除前途之外最神圣的东西立法，为过去立法，立这条正确的法律，良好的法律，优秀的法律，神圣的法律，有用的法律，必需的

05 ｜ 雨果旅途中给家人的信件中，绘图列出当地的古迹，1837 年 8 月 6 日于比利时

06 ｜ 1840 年 9 月 19 日，雨果在莱茵河发出的家信

法律，必不可少的法律，紧迫的法律，我们没有时间，这条法律立不下来！

可笑！可笑！可笑！[17]

我们在《圣母院的钟声》一书中，谈到雨果的历史小说《巴黎圣母院》："巴黎圣母院今天之所以名扬天下，雨果功不可没。1831 年 3 月，《巴黎圣母院》出版时，这座大教堂已老态龙钟，摇摇欲坠。雨果这部历史小说十分轰动，引起全社会对巴黎圣母院等古建筑的重视，广而言之，并对整个中世纪的艺术产生了兴趣。一部小说如此深入人心，引发了一场审美趣味的革命。在雨果身体力行的倡导下，法国政府决定全面修复大教堂，历时数十年完成。《巴黎圣母院》把巴黎圣母院从覆灭的命运中挽救了出来。"[18]

雨果 29 岁出版《巴黎圣母院》；雨果的《向文物毁坏者开战》收入《文哲杂论集》，1834 年出版，时年 32 岁。半个世纪以后，雨果直到逝世前，仍然关心这个挥之不去的保护历史文化遗产的问题。一是巴黎的"卢泰斯斗兽场"（les Arènes de Lutèce），二是"圣米迦勒山"（le Mont Saint-Michel）。

卢泰斯（Lutèce）是巴黎的古名。高卢为罗马帝国灭亡后，公元 360 年前后，卢泰斯依照居民的名称更名为"巴黎"。卢泰斯斗兽场建于罗马统治时期，1869 年发现，于 20 世纪初修复。1883 年 7 月 27 日，雨果给巴黎市议会议长写信：

> 议长先生：
>
> 巴黎是未来的城市，巴黎不可能放弃她是过去的城市这个活生生的证明。过去带来未来。斗兽场是古代大城市的标志。斗兽场是独一无二的胜迹。市议会如果毁掉斗兽场，可以说是毁掉自己。要保存卢泰斯斗兽场。要不惜一切代价地予以保存。你们这就做了一件有益的事情，尤其是你们会作出一个伟大的榜样。
>
> 维克多·雨果 [19]

"圣米迦勒山"在诺曼底和布列塔尼交界处的近海。法国于 1979 年首次申报成功三处世界遗产。"圣米迦勒山"是首次申报成功的三处世界遗产之一。1884 年，雨果逝世前一年，在报纸上著文，反对有人企图肢解圣米迦勒山：

> 圣米迦勒山对于法国的地位，等于大金字塔对于埃及的地位。
>
> 要防止对圣米迦勒山作任何形式的肢解。
>
> 要让圣米迦勒山保持是一个岛。
>
> 要不惜一切代价保存这个大自然和艺术的双重作品。
>
> 维克多·雨果于 1884 年 1 月 14 日 [20]

在雨果《向文物毁坏者开战》以后将近一个半世纪，联合国教育、科学及文化组织大会于 1972 年在巴黎举行第十七届会议，会上通过了《保护世界文化和自然遗产公约》。

保护动物

保护动物从来没有进入 19 世纪政治家的视野。雨果没有在公众场合为保护动物说过片言只语。19 世纪没有提出环境保护和生态平衡的问题。所以，我们也没有雨果和此类民间组织交往和通信的材料。

雨果提出保护妇女的权利，保护儿童的权利。在男人面前，妇女是弱者，在大人面前，儿童是弱者。雨果心目中弱者的概念，可以超越妇女和儿童。我们在阅读雨果的诗篇时，深深感到弱者还包括更多的生灵，譬如动物、牲口，它们是更广泛意义上的弱者。

动物是雨果关心爱护的对象。雨果把虐待牲口提高到如同暴君残暴的道德高度。

《静观集》的长诗《哀伤》是《悲惨世界》的萌芽。其中第六则故事，主人公不是人，而是一匹马。全诗如下：

> 沉重的小车装着一块巨大的石头；
> 辕马已大汗淋漓，全身的上下湿透，
> 车把式挥动皮鞭，打滑的石路有坡，
> 马胸部的马具上有血一滴滴下堕。
> 马拉车，吃力，呻吟，还拉，停下了脚步；
> 而黑乎乎的鞭子在马的头上飞舞；
> 这是星期一；车夫昨天在郊区喝酒，
> 酒里充满了疯狂，充满脏话和怒吼；
> 噢！请问，人世间凭什么混账的法律，
> 让你使唤我！醉汉使唤受惊的马驹！
> 牲口发了昏，再也不能向前跨一步；
> 只是感到有一团黑气把脑袋罩住；
> 身上压石头，身上挨皮鞭，也不知道
> 石头为何要压它，主人为何要它跑。
> 马夫现在已变成暴风雨，鞭打不停，
> 抽在套着笼头的马身上，真是苦命，
> 从来没有星期天，从来得不到休息。
> 如果鞭子抽断了，赶马的用脚猛踢，
> 如果绳子打断了，赶马的挥拳猛打；
> 这匹马摇摇晃晃，打残了，担惊受怕，
> 低下哀伤的脖颈，垂下迷茫的脑袋；

钉有铁钉的皮靴咚咚咚地响，踢在
不会说话的马的光肚子上，真可怜！
马哼哧一声，刚才多少还能够动弹；
可现在一动不动，全身已精疲力竭。
鞭子雨点般下来，眼看马已经垂死，
还想做最后努力，马的脚偏闪一下，
跌倒在地，身上有车辕全部的重压；
正当屠夫狠命地抽打，马昏昏沉沉，
张起混浊的眼睛，正在注视着某人；
我们看到马眼睛对无限充满惊骇，
本已是卑微无光，慢慢地暗将下来，
事物可怕的灵魂在眼中微微闪亮。
呜呼！ [21]

　　1867年12月圣诞节，雨果在"穷孩子"的晚餐上讲话："我们应该和强者和权贵进行斗争；我们应该揪住暴君，不管他是谁，从虐待牲口的车夫，到压迫人民的国王，这都是艰难的不可不做的事情。"[22]《哀伤》里的"车夫"在社会上地位卑下，但在雨果看来，他对牲口也是暴君。

　　《静观集》中有一首抒情诗：《我既怜爱蜘蛛，我也怜爱荨麻……》：

我既怜爱蜘蛛，我也怜爱荨麻，
　　因为，大家恨它们；
因为，谁也不愿受害，更要惩罚
　　它们心里想害人；

因为，它们是肮脏的爬行生物，
　　被人诅咒，又虚弱；
因为，它们自己设置下的埋伏，
　　反而把自己俘获；

因为，它们吃亏在自己的罪恶；
　　命运啊！倒霉的网！
因为，荨麻是一条扭曲的水蛇，
　　蜘蛛是无赖流氓；

因为，它们像深渊一般的黑暗，
　　使大家望而生畏，
因为，蜘蛛和荨麻是黑夜漫漫
　　里的牺牲品一对。

对卑贱的植物，对可怜的动物，
　　行路人，要有爱心。
要怜悯丑陋，要怜悯咬人放毒，
　　啊！对恶也要怜悯！

万事万物都会有自己的忧伤；
　　人人想要一个吻。
它们长相是吓人，只要你路上
　　能忘记踩死它们，

只要对它们收起高傲的眼色，
　　邪恶害人的草茎，
卑劣的畜生，躲在阴暗的一侧，
　　低声咕哝着：爱情！ [23]

这首提倡"对卑贱的植物，对可怜的动物，／行路人，要有爱心"，写于 1842 年。

　　1864 年 2 月 16 日，雨果手记："放出红喉雀。大鸟笼空了。"[24] 4 月 27 日，雨果创作诗篇《放鸟》，收入 1877 年的《祖父乐》：

07 │ 雨果绘画:《驴子》, 1869 年

08 │ 雨果绘画:《奔马》, 创作年代不详

经过今年的严冬, 只剩下一只小鸟,

从前笼子里确有大群的飞禽鸣叫。……

今天早晨, 我打开铁笼大门的门闩。

我走进去。……

山雀闭上了眼睛, 软瘫在我的手中,

张着小嘴, 羸弱的颈脖子歪倒一边,

翅膀发硬, 嘴无声, 眼无神, 气息奄奄,

我感到它小小的心却在怦怦跳动。……

　　　　　　我这就走出鸟笼,

但始终握着小鸟。我移步走近阳台,

古老的木阳台上已被常春藤掩盖。

太阳啊! 万象更新! 万物在跳动颤抖,

万物是光明。我就松手说:"还你自由!"[25]

　　《历代传说集》是"史诗"。我们看到, 集中有一首动物的史诗, 确切地说是动物被虐待的史诗。泽西岛的"灵桌"嘱咐雨果全家, 对途中遇见任何动物要有"巨

09｜雨果绘画:《公鸡》,流亡时期创作

大的怜悯心"。1856 年 4 月,奥古斯特·瓦克里遇见孩子用石头砸一只癞蛤蟆。瓦克里救出了倒霉的癞蛤蟆,放归田野里。瓦克里自称做了"仁慈的撒玛利亚人"。"仁慈的撒玛利亚人"源出《圣经》故事。雨果的史诗《癞蛤蟆》于 1858 年 5 月 26 日至 29 日写成,最初题作《仁慈的撒玛利亚人》。我们选译如下:

> 车辙的附近,旁边有一滩雨水不深,
> 一只癞蛤蟆望着天空,它看得出神,
> 它沉思默想……
>
> 一个人走过,看到这头丑陋的动物,
> 他一阵恶心,便用脚跟踩它的头部;
> 这是个神父,他正在读着一册书本;
> 接着是一个胸前有朵鲜花的女人,
> 用小阳伞的伞尖挑出来它的眼珠;
> 这女人是个美女,男人是个老神父。
> 走来四个小学生,像天空一般清纯。
> ·················

此刻的田野尽头是蓝莹莹的时候；
癞蛤蟆在凹路上匍匐着向前面爬。
癞蛤蟆在找黑夜；孩子们望见了它，
齐声地大呼："弄死这个可恶的动物，
它也长得太丑了，要让它多吃点苦！"
每个孩子哈哈笑，—孩子都笑着下手，—
用根尖尖的树枝拨弄开它的伤口，
把瞎眼睛的窟窿捅大，伤口被捅开，
孩子都兴高采烈，过路人拍手称快；
过路人嘻嘻哈哈；死亡的阴影来临，
笼上这位阴沉的殉难者，没有呻吟，
而血，这污浊的血从全身往外在流，
这可怜的生灵的罪行是长得丑陋；
它逃跑；可它已有一条腿被人拉下；
有个孩子用一把缺口的铁锹打它；

每一下打得这个流放犯唾沫四溅，
尽管此时微笑的阳光在头上显现，
尽管天空里蔚蓝，可它在地洞里躲；
孩子们说道："看它真坏！它在吐白沫！"
荆棘丛中，它脑袋流血，眼珠挂出，
小树林间，它在走，它的模样好恐怖……

　　　　突然间，在车辙里前行，
畜生边爬边等着自己最后的酷刑，
驴子看到癞蛤蟆，伤心人，——哎呀！照看
更惨的伤心人，——沉重，疲惫，皮开肉烂，
驴子低低的脑袋，似乎嗅到有近邻；
这罪人不慌不忙，这苦役犯发善心；
他集中奄奄一息的力气，他挺直脊梁

和笼头，他不惜有血在肌肉上流淌，

他听而不闻赶驴人"你走哇！"的喊叫，

制服串通一气的沉重负担和疲劳，

驴子硬是接受了眼前的这番挑战，

他拉动起了小车，他又抬起了驮鞍，

驴子昏昏然扭转不讲情面的车轮，

让这个可怜虫在自己的后面生存；

接着，又是一鞭子下来，他继续上路。……

在白痴里有仁慈！从黑炭里出钻石！……

这头卑劣、污秽的驴子，全身都挨打，

比苏格拉底神圣，也比柏拉图伟大。

仁慈的人黑暗中在路口看得清楚；

仁慈的人住天国一角。啊，哲人先贤，

仁慈，仁慈照亮了我们全世界的脸，

仁慈，这是童贞的黎明注视的目光，

仁慈，清澈的阳光温暖路人的心房，

在黑夜里，在苦难中，这本能便是爱，

这是不可言喻的至高无上的纽带，

无知透顶的驴子，无所不知的上帝，

唉！常常在凄惨的朦胧中，连成一起。[26]

　　《癞蛤蟆》收入《历代传说集》第一集，是属于"当代"的史诗。《癞蛤蟆》在人类成长的史诗里占有一席之地。"爱心"是人类进步的追求，人类进步的标志。如果有人类虐待动物，如果是动物关爱动物，那么"这头卑劣、污秽的驴子，全身都挨打，/ 比苏格拉底神圣，也比柏拉图伟大"。

　　雨果所在的 19 世纪，没有提出保护动物等我们今天所关注的环境保护问题。我们没有在雨果的政论文字里，找到保护动物的完整表述。但是，我们在雨果的诗歌

10 | 雨果绘画：《飞马》，1866 年

中，多次读到雨果对弱小的动物植物抱有爱心的诗篇，数量不小，寓意至深。我们相信，这是诗人雨果的感悟，发自诗人内心的感悟。《静观集》里的哲理长诗《黑暗的大口在说话》：

> 被创造的生灵在浩浩光明里翻动。
> 生灵自由，知道恶何处始，善何地终：
> 生灵的行为就在审判自己。[27]

雨果设想生灵万物在一张浩大的长梯上上上下下。多做善事，向上升；多行不义，向下跌。万物有灵，要对有灵的万物有爱心，要怜悯不幸的生灵。诗人雨果一而再，再而三把动物、植物写进诗歌，写进抒情诗，写进史诗。可以认为，雨果诗歌作品里出现动物植物的主题，不仅仅是诗人对具体的一事一物有感悟，而是要把对弱小者的同情从人扩大到整个世界，这是他对万事万物有慈悲心、有怜悯心、有爱心的人道主义体系的组成部分。

第
十
五
讲
　
雨
果
的
预
言
　
欧
罗
巴
合
众
国
／
宇
宙
航
行

噢！明天，明天是莫测高深！

明天到底会有什么含义？

《暮歌集》《拿破仑二世》

Oh !　Demain, c'est la grande chose !

De quoi demain sera-t-il fait ?

《*Les Chants du Crépuscule*》《*Napoléon II*》

他去众多的星星翱翔，

他的目光要看透太空。

《少作》《渴求光荣》

Il va planer parmi les mondes,

Son oeil cherche à les pénétrer.;

《*Trois cahiers de vers français*》

《*Le Désir de la Gloire*》

欧罗巴合众国

　　理想主要是一种信念，是一种追求。我们在雨果的事业之外，提出有别于事业的两项预言。预言也是理想，也是信念，但预言是信念和理想已经成为现实。预言是《圣经》里先知的事业；先知是人类的先知先觉者。预言需要科学的精确计算吗？或是需要某种先知的直觉？我们仅仅限于提出雨果超越自己时代的预言。

　　一是"欧洲联合"，雨果称之为"欧罗巴合众国"；二是"宇宙航行"，人类20世纪的骄傲。欧洲联合，是历史家和政治家的事情，属于社会科学的范围。宇宙航行，是人类先进的科学技术，属于自

然科学的范畴。

1950 年 5 月 9 日，法国外交部部长舒曼（Robert Schuman），根据莫内（Jean Monnet）欧洲统一的理念，提出欧洲组织起来的建议：共同使用资源，以确保和平。1951 年，欧洲六国：德国、比利时、法国、意大利、卢森堡和荷兰签署巴黎条约，建立欧共体的煤钢联营。5 月 9 日被确立为"欧洲日"。舒曼和莫内被尊为"欧洲之父"。

110 年前，1841 年，另一位法国人，作家维克多·雨果，在另一个场合，以另一种方式，也提出法国和德国联合，推进欧洲联合的设想。雨果提出的欧洲联合的名称，借用"美利坚合众国"（les Etat-Unis d'Amérique）的名字，叫"欧罗巴合众国"（les Etats-Unis d'Europe）。成为巧合的是，1955 年，莫内辞去"欧洲煤钢共同体"（Communauté européenne du charbon et de l'acier）主席的职务，创立"实现欧罗巴合众国行动委员会"（le Comité d'action pour les Etats-Unis d'Europe），以便自由地发表意见。我们不无吃惊地看到：莫内的"实现欧罗巴合众国行动委员会"和雨果的"欧罗巴合众国"，两人给欧洲联合所起的名字是相同的。所不同的是，20 世纪的法国政治家从经济入手，而 19 世纪的法国文学家从政治着眼。

雨果欧洲联合的第一步，是强调法国和德国联合起来。

1839 年和 1840 年，雨果把在莱茵河两岸旅行时所作的笔记，结集成游记《莱茵河》。雨果研究家巴雷尔看到："7月间，他写了一篇长篇的'结论'，其中有历史，有理论，有走向全欧洲的政治希望，附加在确切意义上的'游记'之后。"[1]。说来难以置信，《莱茵河》的序言长约7000字，而政治性的结论长7万字。作家雨果在《莱茵河》表露出对政治的兴趣。结论部分提出法国和德国以莱茵河为纽带，联合起来，推进欧洲的整体联合。[2]

> 这整个旧大陆还剩下什么？欧洲还有谁仍然站立着？两个国家而已：法国和德国。
>
> 好啊，这就够了。法国和德国本质上就是欧洲。德国是心脏；法国是大脑。德国和法国本质上就是文明。德国感受；法国思考。
>
> 感情和思想，这是完整的文明人。
>
> 两国人民之间，唇齿相依，有无可否认的血缘。他们出自相同的起源；他们共同抗击罗马人；他们过去是兄弟，现在是兄弟，未来是兄弟。
>
> 他们形成的方式相同。他们不是岛民，他们不是征服者；他们是欧洲土地上真正的孩子。
>
> 为了天下取得平衡，如同是大陆的双面拱顶石，欧洲需要莱茵河的两个国家，两国被这条繁衍生息的大河滋养和紧紧地联结起来；一个德国在北面和东面，借瑞典、挪威和希腊依靠波罗的海和亚得里亚海，借多瑙河诸公国作为拱扶垛；另一个法国在南边和西边，依靠地中海和大洋，借意大利、西班牙作为墙垛。[3]

"简而言之，德国和法国的联合，这会是英国和俄国的牵制，会是欧洲的得救，世界的和平。"[4]雨果哀叹："莱茵河是应该团结两国的河流；过去被人当成分割两国的河流。"[5]

雨果以明白的语言，预言以法国和德国为核心的欧洲：

> 让我们回顾一下：
> 两百年前，有两个国家，咄咄逼人，侵略欧洲。
> 换言之，两种自私自利威胁着文明。
> 这两个国家，这两种自私自利，是土耳其和西班牙。

欧洲进行了自卫。

这两个国家垮台了。

今天，同样令人不安的现象又出现了。

另外两个国家，有和先前同样的基础，有同样的实力，用同样的动机，正威胁着欧洲。

这两个国家，这两种自私自利，是俄国和英国。

欧洲应该自卫。

旧欧洲的形成复杂，已经毁了；现在的欧洲形式简单。现在的欧洲基本上是法国和德国，各国的组合在南在北应该依靠这个双重的核心。

法国和德国的结盟，便是欧洲的组成。德国携手法国，阻挡俄国；法国携手德国，阻挡英国。

法国和德国分割开来，便是欧洲的解体。德国敌视法国，俄国乘势而入；法国敌视德国，英国乘虚而来。[6]

雨果欧洲联合的第二步，是提出欧洲各国依照美国的榜样，建立"欧罗巴合众国"。从 40 年代起，雨果在流亡前，雨果也在流亡后，抓住一切机会，不遗余力地宣讲"欧罗巴合众国"的理念。

1849 年 8 月 21 日，雨果以主席身份在巴黎和平代表大会上致辞：

> 总有一天，你们法国，你们俄国，你们意大利，你们英国，你们德国，你们大陆上的每一个国家，你们会并不丧失自己不同的品质，并不丧失你们光荣的个性，而又严密地组成一个更高层次的统一体，你们会组成欧洲的兄弟姐妹……会有一天，我们会看到这两大群体，美利坚合众国，欧罗巴合众国，面对着面，隔着大海，彼此伸出手来，交换各自的产品，贸易，工业，艺术，天才，开垦地球，殖民沙漠，在造物主的注视下改善万物，为了取得大家的幸福，共同把这两股无穷的力量联合起来，即人与人之间的兄弟情义和上帝的威力。[7]

雨果第一次提出"欧罗巴合众国"的名字。我们看到，《莱茵河》里的欧洲联合把俄国和英国排除在外，雨果 1849 年提出的"欧罗巴合众国"里，包容了俄国和

02 ｜ 1870 年 7 月 14 日下午 1 点，雨果手植 欧罗巴合众国橡树的亲笔记事

03 ｜ 1858 年 2 月 24 日，雨果提出欧洲大陆使用"一种 大陆的货币"，预言欧洲货币的统一

英国。

1851 年 7 月 17 日，雨果做《在制宪议会上谈修改宪法》的演说。这是雨果和以 波拿巴总统的右派彻底决裂的重要时刻："这一场革命在法国诞生了共和国……法国 人民借坚不可摧的花岗岩，在君主制的旧大陆的正中，为这座未来的大厦打下第一 块基石，这座大厦有朝一日会叫作欧罗巴合众国！"[8] 在总统背弃誓言，阴谋想当皇 帝的紧迫情势下，雨果却大谈"欧罗巴合众国"的理想，在会议大厅里引发长时间 的哄笑声。雨果作为政治家，太幼稚了，太可笑了。

1852 年 2 月 2 日，雨果流亡在外，从布鲁塞尔给都灵市议员布罗费利约 (Brofferio) 写信："……我们将会谈谈法兰西，唉！今天和意大利一样，倒下了，很 伟大；我们将会谈谈不可避免的未来，谈谈肯定取得的胜利，谈谈必然会有的最后 一场战争，谈谈这大陆大联邦议会，也许，我会有朝一日兴冲冲地坐在你的身边。"[9] 雨果设想的"欧罗巴合众国"是议会制，并以为这一天也许并不遥远。此时，雨果 从政变后出逃比利时不满两个月。

　　1852 年 8 月 1 日，雨果从比利时的安特卫普港，登船告别欧洲大陆，经英国去英吉利海峡群岛流亡。临行前，发表《离开比利时前的演说》："你们在旗上看到：'各国人民间的兄弟情谊。欧罗巴合众国'……朋友们，迫害和痛苦，这就是今天；欧罗巴合众国，各国兄弟人民，这是明天。这个明天……对我们是必然会到来的。"[10]

　　1854 年 2 月 24 日，雨果在泽西岛上举行的纪念"二月革命""周年纪念宴会"上发言，雨果当年的想法并不认为"欧罗巴合众国"的理想是遥不可及的："愿下一次大革命创建欧罗巴合众国。"[11] 第二年，雨果又在周年纪念宴会上，滔滔不绝地畅谈他对"欧罗巴合众国"的理想："……一个巨型的大会，欧罗巴合众国大会是文明的仲裁者，由大陆上的各国人民普选产生……"[12]

　　这次的长篇发言，更有一点惊人之处。我们知道，1999 年 1 月，11 个欧洲国家开始向欧洲统一货币"欧元"过渡。对，1855 年，雨果谈到了欧洲的统一货币："一种大陆的货币，建立在金属和信用的双重基础之上，以全欧洲的资本作为支持，以两亿人口的自由活动作为动力，这样单一的货币将可以替代并吸收今天的种种荒谬的币种……货币是如此，其他一切事物也是如此，流通而统一。"[13] 这样的信念，这样的预言，联系到雨果的时代背景和个人处境，令人惊讶。我们最近读到一篇法籍欧洲中央银行行长特利谢（Jean-Claude Trichet）写于 2002 年的纪念文章："需要非常精确地等待 147 年，以便'一种大陆的货币……以全欧洲的资本作为支持'在我们的眼前化为现实。"[14]

　　雨果在同一篇发言中继续说："……如果事情本来能这样进行，欧洲今天会是什么情况？一家人。各个民族国家是姐妹。人和人是兄弟。大家不会再是法国人，普鲁士人，西班牙人；大家都是欧洲人。"[15] 今天，21 世纪初，正如雨果预见到的那样，"欧洲人"不再是一个地理概念，"欧洲人"今天是一个政治概念。

　　以后，雨果一而再，再而三地反复提到欧洲联合的前景。1855 年 11 月 25 日，他在《致英国人信》中称对方为"亲爱的大欧洲祖国的同胞们"[16]，我们知道，雨果这样面对和称呼英国人，是很难得的。真不知当年的英国人读到雨果的这篇文章，做何感想，是哈哈大笑，还是莫明其妙。1856 年 5 月 26 日，雨果应意大利统一运动领袖马志尼之请，写信《致意大利人》："大陆国家联邦的国家都是姐妹，又都是女王，每人以大家的自由为荣耀，各个国家的情谊组成最高的统一共和国，欧罗巴合众国，这就是未来。"[17]

　　1869 年 9 月 4 日，瑞士洛桑举行和平代表大会，雨果又被推举为大会主席。雨果向各国代表致辞："欧罗巴合众国的同胞们：请允许我对你们用这个名称，因为欧洲联邦共和国在权利上的建立，还有待事实上的建立。"又说："我们要伟大的大陆共和国，我们要欧罗巴合众国……"[18]

　　普法战争后，雨果匆匆回国。外战之后是内战。历史的进程似乎离雨果"欧罗巴合众国"的理想越来越远。但是，雨果没有放弃，只要有机会，他仍然念念不忘他的"欧罗巴合众国"。1876 年 8 月 29 日，他发表《支持塞尔维亚》的文章："塞尔维亚发生的事情证明欧罗巴合众国的必要性。……欧洲共和国，大陆联邦，除此就没有别的政治现实了。……塞尔维亚的残暴行为中毋庸置疑的事情，是欧洲必须有欧洲的民族性，有一个唯一的政府，有兄弟般的巨大仲裁，民主和欧洲和平相处，所有的国家是姐妹，城市和首府是巴黎，即是说自由的首都是光明。一言以蔽之，欧罗巴合众国。"[19]

　　1877 年 3 月 25 日，75 岁高龄的雨果老人《在支援里昂工人演讲会上的讲话》："和平，这是未来使用的语言，是欧罗巴合众国发出的通告，是 20 世纪取的教名。"[20]雨果看到在他有生之年的 19 世纪，"欧罗巴合众国"的理想无望实现，便寄希望于20 世纪。

　　我们更要看到，在雨果的思想里，欧洲联合，"欧罗巴合众国"并不是雨果的终极目标。雨果抱有更大的希望，雨果看得更远。第三步是从欧洲联合到欧洲和美洲的联合。

　　1872 年 3 月 12 日，雨果应华盛顿诞辰纪念活动主持人的邀请，作为旧大陆的代表祝酒："对！面对美利坚合众国，我们应该有欧罗巴合众国；新旧大陆应该组成唯一的共和国；这样一天会到来的。"[21]

　　雨果还有更大的抱负，最高的抱负，"世界大同的共和国"。1848 年，雨果具有共和派立场初期，他的共和主义思想并不十分明确的时候，他已经感到共和国应该是人类普遍的价值。3 月 2 日，雨果结束《在孚日广场栽种自由之树时的讲话》："请和我一起高呼：'普天之下的自由万岁！''世界大同的共和国万岁！'"[22]

　　1849 年 8 月 21 日，雨果作《巴黎和平代表大会开幕词》："我们会看到文明在努力劳动，从中升起天下大同的万丈光芒。"[23]

在国家历史黑云压城的时候，在个人生活处于绝对低谷的时刻，雨果抱有永不褪色的理想。雨果告别欧洲大陆的演说，是这样结束的："世界大同共和国，便是普天下的祖国。……（在各国人民之上），还有点东西，这就是公民；在公民之上，还有点东西，这就是人。……各国人民啊！人民只有一个。世界大同共和国万岁！"[24]

我们在"雨果的诗歌"一讲介绍过《惩罚集》。《惩罚集》从眼前的《黑夜》始，但超越法国一时一地的历史，以《光明》终，宣告人类最后解放的美好理想：

> 啊！请看正在消逝的黑夜；
> 这个赢得了解放的世界，
> 把恺撒和卡佩遗忘干净；
> 在成年的各个民族上方，
> 和平张开了巨大的翅膀，
> 在蔚蓝的天宇又轻又静！……

> 天顶上闪烁的小点很小。
> 看哪，小点在变大，在照耀，
> 越来越近，变得又红又亮。
> 啊！这世界大同的共和国，
> 今天，你还只是星星之火，
> 明天，你就是光辉的太阳！[25]

1952 年，我国纪念以雨果为首的四位世界文化名人，《人民日报》为此发表社论。1952 年，雨果诞辰 150 周年，5 月 5 日，《人民日报》发表郭沫若所作的题为《为了和平民主与进步的事业》的长文。雨果位列四位世界文化名人之首："诗人雨果曾经热情地歌唱着'未来的世纪'说：'正在力求解放的世界上空，在所有的年轻的民族的头上，和平，在蔚蓝的空中张开两只宽阔的、坚定的翅膀。'"1952 年，我们还没有雨果的诗歌译文。半个世纪后，我们在《光明》里找到了雨果的原诗：

啊！请看正在消逝的黑夜；

这个赢得了解放的世界……

和平张开了巨大的翅膀，

在蔚蓝的天宇又轻又静！

这正是雨果心目中"世界大同的共和国"的美丽景象。

宇宙航行

1859 年，雨果出版史诗《历代传说集》。《历代传说集》里有雨果对 20 世纪人类征服宇宙、开启太空飞行的预言。难以置信。是，确乎难以置信。

人类征服太空的历史，是一部前仆后继、激动人心的历史。法国蒙戈尔菲耶兄弟（frères Montgolfier）于 1783 年发明热气球升空。美国人林德伯格（Lindbergh）1927 年独自驾驶"圣路易精神号"横渡大西洋成功。1957 年，苏联加加林（Gagarine）乘坐"东方号"第一次进入太空，在地球轨道上飞行。1969 年美国人阿姆斯特朗（Armstrong）乘"阿波罗十一号"成功登月，跨出人类在太空的第一步。2003 年，中国人杨利伟乘坐"神舟五号"飞船进入太空。等等。这期间，尤其在 19 世纪，人类为探索太空付出的代价，也是一部沉重而可歌可泣的历史。

1850 年至 1851 年，法国工程师贝坦（Pétin）发明一艘飞艇，计划最后以失败告终。这只是人类飞行史上一朵不成功的浪花而已，但这次科学尝试震撼了诗人雨果的想象力。雨果从一次失败又未必壮观的飞行试验出发，写成一首颂扬科学胜利，预言人类解放的史诗。

雨果的《历代传说集》从伊甸园夏娃受孕（《女人的加冕礼》）开始，写到雨果生活的"19 世纪"和"当代"（Maintenant）。雨果的史诗到"当代"没有完，一直写到"20 世纪"。对，史诗写到"20 世纪"，离诗集出版有 40 年的时空距离。"20 世纪"的史诗不是寄托诗人为之奋斗的各项事业。"20 世纪"的史诗是两首相互衔接的《海茫茫》和《天苍苍》。"海阔"又"天空"。雨果的思想里，雨果的头脑里，雨果的心中，人类"20 世纪"的史诗以人类征服太空、人类自身最终解放的《天苍苍》

告结束。《天苍苍》长 504 行，我们选录约 200 行。

天苍苍

黑夜以外，波涛外，在虚无缥缈之中，
层层的浓云豁然开朗处，大海之上
展露出一片高高天外的喜气洋洋，
此时，有个模糊的小点出现；在风中，
空间漠漠，这小点有生命；小点在动；
这小点时降时升；这小点行动自由；
小点飞来，更近了，形状看清，是圆球；
这是条无法形容、又令人吃惊的船，
像雄鹰是只飞鸟，像地球圆成一团；
船在行驶。向何方？驶向崇高的穹苍！……

这艘不可能有的船是什么？是人类。

从前，东南西北风肆虐时尽情糟蹋；
现在，人类借助这四匹脱缰的野马，
　　把自己的四马战车驾驶；
人是天才，现在将马群掌握在手中，
成为飞车骄傲的车夫，巡行在太空；
　　人是奇迹，人又执掌奇迹。

神奇的飞船！船名叫"解放"。飞船匆匆。
与飞船相比，飞鸽太慢，而飞雪太重；
　　下方远处有鹿，有鹰，有豹，
都被飞船疾驶的影子——地掠过；
火车是爬行动物，飞船下空间辽阔，
　　喷火的凶龙是虫子很小。

一首乐曲，一首歌，从其旋风中飘出。
抖动不已的缆绳充满了北风呼呼，
　　在这万物沉沦的虚空，
仿佛是一架诗琴，不时地穿越琴身，
是某个向着天顶正在逃逸的幽魂，
　　应和着声声里暗的咕哝。

这飞艇继续沿着航线前进；这飞艇
不怕呛人的气味，不怕黑夜的陷阱，
　　也不怕毫无动静的虚空，
闪电在黑暗深处相互间争斗角逐，
在此面目狰狞的云中，猛然间露出
　　许多赤铜色的巨大窟窿。

飞船在黑夜开出一条陌生的路径；
这些陌生的区域令人难忍的寂静
　　挡不住这气球向前行走；
飞船包含了宇宙，飞船载着人行驶；
和平！光荣！如同从前的水，今天的气
　　看到自己气流中有方舟[26]。……

飞船航行；有浓雾飘浮在船下天空；
飞船的船员侧身下望，在船锚拖动
　　的茫茫云层以下的地方，
黑暗之中大地和空气已混沌不分，
看看勃朗峰[27]峰顶，或者某一个土墩，
　　就不会和前来的船体相撞。

请看这飞船疾驶，这飞船行走匆匆！……

既不问什么季节！也不问什么时机！
茫茫海雾却能在远处灰白的天际
　　藏匿一颗颗土星和水星；[28]
阵阵海风驾驭着披头散发的大雨，
能在浓云密布中，隆隆声断断续续，
　　让幽暗的海怪翻滚不停；

没关系！南风，北风，对飞船都是好风！
大地已经消失在星星汇集的底层。
　　飞船驶进了神秘的黑夜；
俯视发作的飓风，飞临冰雹的上空，
把地球留在一片黑暗的混沌之中，
　　留在狂风和暴雨的下界。

乘风破浪的飞船无畏地突飞猛进；
张开翅膀向前冲，拨正船头不松劲，
　　向上飞，向上飞，飞个不停，
飞出了万事万物悄然逝去的天边，
仿佛这是为了在沉沉的黑夜中间，
　　去追逐曙光，去追逐黎明！

飞船静静地飞上白云不到的地方；
便在一片寂静的高处翱翔和游逛，
　　面前看到了众多的星球。
星球在眼前都是其亮无比的奥秘，
每颗星是一团火，火光里千古之谜
　　——被洞照得玲珑剔透。

仙女座闪闪发光，猎户座光华灼灼；
昴星团数不清的繁星正越聚越多；

天狼星张开了血盆大口；
大角是一只金鸟，在窝里眨着眼睛；
而丑陋的天蝎座使人马座对天顶
　　挺起蓝色的前胸和马首。

这首飞艇在高处仿佛面对面看见：
毕宿五被仙王座照耀得十分迷恋，
　　英仙座是顶上的红宝石，
北极的大熊星穿光亮华丽的盛装，
极目远望，是银河深处幽暗的微光，
　　无量数的深渊比比皆是！

飞船向着一颗颗猛然出现的太阳
飞升；在可怕而又红亮的天疆，
　　张起了满帆，向前面进发；
这一艘坚不可摧、神采奕奕的飞艇，
似乎在空中向着其中某一颗星星，
　　一路高唱欢歌，即将到达！

想造反的人究竟要走到什么地方？
宇宙空间不时以忧心忡忡的目光
看到人在云端中留下自己的足迹；
人以其血肉之躯和苍穹结为一体；
人已掌握了未知事物的尽头末端；
现在，他在无限的太空中行走往还。
这个倔强的强者，走到何时才罢休？
他究竟要走多远，一旦走出了地球？
一旦走出了命运，他究竟要走多远？
人世难逃的劫数到天边已经无权；
古代关于新世界写下的全部史料

拙劣得不值一看，如今都云散烟消。
新世纪已经来临。人已占有了空气，
如同大海鸟占有波涛，生活在水里。
面对我们的美梦，面对我们的幻想，
具有虔诚的眼睛，却有荒唐的翅膀，
面对我们的勤勤恳恳和聚精会神；
茫茫的黑夜曾经关上了两扇黑门；
几何代数有力量，打开真正的天地；
人一握住黑夜的门闩，取得了胜利，
旧的无限是大海，如今已觉得可悲。
黑门已动，露出了一条缝。人往外飞！
又深又远！该不该还把人称作凡人？……

人强迫斯芬克斯[29]为他掌灯和引路。
人年纪轻轻，扔掉亚当爬行的包袱，
出发去天上冒险，用火炬照亮太空，
跨出的一步，危险和跨进坟墓相同；
也许，现在终于已开始从一颗星星
到另一颗星星的令人害怕的航行！

惊愕万分！难道人真是冲锋的好汉？
黑夜啊！难道是人这个昔日的囚犯，
　　人类这古老的爬行动物，
变成了天使，砸烂紧紧卡他的枷锁？
突然之间就能和上苍平起又平坐？
　　死亡将因此而一无用处！

啊！穿越浩浩太空！多么吓人的美梦！
去开辟绕过坟墓这大海岬的航程！
　　谁知道？翅膀都高贵无比：

人有了翅膀——也许，啊！奇迹般的归来！

一天，有位哥伦布来自冥冥的天外，

　　　有个伽马[30]来自天空大气，

这艘飞船去何方？船披着光明，驶向

神圣、纯洁的未来，驶向美德和力量，

　　　驶向闪耀出光辉的科学，

驶向灾难的消失，驶向豁达和大度，

富饶、安静和欢笑，驶向人类的幸福；

　　　这艘光荣的飞船在飞越，

驶向团结和友爱，驶向理性和权利，

飞船驶向神圣的认真严谨的真理，

　　　既没有船帆，也没有愚弄，

驶向爱情和更加温情脉脉的人心，

驶向真善美，驶向伟大……——你们会相信，

　　　飞船已飞升进入了星空！

她使人和人相识，英雄和英雄相知。

她是光荣的文明！飞船摧毁和废止

　　　可恶的吓得发抖的从前；

飞船一路如高奏凯歌，飞进了天宇，

一路废除铁的规律，废除血的规律，

　　　废除战争、奴役以及锁链。

飞船使受蒙蔽的人现在是非明辨；

飞船在斯宾诺莎[31]眼中点亮起信念，

　　　照亮霍布斯[32]额头的希望；

凡是凄惨的事物，丑恶的现象种种，

飞船给予温暖并播撒黎明的宽容，

飞船自己在天空里翱翔。

古老的战场出现在前方，夜色黑黑；
飞船飞过，而此时已经是晨光熹微，
　　这历史的坟场巨大如此，
历代的世纪抬起忧伤深情的目光，
走上来注视胜利张开的两只翅膀
　　投下来又大又长的影子。

飞船的身后，恺撒已重新变成了人；
伊甸园扩大，容纳改观的地狱之门；
　　荆棘上满是百合花轻摇；
万物复苏和新生；从前被死亡残杀，
现在已青春焕发，绞架的木桩害怕，
　　抽出一茎茎新绿的枝条。

啊！这艘飞船正在进行神圣的旅程！
人类能升天，现在第一个台阶完成；
　　飞出古老而卑劣的瓦砾，
飞出地心的引力，未来已打下基础；
这是人终于越狱成功的必然之处，
　　人扬帆起锚，走出了影子！

这天上的飞船是伟大颂歌的句号。
几乎可让人类的灵魂和上帝比高。
　　飞船触及了无边的天疆；
飞船是进步跃向天空的巨大一步；
飞船标志着"现实"骄傲、神圣地进入
　　古老而刻意追求的理想。

啊！飞船的每一步把无限空间征服！
飞船是欢乐；飞船是和平；人类长出
　　供自己行走的巨大器官；
这胜利者受祝福，这篡位者很神圣，
每天都把这黑点，人在黑点上出生，
　　推入更无穷无际的遥远。

飞船在耕耘深渊；飞船在掀翻田垄，
田垄里萌动暴风，生长骤雨和寒冬，
　　一声声呼啸，一声声嘘叫；
如今有飞船，祥和是束花，开在天空；
飞船飞驰，一边在神秘的天上播种，
　　又是云层里庄严的犁刀。

这飞船使人类的生活去天界萌芽，
上帝在天界仅仅收获曙光和朝霞，
　　而他播下的仅仅是夕阳；
飞船在上面航行，劈开晴朗的天空，
处处听到高贵的民族成长和激动，
　　这些巨大的麦穗有声响！

这飞船奇妙崇高！飞船飞驰的时光，
又把人间的呼喊变成欢乐的歌唱，
　　让枯萎的人种焕发青春，
建立真正的秩序，指引出前程平坦，
公正的主！飞船让人身充满了蔚蓝，
　　不就抹去了祖国的区分！

飞船给人造一座城市，用的是蓝天，
给人造一个思想，用的是茫茫空间，

飞船废除种种陈规陋习；

飞船壮美，把高山压低，把塔楼除尽；

飞船让脚下步子沉重的各国人民

能和翱翔的雄鹰相匹敌。

飞船具有这般的神圣、贞洁的任务：

在天上组成一个世界大同的民族，

第一或最后，其实都一样，

要让"奋进"在光辉灿烂中向前开拓，

要让"自由"为苍穹爱得沉醉和迷惑，

自由在光明里高高飞翔。[33]

　　1957 年，加加林进入太空后，我们在法国报刊上读到诗人阿拉贡撰写的文章，引用了雨果在《天苍苍》里的两行诗："也许，现在终于已开始从一颗星星／到另一颗星星的令人害怕的航行！"当时的感觉是不敢相信自己的眼睛。以后，读到《天苍苍》的全诗，才彻底信服。《天苍苍》有对贝丹飞艇的结构描写，而更多抒写"飞船"骄傲、胜利的飞翔。史诗描写飞艇克服地心引力的飞行，标志着人自身最后的解放。我们认为，雨果的《天苍苍》主要不是一首科学意义上的史诗，雨果更提出人类进入太空的壮举，是人类历史发展的崭新阶段：人最终的解放突破以往的政治斗争，超越陈旧的人际关系，借助科学的进步实现人类的大同社会。人类科学的进步可以抹去"祖国的区分"，促成人类的统一，实现"自由"和"爱"的大家庭。《天苍苍》是一首有历史意义的哲理诗。雨果身处 19 世纪中叶，预见一个世纪后宇宙航行的新纪元，这难能可贵。从一个世纪后的宇宙航行，预见人类最终的解放，更加难能可贵。

　　对雨果思想颇有感悟的戈东教授认为："在雨果作品中，进步借用飞艇的形式，一艘他想象中的宇宙飞船是和我们现在认识的非常不同的飞船，但在他对于探索星际空间的观念里，是很有预言性质的。克服重力对他来说，是人类的最终目标，这样才可以摆脱锁链。我们认识的宇宙飞船是科技的奇迹，但远远够不上这首飞艇所代表的道德和精神上的解放梦想。"[34]

　　19 世纪法国人进行的飞行试验接二连三。失败的记录几乎也是接二连三。为什么贝坦的试验如此震动诗人雨果，而法国众多的诗人似乎又无动于衷呢？我们对自己也提出过问题。激发灵感、震撼心灵，需要前提、需要基础。除了诗人自身的素质外，也应该有一点科学的前提和基础。雨果有科学的前提和基础吗？我们目前看到一份材料，可以回答这个问题。

雨果有个朋友叫纳达尔（Nadar）。此人是摄影家，他为 19 世纪著名作家和文艺界人士，留下一册弥足珍贵的摄影记录。纳达尔又是一位热气球冒险家。据说，他也称得上是航空飞行的先驱，对日后儒尔·凡尔纳的科幻小说不无启发。1863 年 10 月 18 日，他制造的"巨人号"（le Géant）飞艇在德国汉诺威坠毁，损失惨重。他本人跌落时受伤。12 月 2 日，纳达尔从巴黎给根西岛的流亡者写信，请求雨果声援他，鼓励他，以便来年春天再度上天："我需要你公开和响亮的声音支持我，因为我掉了下来（此话绝无夸张！）。""我需要一封你的信，内行的、有分量的长信。"[35] "内行的、有分量的长信"岂是儿戏！任何收件人都会哭笑不得，更何况是雨果。1863 年 12 月 8 日，雨果收到这封从伦敦转来的信，12 日复信。复信果然很长，约合中文 1 万字。我们选译四分之一，对苦干专业性的内容感到无能为力。雨果的复信如下：

> 我收悉你的来信，我放下一切事情，给你回信。
>
> 我为你鼓掌，首先为你的理想，继而为你的行动鼓掌。约两个月前，你为科学的目的，有几个勇敢的伙伴，有一位无畏的妻子，尝试了一次没有先例的壮举。风险是崇高的，风险就是榜样。
>
> 有人指责你要引起轰动。我的想法是你想要荣誉。你会有荣誉的。想要荣誉，这是沉默对话语的古老责备，是聋子对言语、阉割对丰产、无能对创造、迷途对大道、谬误对成绩、检查对自由、妒忌对杰作、自私对善举、芦笛对号角、流产对结果的古老责备。伏尔泰为卡拉斯辩护是为了引起轰动；贝卡里亚揭露酷刑是为了引起轰动，哥伦布发现新大陆是为了引起轰动。……现在有人要迫使全世界谈论他。啊！你对人类做了好事。好嚷嚷的人！
>
> 好。你的声音好得很。感谢'巨人号'发出来的喧闹声，现在的问题提得好。显然，答案快了。你设想的航空可以有两种手法：旧船是气球；新船，是直升机。
>
> 气球比空气轻；直升机比空气重。

问题何在？

要升空，在空中停留，随便降落？

有气球足矣。

要在空中来来去去，在空中操作航行，前进或后退，随时降落，在空中旅行，做空气的主人？

气球不行了。

直升机出现了。

如何选择？在两者间如何取决？

我们只要抬起眼睛。

无论谁读到此文，抬起头，你们会看到什么？看到云和鸟。好啊，这是两种充分发挥功能的系统。两者都在眼前。两者都在你们头顶上工作。请比较。云，就是气球。鸟，就是直升机。

今天，气球受到评判和责难。不过，有个保留，这也很重要。如果能先期把握方向，气球就是有用的。如果是由风掌管路线，如果风是驾驶员，则气球特别轻，是飞船才好。……各大洲是极地风的大路，各大洋是赤道风的大路。这两大风的环形线，在等候空中的旅行者，对他就无须费力了。下层的信风把哥伦布带到美洲，而使他伙伴们大为惊恐，思忖这股不停吹刮、让他们到达的风是否不让他们回来；对现时来说，高层吹回来的信风，已由"圣文森特号"（le Saint-Vincent）在巴巴多斯的残骸、由"科西吉纳号"（Cosiguina）在牙买加金斯敦的残骸所证实。所以，大西洋上空有欧洲和美洲之间的巨大环流；底层的风送去，高层的风带回。要给气球大西洋上的环流，给它亚洲的季节性季风，给它这股强劲的从北向东的信风，两百年来把西班牙大帆船从阿卡普尔科（墨西哥）送到达马尼拉，让麦哲伦首先绕地球一周，此风纹丝不变，他航行的海洋名之为太平洋；简而言之，给它赤道风的全部圆形轨道，而气球尚且没有最后的定论……

像枯叶一般脱离地面，被旋风托起来，这不叫飞升。

要飞起来？

如何办？

插上翅膀？德根（Degen）试过。他失败了。根据科学的运算，人想装上翅膀，需要具有的肌肉力量比鸟类的肌肉力量小 92 倍。蜂鸟比巨人赫丘利更强大。

要放弃翅膀，那怎么飞起来？

炮弹没有翅膀，而能飞。

全部问题在此：成为抛物体。

地球这要命的吸引力，重力，可以有两种方法解决和消除，靠特别的轻，这是气球；有速度，这是抛物体。

抛物体，这个词看来吓人，其实不然。凡是人，曾经和以后是抛物体。我们每天都是抛物体，而自己浑然不知。肚子贴着地面快马加鞭，这是抛物体，在火车上，每小时走十法里，这是抛物体。设想一下突然停止。骑手和旅客会猛然撞上障碍物，因为身上具有了速度，而自己无法摆脱。……

我记不得在哪个节日的傍晚，我和阿拉戈[36]在天文台小街上散步，他是杰出的自由派大科学家。时当夏天，一个在演武场升空的气球突然在我们头上的云彩里经过。圆圆的气球被夕阳照成金黄色，异常壮观。我对阿拉戈说：'这个蛋在翱翔，在等小鸟出来；可小鸟在里面，会孵出来的。'阿拉戈握住我的双手，死死盯住我发光的眼珠，大呼：'到那一天，Geo（地球）将会叫 Demos（民主）。'

说得深刻，Geo（地球）将会叫 Demos（民主）。整个地球将会叫作民主。……

暴君，就是障碍。人有个障碍，重力。我们也可以说：人只有一个障碍，的确，在伦理范畴内，在智力范畴内，也在生理范畴内，重力概括了在人四周竖起高墙的种种阻力。……

人在阻力下，蹲在狱中：一切阻力的基础是重力。……科学迄今为止一切令人赞美的奇迹，请允许我说，都是在物质之内；而这个奇迹，把握方向的飞船，可以说是物质之外。这就废除了把这种种物理原理相加一起后最要命的物理原理。这是从秩序中获得的奇迹。这是理想，真实的理想。……

未来的精神是从事发现；自我完善的人进入了未知世界。啊！人心的每一个跳动都是为了未知世界！空气会有它的伽马。另一个"风暴角"[37]会被绕过。……电线承载思想，空中飞船承载主人。自由的交换，自由的劳动，自由的思维，自由的科学，自由的生活，自由的平等。不再有地峡要切断；不再有埃及、土耳其、中国或英国的阻力。一切问题比解决更好：已经消除。一个细节：不再可能有流亡。流亡者在法国，进入自己的花园，走进自家的屋子，拥抱母亲，紧握朋友们的手，然后上楼。请去流放海燕吧。

大地，大地曾经是土块，今后是欢乐。农奴在呻吟，人载着锁链被买进卖出，北非的农民匍匐在棍棒之下，身上烙有主人姓名首母的黑人在哭泣，贱民在哀伤；从天上给他掉下一个兄弟。再没有奴隶制。号叫的海怪俯首帖耳。米迦勒出现，长着翅膀，举着长剑，金光闪闪。这是欧罗巴在解放其他各大洲。……海洋，如同我曾经说过，已被另一个无限，比海洋更大的无限赶下了台；水作为人的中间层次，被空气取而代之。机车甩掉古老的车轮，甩掉古老的鱼鳍。机车有更好的。人成为鸟。何等样的鸟！有思想的鸟。老鹰，加上心灵。……[38]

雨果有一个硕大的脑袋。脑袋里有一个角落，关心人类克服地球引力，关心人类飞行，关心人类进入太空。

我们在雨果著作里还看到一则短文："致加斯东·蒂桑迪耶[39]的信"：

先生，我相信一切进步事业。航海之后是航空；人应该从水走向空气。只要造物对人是可以呼吸的，人就会进入造物。我们唯一的边界是生命。凡是没有气柱的地方，气柱的压力会防止我们的机器爆炸，人就应该停步。而人能够、人应该、人要走到这一步，人会走的。你证明了这点。我对你有益和勇敢的飞行怀有最大的兴趣。你聪明和大胆的伙伴，德·冯维埃伊先生对真正的科学具有高度的直觉。我也是，我对科学冒险也该有美好的兴趣。在事实中求冒险，在理想中取假设，这是发现的两大手段。当然，未来是属于航空的，现在的责任是为未来而工作。这个责任，你们正在完成。而我，我孤独而专注，我注视着你们，对你们呼喊：加油。1869年4月。[40]

雨果因为写过一首《天苍苍》的长诗，就有人请他写一封"内行的、有分量的长信"。我们真为雨果捏一把汗。但雨果给纳达尔写的回信让我们松了一口气。

第十六讲　雨果的中国情结

老天哪！整个中国在地上跌得粉碎！

《祖父乐》《跌碎的花瓶》

O ciel ！ toute la Chine est par terre en morceaux !

《*L'Art d'être grand-père*》《*Le pot cassé*》

前言

2002 年，雨果诞辰 200 周年时，我们写过一篇《雨果是中国人民的伟大朋友》的文字。文中就我们当时所看到的材料，对雨果和中国的关系，作一个简单的回顾。我们已经感到：法国作家雨果的心中，有一个"中国情结"。

我们同时也看到：莫洛亚一部近 50 万字的《雨果传》，写得非常精彩，但书中不见"中国"二字。更不说贝特朗的《雨果传》，直译是《雨果的生活和创作》，主要研究雨果的文学创作，不可能涉及雨果和中国的关系。我们的印象是：雨果的生活跌宕起伏，传记作者无暇顾及雨果生活里的中国内容；雨果的著述丰富多彩，评传作者留意不到雨果中国题材的绘画和小诗。

1985 年雨果逝世 100 周年，法国雨果研究家戈东教授为联合国教科文组织的《信使》编辑一期"雨果专辑"，收有《圆明园的劫难》一文，刊出雨果致巴特勒上尉的信。[1] 2002 年，雨果诞辰 200 周年，拉斯泰教授编辑出版《雨果在世界的中心》，第六部分"中国"，再一次刊出雨果"致巴特勒上尉的信"，前面加一个按语。雨果和中国的关系，法国学者的注意力集中在《言行录》里那封《致巴特勒上尉的信》。

法国没有出版过研究雨果和中国关系的专著或是专文。雨果在根西岛高城居里有很多中国艺术品，有中国古董，有雨果创作的中国

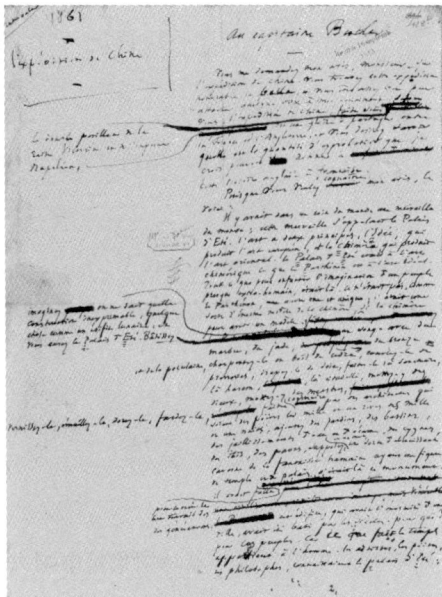

01 ｜ 雨果《致巴特勒上尉的信》手稿第一页

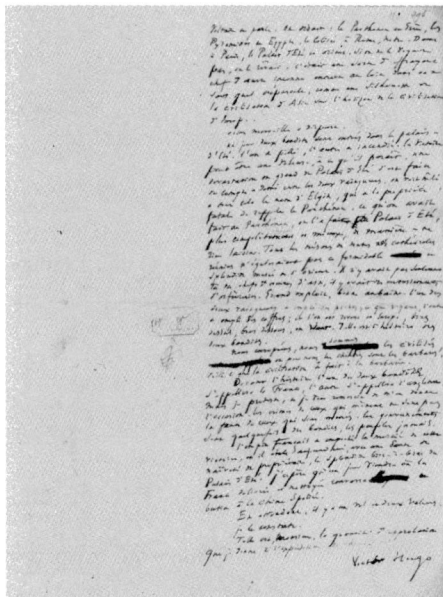

02 ｜ 雨果《致巴特勒上尉的信》手稿第二页

题材的烙画。1947 年，德拉朗德（Jean Delalande）出版《雨果在高城居》（*Victor Hugo à Hauteville House*），1998 年，梅利埃尔（Olivier Mériel）出版摄影集《和雨果亲密接触》（*Dans l'intimité de Victor Hugo*），都以雨果故居高城居为专题，但没有提到高城居里随处可见的中国艺术品。2003 年，艺术史女博士科琳娜·夏尔（Corinne Charles）在雨果故居纪念馆协助下，完成的《雨果从家具到装饰的室内视野》（*Victor Hugo, visions d'intérieur, du meuble au décor*），正是研究雨果相关论题的专著，但只在第四章"远东的影响"里，提及雨果的中国题材烙画，没有列出一章关注中国的专题。我们至今没有看到根西岛高城居和巴黎雨果故居里中国艺术品的一份清单，我们只能从图片和照片上看到有中国艺术品。

但是，我们根据目前所看到的雨果的文字和绘画，根据接触到的雨果相关活动，知道雨果一生对中国关注很多，对中国艺术有所思考，对中国艺术品收藏不少。可以肯定地说：雨果的心中，有一个"中国情结"。我们先列出一份简单的年表，举出 12 件有关雨果和中国关系的事实。

雨果的中国情结大事记

第一：

1841 年，雨果创作《莱茵河》："英国在企图毒害、至少是企图催眠中国之后，此时此刻，正在猛力攻打中国。"

第二：

1851 年，雨果创作小诗《中国花瓶》，收入遗著《全琴集》："赠中国小姑娘易杭彩"。

第三：

1852 年，雨果流亡比利时不久，携情人朱丽叶在布鲁塞尔访问出访西方的第一个中国家庭，这是目前了解到的雨果和中国人的第一次接触。

第四：

1860 年，雨果《见闻录》："此时此刻，欧洲正在砸碎中国。这个可怜的大花瓶，早已是满身裂痕了。"

第五：

1861 年 11 月 25 日，雨果写《致巴特勒上尉的信》。

第六：

1864 年，雨果在根西岛为朱丽叶购置"高城仙境"，亲自装修"中国客厅"，创作"中国题材画"。

第七：

1860—1865 年，雨果创作《莎士比亚论》时对中国艺术的思考。

第八：

1860 年后，雨果和朱丽叶在根西岛购买中国瓷器和艺术品，买到来自圆明园的丝织品。

第九：

1867 年，雨果知道自己的中文译名："夷克裰诩拗"。

第十：

1870 年，雨果写《全民公决》，再一次揭露法国联合英国在中国犯下的野蛮行径。

第十一：

1877 年，雨果创作诗篇《跌碎的花瓶》，收入诗集《祖父乐》。

第十二：

1885 年，雨果 83 岁诞辰，中国人林忠正祝贺。

当然，说起雨果和中国的关系，说起雨果的中国情结，我们首先想到 1861 年 11 月 25 日写的《致巴特勒上尉的信》。为方便起见，我们以此为界，分三个时期讨论：1861 年前，1861 年，1861 年后。

1861 年前，有四项记录：

《莱茵河》的"结论"

1841 年，雨果发表美文游记《莱茵河》，在政治性的结论里，第一次提到英国怀有毒害中国人民的用心，发动"鸦片战争"。我们看到，对于东方中国发生的事情，远在法国巴黎的雨果在注视着。说真的，在雨果的游记作品里，读到英国对中国怀有险恶的用心，是很让人意外的，也是很让人感动的。雨果在一部与中国历史毫不相干的游记作品里写道："英国在企图毒害、至少是企图催眠中国之后，此时此刻，正在猛力攻打中国。"[2] 雨果尚未从政，中国已经进入诗人和作家雨果的视野。在雨果的笔下，中国是以英国侵略的受害者的形象出现的。鸦片战争的本质是"毒害"中国人民。作家雨果的关注，诗人雨果的远见，有意从政的雨果的分析，都让我们钦佩，让我们感动。雨果对中国的兴趣，是从政治上切入的。

小诗《中国花瓶》

1851 年 12 月 1 日，雨果写了一首小诗《中国花瓶》，赠中国小姑娘易杭彩（Y-Hang-Tsei）：

> 你来自茶国的小妹，
> 你做的梦又奇又美：

天上有座大城崔巍，

中国是天城的城郊。

姑娘，我们巴黎昏暗，

你在寻找，天真烂漫，

你金碧辉煌的花园，

园中孔雀开屏美妙；

你笑看我们的天顶；

小矮人，在你这年龄，

会对着瓷白的眼睛，

把纯洁的蓝花轻描。[3]

　　这首小诗里有两个惊人的事实。第一，此诗"赠中国小姑娘易杭彩"。赠诗的收受者应该真有其人。从诗中内容看，"易杭彩"是个"天真烂漫"的中国小姑娘。"易杭彩"，三个音节，三个字，"易杭彩"是谁？怎么会认识雨果？2000 年 6 月 20 日，我们在巴黎拜访雨果研究家让·戈东夫妇。我们和戈东教授谈起"易杭彩"是谁的问题？戈东对此也觉得蹊跷。他认为，"易杭彩"是个孩子，不一定会说法语，雨果是大人，但不会说中文。雨果不可能在大街上遇见会说法文的"易杭彩"。雨果和"易杭彩"的会面，必须通过一个中国人，一个认识雨果的中国人，是这个中国人把"易杭彩"带到雨果家里去的。我们有理由提出许多问题。例如，这个中国人为什么到雨果家里去？难道仅仅为了安排雨果和"易杭彩"的会面吗？更大的问题是：这个中国人又是谁呢？第二，小诗写于 1851 年 12 月 1 日，这是个什么日子啊？这是 1851 年 12 月 2 日的前夜。1851 年 12 月 2 日又是个什么日子啊？这是路易－拿破仑·波拿巴这个亲王总统发动流血政变的日子。小诗的创作日期，是法国一场流血政变的前夕。从此，法兰西第二共和国消亡，法国走向第二帝国。从此，雨果开始流亡，成为海外的流亡者。原来，雨果一生政治生命和文学生涯发生重大转折的前一天，是在家里接待一个中国小姑娘和至少一个中国人，是在家里写下一首题为《中国花瓶》的诗。

03 | 1852 年 3 月 30 日下午，雨果在朱丽叶的陪同下，在布鲁塞尔访问一个中国家庭：茶叶商钟阿泰全家

Famille chinoise à Paris.

访问中国家庭

2006 年 11 月，法国妇女出版社出版热拉尔·普香（Gérard Pouchain）编注的《朱丽叶·德鲁埃回忆录》（*Juliette Drouet, Souvenirs 1843-1854*）。雨果专家都熟悉《回忆录》中的文字。唯一的例外，是编者在国立法兰西图书馆挖掘出一篇尘封一个半世纪的史料。篇名"布鲁塞尔日记"，内容让我们中国人大吃一惊："1852 年 3 月 10 日，访问中国人"[4]。1851 年，英国伦敦举办万国博览会。有英国商人从广州举出来一个中国家庭：广州的茶叶商人钟阿泰（Chung-Ataï）一家五口：钟阿泰本人，大太太冼阿合，二太太容阿彩，小姨阿好，女仆。8 月 18 日，这个中国家庭受到英国维多利亚女王接见。10 月，中国家庭来到法国巴黎。政变发生后，他们出走布鲁塞尔。雨果正在开始流亡，3 月 30 日下午，在朱丽叶陪同下，去圣于贝尔商场楼上"访问中国人"。朱丽叶写的日记，记载她参观的前后经过和具体观察。日记的文字十分细致。朱丽叶对中国女性的小脚留下难能可贵的记叙文字。她对中国女子缠足的同情心，由衷而发，令人感动。据称，这是历史上第一次有中国女子出访西方国家。朱丽叶这篇文字对历史学家的价值是自不待言的。雨果在朱丽叶的日记里出场不多，也没有留下雨果本人的观感。但是，我们现在有确凿无疑的第一手材料，证明雨果至少在 1852 年，和一个中国家庭，有过面对面的接触，零距离地相处了一个下午。朱丽叶的日记，不为出版，也不为流传后代，正因为如此，这 17 页"日记"才更其可信，更其珍贵。

欧洲正在砸碎中国

雨果除文学创作外，日常写下很多笔记和手记之类，有相当数量是片言只语，编排也未必有一定的体例。《见闻录》于雨果身后分两册出版，收录此类文字。由于内容庞杂，查阅并不方便。我们见到在 1860 年的栏目下，有两则文字，与圆明园有关。其一，"欧洲（异文：英国和法国）正以大肆劫掠的方式，把文明传入中国。"其二，"此时此刻，欧洲正在砸碎中国。这个可怜的大花瓶，早已是满身裂痕了。"[5]

我们不知道当年的新闻，从远东传到欧洲需要多少时间。雨果的两则文字，都没有确切的月份和日期。第一则文字比较概括，似乎更适合英法联军从塘沽登陆到抵达北京的途中。第二则文字，这"此时此刻"，使我们想到圆明园的抢劫和大火。"此时此刻"，道出了雨果第一时间的反应。雨果经常把中国比喻成一个"花瓶"。看得出雨果对被"砸碎"的中国充满了同情和悲哀。而这正是英法联军焚毁北京圆明园的时刻。难能可贵。这两则手记和《莱茵河》中有关"鸦片战争"的记述是遥相呼应的，和一年后的《致巴特勒上尉的信》在思想感情上是一脉相承的。我们再一次看到：遥远的中国始终在雨果的视野以内。我们更要说，中国始终在雨果心中。

1861 年 11 月 25 日，雨果写《致巴特勒上尉的信》

1861 年 11 月 25 日，雨果写了一封信：《致巴特勒上尉的信》。

至今，除了这封信件本身，我们对与信件相关的一些情况，仍然并不清楚。例如，收信人"巴特勒上尉"（le capitaine Butler）是谁？我们至今毫不知情。有人说，从字面上看，"巴特勒上尉"也可以读成"巴特勒船长"。我们从信件内容考虑，译成"巴特勒上尉"，只是猜测而已。根西岛是小岛，"巴特勒船长"的语义，在小岛的语境中也是可以成立的。总之，我们对收信人一无所知。2004 年 3 月 13 日，我们

04 | 雨果绘画:《热情洋溢的中国人》,1869 年

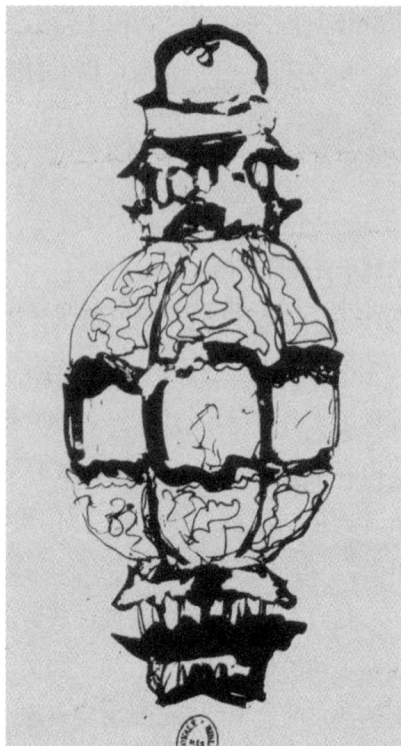

05 | 雨果绘画:《中国灯笼》,1856—1865 年

向巴黎雨果研究会发出过求援的邮件,雨果研究会的成员对巴特勒上尉是谁,也是一无所知。据说,法国有个别研究家也在探求"巴特勒上尉"的身份,但是否取得确切意义上的突破,不得而知。

马森主编的《编年版雨果全集》第十二卷里,有三方面的内容和这个日期有关。

第一,1861 年 11 月 25 日这一天,雨果没有私人信件的来往记录,没有写过信,也没有收到信,这对雨果来说,是一个难得平静的日子。

第二, 1861 年 11 月 25 日这一天,在雨果的个人手记里没有任何记录。这对有事必录的雨果来说,几乎是罕见的日子。

第三, 1861 年 11 月 25 日这一天,雨果年表里有作品创作:《致巴特勒上尉的信》。

我们感到,在雨果的日常生活进程里,似乎凭空冒出一件对中国历史具有异乎寻常意义的大事。

06 | 高城居顶楼雨果卧室的中国元素：官箱、竹枕、竹笔筒、竹凳

07 | 高城居花园里的陶制龙头

要知道，雨果在海岛上的流亡生活并非闲得无聊，并非优哉游哉。在平凡的琐事之外，在平凡的琐事之上，雨果在 1861 年有重要的事情，有忙得不亦乐乎的大事，有忧心忡忡的大事。

其一，雨果在写《悲惨世界》。雨果正集中精力整理、创作和完成他一生中最重要的作品：《悲惨世界》。其二，雨果患了喉疾，平日身体健康的雨果，生了一场死去活来的大病。第三，相对来说是小事，雨果写信的当时，正在给高城居加建一个玻璃棚屋，当时叫"水晶宫"，后来叫"畅观楼"，是供写作用的工作室。

《悲惨世界》是雨果最重要的作品，他 1862 年 3 月 13 日，给出版商写道："这部书在我作品中如果不是主峰，也是主峰之一。"一个作家，即使是雨果这样重要的作家，在他漫长的一生中也只有一次这样的机遇：创作自己最重要的作品。创作要集中思想，集中精力，集中时间。

从 1861 年 4 月至 11 月，雨果为《悲剧世界》已经付出七个月的劳动了。突然，出于我们不了解的情况，雨果在 11 月 25 日，写下了与《悲惨世界》风马牛不相干的谈论中国圆明园的信件。十天以后的 12 月 5 日，雨果把《悲惨世界》第一部分《芳汀》的手稿交给出版商。对，11 月 25 日，雨果即将完成《悲惨世界》的第一部分，为了远离法国、远离根西岛的北京圆明园，他这一天放下写《悲惨世界》的大笔。

雨果是精力充沛的人，难得生病。可是，这一次喉咙犯病，从他的手记来看，病情不无凶险之处。1861 年 1 月 24 日，雨果的手记："从去年 12 月 13 日起，不论医生怎么说，我患了慢性喉炎，而结果会是喉结核。我隐瞒我的想法，没有惊动我周围的人。要从容地承受令人不安的思想。我真想能完成我已经开始的事情。我祈求上帝命令我的身体要有耐心，等我的思想能结束。"[6] 这一年雨果的态度：创作第一，治病第二。这一年，雨果还在关心着远隔千山万水的中国，注视报纸上有关中国的新闻。终于，11月25日，雨果为巴特勒上尉，也为自己，更为中国，写下了《致巴特勒上尉的信》。这一天，雨果不满60岁，确切地说是59岁又9个月。

同样在1861年，雨果忽发奇想，要加建一座玻璃棚屋，可以仰望蓝天，俯视大海。1861年10月8日，雨果和匠人莫热商定：在"高城居"的顶楼加建玻璃棚屋，当时称为"水晶宫"（Cristal-palace），后取名"畅观楼"（Look out）。雨果的手记："工程10月10日开始，一切将在12月10日完工。"[7] 12月19日手记："工匠们今天安装完毕水晶宫的玻璃。"[8]

所以，我们想到，雨果写《致巴特勒上尉的信》时的11月25日，正是水晶宫紧张施工的时候。水晶宫的下方，是过道式的一间图书室，虽然光线暗些，雨果在图书架下放一张桌子，写写东西还是可以的。我们有理由揣测，1861年11月25日，雨果正是坐在图书室里昏暗的灯光下，在工匠叮叮当当的斧凿声中，静下心来，展开对圆明园的想象，为圆明园主持正义，慷慨激昂，大声疾呼，写下《致巴特勒上尉的信》。

我们再一次看到，雨果写《致巴特勒上尉的信》，有其特定的确切原因，但是，雨果在信中的思想和感情不是凭空而来的，而是有一个认识和关注中国的过程，这是一个20年来从感性到理性，从政治到艺术、从艺术到政治的深化过程。中国历史应该感谢雨果，中国人民应该感激雨果。世界历史也要感谢雨果，在世界的一个地方出现野蛮欺侮文明的时候，在另一个地方有人捧出一颗良心，高举文明和正义的大旗，不让文明和正义蒙羞。此时此刻，如果没有雨果站出来，历史会多么苍白，多么无力，多么昏暗，多么荒唐。

1984年2月26日，我们第一次在《人民日报》发表《致巴特勒上尉的信》的中译文。2002年，我们把《致巴特勒上尉的信》收入十二卷《雨果文集》（人民文学出版社纪念版）中的《雨果散文》[9]。两次的译文有些微差别。这是考虑到此信对中国读者的重要意义，也考虑到此信已经收入我国中学初二的语文教材[10]。我们目前掌握了此信在国立法兰西图书馆的手稿复印件。但这份手稿不是付印前的清样，我们参考了马森版《编年版雨果全集》的此信原文[11]，我们对手稿和马森版原文进行校核后，确定了一种也许更好的信件原文，并根据这份新的信件原文，提出一种新的中译文，附录于下：

　　1861 年远征中国致巴特勒上尉

　　先生，你征求我对远征中国的意见。你认为这次远征是体面的，出色的，多谢你对我的想法予以重视；在你看来，打着维多利亚女王和拿破仑皇帝双重旗号对中国的远征，是由法国和英国分享的光荣，而你很想知道，我对这次英法的胜利又想给予多少赞赏。

　　既然你想了解我的意见，以下就是：

　　在世界的某个角落，曾有一个世界奇迹；这个奇迹叫圆明园。艺术有两种起源，一是**理想**，理想产生欧洲艺术，一是**幻想**，幻想产生东方艺术。圆明园在幻想艺术中的地位，就如同巴特农神庙[12]在理想艺术中的地位。一个几乎是超人民族的想象力所能产生的成就尽在于此。这不是一件绝无仅有的、独一无二的作品，如同巴特农神庙那样；这是幻想的某种规模巨大的典范，如果幻想能有典范的话。请想象一下，有言语无法形容的建筑物，有某种月宫般的建筑物，这就是圆明园。请用大理石、美玉、青铜和瓷器建造一个梦境，请用雪松做这梦境的屋架，上上下下铺满宝石，披上绸缎，这儿建庙宇，那儿造后宫，盖城楼，里面放上神像，放上异兽，饰以琉璃，饰以珐琅，饰以黄金，施以脂粉，请又是诗人的建筑师建造一千零一夜的一千零一个梦，再添上一座座花园，一片片水池，一眼眼喷泉，加上成群的天鹅、朱鹭和孔雀，总而言之，请假设有某种人类异想天开产生的令人眼花缭乱的洞府，而其外观是神庙，是宫殿，这就是这座园林。为了创建圆明园，曾需要一代又一代人的漫长劳动。这座大得犹如一座城市的建筑物，是由世世代代建造而成的，为谁建造？为了各国人民。因为，岁月完成的事物是属于人类的。艺术家，诗人，哲学家，都知道圆明园；伏尔泰谈到过圆明园。我们过去说：希腊有巴特农神庙，埃及有金字塔，罗马有斗兽场，巴黎有圣母院，东方有圆明园。如果说，大家没有看见过它，大家也梦见过它。这曾是某种令人惊骇的不知名的杰作，在不可名状的晨曦中依稀可见，如同在欧洲文明的地平线上瞥见亚洲文明的剪影。

　　这个奇迹已经消失了。

　　有一天，两个强盗进入了圆明园。一个强盗洗劫，另一个强盗放火。看来，

| 08 | 高城居花园里的陶狮 | 09 | 高城居里的中国外销瓷盖缸 |

胜利女神可能是个窃贼。对圆明园进行了规模巨大的劫掠，由两个战胜者分享。我们看到，这整个事件中还与额尔金[13]的名字有关，这注定又会使人想起巴特农神庙。从前对巴特农神庙怎么干，现在对圆明园也怎么干，干得更彻底，更漂亮，以至于荡然无存。即使把我们所有大教堂的所有财宝加在一起，也抵不上东方这座了不起的富丽堂皇的博物馆。园中不仅仅有艺术珍品，还有成堆的金银制品。丰功伟绩，收获巨大。两个胜利者，一个塞满了口袋，另一个看见了便装满箱箧；他们手挽手，笑嘻嘻地回到了欧洲。这就是两个强盗的故事。

我们欧洲人，我们是文明人，中国人对我们是野蛮人。这就是文明对野蛮所干的事情。

在历史面前，这两个强盗，一个将会叫法国，另一个将会叫英国。我先要抗议，感谢你给了我抗议的机会！治人者的罪行不是治于人者的过错；政府有时会是强盗，而人民永远不会。

法兰西帝国吞下了这次胜利的一半果实，今天，帝国居然还天真地以为自己就是物主，把圆明园富丽堂皇的破烂陈列出来[14]。我希望有朝一日，解放了的干干净净的法兰西会把这份赃物归还给被掠夺的中国。

现在，发生一次偷窃，有两名窃贼。

我予以证实。

先生，以上就是我对远征中国给予的全部赞赏。

维克多·雨果

1861 年 11 月 25 日于高城居

10 ｜ 高城居二楼的红厅，右上角
　　 是来自圆明园的丝织品

11 ｜ 高城居红厅的描金红门

1861 年以后，有七件事情值得我们重视：

装修"中国客厅"

1864 年，雨果为朱丽叶在根西岛购置"高城仙境"，亲自装修"高城仙境"中的
"中国客厅"，为此创作"中国题材画"。

1861 年 11 月 25 日以后，雨果的中国情结在继续，在发展，向纵深发展。

1864 年，雨果和朱丽叶的生活里有一件大事。他们对中国艺术的共同爱好把
他们更加紧密地联系在一起。这一年的 4 月 19 日，雨果以 14000 多法郎的价格，
为朱丽叶在高城居右边的 20 号，买下一幢小楼，取名"高城仙境"（Hauteville-
Féerie）。而提前一年，雨果已经开始为朱丽叶未来的新家设计、装修和布置了。雨
果有了在高城居装修的成功经验，以更大的热情投入高城仙境的装修工程。

1863 年 7 月 13 日，朱丽叶对雨果说："我很遗憾，我伟大的小摆设收集者，我
昨天没有时间对你说，我对你在我的新居里安排所有这些美丽、漂亮和可爱的东西
有多么心醉，有多么神迷，有多么感动。"[15] 8 月 6 日，朱丽叶又说："我再说说我对
这间神奇卧室的赞美之情，这是一首真正的中国诗，我们以前的朋友李祖（Li-Zou）

12 | 高城居二楼蓝厅的彩绘蓝门

会毫无保留地完完全全赞同的。我感到幸福，我以我爱情的全部力量再说：我对此目眩神迷，我幸福，我感激……"[16] 雨果的工作认真负责，他10月9日在记事本上说："我和朱朱（朱丽叶）去了20号，我指示在她寝室里油漆的安排。"[17] 1864年3月2日，朱丽叶对雨果的工作感到由衷的喜欢："我当时无法和你出去，无法去看看你继续在我们家里进行的迷人的工程。"[18] 是年6月，朱丽叶正式入迁高城仙境。

高城仙境的装修触发了雨果新的创作热情。这一次，雨果不是写诗，而是画画。对，雨果为高城仙境里朱丽叶的卧室和客厅创作了整整一组的"中国题材画"，数量之多，前所未有，包括19幅草图，38幅烙画，共57幅绘画作品。今天，这些草图大多保存在法国国立图书馆里，这些烙画，我们可以在巴黎的雨果故居里尽情欣赏。一位外国诗人和作家，在一个集中的时段内，为了一个特定的装饰目的，一鼓作气创作了一组50多幅"中国题材"的绘画作品，肯定前无古人，不知以后是否会有来者。

朱丽叶说："这是一首真正的中国诗。""真正的中国诗"指什么？指她卧室和客厅里的中国瓷器，中国宫灯，中国家具，中国佛像，加上雨果的"中国题材"的烙

13 | 巴黎雨果故居"中国客厅"的东墙　　14 | 雨果故居"中国客厅"的西墙

画？也对，也不对。因为，雨果把这一切中国元素组合成一间"中国客厅"（Salon chinois）。雨果在他的中国客厅里注入尽可能多的中国元素，再放进情人朱丽叶，让朱丽叶生活在"中国客厅"里，让朱丽叶生活在"中国诗"里，这才是构成完整意义上的"高城仙境"。可见，雨果心中的仙境是以中国文化为主要背景的。雨果为"高城仙境"，为"中国客厅"，倾注了多少时间，多少精力，多少心血，多少金钱。我们还要说，倾注了多少理想。

1903年，雨果的好友默里斯在雨果巴黎的寓所筹建"雨果故居纪念馆"。雨果的后代把根西岛上"高城仙境"里的"中国客厅"捐赠给巴黎市政府。巴黎孚日广场六号由此成为名副其实的雨果故居。当年"高城仙境"里的"中国客厅"原封不动地搬入孚日广场，"中国客厅"成为雨果故居的组成部分。

1864年"高城仙境"的建成，"中国客厅"的设计和施工，和1861年11月25日的《致巴特勒上尉的信》，仅仅相隔两年多时间。《致巴特勒上尉的信》和"中国客厅"都是雨果热爱中国的证明，都是雨果中国情结的体现。我们在很长时间内，没有想到这两件事情之间会有什么联系。可是，有人提出："这封愤怒的信件首先是一声艺术家的呐喊。由此认为：三年后根西岛上的中国客厅是他抗议的延续，是他用自己的双手谦逊而真诚地试图追加的弥补，是很诱人的结论。"说得好，"中国客厅"是《致巴特勒上尉的信》的延续。这是前法国驻华大使皮埃尔·毛磊（Pierre Morel）先生的意见，发表在他为我们选编的《雨果绘画》所写的序言里[19]。毛磊大使是儒雅的外交官，他对雨果和中国的关系有独到的见解。

对中国艺术的思考

1860 年至 1865 年，雨果创作《莎士比亚论》时对中国艺术有思考。

雨果的次子弗朗索瓦－维克多在根西岛上做了一件大事：翻译莎士比亚全集。雨果要为儿子写一篇有分量的序言。雨果于 1863 年年底写成了一部洋洋洒洒的《莎士比亚论》，1864 年 4 月出版。雨果为这部论著搜集材料，并把自己 30 年来对艺术的思考系统地加以梳理，使这部《莎士比亚论》成为雨果自己从事文艺创作的宝贵总结，书里藏有雨果心灵深处隐蔽而闪光的思想。由于材料过于丰富，专著出版时，雨果留下很多已经成文的片段，今天集结成《哲理散文》，收入塞巴谢主编的《雨果全集》"评论卷"，放在《莎士比亚论》之后。我们在《哲理散文》的《趣味》一节读到以下的文字：

> 由此产生了两首巨大的诗篇。此地是"太阳神"，那儿是"龙"……这两个世界属于最高的趣味，标志出这最高趣味的两极。这最高趣味的一端有希腊，另一端有中国。[20]

我们的第一个反应是吃惊，第二个反应是马上想起《致巴特勒上尉的信》。1861 年的信中说："艺术有两种起源，一是理想，理想产生欧洲艺术，一是幻想，幻想产生东方艺术。圆明园在幻想艺术中的地位，就如同巴特农神庙在理想艺术中的地位。"《哲理散文》成稿于 1860 到 1865 年。这一段引文又一次明确提出东方艺术和西方艺术平等而对立的关系。

《莎士比亚论》和《哲理散文》是雨果研究文学艺术问题的理性思考。西方艺术起源于希腊，太阳神阿波罗是希腊神话里主管诗歌的神。"这最高趣味……的另一端有中国"，而中国文化的象征是"龙"。西方文化里"龙"的概念和中国文化里"龙"的概念是截然不同的。我们的"龙"是威力无穷的瑞兽，是象征皇权的神兽，而西方文化里的"龙"经常是一条凶龙或恶龙。雨果对中国龙有正确的理解，而且把"龙"看成是中国文化的特征，这说明雨果对中国文化的认识超出西方人通常的理解，更不要说是在 150 年前了。可能，雨果并不熟悉中国龙的具体形象。他 1864 年给"中国客厅"画的两条"龙"，有草图，有烙画，我们看来龙头有点似曾相识，而龙身大相径庭，所以画中中国龙的整体味道并不明显。

购买中国古董

1860 年后，雨果和朱丽叶在根西岛购买中国瓷器和艺术品，买到来自圆明园的丝织品。1855 年，雨果迁居根西岛后，创作之余，单调生活里的乐趣之一，是在情人朱丽叶的陪同下，逛旧货店，买古董。雨果身后留下一本《根西岛记事本六册》，记载 1855 年 11 月到 1865 年 4 月间日常生活的流水账。我们粗略地估算，雨果在 10 年不到的时间内，在根西岛购买中国古董的文字记载，有 48 次之多，花费在 3000 法郎以上。这笔钱，相当于雨果 1864 年为朱丽叶购买"高城仙境"房价的四分之一。1862 年，有 3 则购买中国艺术品的记载；1863 年，有 9 则记载；1864 年，有 5 则记载；1865 年 5 月前，有 1 则记载，但 3 月 23 日的记载，是一次十分重要的记录；这样，雨果的高城居具有更加丰富的中国色彩和中国文化气氛。

例如，1860 年 6 月一个月，有 6 次记载：

6 日，中国茶壶。在阿麦尔太太店里买到五只中国盘子和耶路撒冷地图——13 法郎 80 生丁（茶壶 11 法郎 40 生丁）。

11 日，在热纳店里买来两只中国花瓶——87 法郎五 50 生丁。

15 日，（在尼科尔太太店里买来两只中国花瓶——75 法郎。）

16 日，买到一只（中国）箱子——50 法郎。

18 日，买到一对中国花瓶——50 法郎。

30 日，在莱昂斯店里——一只中国茶盘——60 生丁。

雨果 1865 年 3 月 23 日手记：（我）"买下了一大批中国的丝织品，卖主是个参加远征军的英国军官，东西是他从中国皇帝的圆明园里抢来的"[21]。今天，高城居二楼的"红厅"和"蓝厅"壁炉前的天花板上，围有一长幅浅棕黄色的丝绣天盖。这就是雨果 1865 年 3 月 23 日买下的来自圆明园的丝织品。"高城居"里有圆明园文物。除此以外，高城居里其他的中国艺术品里还有没有圆明园的文物？不知道。没有人对此进行过研究。

不难看出，雨果对中国艺术品的兴趣非常浓厚。我们有理由相信，雨果在《致巴特勒上尉的信》中对中国文化的欣赏和赞美，不是诗人凭空的想象。

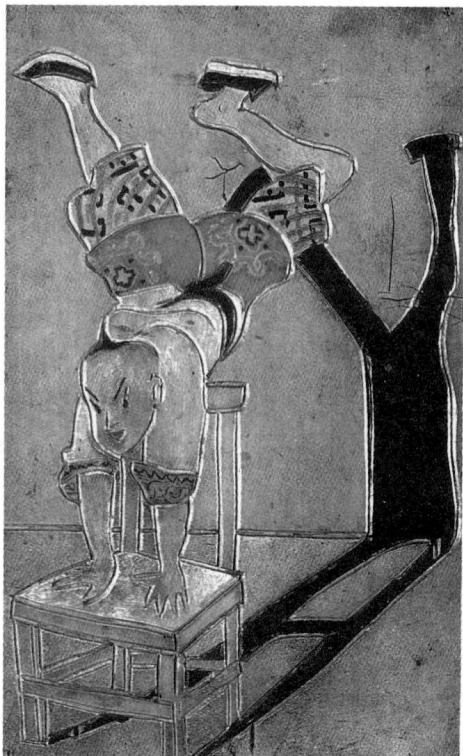

15 | "中国客厅"里雨果创作的彩绘木刻:《杂耍少年》,1864 年,今存巴黎雨果故居

16 | 雨果为《杂耍少年》画的草图,今存国立法兰西图书馆

第一个中文译名

1867 年的雨果手记:"我的中文名字。"

早在雨果在世的 1867 年,雨果的第一个中文译名已经诞生。雨果得知并亲眼看到自己的中文译名。雨果在 1867 年 5 月 31 日的记事本里写道:"我的中文名字,由泰奥菲尔·戈蒂耶的女儿(茱迪特·戈蒂耶)、孟戴斯夫人寄来。"[22] 雨果把寄来的自己的中文名字和释义剪下,贴在记事册里。雨果的第一个中文名字是:"夷克裰诩拗"。

泰奥菲尔·戈蒂耶的女儿茱迪特·戈蒂耶(Judith Gautier),是个女诗人,受父亲影响,喜欢中国艺术,曾编选过一册中国诗选,题为《玉书》。今天看来,这个中文译名用字冷僻,但以音译音,没有从英文转译的味道。雨果 65 岁时的第一个中文译名"夷克裰诩拗",比鲁迅和苏曼殊的雨果译名"嚣俄"早 36 年,比曾朴的雨果译名"嚣俄"早 46 年,比林纾的雨果译名"预勾"早 54 年。

17 ｜ 高城居蓝厅里的寿桃形紫铜香炉，带木座架

18 ｜ 雨果故居"中国客厅"里的青花瓷盖缸，有中国民间的瓷补丁

《全民公决》

1870 年春，路易·波拿巴对自己的帝国心中并不踏实，要求举行"全民公决"，由全国投票，对他的第二帝国表态。有人从法国向雨果征求意见，4 月 27 日，雨果写下《全民公决》一文，声明"反对。回答就是两个字。这两个字的内容可以写满一本书"。雨果说："反对曾是对所谓大赦的回答。反对将是对所谓全民公决的回答。"接着，雨果历数拿破仑三世的第二帝国犯下的一系列罪行，罪行之一，是 1854 年至 1855 年的"克里米亚战争"。"克里米亚战争"是英国、法国、土耳其和俄国之间的战争，雨果说"牺牲 70 万人去拆毁塞瓦斯托波尔的破房子"。罪行之二，是"联合英国给中国看看欧洲这个文物破坏者的形象，用我们的野蛮行径让野蛮人目瞪口呆，和损毁巴特农神庙的额尔金的儿子合伙焚毁圆明园……"[23] 遥远的圆明园被毁后将近整整 10 年有余了，雨果心中念念不忘"欧洲这个文物破坏者""焚毁圆明园"的"野蛮行径"，这是雨果心中不能释然的挂念。

《跌碎的花瓶》

1877 年 4 月 4 日，雨果写《跌碎的花瓶》，收入同年出版的《祖父乐》。

《跌碎的花瓶》是一首是中国题材的诗篇。这首 30 行的短诗写家中女仆玛丽叶特打扫时不小心，打碎了一只雨果心爱的中国花瓶。小孙女让娜十分懂事，利用祖

19 | 雨果故居"中国客厅"门背后的福禄寿三星图

20 | 1885年，雨果83岁寿辰，有中国人林忠正祝寿

父宠爱自己的心理，主动承担责任，承认错误，保护女仆免受责罚。

跌碎的花瓶

老天哪！整个中国在地上跌得粉碎！
这花瓶又白又细，像一滴闪光的水，
花瓶上画满花草和虫鸟，妙不可言，
来自蓝色的梦境，有理想依稀可辨，
绝无仅有的花瓶，难得一见的奇迹，
虽然是日中时分，瓶上有月色皎洁，
还有一朵火苗在闪耀，仿佛有生命，
又像是稀奇古怪，又像是有心通灵。
玛丽叶特在收拾房间，出手不小心，

碰倒了这个瓷瓶，跌碎了这件珍品！

圆圆的花瓶多美，圆得在梦中难找！

瓶上有几头金牛在啃吃瓷的青草。

我真喜欢，码头是我买花瓶的地方，

有时候，对沉思的孩子我大讲特讲。

这是头牦牛；这是手脚并用的猴子；

这个，是一头笨驴，也许是一个博士；

他在念弥撒，如果不是哼哧地叫喊；

那个，是一个大官，他们也叫作"可汗"；

既然他肚子很大，就应该满腹经纶。

这只藏在洞中的老虎，当心要伤人，

猫头鹰躲在洞里，国王在深宫高楼，

魔鬼在地狱，你瞧，他们人人都很丑！

妖怪其实很可爱，这孩子们都知道。

动物的神奇故事让他们手舞足蹈。

花瓶死了。我非常珍惜这一个花瓶。

我赶来时很生气，我马上大发雷霆：

"这是谁干的好事？"我嚷道，来势汹汹！

让娜这下注意到玛丽叶特很惊恐，

先看看她在害怕，又看看我在发火，

于是，像天使一般瞧我一眼说："是我。"[24]

　　这首诗的起句突兀："老天哪！整个中国在地上跌得粉碎！"诗人把中国比作一个花瓶，使我们又想起圆明园被毁时雨果第一时间的悲叹："此时此刻，欧洲正在砸碎中国。这个可怜的大花瓶，早已是满身裂痕了。"诗中说"码头是我买花瓶的地方"。我们仿佛看到雨果在朱丽叶的陪同下，在圣彼得港码头的古董店里抱着中国花瓶兴冲冲回家的情状。"花瓶死了。我非常珍惜这一个花瓶。"在雨果心中，"花瓶"就代表了"中国"。《跌碎的花瓶》是雨果生前发表的唯一一首中国题材的诗。

中国人为雨果祝寿

1885 年 2 月 26 日，雨果 83 岁寿诞。这是雨果一生中的最后一个生日，收到世界各国和各界发来的贺词。法国《吉尔·布拉斯报》（*Gil Blas*）刊出搜集到的各国贺词，其中就有中国人的贺词，位于右侧偏下方。这个中国人叫林忠正，贺词以汉语竖式书写："谨贺 / 神翁八十四寿箅 / 辱儿 / 林忠正"。"寿箅"是"寿算"之意，指"高龄"的意思。我们不知道这位林忠正是何人，具有什么身份。我们只是高兴地看到，在雨果在世的最后一年，在他逝世前的 3 个月，有中国人在雨果诞辰之际，向雨果表示崇高的敬意。从林忠正的行文看，他是熟悉中国古代典籍的饱学之士，而且，估计他是南方人士，他对雨果的年龄是算虚岁的。林忠正的贺词，是他个人对雨果的祝贺。

1952 年，雨果诞辰 150 周年。据说是茅盾先生提议，世界和平理事会于 1952 年隆重纪念全世界四位世界文化名人：法国的维克多·雨果，意大利的达·芬奇，俄国的果戈理，和阿拉伯世界的阿维森纳。1952 年 5 月 4 日，"保卫世界和平委员会"等 7 个团体隆重纪念世界四大文化名人。5 月 5 日，《人民日报》发表社论：《为保卫人类文化的优秀传统而斗争》。同日，《人民日报》刊发前一天郭沫若在纪念大会上所作的长篇演说：《为了和平民主与进步的事业》。郭沫若的演说首先介绍法国作家雨果的生平、创作和思想，强调雨果有"艺术家的良心"，强调雨果有"人道主义的精神"。

第十七讲 天才是凡人

我犯的一些错误都是真诚的错误。

《凶年集》《我在城里可没有……》

Les fautes que je fais sont des fautes sincères.

《L'Année terrible》

《Je n'ai pas de palais épiscopal...》

我几乎是个先知，我几乎是个使徒。

《精神四风集》《我接触过国王……》

Je suis presque prophète et je suis presque apôtre.

《Les Quatre Vents de l'Esprit》

《J'ai coudoyé les rois...》

雨果是天才

欧洲文学史有一个特点。大多数国家的民族文学可以找到一位体现这个国家文学最高成就的作家。古希腊有荷马，意大利有但丁，葡萄牙是卡蒙斯，西班牙是塞万提斯，英国有莎士比亚，德国有歌德，俄国则是普希金。除塞万提斯外，民族作家都是诗人。法国的民族诗人是雨果。在大多数法国人的心目中，雨果也是法国的民族作家。

从这个意义上说，雨果是欧洲文学史上离我们最近的民族作家。以法兰西文学的总体成就而言，法国的民族作家在世界文学史上当然享有很高的地位。

雨果从小是"神童"。1882 年，雨果走进参议院的卢森堡宫，议长高呼"天才入座"，"天才"二字紧紧跟随雨果漫长的一生。天

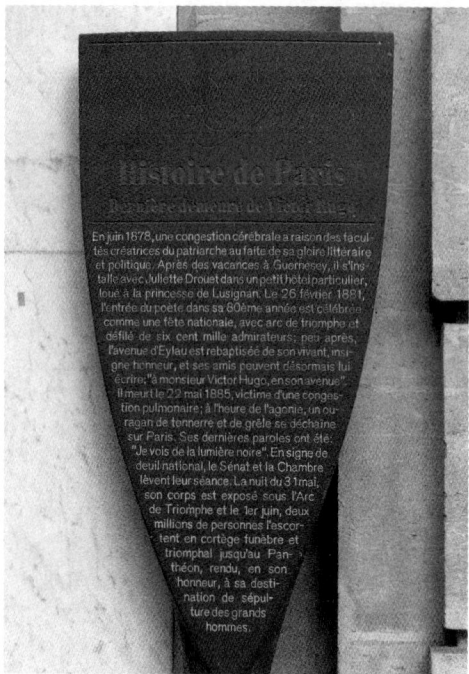

01 | 巴黎市政府的古迹铭牌："维克多·雨果最后的居所"

才不能是自封的。天才是个人勤奋出来的，天才还是历史挤压出来的。雨果曾经是穿过金色束腰礼服的法兰西世卿，今天的模样更像一个"老木匠，一个老瓦匠"。[1]这是"天才"在外观上的变化。

天才有很多缺点。缺点之一，是没有分寸。分寸可能是我们凡人信奉的标准。雨果为剧本《克伦威尔》写序，写成一篇浪漫主义的宣言书。"序言"大大地压倒剧本。雨果为儿子翻译的《莎士比亚全集》写序，写成一本评论专著《莎士比亚论》。《惩罚集》宣称写1500行，出版时是6000行，还有大量的存诗没有用完。《静观集》宣布写5000行，结果超出1万行。我们可以理解天才吗？我们可以原谅天才吗？

巴雷尔的《雨果传》里，"结论"的一章是"维克多·雨果的天才"。"戈蒂耶看他是一棵参天大树；圣伯夫……带着厌恶的心情承认这是'一个有着特异和超常机能的人'；勒贡特·德·利尔把他比做喜马拉雅山。"[2]作家于勒·勒纳尔说："他是一座高山，是一片大海，或随便怎么说都可以，只是不能说其他人可与之比较的东西。"[3]今天，人们喜欢借用雨果自己的用语："雨果是大海"（Victor Hugo, l'homme océan）。

总之，有人把雨果比成某种大自然的力量：比成高山，比成大海。发现高山有多余的石头很容易，看到大海里有并不雅观的东西也不难。但是，这种发现和批评又有多大的意义？我们应该从整体上感受大山的巍峨和突兀，感受大海的浩瀚和壮丽。让·马森（Jean Massin）是雨果的忠实读者，他为我们找到一段雨果写大海的文字，用之于雨果自己非常合适："毫不审慎。毫无节制。谁不喜欢夸张，应该避而不见大海。中等的想象力会受到这个深渊的虐待。大海绝对缺乏分寸，缺乏我们所谓的趣味。有某种疯狂掺和在海洋浩大的景色里。这是潜意识里的悬崖峭壁。这些大海的景色可能很壮丽，但绝对不安分。"[4]

雨果一生在前进，在超越，追随时代前进，不断超越自己。加埃唐·比贡（Gaëtan Picon）说："大部分诗人年轻时夭折，或者苍白无力地苟延残喘，重复自己最初的声音。只有雨果才会在延续生命时，不断创新，视野不断开阔，愈益雄健有力。"[5]雨果常常对自己说："我长大了。"1854 年，他在《写在 1846 年》中说："我长大了。"[6]22 年后的 1868 年，他又说："我在流亡中说过这句解释我整个一生的话：'我长大了。'"[7] 历史学家阿兰·德科（Alain Decaux）说过："雨果代表了他的世纪，但是我们也可以说，这个世纪跟在雨果后面奔跑。"[8]

02　｜　雨果绘画：《我的命运》，1867 年

雨果是吃保王派的奶水长大的，中年时第二共和国覆灭，却成长为坚定的共和派，晚年看到第三共和国的诞生和巩固，受到全国和全民的拥戴。1853 年，成为共和理想象征的雨果为青年保王派雨果 1822 年的《颂歌集》写新序，对此大为感叹："从黑暗升向光明的梯级中，最可称道的、最难攀登的一级，肯定是这一级：生来是贵族，是保王党，而变成民主主义者。"[9]

作家的职业

雨果是作家。作家写书用笔，作家交流用笔，作家感人用笔，作家斗争用笔。但是，笔也是雨果的饭碗。

雨果的父亲和母亲，没有给他留下任何遗产。他的一生，他一生的写作，他一生的职业，他一生的民望，他一生的声誉，他一生的家业，他一生的财富，都仅仅依靠他手中的一支笔。据说，雨果以前，作家在法国不是一种职业。没有人可以靠稿费谋生。夏多布里昂护照上的职业是"有产者"。雨果是法国历史上第一个以"作家"为职业的作家，第一个以写作为生的作家。雨果晚年，积累下一笔相当可观的财富，财富仅仅来自稿费和稿费产生的利息。

巴雷尔的《雨果传》说："无论如何，这位从零开始的作家仅仅以笔耕的收入改善自己家庭的命运，积攒下可观的作品，身后留下一笔巨大的财产，树立了地位成功的榜样，这一点他的同时代人早有察觉。于勒·雅南（Jules Janin）承认，大家应该感谢他把文学家的职业引入户籍制度。诗人莱昂－保尔·法尔格（Léon-Paul Fargue）以他一本正经的幽默说过："这雨果，可是我们这一行的光荣"。"[10]

我们说过，雨果很早开始写作，他是勤奋的作家。既然一切的一切依赖于一支笔。没有笔，便没有一切。我们在遗著《最后一束诗》里读到一首没有题目的小诗，估计写于流亡时期。小诗告诉我们，雨果是如何写作的：

> 天蒙蒙亮，我经常一骨碌就下了床，
> 唤醒我的是风声，有时或者是曙光，
> 或者是鸟声宛转，或者是好梦做完。

我马上开始工作，甚至比附近地段
的一些穷苦工人上班也更加要早。
黑夜消失。面对着星星正越来越少，
我总是浮想联翩，对星星仔细打量。
我喜欢站着写作，可同时看着思想
在我头脑中浮现，看着黎明在诞生。
我还把墨水瓶在窗台上放得平正，
窗前像狼窝一样，覆盖着一幅屏障，
那粗大的爬山虎牢牢地贴在墙上，
我在层层叠叠的枝蔓中书写新篇，
不时借葱葱绿叶顺一顺我的笔尖。[11]

凡人的性格和习惯

作家是作家，作家也是人。天才作家也是凡人。作家也有衣食住行，凡人会有
七情六欲，也会生老病死。

雨果体魄健硕，胃口大，吃得多。他却很少喝酒，从来不抽烟。雨果不仅不抽

烟，而且还谴责烟草的消费。19 世纪不抽烟的男人不多，19 世纪谴责烟草消费的人更少。雨果每天起身早，饭后散步，所谓"饭后千步"。雨果是洗海水浴的高手。直到 1858 年，雨果在一次病愈后，才放弃洗海水浴。

名人的性格，引起重视，引起关注，引起研究。

雨果作为政治家，雨果在公众生活里，态度傲慢，经常倚老卖老。老人有多傲慢，请看他在《凶年集》"六月"中的一首诗：

> 我一点也不生气，而这使你们吃惊。
>
> 大发雷霆是咳嗽，你们以为是雷鸣；
>
> 你们呵斥，把北风嘘到了我的身上：
>
> 你们小小的闪电叮了一下我脚掌；
>
> 我甚至没有看见你们在费劲吃力；
>
> 你们感到我心里在原谅你们无礼，
>
> 这使你们很恼火。因为，想叫人痛苦，

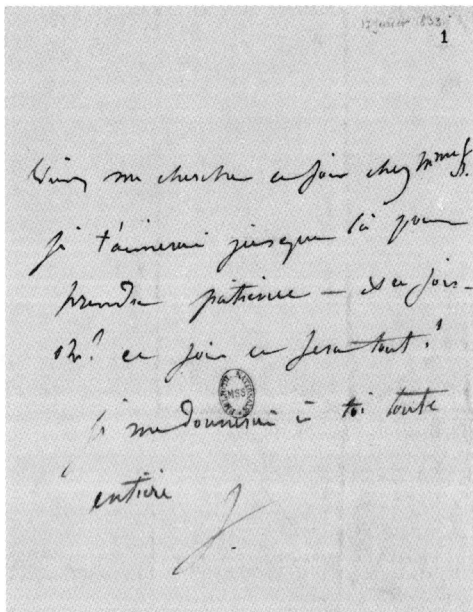

04 | 朱丽叶 1832 年和雨果定情的便条原件

05 | 朱丽叶的石版画，1832 年（维勒基埃雨果纪念馆的明信片，程曾厚收藏）

想叫人可怜，会有很高的代价付出。

怎么！齐心协力整一个人，汗流浃背，

却连挨上一脚的面子也从来不给！

甚至挨不上一记耳光！这欺人太甚。

流亡者有时摔倒，但从不降低身份；

他让卑鄙的小人围着他恨得跺脚；

他才不惜为区区小事而自寻烦恼，

就请大发脾气吧。我也会恼火？不行。

我怕不会有兴趣，来请教尊姓大名。

沉思的老流放犯一点都没有教养；

有人来侮辱我们，我们要不要骂娘，

我们有要求，我们可有自己的习惯，

先得要打量一番来人的身材长短。[12]

　　吉伊曼的《雨果谈雨果》里，引用龚古尔1873年4月15日的日记：雨果老人谈起某些问题，如凡尔赛士兵，或麦克－马洪的军队，举止像"工人"，"脸上出现不讲情面的强硬，使得黑眼珠亮亮的"[13]。

　　同一个雨果，另一种场合，态度截然不同。

　　"还有一点，很少人知道，但应该知道，雨果在家里的仆人面前很不自在，雇用一个女人做事，他怎么也觉得不自然，也不正常。他的手记里有很多地方，提到下决心对高城居的厨娘玛丽、对疼爱让娜的玛丽埃特提点意见。里夏尔－莱斯克里特夫人的《雨果在家里》说：'出于某种无法解释的古怪性格，他面对下属，态度近乎腼腆；似乎要他狠下心来，才下一道命令。'"[14]

　　雨果在日常生活里幸福吗？雨果在泽西岛留下很多脸色阴沉的照片，雨果写了很多心情沉重，甚至阴沉的诗文。但是，凡是接近雨果的人，一致反映他在生活里是一个开开心心的快活人。"朱尔·雅南1854年这样描写他：'一张和蔼可亲的脸，动辄微笑，没完没了的开心，放声大笑'；而克拉勒蒂1866年认识他：'首先是开心，是健康，好脾气从来坏不了'"。[15]

　　连朱丽叶也有此感觉，她1853年1月6日给雨果写道："我觉得对一个严肃的人，对满口好牙齿的人来说，你老是笑。"[16]雨果自己更明确说："我这个人，无非是一个顽固的微笑。"[17] 也许，健康的体魄，乐观的精神，保证了他的活动、斗争和一生处于巅峰状态的创作。

雨果是吝啬鬼

雨果这个凡人，被指责有两大缺点：吝啬鬼和色鬼。这可是任何凡人都要不得的缺点。

我们读吉伊曼的《雨果谈雨果》："雨果老爹的吝啬"已是有口皆碑了。[18] 敌人、朋友、妻子、儿子，异口同声：雨果是个吝啬鬼。1857 年 3 月 30 日，连朱丽叶也笑着说他："我亲爱的好阿巴贡"[19]。"阿巴贡"是莫里哀《吝啬鬼》里的主人公，是"吝啬鬼"的同义词。

吉伊曼说："大家这一点想得很少：雨果和所有的诗歌界同行不同，雨果仅仅只有他的笔，可以养活自己，养活自己人口众多的一家。拉马丁有很多产业；维尼没

| 06 | 朱丽叶 1827 年的画像，Champmartin 作，今存雨果故居 |
| 07 | 朱丽叶 1883 年像，Bastien-Lepage 作，今存雨果故居 |

08 ｜ 朱丽叶·德鲁埃墓

有那么殷实，却有田地，生产烧酒；缪塞享有舒舒服服的年金。雨果一无所有。"[20]

吉伊曼还说："到 1848 年，经过 26 年持之以恒的写作，他攒下的钱，总数在 55 万法郎，并省下 30 万法郎，规规矩矩存作国家公债，好，合 1951 年今天的 9000 万法郎。……而他给自己，也给家人，定下一条严格的规矩：每年只用利息，不得超额。本钱是神圣的。……家里的不幸之一，是两个儿子无所事事，两个儿子的生活到死都由父亲负担。"[21] 而儿子背后都对父亲嘀咕：何苦可笑地死守从前的规矩。

流亡生活是一无所有的生活。雨果自己算过一笔账："这位流亡者曾经拥有的全部财产，仅仅剩下 7500 法郎的年收入。过去每年为他带来 6 万法郎的戏剧收入被取消了。他的家具被匆匆拍卖，所得不足 13000 法郎。他有 9 个人要他养活。"[22] 所谓"9 个人要他养活"，是指雨果还要负担景况窘迫的流亡者克斯勒（Kesler）。

1852 年 1 月 5 日，流亡生活开始，雨果给妻子信："你看到，你自己也会感到，我的谨慎丝毫没有过分之处，我的谨慎成功了。要我们两个儿子不要忘记我的人生格言：因为懂得了谨慎，才能够勇敢。"[23] 所谓"谨慎"，指以前节省，有点积蓄。

雨果的童年是熬过苦日子的童年。雨果一生，永远量入为出，富日子当穷日子过。雨果要求妻子阿黛尔日常开销要记账。他自己就每天记账。在海岛的流亡日子里，雨果手记里每天的流水账，记得清清楚楚。天马行空的诗人，每天回到地上，记巨细无遗的生活流水账，这匹天马好辛苦啊！

雨果本人也明白家里人对他扣紧花钱的不满，私底下哀叹：

> 可怜的老爹不安，不停地写书写字，
> 身穿的是旧衣服，头戴的是旧帽子，
> 你可要节衣缩食，让全家乐业安居，
> 一分一分地攒钱，为了儿子和闺女，
> 一丝不苟，为他们保管好手中钱币，
> 整整二十五年间，为家人当好蚂蚁，
> 你家人全体一致，会首先叫你啬鬼。[24]

儿子们气不过的是：稿费大把大把掉进父亲的钱柜，而雨果死死地抱住以前的老规矩不放，整天叫穷。

与此同时，雨果生活里有一种开销，一种良心的支出：救济。

他的救济预算数目不小，高城居每年的日常开销里，三分之一用来各种各样的帮助穷苦人，1862 年开始，每周一次 12 个穷孩子的晚餐，后来每周 40 人。雨果手记里此类的小账，俯拾皆是，不胜枚举。我们随手录下几则：

> 1862 年 12 月 15 日，
> "支援一位穷产妇，5 法郎。"[25]
> 1863 年 6 月 27 日，
> "我要补偿玛丽（女仆）被人偷走的 100 法郎。"[26]
> 1863 年 12 月 10 日，
> "我在'多雷和伯明翰'（Dorey et Birmingham）店里给穷孩子买衣服：108 法郎。"[27]
> 1865 年 3 月 23 日，
> "下雪。给玛丽亚·格林肉、面包和煤。"[28]

读一读雨果流亡生活里的流水账，日复一日，年复一年，会使我们吃惊的。雨

09 │ 雨果绘画:《宫女》之一，1859—1865 年；此画和下一幅《宫女》的创作，和诗集《林园集》的出版有关

果在《我的人生附言》里，自己的总结很有意思："没有水平当穷人的人，不会有水平当富人。"[29]

1870 年 9 月 5 日，雨果回到巴黎。既然你有钱，求助的人络绎不绝。到 1870 年年底的 4 个月间，他各种救济支出有 4365 法郎。[30] 救济当然是现金。雨果秘书里夏尔－莱斯克里特统计过，1878 年的某一周，雨果收到 48 封求助信，总数在 24 万法郎。[31] 雨果不能一一满足。这雨果真是自私。

法国小说家都德是我国中学生熟悉的《最后一课》的作者。他的儿子莱翁·都德（Léon Daudet）一度曾是雨果的孙女婿，可他是攻讦雨果的著名人物。他说："雨果让出版商破产，他的出版合同独占大头。"[32] 莫洛亚的《雨果传》却做出了相反的结论："拉克鲁瓦为这部小说付了 30 万法郎，可是他从 1862 年到 1868 年这几年间，却净赚了 517000 法郎。"[33]

雨果有钱，雨果吝啬。1866 年，雨果把《海上劳工》和《林园集》又给了出版

10 | 雨果绘画:《宫女》之二，1859—1865 年

商拉克鲁瓦，共 12 万法郎。有位《太阳报》的社长米约（Millaud），建议小说在他报纸上每日连载发表，开出天价：50 万法郎。2 月 27 日，雨果拒绝："我的理由都取自我的文学良心。……这种良心迫使我在 50 万面前不好意思地低下了眼睛。《海上劳工》应当出书问世。"[34] 雨果有钱，但并不贪婪。

雨果是色鬼

雨果岂止是"吝啬鬼"，雨果更是"色鬼"。骂他好色，有道德堕落之嫌。雨果好色，似乎无人否认。亨利·吉伊曼是研究雨果性欲的专家。他写过一本《雨果和性欲》，可惜没有读过。他在《雨果谈雨果》里说："雨果的生活里，'女人'这一章是满满当当的。"[35] 我们知道，雨果追求阿黛尔时，是热烈而又贞洁的情人。雨果结婚时，是童男子。但雨果的晚年，风流艳事，层出不穷。正人君子，多付之一笑。雨果的一生，政治上经历了一个从极端保王到彻底共和的转变过程。在生活上，他也

11 │ 莱奥妮·多内，画家比阿尔的妻子，
1843 年到 1845 年间和雨果有一段恋情

有从十分贞洁到十分好色的巨大变化。

在家庭生活里，首先是妻子阿黛尔越轨。1836 年 7 月 5 日，阿黛尔给丈夫写信："你在这世界上什么都可以做。既然你幸福，我也就幸福……我永远不会滥用婚姻给我对你的权利。我的想法是你是自由的，如同男孩子，可怜的朋友，你 20 岁结的婚，我不想把你的生活拴在像我这样的可怜女人身上。……所以，你别折磨自己，请相信在我这样的思想状态下，什么也影响不了我对你可靠而又完全忠诚的温情。"[36] 雨果虽有家室，却已是自由的男人。

雨果和朱丽叶相爱五十载，雨果夫人逝世后，雨果提出和朱丽叶结婚。朱丽叶考虑再三后婉拒。朱丽叶不是妻子，却胜似妻子，甚至胜过妻子。雨果如果没有朱丽叶一生彻底、无私和奉献的爱情，他生活、创作和事业里会有大片的空白。雨果和朱丽叶结合后，拈花惹草，首先对不起朱丽叶。

1843 年，雨果遭遇两次打击。先是《城堡卫戍官》失败，后是爱女莱奥波尔迪娜溺毙。莫洛亚提出一种解释："肉欲是一种强烈的状态。一个人在精神极度紊乱时，自然会寻求感官新鲜而又强烈的刺激，借以忘掉自己。1843 年，雨果极度忧伤，只好借助于某种激情来避难。朱丽叶行吗？不行，朱丽叶再也满足不了他了。可怜的姑娘十年来一直过着被禁锢的生活，已经憔悴了。"[37] 于是，雨果和多内夫人奸情

12 | 雨果绘画:《回忆》,由 8 个字母代表的 8 个日期组成,1843—1845 年

暴露。雨果开始成为没有抵抗力的男人。

昔日贤惠的妻子,已是相敬如宾的"朋友"。当年光彩照人的情人,显出未老先衰的老态。此时,雨果事业有成,精力充沛,精力太充沛了。流亡生活,是与世几乎隔绝的生活。诗人的手记里,出现一些只有自己明白的"暗号"。专家的解读是和女仆之类的交欢记录。总之,雨果年届"知天命"时花心盛开。

雨果有句,写于 1853 年至 1854 年:"我的心已是老人,我的感官却年轻。"[38]雨果甚至把对女人的兴趣提高到宗教的高度。《历代传说集》的第一首诗《女人的加冕礼》:

> 女人的肉体!理想的黏土!奇迹可贵!
> 这软泥一旦经过上帝的揉捏创造,
> 现在注入其中的精神是多么崇高!
> 这物质中有透过躯壳生辉的灵魂!
> 这烂泥里看得见上帝塑捏的指痕!
> 这块庄严的污泥招人亲吻又动心,
> 这污泥神圣,只要爱情把我们俘擒,
> 只要灵魂被引往神秘的床笫方向,
> 不知道这种销魂是否也是种思想;

13 | 雨果给莱奥妮·多内的爱情画谜，
1843—1845 年

全身心兴奋激功，我们就无法知道
紧紧搂抱美人就不是把上帝拥抱！[39]

雨果以提问的方式肯定：搂抱女人，就是拥抱上帝。

雨果晚年，和公社战士的年轻寡妇玛丽·梅西耶的艳遇，是两人在同病相怜的心态下的艳遇。雨果和年轻女演员之间，如萨拉·贝尔纳（Sarah Bernhardt），如戈蒂耶的女儿朱娣特·戈蒂耶（Judith Gautier），可以看成是文人的风流韵事。我们看到，年轻的女郎对老年雨果趋之若鹜，萨拉·贝尔纳就说："这个魔鬼很有魅力，他那么风趣，那么机灵，那么风流；那种风流使人增添光彩，而不是受到侮辱。"[40]

雨果晚年有一次称得上是一场轰轰烈烈的"黄昏恋"，始于 1873 年初。朱丽叶在根西岛不慎雇用了一个洗衣女工，白朗什（Blanche）。少女纯朴、文静，身材苗条，仪态庄重。雨果已是七旬老翁，比白朗什大 47 岁。雨果提醒自己："危险。你要当心。"当心无效。一旦雨果无法克制，少女英勇地进行自卫，但最后在老人头上的一重重光环下晕倒了。雨果为白朗什写下的情诗分外优美。老诗人身心兴奋，浑身充满了创造力。好景不长，朱丽叶发觉后，立即辞退白朗什。雨果和朱丽叶回到巴黎后，一边忙于重要的社会活动，一边和白朗什偷偷相会。两人在植物园散步，白朗什真情相托，这等景象可以比成一首田园诗。9 月 19 日，朱丽叶请人查明了真相，一气之下，出走布鲁塞尔。这一下，雨果清醒了，丢下诸多急务，不顾一切，追到布鲁塞尔，把朱丽叶带回了家。朱丽叶等人给白朗什安排了一件婚事，好让老情人死心。1879 年底，看破红尘的白朗什嫁给了一个小职员。丈夫对白朗什不好，妻子的心情感到沮丧。尤其可恶的是，丈夫拿当年雨果写给白朗什的情书和情诗，向雨果家人敲诈勒索，可怜的姑娘深感绝望。

1881 年 2 月 26 日，雨果 80 诞辰，中学小学放假，60 万巴黎市民挥舞鲜花在诗人住宅的窗下列队行经。老人不顾早春的寒冷，拥着孙儿和孙女点头示意。同年 7 月 14 日国庆节，人民把对共和国的敬意献给了维克多·雨果。每一次都有个女人，混在人群里，默默地眺望着自己未曾忘怀的老情人。朱丽叶逝世，白朗什 34 岁，她一直生活在和老人昙花一现的那一段回忆里。她希望回到雨果身边，给老人写信。可是，信都给扣了下来。八旬的老人对 5 年前的往事已经没有印象了。[41] 白朗什伤心欲绝。莫洛亚的《雨果传》写到白朗什的最后情况，有人见证："她带着何等贪婪的神情听着别人讲先生的事啊！冷漠的脸上露出片刻的喜悦，接着又黯然神伤，恸哭起来。这是她真诚的痛苦。"[42]

眼看子女一个一个先他而去，眼看同辈好友一个一个年老力衰，雨果就没有一点自责吗？有。我们看到，雨果的心情是不无矛盾的：

> 人可悲的精神啊，却被肉体所占有！
> 感官有多兴奋啊，心醉神迷便污浊！
> 雪白的天鹅变黑！纯洁的天使堕落！
> 女色，这可是暗礁！人间的奇才英豪
> 到此也会战栗着变得渺小而栽倒！[43]

雨果甚至在作品里借题自责，揭露自己：

> 找个年轻的女人，不要家中的老太！……

14　维勒基埃雨果纪念馆的集邮纪念品，程曾　　15　雨果故居的集邮纪念品，程曾厚收藏
　　厚收藏

> 要吃新鲜的嫩肉，加上细软的面包，
>
> 不吃腌制的咸肉，不吃干硬的饼干！
>
> 迷惑的魅力正在我眼前金光闪闪！
>
> 我要和老太分手。要叫她早早走开！
>
> 我感到快要成为一个可怕的无赖。[44]

　　正因为如此，有研究者注意到：雨果创造的男主人公，雨果小说里所有的男主人公，都是处男：《悲惨世界》的冉阿让，《海上劳工》的吉利亚特，《笑面人》的格温普兰，《九三年》的西穆尔登，人人都是处男，连安灼拉和沙威也是处男。这又是偶然的吗？

　　我们能否从另一个角度理解雨果晚年的好色。从流亡时期起，雨果的创作，海阔天空，上天入地。处处有一个"大"字。大工作量，大运动量，加上大食量。雨果强健的体魄，超人的精力，需要有某种心理上和生理上的平衡。一部部鸿篇巨制，不足以消耗他的超人精力，对雨果并不恭敬的莫里斯·巴莱斯（Maurice Barrès）认为要评价雨果，"就得了解肉欲怎么进一步激发他的天才"[45]。

　　话说回来，归根结底，雨果不是圣人。2002 年，雨果的曾孙女玛丽·雨果参加广州的"雨果诞辰 200 周年"纪念活动，她以雨果的直裔后代的身份说："雨果不是一个圣人。"雨果是个凡人，他是凡人里超乎常人的人。他创造的卞福汝主教近乎圣人，他创造的冉阿让近乎圣人。而他是凡人，会犯天底下男人会犯的过错。他的卞福汝主教布道说："人有肉体，这肉体就同时是人的负担和诱惑。人拖着它并受它的支配。人应当监视它、约束它、抑制它，必须到了最后才服从它。在那样的服从里，也还可以有过失……做一个圣人，那是特殊情形；做一个正直的人，那却是为人的正轨。你们尽管在歧路徘徊，失足、犯错误，但总应当做个正直的人。"[46]

法国哲学家阿兰（Alain）说："雨果远在卞福汝主教之下。这我知道。然而，这位大地之子却能从纷繁杂沓的激情之中，创造出这个高出众人之上的人间圣人来。"[47]

雨果的自我定义

雨果在不同时代，在不同场合，对自己下过定义，作过自我介绍，有一些值得重视。

早在 1833 年，雨果刚过而立之年，他对友人维克多·帕维写信："我对自己的前途看得很清楚，因为我抱有信仰，注视着目标前进。也许，我会在路上倒下，但我是向前倒下的。我将度过此生，完成我的作品，有错误，有过失，有意志，有天命，至于是好是坏，留待后人评说。"[48]

流亡生活后期，雨果在瑞士洛桑的和平大会上，宣布自己是"社会主义者"，时间是 1869 年 9 月 14 日：

> 所以，共和国和社会主义，是一个事物。
>
> 公民们，我对你们说话，我不是过去所说的前一天的共和主义者，而是大前天的社会主义者。我的社会主义从 1828 年开始。我有权可以这么说。
>
> 社会主义是宽阔的，不是狭隘的。它关注人类的一切问题。它关心社会的所有观念。它既要提出劳动和工资的重要问题，又要宣布人的生命的不可侵犯性，废除一切形式的谋杀，把刑罚改成教育，是问题美好的解决。它宣布免费的义务教育。它宣布妇女权，妇女和男人平等。它宣布儿童权，这是大人的责任。它最后宣布个人的主权，这和自由是相同的。
>
> 这些是什么？这是社会主义。对。这也是共和国！
>
> 公民们，社会主义肯定生活，共和国肯定权利。一个把个人提高到人的尊严

上去，另一个把人提高到公民的尊严上去。有没有更深刻的协调一致关系？[49]

1870 年，雨果还在流亡，返回法国前，在《致英吉利海峡水手的信》中这样总结自己：

> 我来告诉你们，我是怎么样的一个人。我是你们中间的一员。我是水手，我是深渊的战士。我的头上有北风狂吼怒叫。我全身淋湿，全身哆嗦，但是我微笑，我有时候和你们一样唱歌。一首苦涩的歌。我是一个搁浅的向导，他没有错误，但是沉了船，指南针说他是对的，暴风雨说他是错了，他身上有经历灾难过后充足的坚定信念，他有权带着沉船者的权威对领航人说话。我在黑夜里，我静静地等待着那么一天的到来，但对这一天也无所谓指望，因为说后天肯定会来，而明天却未必；立竿见影的事情是罕见的，我还和你们一样，不止一次地、没有信心地看到凶险的曙光在显露出来。眼前，和你们一样，我在急风暴雨中，我在乌云中，我在雷声中；我的四周，天地在不断震动，我看着被称作事实的波浪在时进时退；我被事件所折磨，如同你们被风浪所玩弄，我见证事变表面上荒唐，却有深刻的逻辑；我感到风暴是一种意志，我的良心也是一种意志，这两个意志其实是一致的；我坚持，我抗争，我顶住暴君，如同你们顶住风暴，我让全体肮脏的猎犬，让全体黑夜的恶狗，在我的四周吠叫，我尽我的责任，并不因仇恨而激动，和你们并不因波涛而激动一样。
>
> 我看不见星星，但我知道星星在望着我，而这就够了。
> 我就是这样的人。[50]

雨果在《精神四风集》里，曾用诗的形式，总结自己一生的斗争和事业：

> 我接触过国王和贵人，疯子和大贤，
> 　　接触犹大，接触恺撒，
> 接触约伯和凶汉，我见到众人出现，
> 　　深深为之感到害怕。
>
> 我受到人的凌辱，凌辱者鞭笞坟墓，

　　凌辱者并嘲笑流亡；

因为，轰然的雷声夹带着浓痰恶毒，
　　经常落在我们身上。
我曾经寻觅不幸，如猎人寻觅猛虎，
　　我的果子养活蛀虫。
我是一只奇怪的燕子，因为我外出，
　　迁徙的方向是寒冬。

我只会是失败者；我和受伤者同行，
　　这是我信奉的原则；
当他们欺人太甚，我对人民，对老鹰，
　　甚至对上帝说：够了！

我以为，我做的是非做不可的事情；
　　我不遗憾，我不悔悟；
仁义之士为使用自己的贫困高兴，
　　用贫困来打造进步。

我虽不时为命运苦恼，但我有梦想，
　　这你们也无法阻拦，
我苦于几多事变，最后成谎言一样，
　　给心灵投下了黑暗。

暗礁后又是暗礁，风暴后又是风暴，
　　命运扔我，一至于此；
我的心儿在流血，但脑袋抬得高高；
　　我的愤怒正在深思。

我家破人亡，仇恨尝遍，我眼泪盈盈，

有人加害，有人啄咬；

我是黑色的顽石，丧乱和风雨晦晴，

我都曾经一一领教。

我曾抗争；遭遇的奇迹是凶狠阴森，

深渊是不断的漩涡；

世界上无人曾经见到过：人的灵魂

吹得如此七零八落。

我几乎是个先知，我几乎是个使徒；

我说：也好啊！向前冲！

但是，我不拿我的命运换别的前途，

啊，你这凶残的北风！[51]

原诗没有创作日期，"国立印刷所版全集"认为在 1870 年左右，很可能也是在流亡结束、返回法国之前。

最后，我们在《海洋集》读到几行字，编者认为写于 1868 年到 1869 年：

我是人，相信进步；我是公民，相信权利；我是诗人，相信理想；我是哲人，相信上帝；我有眼睛，相信太阳。

当部长，当总统，等等？

有什么好的？[52]

雨果自我的另类定义

雨果不仅有理想的人生，不仅有斗争的人生。雨果的人生还有神秘的一面。

雨果说："我是一个想着另类事物的人。"[53]

雨果有诗句：

"我不认识我自己；对自己藏而不露。
只有上帝知道我是谁，叫什么名字。"[54]

雨果还有诗句，我们还没有找到出处：

"他沉思着在倾听人类前进的脚步。"[55]

《惩罚集》中《晨星》里的诗句早已为读者所熟知：

"我睁开我的眼睛，看到启明的晨星。"[56]

还有这么好的诗句，也还没有找到原诗，引自巴雷尔的传记：

"可真需要有个人能爱天上的星星。"[57]

1854 年 6 月 1 日，雨果从海岛给女作家路易丝·科莱回信说："我是蓝天的公民"。[58]

雨果，雨果这个诗人，鼓吹"爱"的哲学。

《静观集》里谈"爱"和"爱心"的诗句不少。且看写于 1839 年的《给我的女儿》：

要遵照执行，这条真理很神圣，
请记住，可以进入每个人的心；
心里只有爱，孩子，心中没有恨，
   对一切怜悯！[59]

再看作于 1864 年的《傍晚，我仰望天空》：

16 ｜ 1985 年，雨果逝世 100 周年，法国发行的
雨果纪念币，10 法郎，程曾厚收藏

17 ｜ 纪念币的背面，有雨果戏剧、小说《巴黎圣母
院》和《悲惨世界》的人物，以及雨果签名

相爱吧！这最重要。这是上帝的愿望。[60]

我们在雨果的遗著《上帝集》里，也能看如下的诗句，但更为抽象：

……灵魂啊！存在是爱。[61]

雨果逝世前两天，最后留下的手迹，也是一声"爱"的呼唤，一条"爱"的遗嘱：

"爱，就是行动。"[62]

这条引文见吉伊曼的《雨果谈雨果》。今天，"雨果之友学会"的标志，也是雨
果的手迹"爱，就是行动。"而两条手迹的字体不同，吉伊曼书里的手迹字体细一
些，"雨果之友学会"标志的手迹字迹流畅些。看来雨果对"爱，就是行动"这告别
人世前最后的遗愿，写下不止一条手迹。

天才是凡人

英国第一部《雨果传》于 1888 年出版，作者马尔齐斯（F. T. Marzials）说的那句话，看来没有说错："缺少这一笔财富，人类将比现在贫困。"[63]

贝桑松是维克多·雨果的出生地。1880 年 12 月 27 日，贝桑松市政府在雨果的故居前挂放纪念性铭牌。贝桑松市长讲话后，保尔·默里斯宣读雨果的答谢辞：

> 我以深深激动的心情，感谢我的各位同乡。
> 我是人类行经的大路上的一块石头，但这是一条康庄大道。——人既不能主宰自己的生命，也不能主宰自己的死亡。人只能把自己的努力贡献给自己的同胞，以求减少人类的痛苦，把自己对自由发展不可战胜的信念贡献给上帝。[64]

"我是人类行经的大路上的一块石头"，这是雨果晚年对自己最后的定义，也是他最好的自我定义之一。

我们介绍了雨果的伟大作品，我们介绍了雨果的伟大事业。我们也介绍了雨果的脾气性格和生活习惯。我们又介绍了雨果对自己的回顾和总结。最后，我们也想知道雨果这笔"财富"，雨果这块"石头"，雨果这个凡人，雨果这个凡胎肉身，究竟有多高大。我们看到两种材料，出自两位严肃的作者，应该是可信的。两种材料提供雨果在三个不同时期的三种身高，好在并不重复，可以相互补充。

巴雷尔的说法："维克多·雨果的身高，1825 年是 1.70 米，1834 年是 1.73 米。"[65] 吉伊曼的说法："他 68 岁显得并无老态。他的身材没有矮掉一点点（1.68 米）。"[66] 1851 年 12 月 11 日，雨果出逃比利时，用的是"书籍排字工朗万"的假护照，护照上"年龄：48 岁。身高：1.70 米。"[67]

唔，天才也罢，凡人也罢，雨果是中等身材的人。

第十八讲　雨果的评论和研究

人已经倒下，名却在长大。

《惩罚集》《报应》

Le nom grandit quand l'homme tombe.

《*Châtiments*》《*L'Expiation*》

我是黑色的顽石，昼夜的风雨晦晴，

我都曾经一一领教。

《精神四风集》《我曾接触过国王……》

Noir rocher, j'ai connu tous les âpres visages

Du deuil et de la nuit.

《*Les Quatre Vents de l'Esprit*》

《*J'ai coudoyé les roi...*》

评价的是是非非

1885 年后，按照雨果对遗嘱执行人的嘱咐，雨果的作品依然滚滚而来。1886 年，有《撒旦的结局》，有《自由戏剧集》；1887 年，有《见闻录》；1888 年，有《全琴集》；1889 年，有剧本《孪生子》；1890 年，有游记《阿尔卑斯山和比利牛斯山》；1891 年，有《上帝集》；1892 年，有游记《法兰西和比利时》；1893 年，有《全琴集》（第二卷）；1895 年，有政论作品《巴黎》；1896 年，有《书信集》（第一卷）；1898 年，有《哀年集》，有《书信集》（第二卷）；1899 年，有《见闻录》（第二卷）；1900 年，有《写给未婚妻的信》；1901 年，有散文作品《我的人生附言》；1902 年，有《最后一束诗》。1902 年，是雨果的百岁冥寿；老人没有死，还在出版作品，

01 | 雨果 1885 年 4 月 12 日的照片，题赠给小姨朱莉

02 | 雨果 60 岁的全身照片（E. Bacot 摄于根西岛）

送给自己《最后一束诗》。

雨果为还有更多的作品来不及写而遗憾。1874 年，他曾对朋友说："半个世纪以来，我用散文，用诗歌表达我的思想，但我感到，我只说出了我所想到的千分之一。"[1] 雨果的两个遗嘱执行人，奥古斯特·瓦克里于 1895 年逝世，而保尔·默里斯虽然享年 85 岁，为大师身后做了很多事情，也于 1905 年驾鹤西去了。

雨果从登上浪漫主义盟主的地位后，一直是个有争议的作家。且不说圣伯夫出于个人恩怨，对雨果先褒后贬。巴尔扎克对《埃尔那尼》颇有微词[2]。歌德将《巴黎圣母院》视作一部"令人反感，没有人性的艺术作品"[3]，不能卒读。海涅讥讽雨果"是个利己主义者，说得更坏些，是个雨果主义者"[4]。1906 年，高尔基访问法国，又盛赞雨果是法兰西"荣誉桂冠上一颗熠熠生辉的钻石"[5]。

雨果国葬时，法国工人活动家拉法格写下长篇的《雨果传说》，先是说"在这方面情况比较熟悉的法国资产阶级，在雨果身上发现了本阶级的本能、热情和思想的最完整最出色的人身化之一例"。结论是"雨果的一切都是广告"。拉法格认为突出的"广告"就是雨果的"国葬"："关于他后事的安排，在他善于演戏、十分富于机巧的花招的一生，是最高的成就。一切都权衡过轻重，一切都是预先计算好的，目的在于以简朴的举动来夸张他的伟大……资产阶级高度欣赏雨果的这些优点；集中一个文人身上，这些优点是十分难得的：既善于处理生活，又善于经营家产。他们在头顶殉道者的圆光，闪耀着光荣的异彩的雨果身上，认出了一个与他们同类的人……他们在雨果身上观赏自己，赞美自己，如同照镜子一样。"[6]

别人对自己的攻击，雨果已经见怪不怪："我年轻的时候受到歌德的攻击，我年老的时候受到蒲鲁东的攻击。歌德是怀疑；蒲鲁东是否定。也的确，我是肯定，我肯定进步，而歌德则摇头；我肯定理想，而蒲鲁东则哈哈大笑。这些可怜的人。"[7]

我们曾在莫洛亚《雨果传》的"译本序"里说过："历史对历史人物要作全身的体格检查……历史的检查是无情的，有时还是挑剔的。"[8]雨果诞生至今，已200多年。雨果逝世至今，也已过去一个多世纪。我们随着历史的步伐，透过雨果身后的文学命运，看看评论家和研究家是如何为雨果进行检查的。

1885—1902 年

历史上攻击雨果最刻薄无情、影响又很大的人，叫比雷（Edmond Biré），他在雨果逝世前后出版了三本书：1883 年出版《1830 年前的雨果》，1891 年出版《1830 年后的雨果》，和1894 年出版《1852 年后的雨果》。以后的雨果研究提到比雷的名字，几乎都当作是偏颇和恶意的代名词。作者没有见到比雷的原书，但我在朗松的《法国文学史》里见到他的影响。

19 世纪和 20 世纪之交的文学史家朗松（Gustave Lanson）对雨果的诗歌成就表示赞赏，对雨果的为人，表示轻蔑。朗松肯定雨果"接受了共和及民主思想。这样，他抓住了他所需要的灵感，才能保持他的想象力，并成为三十年间一个民族的偶像"[9]。接着表示"他是位身强体健的工匠，力量永不枯竭，在政变后的八年中，他献出了三部杰出的诗集，从根本上体现了他的才华"。最后断言："雨果全在这三部诗集中了。他以前所有的作品都包容在这三部诗集中，在此告终。他以后的作品，除了个别的例外，都是这三部诗集的重复或废渣。"[10]朗松的时代，一些雨果生活的旁证材料尚未公布，而这位大学教授也未必读过雨果的生活手记，却明确认为："此人从道德方面来讲，相当平庸。他极其自负，始终追求人们对他的景仰，对'效果'如

何一直耿耿于怀。他能做出任何低下的事来提高自己的声望，既不害怕、也觉察不到自己的可笑。……这是位伟大的艺术家，灵魂却有很浓的市侩习气。他工作勤勉，生活有条不紊，为人吝啬，尤其是因为气质上的某种粗俗，强烈的乐观精神和会猝然而发的火气，很像老百姓。他喜欢玩弄文字游戏，骂街的话层出不穷。总之，天性平庸而又倔强，而最突出的是过分的利己主义。"[11]

朗松的《法国文学史》于1894年初版。遗憾的是，我们在1922年的版本中读到朗松为第九版写的"自我修正"："我觉得今天有必要对这种描述作出修正。原来的描述是在比雷此人狡猾而又有根有据的指责的影响下写出来的。近年来发表的文献，特别是书信，一般来说转而对维克多·雨果的性格有利。……我在他身上越来越多地发现一些使我震惊、使我感动的东西。"[12] 一部文学史家的大手笔，时隔仅十年有余，便要如此修正，文学史是严肃的事情，何必下笔如此匆忙，不过这也证明比雷的影响确乎很大。

20世纪30年代，文学史家蒂博代（Albert Thibaudet）的《1789年至今的法国

04 | 1954 年版 500 法郎的纸币，正面和背面

文学史》是他逝世后立即出版的遗著。他也偏执地认为，雨果 1860 年后是"无用的年代"："神奇的年代大致到 1860 年结束。雨果余下生活的四分之一世纪，对他的威信和声誉有用，对他的名声有用，而不在于他的作品。他人在，他有分量。如果他死于 1860 年前后，死于流亡中，身后留下几乎今天的全部诗歌作品，如果 1885 年的国葬成为 1870 年的骨灰回国，雨果死后回来，共和国已在，就在他活着回来的时候，坟墓实现了泽西岛的誓言，他今天还会有敌人吗？"[13] 蒂博代对《凶年集》不屑一顾，对雨果的晚年很有抵触情绪。

到 1902 年《最后一束诗》的出版，雨果遗著的出版工作初步告一段落。但是，从 1885 年到 1902 年，雨果盖棺后并没有论定。

1885 年，作家莫里斯·巴雷斯（Maurice Barrès）23 岁。他在小说《离乡背井的人》（Les Déracinés）对雨果 6 月 1 日的国葬，有一段冷峻的回忆："这些孩子们，这些飘动的黑纱，这大片无边无际如潮水般冲击着巍峨的凯旋门的崇拜者，一切都似乎要以小人物的努力来挽留一位伟人。"[14] 而罗曼·罗兰 19 岁，他在《老奥尔甫斯》一文中有一段热情的回忆："而在这片欢乐气氛中，在这盛大的仪式里，在这些欢天喜地的妇女，这些读者和名流，这一堆堆鲜花和花圈，这些纹章中间——一个空荡荡的地方，里面是一辆穷人用的枢车，光光的，黑黑的，仅有两只小小的白玫瑰花圈。死者。最后一次的对比手法。"[15]

雨果一死，立即有人攻击雨果是一个没有思想可言的作家。宿敌弗约（Veuillot）宣称："《传说集》的诗人经常使我们的想象力着迷；他本人很少思想，也影响不了我们的思想……"[16] 与之针锋相对的反击，最好的莫过于哲学家勒努维埃（Renouvier）1900 年写了一本书，书名有意题为《哲学家雨果》（Victor Hugo le philosophe）。

05 | 罗丹的大理石雨果头像，约 1887 年，今存巴黎历史博物馆

雨果 100 周年诞辰，服膺雨果的声音从各处传来。作家于斯曼斯（Huysmans）1902 年回应左拉对雨果的攻击："19 世纪出现一些了不起的才子，巴尔扎克、福楼拜……但只有雨果有天才"。[17] 1887 年，评论家勒梅特尔（Lemaître）发表过一篇"论战性文章"：《为什么是他？》，对雨果身后"非他莫属"的光荣地位表示不服。[18] 1902 年，同样是勒梅特尔在 15 年后幡然悔悟："我深深地钦佩雨果。我从前对他的作品有时有失公允；好吧，我宣称：今天，我毫无保留地钦佩他的作品。"[19]

与此同时，一些专家学者避开争论，开始客观地研究雨果的创作。我们可以举出：1894 年布吕纳介（Brunetière）的《19 世纪抒情诗的演变》（《雨果后期的创作手法》一章），1900 年法盖（Faguet）的《法国文学史》等。

1856 年，雨果在一则手记中写道："你们可知道我的抱负是什么？在流亡中死去，和在 20 世纪的门槛上有我的雕像。"[20] 雨果的前一半抱负没有实现，他没有在流亡中死去，但他的后一半抱负成了事实。

06 ｜ 罗丹的雨果青铜纪念像

07 ｜ 巴黎索蓬大学内的雨果坐像

　　1902 年，忠心耿耿的保尔·默里斯已经 82 岁。他为雨果，也为后世，做了一件好事：创建"雨果故居纪念馆"(Maison de Victor Hugo)。早在 1901 年 6 月 21日，默里斯托亲属向巴黎市议会提出建议："我向巴黎市提出把雨果的故居献给法国。……我们可以在馆内集中他的 500 多幅绘画……纪念馆的一间展厅里有他手刻和手绘的装饰：翎毛、花卉、神兽、人物，趣味盎然，十分难得。……我们会给纪念馆增添根据他诗歌、小说和剧作创作的一组油画和绘画……最后，乔治和让娜会在雨果故居里复原他在艾洛大街的卧室。这将是他在巴黎居住时间最长的寓所，从1833 年到 1848 年，这是浪漫主义时期的寓所，是他写下主要剧作的家，是他展开重要战役的家，便是王家广场六号的家。"[21]

　　1902 年 2 月 26 日，雨果生日，上午 10 点，国家各部门、各学术团体的代表，聚集先贤祠，举行仪式，纪念雨果 100 周年诞辰。是日下午，巴利阿斯（Barrias）的雨果雕像揭幕。故居纪念馆因为搬迁工作延期，到 3 月 2 日开馆。3 年后，忠心耿耿的默里斯离开了人世。

　　我们知道："雨果故居"今天是巴黎市政府下属的作家故居纪念馆，那间"有他手刻和手绘的装饰"的展厅，在三楼，便是"中国客厅"，而当年的"王家广场"，今天已经更名为"孚日广场"。

　　今天的"雨果故居纪念馆"，是巴黎最大，也是最重要的法国作家故居，是传播雨果作品和思想的大本营，向公众开放，尤其向学生开放。除国立法兰西图书馆外，

"雨果故居纪念馆"拥有最多的雨果绘画和手稿，拥有一间雨果研究图书馆，向研究者开放。"雨果故居纪念馆"是集参观、教育和研究的纪念馆。最近十多年来，纪念馆组织了一系列大型的雨果专题展览会，受到广大公众和专业人员的欢迎。

1902—1935 年

保尔·默里斯继创办雨果故居纪念馆后，开始出版 20 世纪的第一套《雨果全集》，史称《国立印刷厂版雨果全集》(de l'Imprimerie Nationale)，凡 45 卷，至 1952 年方才出齐。

20 世纪初期，法国上流社会仍以谈论雨果为时髦。普鲁斯特 (M. Proust) 的《追忆似水年华》中，诗人雨果常常是沙龙贵夫人的谈资。盖尔芒德公爵夫人可以背诵《秋叶集》中的《致一位旅行者》的诗句。[22]1910 年，诗人贝玑 (Charles Péguy) 著《维克多－玛丽·雨果伯爵》(Victor-Marie, Comte Hugo) 恭恭敬敬研究雨果。

第一次世界大战结束，年青一代的诗人战后醒来，一个个登上《醉舟》，迷上了兰波。雨果成为遥远的景象。但是诗人瓦雷里 (Paul Valéry) 认为："60 余年间，这个异乎寻常的人每天从 5 点到中午，扑在工作上！……他写下 10 万或 20 万行诗，借此不间断的练笔，培养了一种奇特的思维方式，一些肤浅的评论家可以爱怎么评论就怎么评论。可是，雨果在其漫长的一生中，对自己的艺术永不疲倦地自我完善，自我充实；大概越来越失之于不加选择，越来越失却分寸感……不过，在他一生的晚年，有多少神奇的诗句，在广度上，在内部结构上，在音韵铿锵和在丰满上，有多少任何诗句无从比拟的诗句！"[23]。瓦雷里在别处还有此类景仰雨果诗歌成就的意见。

超现实主义作家安德烈·布勒东 (André Breton) 在 1924 年的《超现实主义宣言》中说："雨果在不蠢的时候，是超现实主义者。"[24] 超现实主义大师的这句话有助于年青一代对雨果诗歌新的探索，新的研究。加上古斯塔夫·西蒙 (Gustave Simon) 1923 年出版《泽西岛的灵桌》(les Tables de Jersey)，研究雨果的灵桌实验。大家发现雨果在他流亡时期的诗歌中，是一位幽魂诗人，是一个幻视者，并且先于《醉舟》的作者兰波，已经发现幻视的途径。这一发现的意义非同小可。加布利埃尔·布努尔 (G. Bounoure) 1936 年出版《雨果的深渊》(Abîmes de Victor Hugo)，继续这方面的

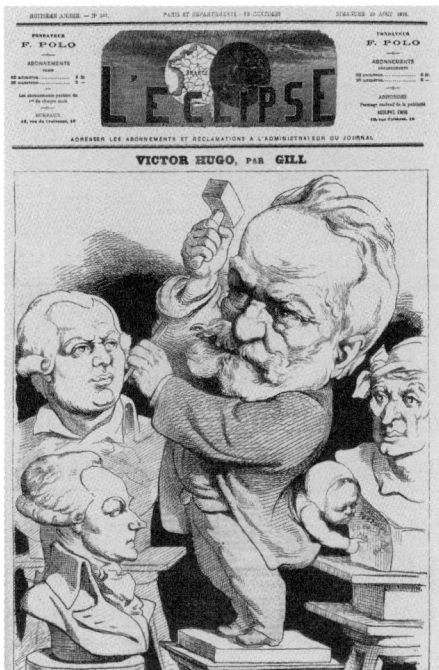

08 | 雨果漫画，Gill 作，刊于 1875 年 8 月 29 日的《日食报》；雨果对此画十分欣赏："我看了 A. Gill 的美丽画作。此画不仅美，而且迷人。"

09 | 巴黎雨果大街街尾的雨果纪念碑

研究。超现实主义在文学史和艺术史上的一大贡献，是发现了一些被传统标准忽视的作家和作品。

接着，专家学者开始从新的角度阅读和研究雨果的主要作品，以求对"文本"有新的认识。保尔·贝雷（Paul Berret）率先出版评注版的《历代传说集》，约瑟夫·维阿内（Joseph Vianey）出版评注版的《静观集》，贝雷又出版评注版的《惩罚集》。接着，雨果的其他诗集，其他剧本和小说，都陆续得到重新整理和研究。

现在，除了个别情况，如乔治·巴多（Georges Batault）1934 年出版攻击性的小册子《夸夸其谈的祖师爷》（Pontife de la démagogie）[25]，越来越多的研究重在认识，轻于攻讦，重在理解，轻于评判。这对雨果研究，是一个新的阶段。蒂博代的《1789 年至今的法国文学史》既无热情，也无苦涩，只是见证："正如高乃依的一代曾使龙沙失去光彩，这一代作家也应该使雨果失去光彩，但到 1935 年，我们应该承认，这一代作家也应该承认，唉！他们没有使雨果失去光彩。"[26] 时至 40 年代，精神分析学家夏尔·博杜安（Charles Baudouin）完成《雨果的精神分析》（*Psychanalyse de Victor Hugo*），为雨果研究又打开了一个新的领域。

1935—1952 年

法国人文科学的最高学府是索邦大学（今巴黎第四大学）。早在 1925 年，索邦大学已开设以雨果为主题的讲席，成为雨果研究的中心。以雨果为研究对象的学位论文日见增多。同时，外国的大学也展开雨果研究。1941 年，牛津大学有赫伯特·J. 亨特（Herbert J. Hunt）的《19 世纪的史诗》（*The epic in the nineteenth century*），1945 年，剑桥大学有埃利奥特·格兰特（Elliott Grant）的《维克多·雨果的一生》（*The career of Victor Hugo*）。至 50 年代初，亨利·吉伊曼（Henri Guillemin）和让－贝特朗·巴雷尔（Jean-Bertrand Barrère）的研究引人注目。皮埃尔·阿尔布伊（Pierre Albouy）对雨果的研究工作也即将开始。

亨利·吉伊曼从 1942 年起，留心《国立印刷所版雨果全集》未曾使用过的雨果手稿，陆续整理出版 1951 年的《碎石集》（*Pierres*），《个人的回忆》（*Souvenirs personnels, février 1848 – décembre 1851*），《私人手记》（*Carnets intimes, 1870—1871*），《日记》（*Journal, 1830—1849*）等，受到读者的注意，引起读者对雨果不为人知的一面发生兴趣。1951 年，吉伊曼在"门槛"出版社出版通俗性的评传《雨果谈雨果》（*Victor Hugo par lui-même*）（"不朽作家丛书"第一种），展示雨果生活和创作中丰富多彩的一面。吉伊曼的不足，是有时从小处着眼，工作粗糙，缺乏严谨。但吉伊曼的功绩在于唤醒公众对雨果新的兴趣。

巴雷尔 1949 年出版专著《维克多·雨果的幻想》（*la Fantaisie de Victor Hugo*）第一卷，正面论述雨果的创作和生活，学识渊博，立论扎实，阐发透彻。40 年代开始，新版的雨果诗选都突出了雨果作为幻视诗人的作品。其中，莫罗和布杜（Moreau et Boudout）编选的两卷本《雨果诗选》，值得称道。

1952 年，雨果诞辰 150 周年。克洛德·罗阿（Claude Roy）的《雨果作品见证录》（*La Vie de Victor Hugo racontée par Victor Hugo*）是雨果作品中自传性片段的汇编。诗人阿拉贡（L. Aragon）出版《你读过雨果的诗吗？》（*Avez-vous lu Victor Hugo ?*），表示今天读诗人雨果应有新的标准。经过半个世纪的努力，雨果的传记和回忆资料已经相当丰富。我们发现，1952 年后雨果研究中呈现出来的雨果形象，和半个世纪前相比，已经大为改观了。雨果新的形象，新的面貌，对读者有新的吸引力。又一批没有发表过的作品，经过专家学者的整理，开始为世人所认识。旺扎克（Géraud Venzac）1952 年出版雨果青少年时期的《法语诗三册》（*Trois cahiers de vers français*）（1815—1818），1963 年，戈东（Jean Gaudon）在雨果故居纪念馆发现珍藏的雨果写给情人朱丽叶的情书。

50 年代后，雨果研究界出现一对珠联璧合的高手：贝桑松大学的教师纪·罗贝尔（Guy Robert）和勒内·儒尔内（René Journet）。他们合作对雨果的手稿进行细致入微的研究、分析和鉴定，使雨果著作的文本研究达到一个新的水平。有人说这是对手稿进行"分子层面"的研究，有人说这是在显微镜下研究手稿。他们两人合作出版过有关《静观集》、《悲惨世界》等手稿和相关资料的校勘研究。他们出版过诸如评注版的《梦之岬角》等。这是专家为专家所做的研究，对普通读者的阅读可能没有实际意义。我们于 1988 年 12 月拜访当年还健在的儒尔内先生。他告诉我们的体会是："天才即使是在细节上，也仍然是天才。"儒尔内先生赠我们评注版的《上帝集》，全三册，可惜我们入门不深，暂时不能充分利用。

1952—1985 年

时至 70 年代，我们看到，有关雨果的研究和著作，表态性的一家之言几乎绝迹，代之而起的是专家的研究成果，是新版的雨果著作。现在，几乎所有的雨果重要著作，诗歌，小说，戏剧，都有专家考订和注释的研究版。例如，阿尔布伊为伽里玛出版社"七星丛书"编校的三卷本《雨果诗歌作品》（*Victor Hugo, Oeuvres poétiques*），收入雨果生前发表的诗作，也收入《法语诗三册》，既供阅读，也供研究，只是没有收入雨果晚年和逝世后出版的诗歌作品。

从 50 年代至 70 年代，索邦大学是法国雨果研究的主要基地，经过巴雷尔的推动，培养出一批日后成为雨果研究中坚力量的专家，如阿尔布伊 1963 年完成《雨果作品中的神话创造》（*La Création mythologique chez Victor Hugo*），1969 年戈东完成《静观的时代》（*le Temps de la contemplation*），而克洛德·热利完成《内心生活的诗人雨果》（*Victor Hugo, poète de l'intimité*），其他如雅克·塞巴谢（Jacques Seebacher），

10 | 巴黎市政厅里的雨果像   11 | 巴黎卢森堡公园里的雕塑：《卖面具的小贩》

皮埃尔·若热尔（Pierre Georgel），安娜·于贝斯菲尔特（Anne Ubersfeld），纪·罗萨（Guy Rosa），伊夫·高安（Yves Gohin），阿尔诺·拉斯泰（Arnaud Laster）等。

这个时期雨果研究的一大收获，是由历史学家让·马森（Jean Massin）主编的《编年版雨果全集》。20 世纪 70 年代后，从事雨果研究的人多了一件宝贵的工具，这便是《编年版雨果全集》（*Victor Hugo, Oeuvres Complètes*, édition chronologique），由法国"读书俱乐部"（le Club Français du Livre）出版，18 卷，1967 年出版，1970 年出齐。

《编年版雨果全集》的特点是"编年"，不以类型编排，而以出版的时间前后排序。凡是雨果自己生前出版的作品，以作品的出版年代排序。《编年版雨果全集》前 16 卷是文学作品，最后两卷是绘画作品。作家全集收两卷绘画，这是史无前例的。主编马森本人并非大学教授，事实上也没有出版过研究雨果的专著。但是，马森以自己的权威邀请了 35 位公认的雨果专家，几乎人人都是权威，人人都有分量很重的研究专著。

马森请这些专家为每一卷作品写富于学术性的研究论文或研究心得，请这些专家为雨果的每一部作品写"介绍"，并提供必要的注释。如果把这 35 位专家的研究论文编成一本集子，另行出版，则无疑是一部学术水平一流的雨果研究论文集。

每卷《编年版雨果全集》在雨果作品后，列出"文件夹"（portefeuille）一栏，收雨果已经写成的章节或诗篇，但没有收入某一部作品，而是留待后用，据说里面藏有惊喜。

《编年版雨果全集》在雨果作品后，列出"资料夹"（dossier）一栏，搜集雨果生活相关的资料，包括亲友论及雨果生活的资料，包括图片、书信、手记、手册和日记等。我们看到几乎雨果所有家人的回忆文字：妻子阿黛尔·雨果的《雨果夫人见证录》（*Victor Hugo raconté par un témoin de sa vie*）；女儿阿黛尔·雨果的《流亡日记》（*Journal de l'exil*，片断）；长子夏尔·雨果的《过路人在雨果家做客》（*Chez Victor Hugo, par un passant...*）和《雨果在泽兰》（*Victor Hugo en Zélande*）；孙子乔治·雨果的《我的祖父》（*Mon Grand-père*）。此外，有"泽西岛灵桌招魂的原始笔录"（*Procès-verbaux des séances des tables parlantes à Jersey*）。

"资料夹"中的"书信"，是"全集"中唯一不全的内容，但经过筛选，更加浓缩，更加集中，数量很大，既有雨果写的信，也有写给雨果的信。"朱丽叶和雨果的通信"单独列出。

《编年版雨果全集》在作品后，列出"共时年表"（tableau synchronique），用红、绿、黑三色印刷，红色表示雨果的作品创作，绿色表示同时代相关的重大事件，黑色表示雨果的个人生活。

此外，每一卷有"历史概况"，每一卷有"人名索引"等等。

《编年版雨果全集》是一整套取用不尽的雨果作品和雨果资料的宝库。缺点之一，对于不熟悉雨果作品和生活的读者，会感到不知道从何入手。缺点之二，对于普通读者，雨果作品的注释太少。

进入80年代，索邦大学作为雨果研究中心的地位逐渐移至巴黎第七大学，由阿尔布伊在巴黎七大创立的"大学校际雨果研究会"，经过塞巴谢和纪·罗萨的继承，现已成为"雨果研究会"（Groupe Hugo）。"研究会"以巴黎地区的大学雨果专家为主，吸收各校做雨果学位论文的研究生，也和国外的一些教师保持联系。

今天，"雨果研究会"是巴黎第七大学"19世纪文学和文明教研组"的附属机构。我们1988年初次接触"雨果研究会"时，当时使用的名称是"大学校际雨果研究会"（Groupe interuniversitaire de travail sur Victor Hugo）。最早，由阿尔布依

12 ｜ 雨果文学之家的雨果胸像

（Albouy）教授在巴黎索邦大学于 1969 年创立。1975 年，雅克·塞巴谢（Jacques Seebacher）教授重组，会址改在巴黎第七大学。从 1990 年起，"雨果研究会"的具体工作由纪·罗萨（Guy Rosa）教授主持，称研究会的秘书长。2006 年年底，由更年轻一代的克洛德·米莱（Claude Millet）教授（女）主持。

"雨果研究会"每月聚会一次，时间是本月最后一周的星期六上午，聚会地点在巴黎第七大学的"19 世纪图书馆"。参加者主要是法国各大学从事雨果研究的教授、教师和准备写雨果论文的在读博士生和硕士生。每月的例会上，先是与会者交流法国乃至国外的雨果信息，从新书出版，剧作上演，以及学术讨论会和展览会，以及各类大大小小的新闻，面广量大，而且都是即时信息，十分精彩。接着是一位有准备的发言者，就自己的雨果研究作专题发言，事先已经通报，通常撰写成文。发言后，与会者展开现场讨论。会后，有专人整理成"会议纪要"。"会议纪要"以前是打印稿，分寄各成员。现在主要以电子邮件形式寄给各成员。

"雨果研究会"成立后的一大贡献，是在塞巴谢教授主持和罗萨教授协助下，全国 26 位雨果研究家通力合作，完成并于 1985 年出版一套新的《雨果全集》，由罗贝尔·拉封出版社（Robert Laffont）出版，列入"老书丛书"（les Bouquins）。塞巴谢

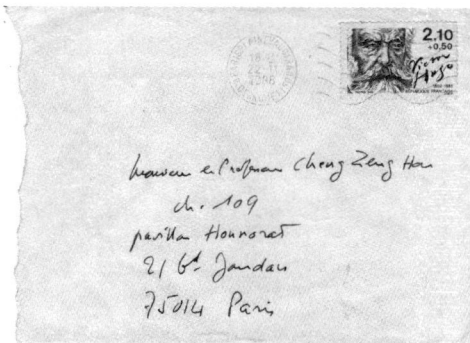

13 | 雨果逝世 100 周年，法国发行的雨果纪念邮票四联张，程曾厚收藏

14 | 雨果邮票的实寄封，程曾厚收藏

主编的《雨果全集》，计划出版 16 卷：3 卷小说，4 卷诗歌，2 卷戏剧，1 卷政治，1 卷历史，1 卷评论，1 卷游记，1 卷"工地"，1 卷"海洋"，1 卷索引。"工地卷"（Chantiers）是雨果几部已经出版的重要作品的"编余"或断片材料的整理和介绍，如《巴黎圣母院》、《撒旦的结局》、《上帝集》、《悲惨世界》、《林园集》等，集体编辑，于 1990 年出版。"海洋卷"（Océan）集雨果不成文的片段散文或诗句，由儒尔内审定，1989 年问世。遗憾的是，对雨果研究十分有用的"索引卷"，至今没有出来。这套《雨果全集》的一个特点是普及版，售价非常便宜。例如，"诗歌卷"的"第 3 卷"，全书 1552 页，1985 年售价 120 法郎，相当于当时的人民币 120 元。

在刚刚过去的 100 年，我们有了 3 套具有学术价值的《雨果全集》，我们有了雨果主要作品的评注版，我们有了数量巨大的专著和专题论文。此外，我们也有了雨果本人的书信和手记，除 1864 年出版的《雨果夫人见证录》外，我们也有了儿子、孙子的回忆文字，我们有了朱丽叶写给雨果的 18000 封情书，我们还有女儿阿黛尔留下的两大册流亡时期的日记。

据我们所知，让·戈东主编的规模仅次于《伏尔泰通信集》的大型《雨果通信全集》早已经编完，可惜由于出版社方面的原因，迄今只有前两卷出版。我们 2000 年拜访皮埃尔·若热尔，他表示他的《雨果绘画作品研究总目》会于 2002 年最后完成。

研究著作的出版，研究水平的深入，研究专家的成长，研究专题的分工，都说明雨果没有过时，雨果在当代是具有现实意义的经典作家。

15 ｜ 雨果的青铜胸像，罗丹作，今存雨果故居

1985—2002 年

　　1985 年，雨果逝世 100 周年。法国全国纪念整整一年。1985 年，由法国文化部牵头，组织"雨果年"，"雨果年"由法兰西总统密特朗挂帅，"顾问委员会"的成员以政治家为主，专家学者为副，从参议院议长、众议院议长开始，包括司法部部长，教育部部长，外交部部长，文化部部长，联合国教科文总干事，以及雨果生活过的所有国内外城市的市长，等等。

　　法国文化部在"国立大宫美术馆"（Galeries nationales du Grand Palais），举办盛大的"雨果光荣展"（la Gloire de Victor Hugo），同时，国立法兰西图书馆在大宫美术馆对门的小宫博物馆（Musée du Petit Palais），举行"墨的太阳—雨果手稿展"（Soleil d'Encre）。这是雨果作品和思想大普及的一年。也是从 1985 年开始，雨果在法国政府职能部门的"户口"，从教育部转到文化部。

　　1985 年的"雨果光荣展"出版展览目录《雨果的光荣》（*La Gloire de Victor Hugo*），学术负责人是皮埃尔·若热尔。法国从无一个作家独霸大宫美术馆的先例。

16 | 巴黎雨果故居的图书馆，供雨果研究人员使用

从此，雨果开始了享受现代意义上的大型展览的殊荣。每次展览，出版"展览目录"。而"展览目录"远不是方便参观者在现场的参观。大型展览的展览目录是一册图文并茂的学术专著。"展览目录"尤其可贵的是，书籍出版后可以在书店里买到，而"展览目录"在展览结束后，会"踏破铁鞋无觅处"，有钱也再难买到。先说展览目录《雨果的光荣》，法国全国总动员，27 个城市的博物馆提供展品，其中巴黎一地又有 30 家单位积极参与。此外，阿根廷、澳大利亚、比利时、丹麦、美国、意大利和日本都有展品出借。展览会搜罗到的雨果纪念实物，数量之多，内容之奇，匪夷所思。"雨果的形象"一栏，有将近 40 篇内容；"雨果作品"一栏有 30 篇内容。我们可以毫不夸张地说，《雨果的光荣》是一部有图片佐证的雨果百科全书。《雨果的光荣》大开本 840 页，重两公斤。

随着"雨果光荣展"的举办，随着展览目录《雨果的光荣》的问世，开启了一个新的时代，这是为雨果举办大型或专题展览、出版大型和专题的展览目录的时代。

17　雨果诞辰150周年，波兰发行的邮票　　18　雨果诞辰150周年，苏联发行的邮票　　19　雨果诞辰150周年，匈牙利发行的邮票，这3种邮票均为程曾厚收藏

　　1985年，法国外交部委托让·戈东教授编辑大型巡回的图片展览：《伟大的作品，伟大的事业》（*Grandes Oeuvres, Grandes Causes*），由特制的厚纸36页组成。据说共印刷1000套，法国国内使用800套，向国外提供200套。《伟大的作品，伟大的事业》在全国各大公共场所展出，包括机关学校，乃至地铁车站，以普及雨果的作品和雨果的事业。我们从展览内容看，法国人民是通过《伟大的作品，伟大的事业》，获知雨果是个画家。第一次把作品和事业相提并论，使雨果的形象跳出了传统的作家范畴。戈东的展览体现出半个多世纪以来雨果研究新的成果，也是雨果专家的研究成果部分地向广大公众透透风的窗口。雨果绘画、《上帝集》和《撒旦的结局》等以往属于学者的兴趣范畴，现在摆在了广大公众的眼前。雨果的形象，不同于1902年，也不同于1952年。2002年，我们有幸在广东美术馆，第一次以法文和中文两种文字，向中国公众展出完整的《伟大的作品，伟大的事业》。

　　2002年，法国迎来雨果诞辰200周年的纪念。又是整整一年，全国纪念。这是法国包括莫里哀在内的任何作家没有享受过、也不敢奢望的礼遇。难怪有人说起雨果："如此大名鼎鼎，如此反复纪念"（《si célèbre et si célébré》）。1985年至2002年，仅仅相隔17年，为同一个作家，举办两次整整一年的全国纪念，这在法国历史上是绝无仅有的。这样的荣誉，且不说作家和艺术家，连拿破仑都没有享受过。我们甚至怀疑，1885年的雨果国葬，1985年的"雨果年"，2002年的雨果全国纪念，都大大超出了对一个作家纪念的范围，而成为某种历史事件，而三次历史事件集中在一

20　雨果逝世 175 周年，多哥发行的一套两枚纪念邮票：巴黎孚日广场雨
　　果故居，根西岛高城居。程曾厚收藏

个作家身上，不仅要从文学和文化的角度，更要从历史和政治的角度，加以理解，加以总结。我们甚至怀疑，法国人以后还会有这样的疯劲儿吗？

我们 1988 年访问"雨果研究会"时，秘书长罗萨教授说：经过这次纪念，雨果专家的知识积累已全部用完，需要自己好好充电。对，一次盛大的全国性纪念活动，需要以研究作为基础。没有学术保证的纪念，岂非放放空炮而已。转眼间，我们到了 2002 年。法国从 1 月 1 日起，又一次隆重纪念雨果诞辰 200 周年。难以置信的事情发生了，难以置信的事情来临了。2002 年，似乎没有全国规模的"雨果纪念委员会"，没有全国官方人士倾巢而出的长长的名单。不过，法国文化部、法国档案馆（Direction des archives de France）和全国纪念局（Délégation aux célébrations nationales）编印的"雨果 200 周年诞辰纪念活动"（Manifestations du bicentenaire de la naissance de Victor Hugo），包括法国和国外的纪念活动和演出，包括图书和音像制品的出版，竟是一本 171 页的册子。

2002 年，国立法兰西图书馆举办"雨果是大海"展览（Victor Hugo, l'homme océan），规模盛大。我们知道，雨果生前立下遗嘱，把自己全部手稿和画作捐赠国家图书馆。展品目录《雨果是大海》（*Victor Hugo, l'homme océan*）以国立法兰西图书馆的全部馆藏作为基本内容，搜罗丰富，具有很好的学术价值。《雨果是大海》也是图文并茂，重量超过一公斤。以重量介绍图书，可笑之至。不过，用重量介绍严肃的出版物，也会给人一点具体的印象。

早在 2000 年，巴黎雨果故居纪念馆举办"笔下混沌"雨果绘画展。由专家学者主持和撰稿的展品目录《笔下混沌》(*du chaos dans le pinceau...*),开本和重量和《雨果是大海》相等。我们在雨果的绘画创作里介绍过《笔下混沌》的雨果绘画展。我们注意到,自从莫里纳利夫人(Danielle Molinari)接任雨果故居纪念馆总馆长的职务以来,雨果故居从日常工作的普及教育,到为重要纪念举办展览,显出生气勃勃的景象。"笔下混沌"展是迄今雨果绘画的最新、最全、最权威的大型展览。"笔下混沌"以来,雨果故居于 2002 年举办《望星星》展(*Voir des étoiles*),这是一次雨果戏剧展,是关于雨果戏剧创作和舞台演出的最新、最全的总结。2006 年,故居举办"朱丽叶·德鲁埃大展"(*Juliette Drouet, "Mon âme à ton coeur s'est donnée"*),这是对雨果和朱丽叶两颗灵魂结合半个世纪的回顾和展示,被一些雨果专家誉为近年来最美丽的一次雨果展览。大型的学术性雨果展览逐渐成为习惯。2008 年 10 月 10 日,"《悲惨世界》,陌生的小说"(*Les Misérables*, un roman inconnu)在雨果故居揭幕,展期约为 4 个月。

2000 年,雨果诞辰 200 周年前夕,法国成立"雨果之友学会"(Société des Amis de Victor Hugo)。这是由学者主事而面向广大雨果之友的民间组织,每年出版一期《雨果之声》(*L'Echo Hugo*)会刊。在大学和研究部门之外,热爱雨果的各界人士,是一支实力和活力不容小看的队伍。成立之初"雨果之友学会"的名誉会长是小说家布托尔(Michel Butor),会长杜阿梅尔(Antoine Duhamel),有两位副会长:拉斯泰(Arnaud Laster)和普香(Gérard Pouchain),秘书长是加西利亚-拉斯泰(Danièle Gasiglia-Laster)。近年来,"雨果之友学会"的活动渐次展开,在英国设立学会代表。学会每年年初组织一次普及性的节庆活动,取名"雨果和同辈"(Hugo et Egaux),2008 年年初最近的这次活动,主题是"雨果和伏尔泰"。

罗曼·罗兰 1935 年说得很俏皮:"有多少评判过他的活人已经死了,而他死后却还活着,却还在'变化'着!有人否定他,有人激烈地讨论他,只是继续证明他的存在。不论是诋毁他,也不论是颂扬他,雨果不会、将永远不会得到'休息!'……这老人的名字和思想正飘扬在前进的大军的军旗之上。"[27] 1935 年至今的历史,继续证明罗曼·罗兰的预言。雨果老人不老,似乎没有老态龙钟的样子。

可是,研究雨果的人却没有这份幸福。学者都是凡人,他们有生老病死。从 20

世纪初年，到 1985 年，已经走过了几代人。我们不无遗憾地看到，即使 1985 年名列"全国雨果纪念委员会"的专家学者，也在一一走出我们的视线。"全国雨果纪念委员会"主席、《编年版雨果全集》的主编让·马森已经逝世，我们 1988 年专诚拜访的儒尔内，1989 年编辑完成《雨果全集》的最后一卷"海洋集"后，也离开了我们。2008 年 4 月 18 日，第三套《雨果全集》的主编塞巴谢教授也仙逝了。第三套《雨果全集》的另一位主编罗萨教授，近 20 年来是"雨果研究会"的秘书长，去年宣布放下担子，交由克洛德·米莱（Claude Millet）女士接任。今天，由米莱主持的"雨果研究会"上，我们熟悉的脸少了，更年青一代的雨果专家正在成长起来。

程曾厚于广州中山大学，

2002 年 5 月 14 日初稿，

2014 年 7 月 18 日修改

注释

第一讲 雨果的一生（流亡前 1802—1851）

[1] 让－贝特朗·巴雷尔著:《雨果传》，世纪出版集团 / 上海人民出版社，程曾厚译，2007 年，第 192 页。

[2] "罗马" 象征帝制，"斯巴达" 代表共和政体。

[3] 西俗帝王用名。波拿巴将军 1804 年称帝，成为拿破仑皇帝。

[4] 《雨果文集》，第 8 卷，程曾厚译，人民文学出版社，2002 年，第 135 页。

[5] 《雨果文集》，第 8 卷，第 136 页。

[6] 《雨果文集》，第 8 卷，第 55—57 页。

[7] 《雨果文集》，第 8 卷，第 249 页。

[8] 参阅莫洛亚著:《雨果传》，程曾厚、程干泽译，人民文学出版社，1991 年，第 48 页。

[9] 引自莫洛亚著:《雨果传》，第 69 页。

[10] 让－贝特朗·巴雷尔著:《雨果传》，第 34 页。

[11] 巴雷尔著:《雨果传》，第 70 页。

[12] Victor Hugo, Oeuvres Complètes, Edition chronologique publiée sous la direction de Jean Massin, Le Club Français du Livre, 1967-1970, vol. 17, p. 255. 因为本书对这套全集引用较多，以下改用中文注释作: 马森主编:《编年版雨果全集》，"法国读书俱乐部"，1967—1970 年，第 17 卷，第 255 页。

[13] Victor Hugo, Oeuvres poétiques, Edition établie et annotée par Pierre Albouy, Bibliothèque de la Pléiade, II, p. 311.

[14] 参阅莫洛亚著:《雨果传》，第 114 页。

[15] 《雨果文集》，第 8 卷，第 65 页。

[16] 《雨果文集》，第 8 卷，第 46—47 页。

[17] 参阅莫洛亚著:《雨果传》，第 345 页。

[18] Victor Hugo, Oeuvres poétiques, Edition établie par Pierre Albouy, Bibliothèque de la Pléiade, I, p.997.

[19] 《雨果文集》，第 11 卷，第 36 页。

[20] P. Grosclaude: Victor Hugo, Préface de《Cromwell》, Librairie Larousse, 1949, p.16.

[21] 莫洛亚著:《雨果传》，第 129 页。

[22] 莫洛亚著:《雨果传》，第 120 页。

[23] Maurice Dessemond: Victor Hugo, Genève, Georges NAEF, 2002, p. 24.

[24] 巴雷尔著:《雨果传》，第 110 页。

[25] 引自莫洛亚著:《雨果传》，第 288 页。

[26] 引自莫洛亚著:《雨果传》，第 362—363 页。

[27] 《雨果文集》，第 8 卷，第 236 页。

[28] 《雨果文集》，第 8 卷，第 203 页。

[29] 参见莫洛亚著:《雨果传》，第 349—350 页。

[30] Victor Hugo, Oeuvrs Complètes, sous la direction de Jacques Seebacher assisté de Guy Rosa, par le Groupe inter-universitaire de Travail sur Victor Hugo, Robert Laffont,《Bouquins》, Poésie, I, p. 1037. 因为本书对这套全集引用较多，以下改用中文注释，写作: 塞巴谢主编:《雨果全集》，"诗歌卷"，第 1 卷，第 1037 页。

[31] 莫洛亚著:《雨果传》，第 420 页。

[32] 莫洛亚著:《雨果传》，第 412—413 页。

[33] 《雨果文集》，第 9 卷，第 470 页。

[34] 莫洛亚著:《雨果传》，第 438 页。

[35] 莫洛亚著:《雨果传》，第 440 页。

[36] 塞巴谢主编:《雨果全集》，"海洋集"，第 288 页。

[37] 塞巴谢主编:《雨果全集》，"海洋集"，第 283 页。

[38] 莫洛亚著:《雨果传》，第 458 页。

[39] 《雨果文集》，第 11 卷，第 230—270 页。

[40] 《雨果文集》，第 11 卷，第 261 页。

[41] 《雨果文集》，第 11 卷，第 257 页。

第二讲 雨果的一生（流亡中 1852—1870）

[1] 塞巴谢主编：《雨果全集》，"诗歌卷"，第 2 卷，第 379 页。

[2] Des Femmes-Antoinette Fouque, Paris, 2006.

[3] 马森主编：《编年版雨果全集》，第 10 卷，第 1534 页。

[4] 塞巴谢主编：《雨果全集》，"政治卷"，第 398 页。

[5] 《雨果文集》，第 8 卷，第 198 页。

[6] 塞巴谢主编：《雨果全集》，1989 年，"海洋集"，第 270 页。

[7] 《雨果文集》，第 9 卷，第 515—516 页。

[8] 雨果：《流亡是什么？》，见塞巴谢主编：《雨果全集》，"政治卷"，第 412 页。

[9] 雨果：《流亡是什么？》，拉封版《雨果全集》，"政治卷"，第 412 页。

[10] 引自巴雷尔著：《雨果传》，第 201 页。

[11] 引自莫洛亚著：《雨果传》，第 531 页。

[12] 雨果：《流亡是什么？》，塞巴谢主编：《雨果全集》，"政治卷"，第 398—399 页。

[13] 参见莫洛亚著：《雨果传》，第 545 页。

[14] 参见巴雷尔著：《雨果传》，第 247 页。

[15] 引自莫洛亚著：《雨果传》，第 550 页。

[16] 参见莫洛亚著：《雨果传》，第 550 页。

[17] Henri Guillemin: *Victor Hugo par lui-même*, aux éditions du seuil, 1951, p. 66.

[18] Henri Guillemin: *Victor Hugo par lui-même*, aux éditions du seuil, 1951, p. 68.

[19] 参见莫洛亚著：《雨果传》，第 608 页。

[20] 参见莫洛亚著：《雨果传》，第 229 页。

[21] 参见莫洛亚著：《雨果传》，第 595 页。

[22] 参见莫洛亚著：《雨果传》，第 517 页。

[23] 马森主编：《编年版雨果全集》，第 12 卷，第 1479 页。

[24] 参见莫洛亚著：《雨果传》，第 596 页。

[25] 塞巴谢主编：《雨果全集》，"政治卷"，第 539。

[26] 《雨果文集》，第 11 卷，第 392 页。

[27] 马森主编：《雨果全集》，第 12 卷，第 1273 页。

[28] Hugo, *Le Théâtre en liberté*, Edition d'Arnaud Laster, folio classique, Gallimard, 2002.

[29] 雨果：《流亡是什么？》，塞巴谢主编：《雨果全集》，"政治卷"，第 415 页。

[30] 雨果：《流亡是什么？》，塞巴谢主编：《雨果全集》，"政治卷"，第 414 页。

[31] 塞巴谢主编：《雨果全集》，"海洋集"，第 276。

[32] Jean Gaudon：《*Grandes Oeuvres, Grandes Causes*》, 1985, p. 24.

[33] 莫洛亚著：《雨果传》，第 135 页。

[34] 莫洛亚著：《雨果传》，第 581—582 页。

[35] 塞巴谢主编：《雨果全集》，1985 年，"评论卷"，第 572。

[36] 塞巴谢主编：《雨果全集》，"政治卷"，第 415 页。

[37] 《雨果文集》，第 11 卷，第 354 页。

[38] 《雨果文集》，第 11 卷，第 357 页。

[39] *Victor Hugo, l'homme océan*, sous la direction de Marie-Laure Prévost, Bibliothèque nationale de France / Seuil, 2002, p. 310.

[40] 参阅《雨果绘画》，程普厚编，人民文学出版社，2002 年，第 165 页。

[41] 《雨果文集》，第 11 卷，第 353 页。

[42] 《雨果文集》，第 9 卷，第 393 页。

[43] 莫洛亚著：《雨果传》，第 616 页。

[44] 莫洛亚著：《雨果传》，第 554 页。

[45] 《雨果文集》，第 11 卷，第 355 页。

[46] Danièle Gasiglia-Laster, Arnaud Laster: *Victor Hugo au coeur du monde;* ADPF; 2002.

[47] 塞巴谢主编：《雨果全集》，"政治卷"，第 416 页

[48] 塞巴谢主编：《雨果全集》，"诗歌卷"，第 4 卷，第 1169 页。

[49] 莫洛亚著：《雨果传》，第 618 页。

第三讲 雨果的一生（流亡后 1870—1885）

[1] 引自莫洛亚著：《雨果传》，第 621 页。

[2] 莫洛亚著：《雨果传》，第 626 页。

[3] 莫洛亚著：《雨果传》，第 628 页。

[4] 莫洛亚著：《雨果传》，第 625 页。

[5] 《雨果文集》，第 9 卷，第 828 页。

[6] 莫洛亚著：《雨果传》，第 633 页。

[7] 《雨果文集》，第 9 卷，第 799 页。

[8] 《雨果文集》，第 11 卷，第 436—446 页。

[9] 《雨果文集》，第 11 卷，第 437 页。

[10] 《雨果文集》，第 11 卷，第 438 页。

[11] 《雨果文集》，第 11 卷，第 439 页。

[12] 《雨果文集》，第 11 卷，第 441 页。

[13] 《雨果文集》，第 11 卷，第 442 页。

[14] 塞巴谢主编：《雨果全集》，"诗歌卷"，第 3 卷，第 142—143 页。

[15] 引自莫洛亚著：《雨果传》，第 644 页。

[16] Tony Bourg et Frank Wilhelm:*Le Grand-Duché de Luxembourg dans les carnets de Victor Hugo*, RTL Edition, 1985, p. 88.

[17] *Le Grand-Duché de Luxembourg dans les carnets de Victor Hugo* , p. 129.

[18] *Le Grand-Duché de Luxembourg dans les carnets de Victor Hugo* , p. 236.

[19] *Le Grand-Duché de Luxembourg dans les carnets de Victor Hugo* , p. 244.

[20] 《雨果文集》，第 9 卷，第 819—820 页。

[21] *Le Grand-Duché de Luxembourg dans les carnets de Victor Hugo* , p. 153–155.

[22] 《雨果文集》，第 9 卷，第 774 页。

[23] 塞巴谢主编：《雨果全集》，"政治卷"，第 841—842 页。

[24] 巴雷尔著：《雨果传》，第 309 页。

[25] 《雨果文集》，第 9 卷，第 450—451 页。

[26] Henri Guillemin: *Victor Hugo par lui-même*, aux éditions du seuil, 1952, p. 60.

[27] 巴雷尔著：《雨果传》，第 710 页。

[28] 《雨果文集》，第 9 卷，第 786—787 页。

[29] Alain Decaux, *Victor Hugo*, Perrin, 1985, p. 1017.

[30] 《雨果文集》，第 11 卷，第 543 页。

[31] 《雨果文集》，第 11 卷，第 539 页。

[32] 《Europe》, numéro spécial, février-mars 1952, pp. 23–24.

[33] 莫洛亚著：《雨果传》，第 714 页。

[34] *Les Grands de tous les temps, Victor Hugo*, Dargaud, 1971, p. 73.

[35] Maurice Dessemond, Genève, Georges NAEF, 2002, p. 21.

[36] *La Gloire de Victor Hugo*, Edition de la Réunion des musées nationaux, 1985, p. 214.

[37] 程普厚编选：《雨果评论汇编》，1994 年，第 204 页。

[38] 《雨果文集》，第 8 卷，第 45—46 页。

第四讲 雨果的作品之一 诗歌（上篇）

[1] 茅盾：《为什么我们喜爱雨果的作品》，《文艺报》1954 年，第 4 号，第 6 页。

[2] 《雨果诗选》，程普厚译，人民文学出版社，1986 年，第 24 页。

[3] 《雨果文集》，第 8 卷，第 22 页。

[4] 《雨果文集》，第 8 卷，第 26—27 页。

[5] 《雨果文集》，第 8 卷，第 27—28 页。

[6] 《雨果文集》，第 8 卷，第 32 页。

[7] 见 A. Thibaudet, *Histoire de la littérature française de 1789 à nos jours*, Stock, 1936, p. 161.

[8] 引自莫洛亚著：《雨果传》，第 113 页。

[9] 《雨果文集》，第 8 卷，第 38 页。

[10] 《雨果文集》，第 8 卷，第 39—41 页。

[11] 《雨果文集》，第 8 卷，第 42 页。

[12] 《雨果文集》，第 8 卷，第 43 页。

[13] 《雨果文集》，第 8 卷，第 53 页。

[14] 《雨果文集》，第 8 卷，第 55 页。

[15] 《雨果文集》，第 8 卷，第 47 页。

[16] Claude Roy: 〈*Notes sur la lecture des poètes nommés Victor Hugo*〉, 〈*Europe*〉, numéro spécial, 1952, p. 82.

[17] 《雨果文集》，第 8 卷，第 92 页。

[18] 《雨果文集》，第 8 卷，第 97—98 页。

[19] 《雨果文集》，第 8 卷，第 113 页。

[20] 《雨果文集》，第 8 卷，第 116—121 页。

[21] 引自莫洛亚著：《雨果传》，第 190—191 页。

[22] 引自莫洛亚著：《雨果传》，第 191 页。

[23] 《雨果文集》，第 8 卷，第 134 页。

[24] 《雨果文集》，第 8 卷，第 135—136 页。

[25] 《雨果文集》，第 8 卷，第 138 页。

[26] 《雨果文集》，第 8 卷，第 153 页。

[27] 《雨果文集》，第 8 卷，第 157—158 页。

[28] 《雨果文集》，第 8 卷，第 143—144 页。

[29] 《雨果文集》，第 8 卷，第 159—160 页。

[30] 《雨果文集》，第 8 卷，第 170 页。

[31] 《雨果文集》，第 8 卷，第 172 页。

[32] 《雨果文集》，第 8 卷，第 176 页。

[33] 《雨果文集》，第 8 卷，第 178 页。

[34] 《雨果文集》，第 8 卷，第 181 页。

[35] 《雨果文集》，第 8 卷，第 183 页。

[36] 《雨果文集》，第 8 卷，第 186 页。

[37] 《雨果文集》，第 8 卷，第 184—185 页。

[38] 《雨果文集》，第 8 卷，第 192—193 页。

[39] 《雨果文集》，第 8 卷，第 194 页。

[40] 《雨果文集》，第 8 卷，第 198 页。

[41] 《雨果文集》，第 8 卷，第 198 页。

[42] 《雨果文集》，第 8 卷，第 200 页。

[43] 《雨果文集》，第 8 卷，第 203 页。

[44] 《雨果文集》，第 8 卷，第 205—206 页。

[45] 《雨果文集》，第 8 卷，第 215 页。

[46] 《雨果文集》，第 8 卷，第 216 页。

[47] 《雨果文集》，第 8 卷，第 222—223 页。

[48] 《雨果文集》，第 8 卷，第 225—226 页。

[49] 《雨果文集》，第 8 卷，第 231 页。

[50] 《雨果文集》，第 8 卷，第 231—232 页。

[51] 《雨果文集》，第 8 卷，第 235 页。

[52] 《雨果文集》，第 8 卷，第 236 页。

[53] 《雨果文集》，第 8 卷，第 245 页。

[54] 《雨果文集》，第 8 卷，第 246 页。

[55] 《雨果文集》，第 8 卷，第 236 页。

[56] 《雨果文集》，第 8 卷，第 244 页。

[57] 《雨果文集》，第 8 卷，第 241—242 页。

[58] 《雨果文集》，第 8 卷，第 262—264 页。

[59] 《雨果文集》，第 8 卷，第 280—281 页。

[60] 巴雷尔著：《雨果传》，第 128 页。

[61] 《雨果文集》，第 8 卷，第 286 页。

[62] R. Rolland, *Le Vieux Orphée, Europe,* Noméro spécial, 1952, p. 19.

[63] 《雨果文集》，第 8 卷，第 302 页。

[64] 《雨果文集》，第 8 卷，第 305 页。

[65] 《雨果文集》，第 8 卷，第 341—343 页。

[66] 《雨果文集》，第 8 卷，第 371—372 页。

[67] 《雨果文集》，第 8 卷，第 393 页。

[68] 《雨果文集》，第 8 卷，第 309 页。

[69] 《雨果文集》，第 8 卷，第 322—323 页。

[70] 《雨果文集》，第 8 卷，第 349—351 页。

[71] 《雨果文集》，第 8 卷，第 354 页。

[72] 《雨果文集》，第 8 卷，第 357—358 页。

[73] 马克思：《路易·波拿巴的雾月 18 日》，《马克思、恩格斯全集》，人民出版社，第 8 卷，1961 年，第 16 页。

[74] 《雨果文集》，第 8 卷，第 394 页。

[75] 《雨果文集》，第 8 卷，第 403—405 页。

第五讲　雨果的作品之二　诗歌（下篇）

[1] 《雨果文集》，第 9 卷，第 409 页。

[2] 《雨果文集》，第 9 卷，第 410 页。

[3] 《雨果文集》，第 9 卷，第 410 页。

[4] 塞巴谢主编：《雨果全集》，"诗歌卷"，第 2 卷，第 249 页。

[5] 《雨果文集》，第 9 卷，第 411 页。

[6] 《雨果文集》，第 9 卷，第 417—424 页。

[7] 《雨果文集》，第 9 卷，第 471 页。

[8] 《雨果文集》，第 9 卷，第 494—496 页。

[9] 《雨果文集》，第 9 卷，第 503 页。

[10] 《雨果文集》，第 9 卷，第 508 页。

[11] 《雨果文集》，第 9 卷，第 523—527 页。

[12] 《雨果文集》，第 9 卷，第 573 页。

[13] 《雨果文集》，第 9 卷，第 558—559 页。

[14] 《雨果文集》，第 9 卷，第 562—563 页。

[15] 《雨果文集》，第 9 卷，第 568 页。

[16] 《雨果文集》，第 9 卷，第 570 页。

[17] 《雨果文集》，第 9 卷，第 571 页。

[18] 《雨果文集》，第 9 卷，第 572 页。

[19] 《雨果文集》，第 9 卷，第 610 页。

[20] 《雨果文集》，第 9 卷，第 576 页。

[21] 《雨果文集》，第 9 卷，第 583—584 页。

[22] 《雨果文集》，第 9 卷，第 587 页。

[23] 《雨果文集》，第 9 卷，第 588 页。

[24] 《雨果文集》，第 9 卷，第 589 页。

[25] A. Debidour, *Les Contemplations*, extraits, Larousse, 1949, p. 104.

[26] G. Lanson, *Histoire de la littérature française*, Hachette, 1922, p. 1056.

[27] 《雨果文集》，第 9 卷，第 615 页。

[28] 《雨果文集》，第 9 卷，第 616 页。

[29] 《雨果文集》，第 9 卷，第 628 页。

[30] 《雨果文集》，第 9 卷，第 629 页。

[31] 《雨果文集》，第 9 卷，第 641—642 页。

[32] 《雨果文集》，第 9 卷，第 644 页。

[33] 《雨果文集》，第 9 卷，第 645 页。

[34] 《雨果文集》，第 9 卷，第 678 页。

[35] 《雨果文集》，第 9 卷，第 690 页。

[36] 《雨果文集》，第 9 卷，第 710 页。

[37] Ch. Baudelaire, *L'Art romantique, Oeuvres Complètes*, la Pléiade, Gallimard, 1932, p. 528.

[38] 《雨果文集》，第 9 卷，第 743 页。

[39] 《雨果文集》，第 9 卷，第 746 页。

[40] 《雨果文集》，第 9 卷，第 750 页。

[41] 《雨果文集》，第 9 卷，第 753 页。

[42] 《雨果文集》，第 9 卷，第 760—761 页。

[43] 《雨果文集》，第 9 卷，第 771 页。

[44] 《雨果文集》，第 11 卷，第 437 页。

[45] 《雨果文集》，第 9 卷，第 774 页。

[46] 《雨果文集》，第 9 卷，第 776 页。

[47] 《雨果文集》，第 9 卷，第 779—780 页。

[48] 《雨果文集》，第 9 卷，第 784 页。

[49] 《雨果文集》，第 9 卷，第 785 页。

[50] 《雨果文集》，第 9 卷，第 796—797 页。

[51] 《雨果文集》，第 9 卷，第 803 页。

[52] 《雨果文集》，第 9 卷，第 804 页。

[53] 《雨果文集》，第 9 卷，第 805 页。

[54] 《雨果文集》，第 9 卷，第 807 页。

[55] 《雨果文集》，第 9 卷，第 808 页。

[56] 《雨果文集》，第 9 卷，第 810 页。

[57] 《雨果文集》，第 9 卷，第 811 页。

[58] 塞巴谢主编：《雨果全集》，"诗歌卷" 第 3 卷，第 108 页。

[59] 塞巴谢主编：《雨果全集》，"诗歌卷" 第 3 卷，第 109 页。

[60] 塞巴谢主编：《雨果全集》，"诗歌卷" 第 3 卷，第 109 页。

[61] 塞巴谢主编：《雨果全集》，"诗歌卷" 第 3 卷，第 109 页。

[62] 《雨果文集》，第 11 卷，第 449 页。

[63] 《雨果文集》，第 8 卷，第 812—813 页。

[64] 塞巴谢主编：《雨果全集》，"诗歌卷"，第 3 卷，第 128 页。

[65] 《雨果文集》，第 9 卷，第 815 页。

[66] 《雨果文集》，第 9 卷，第 823 页。

[67] 《雨果文集》，第 9 卷，第 824—825 页。

[68] 程曾厚编：《雨果评论汇编》，安徽文艺出版社，1994 年，第 84 页。

[69] 《雨果文集》，第 9 卷，第 831 页。

[70] 《雨果文集》，第 9 卷，第 838 页。

[71] P. Albouy, *Victor Hugo, Oeuvres poétiques*, la Pléiade, Gallimard, vol III, 1984, XL.

[72] P. Albouy, *Victor Hugo, Oeuvres poétiquess*, vol III, XXXIX.

[73] 《雨果文集》，第 9 卷，第 851 页。

[74] 《雨果文集》，第 9 卷，第 851 页。

[75] 《雨果文集》，第 9 卷，第 856 页。

[76] 《雨果文集》，第 9 卷，第 854 页。

[77] 《雨果文集》，第 9 卷，第 854 页。

[78] 《雨果文集》，第 9 卷，第 880 页。

[79] 《雨果文集》，第 9 卷，第 881 页。

[80] 《雨果文集》，第 9 卷，第 882—884 页。

[81] 《雨果文集》，第 9 卷，第 906—907 页。

[82] 《雨果文集》，第 9 卷，第 910—911 页。

[83] 《雨果文集》，第 9 卷，第 915 页。

[84] 《雨果文集》，第 9 卷，第 916 页。

[85] 《雨果文集》，第 9 卷，第 917 页。

[86] 《雨果文集》，第 9 卷，第 918 页。

[87] 《雨果文集》，第 9 卷，第 926 页。

[88] 《雨果文集》，第 9 卷，第 927 页。

[89] 《雨果文集》，第 9 卷，第 928 页。

[90] 《雨果文集》，第 9 卷，第 927 页。

[91] 《雨果文集》，第 9 卷，第 928 页。

[92] 《雨果文集》，第 9 卷，第 928—929 页。

[93] 《雨果文集》，第 9 卷，第 931 页。

[94] 塞巴谢主编：《雨果全集》，"诗歌卷"，第 4 卷，第 7—8 页。

[95] 塞巴谢主编：《雨果全集》，"诗歌卷"，第 4 卷，第 700 页。

第六讲　雨果的作品之三　小说

[1]　引自巴雷尔著:《雨果传》,第 43 页。

[2]　引自莫洛亚著:《雨果传》,第 138 页。

[3]　塞巴谢主编:《雨果全集》:"小说卷",第 1 卷,第 276 页。

[4]　塞巴谢主编:《雨果全集》:"小说卷",第 1 卷,第 276 页。

[5]　*Victor Hugo raconté par un témoin de sa vie*, Paris, Nelson, p. 360.

[6]　*Victor Hugo raconté par un témoin de sa vie*, Paris, Nelson, p. 361.

[7]　莫洛亚著:《雨果传》,第 85 页。

[8]　*Victor Hugo raconté par un témoin de sa vie*, Paris, Nelson, p. 363.

[9]　*Victor Hugo raconté par un témoin de sa vie*, Paris, Nelson, p. 363.

[10]　巴雷尔著:《雨果传》,第 88 页。

[11]　引自莫洛亚著:《雨果传》,第 248 页。

[12]　*Victor Hugo raconté par un témoin de sa vie*, Paris, Nelson, p. 364.

[13]　*Victor Hugo raconté par un témoin de sa vie*, Paris, Nelson, p. 365.

[14]　莫洛亚著:《雨果传》,第 250 页。

[15]　*Notre-Dame de Paris*, introduction et notes par J. Seebacher, Le Livre de Poche, 1998, p. 8.

[16]　*Notre-Dame de Paris*, introduction et notes par J. Seebacher, Le Livre de Poche, 1998, p. 5.

[17]　引自程曾厚编:《雨果评论汇编》,第 407 页。

[18]　*Notre-Dame de Paris*, introduction et notes par J. Seebacher, Le Livre de Poche, 1998, 封底。

[19]　引自莫洛亚著:《雨果传》,第 249 页。

[20]　莫洛亚著:《雨果传》,第 249 页。

[21]　莫洛亚著:《雨果传》,第 249 页。

[22]　*Les Travailleurs de la mer*, texte établi par Yves Gohin, Gallimard, la Pléiäde, 1975, p. 1259.

[23]　塞巴谢主编:《雨果全集》,"评论卷",第 247 页。

[24]　*Les Travailleurs de la mer*, texte établi par Yves Gohin, Gallimard, la Pléiäde, 1975, p. 1261.

[25]　莫洛亚著:《雨果传》,第 600 页。

[26]　莫洛亚著:《雨果传》,第 600 页。

[27]　莫洛亚著:《雨果传》,第 600 页。

[28]　莫洛亚著:《雨果传》,第 600—601 页。

[29]　《雨果文集》,第 11 卷,第 410 页。

[30]　莫洛亚著:《雨果传》,第 613 页。

[31]　G. Rosa, *Critique et autocritique dans* l'Homme qui rit, 《*L'Homme qui rit*》ou la parole-monstre de Victor Hugo, Sedes, 1985, p. 5.

[32]　巴雷尔著:《雨果传》,297 页。

[33]　巴雷尔著:《雨果传》,297 页。

[34]　莫洛亚著:《雨果传》,第 611 页。

[35]　《笑面人》,郑永慧译,1979 年,第 642—643 页。

[36]　《笑面人》,第 669 页。

[37]　G. Rosa, *Critique et autocritique dans* l'Homme qui rit, 《*L'Homme qui rit*》ou la parole-monstre de Victor Hugo, Sedes, 1985, p. 14.

[38]　马森主编:《雨果全集》,第 14 卷,第 1518 页。

[39]　巴雷尔著:《雨果传》,第 300 页。

[40]　马森主编:《雨果全集》,第 14 卷,第 5 页。

[41]　马森主编:《雨果全集》,第 14 卷,第 481 页。

[42]　巴雷尔著:《雨果传》,第 312 页。

[43]　巴雷尔著:《雨果传》,第 311 页。

[44]　莫洛亚著:《雨果传》,第 660 页。

[45]　莫洛亚著:《雨果传》,第 660 页。

[46]　莫洛亚著:《雨果传》,第 661 页。

[47]　马森主编:《雨果全集》,第 12 卷,第 1219 页。

[48]　巴雷尔著:《雨果传》,第 316 页。

[49]　马森主编:《雨果全集》,第 15 卷,第 228 页。

[50]　《雨果文集》,第 8 卷,第 138 页。

[51]　巴雷尔著:《雨果传》,第 315 页。

[52]　Philippe Van Tieghem, *Dictionaire de Victor Hugo*, Larousse, 1970, p. 178.

[53]　塞巴谢主编:《雨果全集》,"小说卷",第 3 卷,第 1103 页。

[54] 巴雷尔著:《雨果传》,第 318 页。

[55] 《九三年》,人民文学出版社,郑永慧译,1978 年,第 450 页。

[56] 《九三年》,第 174 页。

[57] 《九三年》,第 196 页。

[58] 《九三年》,第 272 页。

[59] 巴雷尔著:《雨果传》,第 319 页。

[60] 引自巴雷尔著:《雨果传》,第 319 页。

[61] 巴雷尔著:《雨果传》,第 315 页。

[62] 马森主编:《雨果全集》,第 13 卷,第 887 页。

[63] *Histoire Littéraire de la France*, Les Editions Sociales, 1977, V. De 1848 à 1913, p. 345.

[64] 马森主编:《雨果全集》,第 15 卷,第 238 页。

[65] 马森主编:《雨果全集》,第 14 卷,第 1277 页。

第七讲　雨果的作品之四　《悲惨世界》(上篇)

[1] 马森主编:《雨果全集》,第 12 卷,第 1120—1121 页。

[2] *Victor Hugo, Oeuvres poètiques,* II, édition établie et annotée par P. Albouy, Bibliothèque de la Pléïade, 1967, p. 1458.

[3] *Les Misérables,* commentaires de Nicole Savy, notes de Guy Rosa, le Livre de Poche, 1985, p. 551.

[4] 塞巴谢主编:《雨果全集》,"作业卷"(Chantiers),第 731 页。

[5] 塞巴谢主编:《雨果全集》,"作业卷"(Chantiers),第 731 页。

[6] 塞巴谢主编:《雨果全集》,"作业卷"(Chantiers),第 731 页。

[7] 塞巴谢主编:《雨果全集》,"作业卷"(Chantiers),第 731 页。

[8] *Les Misérables,* Préface et commentaires par Arnaud Laster, Pocket, 1992, p. 413.

[9] 巴雷尔著:《雨果传》,第 249 页。

[10] 莫洛亚著:《雨果传》,第 574 页。

[11] 巴雷尔著:《雨果传》,第 249 页。

[12] *Les Misérables,* Préface et commentaires par Arnaud Laster, Pocket, 1992, p. 414.

[13] 马森主编:《雨果全集》,第 10 卷,第 1514 页。

[14] 马森主编:《雨果全集》,第 12 卷,第 1328 页。

[15] 马森主编:《雨果全集》,第 12 卷,第 1353 页。

[16] 巴雷尔著:《雨果传》,第 261 页。

[17] *Les Misérables,* Préface et commentaires par Arnaud Laster, Pocket, 1992, p. 415.

[18] 马森主编:《雨果全集》,第 12 卷,第 1102 页。

[19] 马森主编:《雨果全集》,第 12 卷,第 1103 页。

[20] 马森主编:《雨果全集》,第 12 卷,第 1120—1121 页。

[21] 马森主编:《雨果全集》,第 12 卷,第 1372 页。

[22] 莫洛亚著:《雨果传》,第 574 页。

[23] 引自莫洛亚著:《雨果传》,第 574 页。

[24] *Les Misérables,* Préface et commentaires par Arnaud Laster, Pocket, 1992, p. 391.

[25] 马森主编:《雨果全集》,第 10 卷,第 201 页。雨果作品的中译文,我们通常引用人民文学出版社的译文。《悲惨世界》李丹、方于的译文如下:"赞美人心,纵使只涉及一个人,只涉及人群中最微贱的一个,也得熔冶一切歌颂英雄的诗文于一炉,赋成一首优越成熟的英雄颂歌。"(《雨果文集》,第 2 卷,人民文学出版社,李丹、方于译,第 272 页)

[26] Georges Piroué, *Victor Hugo romancier,* Denoël, 1964, p. IV.

[27] 《雨果文集》,第 2 卷,第 129 页。

[28] *Les Misérables,* Préface et commentaires par Arnaud Laster, Pocket, 1992, p. 325-326.

[29] *Les Misérables,* Pocket, 1992, p. 328-330.

[30] *Dictionnaire des personnages,* Robert Laffont, 1980, p. 690.

[31] 引自莫洛亚著:《雨果传》,人民文学出版社,第 569 页。

[32] 《雨果文集》,第 3 卷,李丹、方于译,第 850 页。

[33] 《雨果文集》,第 2 卷,第 234 页。

[34] 巴雷尔著:《雨果传》,第 257 页。

[35] 巴雷尔著:《雨果传》,第 257 页。

[36] 《*Souvenirs d'une pensionnaire*》, Juliette Drouet, *Souvenirs 1843-1854,* Texte établi par Gérard Pouchain, Des Femmes, 2006, p. 125-145.

第八讲 雨果的作品之五 《悲惨世界》（下篇）

[1] 《雨果文集》，第 2 卷，第 19 页。

[2] 《雨果文集》，第 2 卷，第 272 页。我们在 "作品的分析" 中提出过另一种译文。

[3] 《雨果文集》，第 3 卷，第 610 页。

[4] 《雨果文集》，第 4 卷，第 1512 页。

[5] 马森主编：《编年版雨果全集》，第 12 卷，第 1152 页。

[6] 马森主编：《编年版雨果全集》，第 12 卷，第 1179—1180 页。

[7] 马森主编：《编年版雨果全集》，第 12 卷，第 1180 页。

[8] 《雨果文集》，第 11 卷，程曾厚译，第 287—288 页。

[9] Myriam Roman, Marie-Christine Bellosta: 《Les Misérables, *roman pensif*》, Paris, Belin, 1995, p. 285.

[10] 莫洛亚著：《雨果传》，人民文学出版社，第 574 页。

[11] 马森主编：《编年版雨果全集》，第 12 卷，第 1174 页。

[12] 引自 Les Misérables, Préface et commentaires par Arnaud Laster, Pocket, 1992, p. 332-335.

[13] 引自 Les Misérables, Préface et commentaires par Arnaud Laster, p. 343.

[14] 引自 Les Misérables, Préface et commentaires par Arnaud Laster, p. 345.

[15] 引自 Les Misérables, Préface et commentaires par Arnaud Laster, p. 353.

[16] 引自 Les Misérables, Préface et commentaires par Arnaud Laster, p. 356-357.

[17] 引自 Les Misérables, Préface et commentaires par Arnaud Laster, p. 347.

[18] 马森主编：《编年版雨果全集》，第 12 卷，第 1171 页。

[19] 引自 Les Misérables, Préface et commentaires par Arnaud Laster, p. 338-341.

[20] 引自 Roman et Bellosta: 《Les Misérables, *roman pensif*》, Paris, Belin, 1995, p. 291.

[21] 引自 Roman et Bellosta: 《Les Misérables, *roman pensif*》, Paris, Belin, 1995, p. 293.

[22] 马森主编：《编年版雨果全集》，第 12 卷，第 1623 页。

[23] 马森主编：《编年版雨果全集》，第 12 卷，第 1180 页。

[24] 马森主编：《编年版雨果全集》，第 12 卷，第 1181 页。

[25] 引自 Les Misérables, Préface et commentaires par Arnaud Laster, p. 372.

[26] 程曾厚编选：《雨果评论汇编》，安徽文艺出版社，1994 年，第 6—24 页。

[27] 莫洛瓦著：《雨果传》，第 575 页。

[28] 平野编译：《凡·高》，四川文艺出版社，2002 年，第 164 页。

[29] 引自 Roman et Bellosta: 《Les Misérables, *roman pensif*》, Paris, Belin, 1995, p. 300.

[30] 程曾厚编选：《雨果评论汇编》，第 279—280 页。

[31] A. Thibaudet: Histoire de la littérature française de 1789 à nos jours, Paris, Stock, p. 252-253.

[32] Les Misérables, commentaires de N. Savy, notes de G. Rosa, le Livre de Poche, p.553.

[33] 巴雷尔著：《雨果传》，第 265 页。

[34] 莫洛亚著：《雨果传》，第 576 页。

[35] 莫洛亚著：《雨果传》，第 576—577 页。

[36] G. Piroué: Victor Hugo romancier, Denoël, p. IV.

[37] Alain Decaux: Victor Hugo, Paris, Librairie Académique Perrin, p. 9.

[38] Les Misérables, commentaires de N. Savy, notes de G. Rosa, le Livre de Poche, p.XIV.

[39] G. Sadoul, Les Misérables au cinéma, 《Europe》, Février-Mars 1962, pp. 181-191.

[40] Les Misérables, Préface et commentaires par Arnaud Laster, pp. 421-429.

[41] Les Misérables, Préface et commentaires par Arnaud Laster, p. 422.

[42] 贝卡利亚（Beccaria, 1738—1794），意大利法学家，主张司法改革，民法量刑从轻；法里纳奇（Farinace, 1544—1618），意大利刑法学家，著有《刑法实践和理论》。

[43] 马森主编：《编年版雨果全集》，第 12 卷，第 1195—1197 页。

第九讲 雨果的作品之六 戏剧

[1] 塞巴谢主编：《雨果全集》，"海洋卷"，第 196 页。

[2] 巴雷尔著：《雨果传》，第 154 页。

[3] 巴雷尔著：《雨果传》，第 56 页。

[4] 巴雷尔著：《雨果传》，第 56 页。

[5] 莫洛亚著：《雨果传》，第 171 页。

[6]　塞巴谢主编：《雨果全集》，"戏剧卷"，第 1 卷，第 237 页。

[7]　巴雷尔著：《雨果传》，第 57 页。

[8]　引自 *Voir des étoiles*, Maison de Victor Hugo, Paris musées / Actes Sud, 2002, p. 38.

[9]　*Victor Hugo raconté par un témoin de sa vie*, Paris, Nelson, tome II, p. 328.

[10]　*Victor Hugo raconté par un témoin de sa vie*, Paris, Nelson, tome II, p. 341.

[11]　Castex et Surer, *Manuel des études littéraires françaises, XIXe siècle*, Hachette, p. 69.

[12]　塞巴谢主编：《雨果全集》，"戏剧卷"，第 1 卷，第 600 页。

[13]　巴雷尔著：《雨果传》，第 83 页。

[14]　A. Laster, *Pleins feux sur Victor Hugo*, Comédie-française, 1981, p. 258.

[15]　*Voir des étoiles*, Maison de Victor Hugo, Paris musées / Actes Sud, 2002, pp. 37, 38, 54.

[16]　塞巴谢主编：《雨果全集》，"戏剧卷"，第 2 卷，第 6 页。

[17]　塞巴谢主编：《雨果全集》，"戏剧卷"，第 2 卷，第 6 页。

[18]　塞巴谢主编：《雨果全集》，"戏剧卷"，第 2 卷，第 6 页。

[19]　巴雷尔著：《雨果传》，第 138 页。

[20]　莫洛亚著：《雨果传》，第 351 页。

[21]　塞巴谢主编：《雨果全集》，"戏剧卷"，第 1 卷，第 973 页。

[22]　*Voir des étoiles*, Maison de Victor Hugo, Paris musées / Actes Sud, p. 56.

[23]　*Voir des étoiles*, Maison de Victor Hugo, p. 56 .

[24]　引自巴雷尔著：《雨果传》，第 139 页。

[25]　引自莫洛亚著：《雨果传》，第 352—353 页。

[26]　巴雷尔著：《雨果传》，第 146 页。

[27]　引自巴雷尔著：《雨果传》，第 148 页。

[28]　引自巴雷尔著：《雨果传》，第 153 页。

[29]　*Voir des étoiles*, Maison de Victor Hugo, Paris musées / Actes Sud, p. 58.

[30]　巴雷尔著：《雨果传》，第 153 页。

[31]　*Voir des étoiles*, Maison de Victor Hugo, Paris musées / Actes Sud, p. 58.

[32]　马森主编：《编年版雨果全集》，第 12 卷，第 1274 页。

[33]　引自莫洛亚著：《雨果传》，第 390 页。

[34]　引自塞巴谢主编：《雨果全集》，"戏剧卷"，第 2 卷，"介绍"第 1 页。

[35]　引自巴雷尔著：《雨果传》，第 288 页。

[36]　引自巴雷尔著：《雨果传》，第 289 页。

[37]　巴雷尔著：《雨果传》，第 292 页。

[38]　巴雷尔著：《雨果传》，第 289 页。

[39]　A. Laster, *Pleins feux sur Victor Hugo*, Comédie-française, 1981, p. 194.

[40]　A. Laster, *Pleins feux sur Victor Hugo*, Comédie-française, 1981, p. 284.

[41]　*Voir des étoiles*, Maison de Victor Hugo, Paris musées / Actes Sud, p. 86.

[42]　引自 *Voir des étoiles*, Maison de Victor Hugo, Paris musées / Actes Sud, p. 87.

[43]　引自 *Voir des étoiles*, Maison de Victor Hugo, p. 87.

[44]　《*Europe*》, Numéro spécial, février-mars 1952, pp. 239-243.

[45]　引自 *Voir des étoiles*, Maison de Victor Hugo, p. 88.

[46]　塞巴谢主编：《雨果全集》，"戏剧卷"，第 2 卷，第 1973 页。

[47]　引自 A. Laster, *Pleins feux sur Victor Hugo*, p. 285.

[48]　A. Laster, *Pleins feux sur Victor Hugo*, 1981, p. 299.

[49]　A. Laster, *Pleins feux sur Victor Hugo*, 1981, p. 305.

[50]　时萌著：《曾朴研究》，上海古籍出版社，1982 年，第 70—71 页。

[51]　参阅时萌著：《曾朴研究》，上海古籍出版社，1982 年，第 64 页。

[52]　塞巴谢主编：《雨果全集》，"海洋卷"，第 196 页。

第十讲　雨果的绘画

[1]　程曾厚：《墨的太阳——雨果的画》，《艺术世界》，1992 年第 2 期。

[2]　*La Gloire de Victor Hugo*, Editions de la Réunion des musées nationaux, 1985, Paris, p.484.

[3]　马森主编：《编年版雨果全集》，"法国读书俱乐部"出版，第 16 卷，1972 年，第 963 页。

[4]　马森主编：《编年版雨果全集》，第 1 卷，1969 年，第 920 页。

[5] 引自若热尔:《'身不由己当画家'的历史》,《编年版雨果全集》,第 18 卷,1969 年,第 16 页。

[6] 马森主编:《编年版雨果全集》,第 6 卷,第 1195 页。

[7] 引自若热尔:《"身不由己当画家"的历史》,《编年版雨果全集》,第 18 卷,第 19 页。

[8] Baudelaire, *Oeuvres complètes*, Robert Laffont, 1980, p. 780.

[9] *Victor Hugo peintre*, Venise, Galleria d'Arte Moderna Ca'Pesaro, 1993, p. 99.

[10] 马森主编:《编年版雨果全集》,第 12 卷,1214 页。

[11] P. Georgel: *les avatars d'un 〈peintre malgré lui〉*, *La Gloire de Victor Hugo*, p. 485.

[12] 马森:雨果绘画《介绍》,《编年版雨果全集》,第 17 卷,第 XI 页。

[13] 引自若热尔:《"身不由己当画家"的历史》,《编年版雨果全集》,第 18 卷,第 55 页。

[14] 若热尔:《"身不由己当画家"的历史》,《编年版雨果全集》,第 18 卷,第 54—55 页。

[15] P. Georgel: *les avatars d'un 〈peintre malgré lui〉*, *La Gloire de Victor Hugo*, p. 489.

[16] P. Georgel: *les avatars d'un 〈peintre malgré lui〉*, *La Gloire de Victor Hugo*, p. 489.

[17] 引自比贡:《空间的缝隙》,《编年版雨果全集》,第 17 卷,1969 年,第 XIII—XIV 页。

[18] 引自若热尔:《"身不由己当画家"的历史》,《编年版雨果全集》,第 18 卷,第 59 页。

[19] 程曾厚:《〈雨果绘画作品研究总目〉和若热尔馆长》,《中华读书报》,2000 年 10 月 25 日。

[20] 马森主编:《编年版雨果全集》,第 12 卷,第 1354 页。

[21] 雨果 1862 年 10 月 5 日致卡斯特尔信,《编年版雨果全集》,第 12 卷,1972 年,第 863 页。

[22] 马森主编:《编年版雨果全集》,第 12 卷,1972 年,第 862 页。

[23] P. Georgel: *les avatars d'un 〈peintre malgré lui〉*, *La Gloire de Victor Hugo*, p. 483.

[24] 雨果 1863 年 3 月 6 日致默里斯信,《编年版雨果全集》,第 12 卷,第 1214 页。

[25] 雨果 1862 年 10 月 5 日致卡斯特尔信,《编年版雨果全集》,第 12 卷,第 862 页。

[26] P. Georgel: *les avatars d'un 〈peintre malgré lui〉*, *La Gloire de Victor Hugo*, p. 483.

[27] 雨果 1864 年 4 月 19 日致布尔蒂信,《编年版雨果全集》,第 12 卷,第 1266 页。

[28] 雨果 1860 年 4 月 29 日致波德莱尔信,《编年版雨果全集》,第 12 卷,第 1098 页。

[29] 若热尔:《"身不由己当画家"的历史》,《编年版雨果全集》,第 18 卷,第 24 页。

[30] 马森:雨果绘画《介绍》,《编年版雨果全集》,第 17 卷,第 V 页。

[31] 马森主编:《编年版雨果全集》,第 17 卷,第 XV 页。

[32] Pierre Dassau et Henri Focillon: *Victor Hugo*, Autrement l'Art, 1983, p.11.

[33] 雨果 1860 年 4 月 29 日致波德莱尔信,《编年版雨果全集》,第 12 卷,第 1097—1098 页。

[34] 转引自若热尔:《"身不由己当画家"的历史》,《编年版雨果全集》,第 18 卷,第 60 页。

[35] *Victor Hugo, Trois albums*, présentés par R. Journet et G. Robert, Paris, les Belles lettres, 1963, pp. 6-7.

[36] P. Georgel: *les avatars d'un 〈peintre malgré lui〉*, *La Gloire de Victor Hugo*, p. 485.

[37] P. Dassau: *Hors le temps et les nécessités, Victor Hugo*, Autrement L'Art, 1983, p. 8.

[38] 雨果 1862 年 10 月 5 日致卡斯特尔信,《编年版雨果全集》,第 12 卷,第 862 页。

[39] 比贡:《空间的缝隙》,《编年版雨果全集》,第 17 卷,第 II 页。

[40] Jean Delalande: *Victor Hugo, dessinateur génial et halluciné*, Nouvelles éditions latines, 1964, p. 110.

[41] 引自若热尔:《"身不由己当画家"的历史》,《编年版雨果全集》,第 18 卷,第 74—75 页。

[42] *L'Aventure de l'Art au XIXe siècle*, Paris, Chêne et Hachette, 1991, pp. 458-460.

[43] Pierre Dassau et Henri Focillon: *Victor Hugo*, Autrement l'Art, 1983, p. 5.

[44] *Du chaos dans le pinceau...Victor Hugo / dessins*, Maison de Victor Hugo, 2000, p. 15.

[45] 马森:雨果绘画《介绍》,《编年版雨果全集》,第 17 卷,第 I 页。

[46] 引自若热尔:《"身不由己当画家"的历史》,《编年版雨果全集》,第 18 卷,第 68—69 页。

[47] 马森:雨果绘画《介绍》,《编年版雨果全集》,第 17 卷,第 81 页。

[48] P. Georgel: *les avatars d'un 〈peintre malgré lui〉*, *La Gloire de Victor Hugo*, p. 493.

[49] 程曾厚:《〈雨果绘画作品研究总目〉和若热尔馆长》,《中华读书报》,2000 年 10 月 25 日。

[50] 马森主编:《编年版雨果全集》,第 12 卷,第 1579—1580 页。

[51] 程曾厚:《〈雨果绘画作品研究总目〉和若热尔馆长》,《中华读书报》。

第十一讲　雨果的事业之一　维护人权 ＼ 消灭贫困

[1] Henri Guillemin: *Victor Hugo par lui-même*, aux éditions du seuil, 1951, p.175.

[2] 塞巴谢主编:《雨果全集》,"政治卷",第 463 页。

[3] 塞巴谢主编:《雨果全集》,"政治卷",第 67—68 页。

[4] 《雨果文集》,第 4 卷,李丹、方于译,第 1454 页。

[5]　塞巴谢主编：《雨果全集》，"政治卷"，第 614 页。

[6]　《雨果文集》，第 11 卷，程曾厚译，第 490 页。

[7]　《雨果文集》，第 11 卷，第 492—493 页。

[8]　程曾厚编选：《雨果评论汇编》，安徽文艺出版社，1994 年，第 307 页。

[9]　《雨果文集》，第 9 卷，第 839 页。

[10]　《雨果文集》，第 12 卷，程曾厚编选，第 136 页。

[11]　《雨果文集》，第 8 卷，第 161—162 页。

[12]　《雨果文集》，第 8 卷，第 39 页。

[13]　《雨果文集》，第 9 卷，第 503 页。

[14]　塞巴谢主编：《雨果全集》，"海洋集"，第 286 页。

[15]　塞巴谢主编：《雨果全集》，"诗歌卷"，第 4 卷，第 343 页。

[16]　《雨果文集》，第 11 卷，第 202—205 页。

[17]　《雨果文集》，第 11 卷，第 136—137 页。

[18]　阿道夫·布朗基（Adolphe Blanqui，1798—1854）是自由派经济学家。他是革命家布朗基的哥哥。

[19]　《雨果文集》，第 11 卷，第 221—226 页。

[20]　《雨果文集》，第 11 卷，第 229 页。

[21]　《雨果文集》，第 8 卷，第 327—328 页。

[22]　*Victor Hugo, Oeuvres poètiques*, II, édition établie et annotée par P. Albouy, Bibliothèque de la Pléïade, 1967, p. 1458.

[23]　塞巴谢主编：《雨果全集》，"诗歌卷"，第 2 卷，第 335—336 页。

[24]　*Victor Hugo, Oeuvres poètiques*, II, édition établie et annotée par P. Albouy, pp. 598-599.

[25]　马森主编：《编年版雨果全集》，第 12 卷，第 1452 页。

[26]　马森主编：《编年版雨果全集》，第 12 卷，第 1479 页。

[27]　马森主编：《编年版雨果全集》，第 12 卷，第 1488 页。

[28]　马森主编：《编年版雨果全集》，第 12 卷，第 1418 页。

[29]　马森主编：《编年版雨果全集》，第 12 卷，第 1488 页。

[30]　马森主编：《编年版雨果全集》，第 12 卷，第 1661 页。

[31]　马森主编：《编年版雨果全集》，第 12 卷，第 863 页。

[32]　塞巴谢主编：《雨果全集》，"政治卷"，第 604—605 页。

[33]　《雨果文集》，第 11 卷，第 537—538 页。

第十二讲　雨果的事业之二　妇女权利 ＼ 儿童权利 ＼ 义务教育

[1]　塞巴谢主编：《雨果全集》，"政治卷"，第 440—441 页。

[2]　塞巴谢主编：《雨果全集》，"政治卷"，第 851—853 页。

[3]　*Victor Huto 1802-1885*, responsable scientifique Jean Gaudon, ADPF, p. 13.

[4]　塞巴谢主编：《雨果全集》，"政治卷"，第 853—854 页。

[5]　《雨果文集》，2002 年，第 2 卷，第 232—233 页。

[6]　塞巴谢主编：《雨果全集》，"诗歌卷"，第 2 卷，第 123 页。

[7]　《雨果文集》，第 8 卷，第 368 页。

[8]　圣米迦勒（Saint Michel）是基督教的保护神，犹如佛教里的韦驮。

[9]　塞巴谢主编：《雨果全集》，"诗歌卷"，第 2 卷，第 150—152 页。

[10]　《雨果文集》，第 11 卷，第 474—475 页。

[11]　《雨果文集》，第 11 卷，第 323 页。

[12]　塞巴谢主编：《雨果全集》，"诗歌卷"，第 2 卷，第 332—333 页。

[13]　《雨果文集》，第 3 卷，第 718—719 页。

[14]　《雨果文集》，第 2 卷，第 464—465 页。

[15]　《雨果文集》，第 11 卷，第 129—135 页。

[16]　塞巴谢主编：《雨果全集》，"政治卷"，第 217—218 页。

[17]　《雨果文集》，第 2 卷，第 18—19 页。

[18]　塞巴谢主编：《雨果全集》，"诗歌卷"，第 2 卷，第 278—279 页。

[19]　《雨果文集》，第 9 卷，第 890—892 页。

[20]　《雨果文集》，第 9 卷，第 816—819 页。

第十三讲　雨果的事业之三　保卫和平 ＼ 人类良心 ＼ 反对死刑

[1]　《雨果文集》，第 11 卷，第 273 页。

[2]　《雨果文集》，第 11 卷，第 275—276 页。

[3]　《雨果文集》，第 11 卷，第 220—221 页。

[4]　《雨果文集》，第 11 卷，第 397 页。

[5]　《雨果文集》，第 11 卷，第 399—400 页。

[6]　《雨果文集》，第 11 卷，第 510 页。

[7]　《雨果文集》，第 4 卷，第 1374—1375 页。

[8]　《雨果文集》，第 9 卷，第 763—766 页。

[9]　《雨果文集》，第 8 卷，第 170—172 页。

[10]　《雨果文集》，第 3 卷，第 791—792 页。

[11]　这是奥地利政治家梅特涅的话。

[12]　《雨果文集》，第 11 卷，第 346 页。

[13]　《雨果文集》，第 11 卷，第 377 页。

[14]　普埃布拉是墨西哥城市，位于墨西哥城的南边。曾被法军围困，全城居民英勇抗击入侵者。

[15]　《雨果文集》，第 11 卷，第 379 页。

[16]　《雨果文集》，第 11 卷，第 375 页。

[17]　英国当时在位的是维多利亚女王（1819—1901），她 1840 年和阿尔伯特亲王结婚，生有 9 个孩子，1861 年守寡。

[18]　《雨果文集》，第 11 卷，第 388 页。

[19]　《雨果文集》，第 11 卷，第 407 页。

[20]　《雨果文集》，第 11 卷，第 407—409 页。

[21]　参见《雨果文集》，第 12 卷，程曾厚编，第 136 页。

[22]　塞巴谢主编：《雨果全集》，"小说卷"，第 1 卷，第 401 页。

[23]　*Victor Hugo, l'homme océan*, sous la direction de Marie-Laure Prévost, Bibliothèque Nationale de France / Seuil , 2002, p. 60.

[24]　《雨果文集》，第 11 卷，第 194—195 页。

[25]　《雨果文集》，第 11 卷，第 312 页。

[26]　《雨果文集》，第 8 卷，第 336 页。

[27]　《雨果文集》，第 11 卷，第 338 页。

[28]　《雨果文集》，第 2 卷，第 21 页。

[29]　《雨果文集》，第 11 卷，第 309—320 页。

[30]　塞巴谢主编：《雨果全集》，"政治卷"，第 461 页。

[31]　《雨果文集》，第 11 卷，第 357 页。

[32]　塞巴谢主编：《雨果全集》，"诗歌集"，第 1 卷，第 936 页。

[33]　Jeanlouis Cornuz: *Hugo, l'Homme des Misérables*, Lausanne, Edition Pierre-Marcel Favre, 1985, 封底。

[34]　塞巴谢主编：《雨果全集》，"政治卷"，第 532—533 页。

[35]　塞巴谢主编：《雨果全集》，"政治卷"，第 533—534 页。

[36]　*Victor Hugo, l'homme océan*, sous la direction de Marie-Laure Prévost, Bibliothèque Nationale de France / Seuil , 2002, p. 57.

第十四讲　雨果的事业之四　争取大赦 ＼ 保护文物 ＼ 保护动物

[1]　《雨果文集》，第 9 卷，第 821—822 页。

[2]　*HUGO 1802 / 1885,* ADPF, 2002, p. 22.

[3]　塞巴谢主编：《雨果全集》，"诗歌卷"，第 3 卷，第 139—140 页。

[4]　《雨果文集》，第 11 卷，第 468—470 页。

[5]　塞巴谢主编：《雨果全集》，"政治卷"，第 945 页。

[6]　《雨果文集》，第 11 卷，第 467 页

[7]　塞巴谢主编：《雨果全集》，"政治卷"，第 905 页。

[8]　《雨果文集》，第 9 卷，第 866—867 页。

[9]　《雨果文集》，第 11 卷，第 505—506 页。

[10]　《雨果文集》，第 11 卷，第 476—488 页。

[11]　《雨果文集》，第 11 卷，第 520—522 页。

[12]　《雨果文集》，第 11 卷，第 527—529 页。

[13]　额尔金（1766—1841），英国外交官，曾从希腊把巴特农神庙的古代精美雕刻运往英国，遭到世人谴责。

[14] 《雨果文集》，第 11 卷，第 63—67 页。

[15] 兰斯大教堂是历代法国国王举行加冕典礼的地方。

[16] 查理十世 1824 年即位，1825 年在兰斯大教堂加冕。雨果当年是受到邀请的贵宾。

[17] 《雨果文集》，第 11 卷，第 67—81 页。

[18] 程曾厚著：《圣母院的钟声》，复旦大学出版社，1997 年，第 21 页。

[19] 塞巴谢主编：《雨果全集》，"政治卷"，第 1043 页。

[20] 塞巴谢主编：《雨果全集》，"政治卷"，第 1044 页。

[21] 塞巴谢主编：《雨果全集》，"诗歌卷"，第 2 卷，第 333 页。

[22] 《雨果文集》，第 11 卷，第 393 页。

[23] 塞巴谢主编：《雨果全集》，"诗歌卷"，第 3 卷，第 366 页。

[24] 马森主编：《编年版雨果全集》，第 12 卷，第 1449 页。

[25] 《雨果文集》，第 9 卷，第 872—875 页。

[26] 塞巴谢主编：《雨果全集》，"诗歌卷"，第 2 卷，第 790—793 页。

[27] 《雨果文集》，第 9 卷，第 583 页。

第十五讲　雨果的预言　欧罗巴合众国＼宇宙航行

[1] 巴雷尔著：《雨果传》，第 143 页。

[2] 塞巴谢主编：《雨果全集》，"游记卷"，第 367—437 页。

[3] 塞巴谢主编：《雨果全集》，"游记卷"，第 403—404 页。

[4] 塞巴谢主编：《雨果全集》，"游记卷"，第 406 页。

[5] 塞巴谢主编：《雨果全集》，"游记卷"，第 411 页。

[6] 塞巴谢主编：《雨果全集》，"游记卷"，第 426 页。

[7] 《雨果文集》，第 11 卷，第 274 页。

[8] 《雨果文集》，第 11 卷，第 236 页。

[9] 马森主编：《编年版雨果全集》，第 8 卷，第 976 页。

[10] 《雨果文集》，第 11 卷，第 304 页。

[11] 《雨果文集》，第 11 卷，第 322 页。

[12] 《雨果文集》，第 11 卷，第 330 页。

[13] 《雨果文集》，第 11 卷，第 328 页。

[14] *Victor Hugo, l'Homme océan*, Bibliothèque Nationale de France / Seuil, 2002, p. 144.

[15] 《雨果文集》，第 11 卷，第 331 页。

[16] 《雨果文集》，第 11 卷，第 344 页。

[17] 《雨果文集》，第 11 卷，第 347 页。

[18] 《雨果文集》，第 11 卷，第 397—400 页。

[19] 《雨果文集》，第 11 卷，第 493 页。

[20] 《雨果文集》，第 11 卷，第 497 页。

[21] 塞巴谢主编：《雨果全集》，"政治卷"，第 648 页。

[22] 《雨果文集》，第 11 卷，第 184 页。

[23] 《雨果文集》，第 11 卷，第 277 页。

[24] 《雨果文集》，第 11 卷，第 305 页。

[25] 《雨果文集》，第 9 卷，第 395—396 页。

[26] 《圣经》载，挪亚造方舟，带全家和各种动物躲避洪水。

[27] 勃朗峰是法国最高峰，在法意边境。

[28] 土星和水星是古代海上指引海船航向的星辰。

[29] 斯芬克斯象征大自然之谜。

[30] 哥伦布发现美洲新大陆；伽马是葡萄牙航海家，发现绕道好望角通向印度的航路。

[31] 斯宾诺莎（1632—1678）是荷兰唯物主义哲学家，建立无神论的哲学体系，被犹太教革除教籍。

[32] 霍布斯（1588—1678）是英国唯物主义哲学家。

[33] 《雨果文集》，第 9 卷，第 715—739 页。

[34] *Victor Hugo, 1802-1885*, ADPF, 2002, p. 33.

[35] 马森主编：《编年版雨果全集》，第 12 卷，第 1234 页。

[36] 阿拉戈（François Arago，1786-1853），法国科学家和政治家，曾任巴黎天文台台长。

[37] "风暴角"位于南非南端的大西洋上，1488 年由葡萄牙航海家迪亚士发现，后改名为好望角。1497 年伽马顺利绕过好望角。

[38] 马森主编:《编年版雨果全集》,第 12 卷,第 1241—1249 页。

[39] 加斯东·蒂桑迪耶(Gaston Tissandier, 1843-1899),法国科学家,飞艇驾驶员。1883 年,他完成第一个装有电动机的飞艇。

[40] 塞巴谢主编:《雨果全集》,"政治卷",第 684—685 页。

第十六讲　雨果的中国情结

[1] 《信使》,联合国教科文组织,1986 年 1 月(总第 67 期),"雨果专辑",第 15 页。

[2] 塞巴谢主编:《雨果全集》,"游记卷",第 389 页。

[3] 《雨果文集》,人民文学出版社,2002 年,第 9 卷,程曾厚译,第 936 页。

[4] 程曾厚:《朱丽叶回忆录》,《岭南文化》,总第 3 期,第 42—44 页。

[5] 塞巴谢主编:《雨果全集》,"历史卷",《见闻录》,第 131 页。

[6] 马森主编:《编年版雨果全集》,第 12 卷,第 1532 页。

[7] 马森主编:《编年版雨果全集》,第 12 卷,第 1370 页。

[8] 马森主编:《编年版雨果全集》,第 12 卷,第 1377 页。

[9] 《雨果文集》,第 11 卷,第 360—362 页。

[10] 《语文》,义务教育课程标准实验教科书,人民教育出版社,八年级,上册,2002 年,第 29—32 页。

[11] 马森主编:《编年版雨果全集》,第 12 卷,第 851—852 页。

[12] 巴特农神庙,(le Parthénon),《简明不列颠百科全书》译成"帕台农神庙",是希腊最负盛名的古建筑,位于雅典的卫城之上,公元前 447—432 建成,原为供奉雅典娜女神的神庙。

[13] 托马斯·额尔金是英国外交官,在他 1799—1802 年任驻土耳其大使时,参与毁坏巴特农神庙,并私自盗走大批神庙精美的大理石石雕。其子詹姆斯·额尔金是英法联军焚毁圆明园时的英国大使,是焚烧圆明园的主要罪魁祸首。

[14] 1861 年 2 月 23 日至 4 月 10 日,拿破仑三世将抢来的圆明园文物在当时的王宫杜伊勒里宫展出。

[15] 马森主编:《编年版雨果全集》,第 12 卷,第 1316 页。

[16] 马森主编:《编年版雨果全集》,第 12 卷,第 1317 页。

[17] 马森主编:《编年版雨果全集》,第 12 卷,第 1433 页。

[18] 马森主编:《编年版雨果全集》,第 12 卷,第 1319 页。

[19] 程曾厚选编:《雨果绘画》,人民文学出版社,2002 年,序言第 5 页。

[20] 塞巴谢主编:《雨果全集》,"评论卷","哲理散文","趣味",第 572 页。

[21] 马森主编:《编年版雨果全集》,第 12 卷,"根西岛纪事册",第 1488 页。

[22] 马森主编:《编年版雨果全集》,第 13 卷,第 1031 页。

[23] 《雨果文集》,第 11 卷,第 414 页。

[24] 《雨果文集》,第 9 卷,第 868—869 页。

第十七讲　天才是凡人

[1] 莫洛亚著:《雨果传》,第 696 页。

[2] 巴雷尔著:《雨果传》,第 335 页。

[3] 见巴雷尔著:《雨果传》,第 548 页。

[4] 马森主编:《编年版雨果全集》,第 14 卷,第 401 页。

[5] *Victor Hugo, Oeuvres poétiques*, édition établie et annotée par P. Albouy, Bibliothèque de la Pléiäde, 1964, I, p. XVII.

[6] 塞巴谢主编:《雨果全集》,"诗歌卷",第 2 卷,第 426 页。

[7] 塞巴谢主编:《雨果全集》,"海洋集",第 286 页。

[8] Alain Decaux: *Victor Hugo*, Librairie Académique Perrin, 1984, p. 11.

[9] *Victor Hugo, Oeuvres poétiques*, édition établie et annotée par P. Albouy, Bibliothèque de la Pléiäde, 1964, III, p. I.

[10] 巴雷尔著:《雨果传》,第 337 页。

[11] 塞巴谢主编:《雨果全集》,"诗歌卷",第 4 卷,第 871 页。

[12] 《雨果文集》,第 9 卷,第 815—816 页。

[13] Henri Guillemin: *Victor Hugo par lui-même*, aux éditions du seuil, 1951, pp. 36-37.

[14] Henri Guillemin: *Victor Hugo par lui-même*, aux éditions du seuil, 1951, p. 31.

[15] Henri Guillemin: *Victor Hugo par lui-même*, p. 28.

[16] 马森主编:《编年版雨果全集》,第 8 卷,第 1094 页。

[17] 塞巴谢主编:《雨果全集》,"海洋卷",第 324 页。

[18] Henri Guillemin: *Victor Hugo par lui-même*, p. 44.

[19] 马森主编：《编年版雨果全集》，第 10 卷，第 1354 页。
[20] Henri Guillemin: *Victor Hugo par lui-même*, p. 46.
[21] Henri Guillemin: *Victor Hugo par lui-même*, p. 46-47.
[22] 雨果：《流亡是什么？》，见塞巴谢主编：《雨果全集》，"政治卷"，第 412 页。
[23] 马森主编：《编年版雨果全集》，第 8 卷，第 959 页。
[24] Henri Guillemin: *Victor Hugo par lui-même*, aux éditions du seuil, 1951, p. 45.
[25] 马森主编：《编年版雨果全集》，第 12 卷，第 1409 页。
[26] 马森主编：《编年版雨果全集》，第 12 卷，第 1426 页。
[27] 马森主编：《编年版雨果全集》，第 12 卷，第 1439 页。
[28] 马森主编：《编年版雨果全集》，第 12 卷，第 1488 页。
[29] Henri Guillemin: *Victor Hugo par lui-même*, p. 48.
[30] Henri Guillemin: *Victor Hugo par lui-même*, p. 48-49.
[31] Henri Guillemin: *Victor Hugo par lui-même*, p. 49.
[32] Henri Guillemin: *Victor Hugo par lui-même*, p. 44.
[33] 莫洛亚著：《雨果传》，第 574 页。
[34] 马森主编：《编年版雨果全集》，第 13 卷，第 767 页。
[35] Henri Guillemin: *Victor Hugo par lui-même*, aux éditions du seuil, 1951, p. 50.
[36] 马森主编：《编年版雨果全集》，第 5 卷，第 1114 页。
[37] 莫洛亚著：《雨果传》，第 400 页。
[38] 塞巴谢主编：《雨果全集》，"海洋集"，第 305 页。
[39] 《雨果文集》，第 9 卷，第 634 页。
[40] 莫洛亚著：《雨果传》，第 642 页。
[41] 莫洛亚著：《雨果传》，第 705 页。
[42] 莫洛亚著：《雨果传》，第 697 页。
[43] 引自莫洛亚著：《雨果传》，第 667 页。
[44] 引自莫洛亚著：《雨果传》，第 689 页。
[45] 引自莫洛亚著：《雨果传》，第 667 页。
[46] 《雨果文集》，第 2 卷，第 18 页。
[47] 引自莫洛亚著：《雨果传》，第 569 页。
[48] 马森主编：《编年版雨果全集》，第 4 卷，第 1106 页。
[49] 《雨果文集》，第 11 卷，第 401 页。
[50] 《雨果文集》，第 11 卷，第 411—412 页。
[51] 塞巴谢主编：《雨果全集》，"诗歌卷"，第 3 卷，第 1359 页。
[52] 塞巴谢主编：《雨果全集》，"海洋集"，第 286 页。
[53] Henri Guillemin: *Victor Hugo par lui-même*, aux éditions du seuil, 1951, p. 1.
[54] Henri Guillemin: *Victor Hugo par lui-même*, p. 5.
[55] 巴雷尔著：《雨果传》，第 115 页。
[56] 《雨果文集》，第 8 卷，第 374 页。
[57] 巴雷尔著：《雨果传》，第 309 页。
[58] 马森主编：《编年版雨果全集》，第 9 卷，第 1078 页。
[59] 《雨果文集》，第 9 卷，第 415 页。
[60] 《雨果文集》，第 9 卷，第 451 页。
[61] 塞巴谢主编：《雨果全集》，"诗歌卷"，第 4 卷，《上帝集》，第 702 页。
[62] Henri Guillemin: *Victor Hugo par lui-même*, aux éditions du seuil, 1951, p. 175.
[63] 程曾厚编选：《雨果评论汇编》，第 351 页。
[64] 《雨果文集》，第 11 卷，第 530 页。
[65] 巴雷尔著：《雨果传》，第 67 页。
[66] Henri Guillemin: *Victor Hugo par lui-même*, 1951, p. 10.
[67] 莫洛亚著：《雨果传》，第 489 页。

第十八讲　雨果的评论和研究

[1] 引自莫洛亚著：《雨果传》，第 671 页。
[2] 程曾厚编选：《雨果评论汇编》，第 25—33 页。

[3]　程曾厚编选:《雨果评论汇编》, 第 395 页。

[4]　程曾厚编选:《雨果评论汇编》, 第 407 页。

[5]　程曾厚编选:《雨果评论汇编》, 第 393 页。

[6]　程曾厚编选:《雨果评论汇编》, 第 205—215 页。

[7]　塞巴谢主编:《雨果全集》, "海洋集", 第 278 页。

[8]　莫洛亚著:《雨果传》, "译本序", 第 7 页。

[9]　程曾厚编选:《雨果评论汇编》, 第 273 页。

[10]　程曾厚编选:《雨果评论汇编》, 第 281 页。

[11]　程曾厚编选:《雨果评论汇编》, 第 282 页。

[12]　G. Lanson: *Histoire de la Littérature française*, Hachette, 1922, p. 1051.

[13]　A. Thibaudet :*Histoire de la Littérature française de 1789 à nos jours*, p. 176.

[14]　程曾厚编选:《雨果评论汇编》, 第 292 页。

[15]　Romain Rolland :*le Vieux Orphée*, 〈*Europe*〉, numéro spécial, février-mars 1952, p. 26.

[16]　Claude Gély: *Hugo et sa fortune littéraire*, Ducros, 1970, p. 77.

[17]　Claude Gély: *Hugo et sa fortune littéraire*, p.78.

[18]　程曾厚编选:《雨果评论汇编》, 第 262 页。

[19]　Claude Gély: *Hugo et sa fortune littéraire*, p.82.

[20]　塞巴谢主编:《雨果全集》, "海洋集", 第 274 页。

[21]　*Maison de Victor Hugo, guide général*, 1993, p. 4.

[22]　Claude Gély: *Hugo et sa fortune littéraire*, Ducros, 1970, p. 85.

[23]　Claude Gély: *Hugo et sa fortune littéraire*, Ducros, 1970, p. 94.

[24]　André Breton: *Manifestes du surréalisme*, Gallimard, 1969, p.38.

[25]　Claude Gély: *Hugo et sa fortune littéraire*, Ducros, 1970, p.98.

[26]　A. Thibaudet: *Histoire de la Littérature française de 1789 à nos jours*, p.177.

[27]　*Le Vieux Orphée*, 〈*Europe*〉, numéro spécial, février-mars 1952, p. 17.

1772 年　6 月 19 日，雨果的母亲索菲－弗朗索瓦兹·特雷布谢
（Sophie-Françoise Trébuchet）在南特（Nantes）出生。

1773 年　11 月 15 日，雨果的父亲约瑟夫－莱奥波德－西吉斯贝·雨
果（Joseph Léopold Sigisbert Hugo）在南锡（Nancy）出生。

1793 年　5 月 21 日，莱奥波德·雨果升为营长助理。

8 月，他被派往旺代军。

1794 年　孤女索菲·特雷布谢和姑妈离开南特，去小城夏多布里昂
郊区定居。

1795 年　8 月，莱奥波德·雨果及其部队在夏多布里昂市驻扎。

1796 年　他认识索菲，但不久派往巴黎郊区。

1797 年　11 月 15 日，莱奥波德·雨果和索菲·特雷布谢在巴黎举行
婚礼。

1798 年　11 月 15 日，雨果长兄阿贝尔（Abel）出生。

1799 年　夏，莱奥波德·雨果返回南锡，任军事法庭推事。

1800 年　9 月 16 日，雨果二哥欧仁（Eugène）出生。

9 月 30 日，莱奥波德·雨果被任命为吕内维尔要塞司令，
携妻子赴任。

1801 年　6 月（?），据日后雨果父亲给儿子的信，雨果可能是在孚日
山脉的多农峰（le Donon）顶上受孕的。

8 月 19 日，莱奥波德·雨果驻扎在贝桑松。

1802 年　2 月 26 日，22 点 30 分，维克多－玛丽·雨果在贝桑松诞生。

1803 年　雨果的妻子阿黛尔·富谢（Adèle Foucher）诞生。

9 月，索菲·雨果离开巴黎，于 12 月 11 日到达地中海的
厄尔巴岛，和丈夫、三个儿子团聚。

1804 年　1 月，索菲·雨果带着三个儿子返回巴黎，2 月到达。

1805 年　6 月 11 日，莱奥波德·雨果要求和妻子共同生活，提出和
情妇卡特琳·托马分手。

9 月，索菲拒绝。夫妻关系进一步恶化。

1806 年　2 月，莱奥波德·雨果在夺取那不勒斯王国的战役中有功。新国王是拿破仑的长兄约瑟夫·波拿巴。

4 月 10 日，朱利安娜·戈文（Julienne Gauvin）在布列塔尼的富热尔（Fougères）出生。她将是雨果的情人朱丽叶·德鲁埃（Juliette Drouet）。

11 月，约瑟夫国王任命莱奥波德·雨果为自己的副官。

1807 年　1 月，莱奥波德·雨果被任命为意大利阿维里诺省司令，要求妻子来那不勒斯团聚。

1808 年　5 月，约瑟夫国王被任命为西班牙国王。莱奥波德·雨果随新国王去马德里。

12 月，索菲带儿子从意大利返回巴黎，1809 年 2 月 7 日到达。

1809 年　雨果在拉里维埃尔神父（père La Rivière）的学校里上课，除 1811 年至 1812 年去西班牙旅游外，直到 1815 年。

6 月，索菲和儿子居住在斐扬派修道院（les Feuillantines）旧址。

8 月 20 日，莱奥波德·雨果被任命为旅长，西班牙阿维拉省省长。

1810 年　7 月，莱奥波德·雨果军功显赫，从马德里有大笔的钱寄回家中。

1811 年　2 月，约瑟夫国王派特使来巴黎，请求索菲去马德里和自己丈夫团聚。

3 月 10 日，雨果夫人带着三个儿子出发去马德里。

3—4 月，他们在巴约讷（Bayonne）停留一个月，等待车队去西班牙。

4—6 月，母子从巴约讷到马德里。途径两个城市：埃尔那尼（Ernani）和笃尔凯玛达（Torquemada），从此这两个名字深入雨果的记忆之中。

6 月 16 日，到达马德里。入住玛塞拉诺宫（Palais Maserano）。宫中有先人全身像的长廊。但是，雨果夫妇仍然分居。

7 月 10 日，莱奥波德·雨果提出离婚。孩子们在学校寄宿。

8 月，约瑟夫国王命令雨果将军做出选择：或者离开情妇，回到妻子身边；或者让妻子回国。雨果将军选择第二方案。他被升为马德里要塞司令。

1812 年　2 月 3 日，索菲带领欧仁和维克多回国。

4 月，母子回到巴黎斐扬派修道院。

4—8 月，维克多和欧仁又在拉里维埃尔神父指导下学习。

1813 年　12 月，雨果夫人带孩子在今天的寻午街居住，和吕科特将军夫人（la générale Lucotte）同住一幢楼。

1814 年　1 月 1 日，雨果保存最早的诗作：《1814 年 1 月 1 日致吕科特将军夫人》。

1月9日，莱奥波德·雨果奉命保卫蒂翁维尔（Thionville）。

7月5日，法庭宣判由雨果夫人照管孩子。

9月12日，雨果将军以半俸携情妇返回巴黎。

1815年　1月，欧仁和维克多做成木偶戏剧院。

2月13日，两个孩子进科尔迪埃寄宿学校（pension Cordier）读书，一直待到1818年秋天。当天，雨果夫妇严重争吵，最终分手。

3月31日，雨果将军又赴蒂翁维尔担任保卫工作，把孩子们托付给姑妈，禁止孩子们去见母亲。

9月，雨果开始在《法语诗三册》（*Cahiers de vers français*）上写诗。

1816年　年初，莱奥波德·雨果和情妇在布卢瓦（Blois）定居。

3—6月，欧仁和维克多不服戈东姑妈的管教。

11月，兄弟两人写信给父亲，为母亲辩护。

1815年—1816年，雨果除了在《法语诗三册》上写诗外，还写了长诗《哀伤的法兰西》（*la France en deuil*）和《洪水》（*le Déluge*）。

7月17日，开始创作五幕悲剧《伊尔塔梅娜》（*Irtamène*），1817年1月1日献给母亲。

1817年　3—4月，雨果创作长诗《读书乐》（*Du bonheur que procure l'étude*），参加法兰西学士院的比赛。

8月，法兰西学士院给雨果的诗作颁发鼓励奖。维克多·雨果的名字第一次出现在报刊上。

10月，欧仁和维克多进入数学班，准备报考综合工艺学校。

11月，雨果将军因孩子受母亲影响，暂时中断联系。

12月，雨果创作滑稽歌舞剧《无巧不成书》（A.Q.C.H.E.B.）。

1818年　2月，法院最终宣布雨果夫妇离异。

7月，欧仁出现精神错乱征兆，众人为之不安。

8月，两兄弟离开科尔迪埃学校，和母亲居住。

9月，雨果创作长诗《凡尔登的贞女》（*les Vierges de Verdun*），成为《颂歌集》最早的诗篇。

下半年，雨果花15天时间，写成初版的小说《布格－雅加尔》（*Bug-Jargal*）。

1819年　2月5—6日，雨果照料病重的母亲。雨果在病母的嘱咐下，连夜写成"百花诗社"的参赛作品《重建亨利四世雕像颂》(Sur le rétablissement de la statue de Henri IV)。

4月26日，雨果和阿黛尔·富谢相互倾吐爱慕之意。

9月25日，雨果的诗作《旺代的命运》(le Destin de la Vendée) 和《电报》(le Télégraphe) 以小册子出版。

12月11日，三兄弟合办的刊物《文学保守者》(le Conservateur littéraire) 第一期出版。

1820年　1月，雨果和阿黛尔开始秘密通信。通信内容以后大部分以《写给未婚妻的信》(Lettres à la fiancée) 出版。

3月9日，雨果收到国王为他2月27日发表的颂诗《贝里公爵之死》赏赐的奖金500法郎。

3月，雨果拜访相传称他为"神童"(enfant sublime) 的夏多布里昂。

4月28日，"百花诗社"授予雨果"大师"称号。

9—10月，维尼和雨果的友谊开始。

12月26日，雨果没有接受夏多布里昂在驻柏林大使馆给他提供的职位。

1821年　3—4月，雨果开始创作小说《冰岛魔王》(Han d'Islande)。

3月31日，《文学保守者》出版三十期后停刊。

6月27日，雨果母亲索菲·雨果逝世，终年49岁。

6月30日，雨果和阿黛尔私订终身。

7月20日，富谢同意女儿和雨果订婚。

9月6日，雨果将军续娶情妇卡特琳·托马，请帖发给儿子。

11月14日，雨果给父亲写信，表示放弃法律，献身文学。

11月19日，将军同意，条件是雨果要有更加稳定的生活。

11月29日，欧仁对阿黛尔表现出反常的嫉妒情绪。

1822年　1月9日，夏多布里昂出任驻伦敦大使，提出带雨果赴任。雨果没有接受。

3月7日，雨果向父亲提出自己的婚姻问题。

3月13日，父亲同意，前提是儿子要有收入。

4月初，雨果收到国王授予年金的承诺。

5月，雨果撰写《颂诗集》序言。

6月4日，《颂诗集》出版。

6 月，雨果在《颂诗集》出版后收到国王 1200 法郎的年金。

7 月 22 日，雨果将军给雨果寄来向阿黛尔父母为儿子求婚的正式信件。

9 月 3 日，雨果从父亲来信中获知，自己从未受洗，所以不是基督徒。

9 月 18 日，雨果接到父亲寄来的自己曾在国外受洗的信，这是宗教婚礼必需的证明材料。

10 月 12 日，雨果和阿黛尔在巴黎圣叙尔比斯教堂（Saint-Sulpice）举行宗教结婚的仪式。新婚夫妇暂住富谢家。当晚，欧仁出现明显的疯狂征兆。

12 月，欧仁病情恶化。

12 月 5 日，雨果的情节剧《伊乃兹·德·卡斯特罗》（*Inez de Castro*）被"全景剧院"接受，但剧本被禁。

12 月 18 日，雨果为新版《颂诗集》签订合同。

1823 年　1 月 17 日，雨果将军和夫人来到巴黎，认识儿媳阿黛尔。

1 月，《冰岛魔王》出版，未署作者名字。

7 月 16 日，雨果得子，莱奥波德－维克多出生。

7 月，雨果和维尼、苏梅、德尚等人创办的刊物《法兰西诗神》开始出版。

10 月 9 日，莱奥波德－维克多在布卢瓦夭折。

1824 年　3 月 7 日，《新颂诗集》（*les Nouvelles Odes*）出版。

4 月 14 日，诺迪埃第一次在兵工厂图书馆举行周日聚会。

7 月，《法兰西诗神》出版 12 期后因意见不合停刊。

8 月 28 日，长女莱奥波尔迪娜（Léopoldine）出世。

9 月 15 日，自由派报纸《环球报》（*le Globe*）出版。

9 月 17 日，雨果收到希望得到的土伦苦役犯监狱的资料。

12 月 7 日，雨果结识画家德韦里亚兄弟（Achille et Eugène Devéria）和路易·布朗热（Louis Boulanger）。

1825 年　4 月 3 日，雨果获荣誉勋位团勋章。

5 月 24 日，雨果和诺迪埃去兰斯参加新国王查理十世的加冕礼。

5 月 29 日，查理十世加冕礼。

6 月 18 日，《加冕礼颂》出版。

1826 年　8 月，雨果写剧本《克伦威尔》（*Cromwell*）第一幕。

11 月 2 日，长子夏尔（Charles）出生。

11 月 7 日，《颂歌集》（*Odes et Ballades*）出版。

年底，创作剧本《艾米·罗布萨特》（*Amy Robsart*）。

1827 年　1 月，圣伯夫在《环球报》上发表评《颂歌集》的文章，开始和雨果的友谊。

4 月初，雨果迁入圣母田园街 11 号。

5 月，雨果认识画家昂热的达维德（David d'Angers）。

9 月 1 日，《艾米·罗布萨特》被奥代翁（l'Odéon）剧院接受，署名作者为雨果的小舅子保尔·富谢。

9 月 10 日，雨果观看死刑执行的准备情况。

10 月 24 日，雨果和昂热的达维德观看给苦役犯上铁镣。

10 月 25 日（?），雨果写完《〈克伦威尔〉序言》。

12 月 5 日，《〈克伦威尔〉序言》出版。

1828 年　1 月 29 日，莱奥波德·雨果将军脑充血逝世，终年 56 岁。

2 月 13 日，《艾米·罗布萨特》在奥代翁剧院上演失败。

夏，雨果和友人经常去旺夫（Vanves）和蒙鲁日（Montrouge）观赏日落。

雨果结识《辩论报》社长贝尔坦（Bertin），拜访贝尔坦在比埃弗尔附近的"石居城堡"（les Roches）。

秋，雨果写作《巴黎圣母院》（*Notre-Dame de Paris*）和《死囚末日记》（*le Dernier Jour d'un condamné*）。

10 月 21 日，第二个儿子弗朗索瓦－维克多（François-Victor）出生。

10 月 22 日，雨果和昂热的达维德又一次观看给苦役犯上铁镣。

12 月 26 日，雨果的《死囚末日记》完稿。

1829 年　1 月 23 日，《东方集》（*les Orientales*）出版。

2 月 7 日，《死囚末日记》出版，未署作者名字。

5 月 23 日，雨果和维尼的友谊开始冷却。

6 月 1 日，雨果撰写《玛丽蓉·德·洛尔墨》，30 日完成。

6 月 27 日，雨果认识戴奥菲尔·戈蒂耶（Théophile Gautier）。

7 月 14 日，法兰西剧院（la Comédie-Française）接受《玛丽蓉·德·洛尔墨》，但 8 月 1 日禁演。

8 月 29 日，雨果开始写《埃尔那尼》。

10 月 5 日，法兰西剧院通过《埃尔那尼》。

10 月 18 日，雨果和维尼因《奥赛罗》（维尼的剧本）和《埃尔那尼》的上演次序发生争执。

年底，雨果投入《埃尔那尼》的排演工作，直到 1830 年 2 月。

1830 年　1 月 5 日，雨果向内政部长抗议针对《埃尔那尼》的阴谋。

2 月，《埃尔那尼》工作结束。

2 月 25 日，《埃尔那尼》成功上演。至 6 月 22 日共演出 36 场。

3 月 9 日，《埃尔那尼》单行本出版。

4 月 7 日，巴尔扎克撰文抨击《埃尔那尼》。

4 月 12 日，出版商戈斯兰（Gosselin）向雨果催交应该于 1829 年 4 月 15 日交稿的《巴黎圣母院》。

5 月 7 日（?），雨果迁居新区弗朗索瓦一世区的让－古戎街 9 号。

6 月 5 日，戈斯兰和雨果签订新的《巴黎圣母院》交稿合同。

7 月 25 日，雨果开始撰写《巴黎圣母院》。

7 月 27 日，"七月革命"开始；"光荣的三日"第一天。

7 月 28 日，小女儿阿黛尔（Adèle）出生。

7 月 31 日，路易－菲利浦上台。

1831 年　1 月 15 日，《巴黎圣母院》初稿完稿。17 日交稿。

8 月 11 日，《玛丽蓉·德·洛尔墨》首次上演。

11 月 30 日，《秋叶集》（les Feuilles d'Automne）出版。

1832 年　6 月 3 日，雨果开始写《国王寻欢作乐》（le Roi s'amuse）。

6 月 23 日，《国王寻欢作乐》完稿。

7 月 9 日，雨果开始写《吕克蕾丝·博尔日亚》（Lucrèce Borgia）。

7 月 20 日，《吕克蕾丝·博尔日亚》完稿。

9 月，雨果撰写中篇小说《克洛德·葛》第一稿。

10 月 8 日，雨果一家迁入王家广场（place Royale，今孚日广场，place des Vosges）6 号。

11 月 22 日，《国王寻欢作乐》上演，立即被禁。

11 月，雨果和维尼断交。

12 月 3 日，《国王寻欢作乐》出版。

12 月 17 日，《巴黎圣母院》定本出版。

1833 年　1 月 2 日，雨果第一次遇见朱丽叶·德鲁埃。朱丽叶接受在圣马丁门剧院（la Porte-Saint-Martin）上演的《吕克雷丝·博尔日亚》中演内格罗妮公主（la princesse Negroni）。

2 月 16 日夜，雨果向朱丽叶吐露爱情。朱丽叶成为雨果的情人。

2 月，《吕克蕾丝·博尔日亚》上演。

2 月 24 日，《吕克蕾丝·博尔日亚》出版。

8 月 1 日，雨果撰写歌剧《爱斯梅拉达姑娘》的脚本。

8 月 8 日，雨果开始写《玛丽·都铎》。

8 月 21 日，雨果和圣伯夫断交。

9 月 1 日，《玛丽·都铎》完稿。

11 月 6 日，《玛丽·都铎》在圣马丁门剧院首演。

1834 年　3 月 1 日，雨果给圣伯夫写断交信。但两人文学上的联系尚未完全中断。

3 月 19 日，雨果的《文哲杂论集》（*Littérature et philosophie mêlées*）分两卷出版。

6 月 20 日，雨果开始写《克洛德·葛》（*Claude Gueux*），23 日完成。

7 月 6 日，《克洛德·葛》在《巴黎杂志》出版。

7 月 22 日，雨果和朱丽叶第一次外出旅行。

8 月 11 日，雨果和朱丽叶畅游卡纳克、南特、昂热、图尔、安布瓦兹、布卢瓦、奥尔良、凡尔赛、尚蒂伊、圣日耳曼等地，31 日返回。

9 月 6 日，《克洛德·葛》出版单行本。

1835 年　1 月 10 日，雨果被任命为新设立的"文学、哲学、艺术……新发现文物委员会"的委员。

2 月 2 日，雨果撰写剧本《安日洛》（*Angelo，tyran de Padoue*），19 日完成。

4 月 28 日，《安日洛》在法兰西剧院首演。

5 月 8 日，《安日洛》出版。

10 月 24 日，雨果得到法兰西学士院提名。

10 月 27 日，雨果出版《暮歌集》（*les Chants du Crépuscule*）。

11 月 1 日，圣伯夫发表对《暮歌集》的评论，和雨果最终决裂。

11 月 21 日，《巴黎圣母院》新版发行，戈蒂耶写导论。

1836 年　17 岁的诗人奥古斯特·瓦克里（Auguste Vaquerie），夏尔的同学，认识雨果。

2 月 18 日，雨果入选法兰西学士院失败。

6 月 15 日，雨果和朱丽叶出游。西南方向：圣马洛、圣米迦勒山、阿弗朗什、瑟堡、巴耶、冈城、伊弗托、鲁昂等。

11 月 14 日，歌剧《爱斯梅拉达姑娘》首演。雨果作词，路易丝·贝尔坦作曲。失败。

12 月 9 日，雨果第二次入选学士院失败。

1837 年　年初，《爱斯梅拉达姑娘》脚本出售。

2 月 17 日，雨果开始写《周年纪念册》（*Livre de l'anniversaire*），回忆和朱丽叶的第一次爱情。

2 月 20 日，二哥欧仁逝世（37 岁）。

6 月 26 日，《心声集》（*les Voix intérieures*）出版。

8 月 10 日，雨果和朱丽叶出游。东北—北方向：亚眠、蒙斯、布鲁塞尔、马林、安特卫普、敦刻尔克、加莱、勒阿弗尔、鲁昂。

9 月 14 日，雨果返回巴黎。

秋，雨果夫人和圣伯夫最后分手。

1838 年　3 月 15 日，批评家普朗士（Gustave Planche）在《新旧大陆评论》（*la Revue des Deux Mondes*）著长文攻击雨果的全部著作。

7 月 8 日，雨果写剧本《吕伊·布拉斯》（*Ruy Blas*），8 月 11 日完稿。

8 月 18 日，雨果和朱丽叶出游，前往兰斯等地。

11 月 8 日，《吕伊·布拉斯》在"文艺复兴剧院"（le théâtre de la Renaissance）首演。

1839 年　7 月 12 日，雨果为革命家巴尔贝斯（Barbès）争取赦免成功。

7 月 22 日，雨果和巴尔扎克第一次见面。

8—9 月，奥古斯特·瓦克里设法邀请雨果夫人及孩子去维勒基埃（Villequier）做客。弟弟夏尔·瓦克里（Charles Vacquerie）爱上雨果长女莱奥波尔迪娜。

10 月 8 日，全家返回巴黎。

8 月 31 日，雨果和朱丽叶出游，10 月 25 日回。方向：斯特拉斯堡、巴塞尔、伯尔尼、洛桑、土伦（参观苦役犯监狱）、第戎、枫丹白露等。

12 月 19 日，雨果第三次入选学士院失败，但票数接近。

1840 年　2 月 20 日，雨果第四次入选学士院失败。

5 月 16 日，诗集《光影集》（*les Rayons et les Ombres*）出版。

8 月 12 日，雨果感谢巴尔扎克为《光影集》写的溢美之词。

8 月 29 日，雨果和朱丽叶出游，前往德国莱茵河一带，科隆、鼠塔、海德堡、斯图加特等。

11 月 1 日，这次旅途中的信件大部分收入《莱茵河》（*le Rhin*）。

12 月 14 日，长诗《皇帝归来》出版。

12 月 15 日，拿破仑皇帝的骨灰回巴黎。

1841 年　1 月 7 日，雨果第五次努力入选学士院。他以 17 票对 15 票成功入选。

6 月 3 日，雨果在法兰西学士院发表演说，流露出从政的意图。

7 月，雨果为《莱茵河》写"结论"，表达他关于对外政策的想法。

1842 年　1 月 12—28 日，《莱茵河》出版。

7 月，雨果同意女儿莱奥波尔迪娜和夏尔·瓦克里的婚事。

9 月 10 日，雨果写剧本《城堡卫戍官》（*les Burgraves*），10 月 19 日写完。

1843 年　2 月 14—15 日，莱奥波尔迪娜和夏尔·瓦克里在巴黎圣保罗教堂结婚。

3 月 7 日，《城堡卫戍官》首演，失败。

3 月 28 日，《城堡卫戍官》出版。

春，雨果认识莱奥妮·比阿尔夫人（Mme Léonie Biard）。

4 月 22 日，古典派作家蓬萨尔的悲剧《吕克蕾丝》（*Lucrèce*）在奥德翁剧院上演。

《城堡卫戍官》最后一场，第三十三场演出。

7 月 18 日，雨果和朱丽叶出游，携带朱丽叶的女儿克莱尔，前往西南方向的波尔多、隆斯沃等地。

9 月 4 日，莱奥波尔迪娜和夏尔·瓦克里在塞纳河的维勒基埃上游处溺毙。6 日下葬。

9 月 9 日，雨果途中在《世纪报》（*le Siècle*）上读到女儿死亡的消息。

9 月 12 日，雨果返回巴黎。

11 月，雨果和莱奥妮·比阿尔的恋情开始。

1844 年　7 月，路易·波拿巴（Louis Bonaparte）被囚禁在哈姆城堡里，出版《消灭贫困》（*L'Extinction du paupérisme*），赢得雨果的好感。

9月4日，雨果前往凭吊女儿莱奥波尔迪娜的新坟。

10月，雨果和朱丽叶短期出游。

1845年　2月27日，雨果作为学士院院长，欢迎新院士圣伯夫。

4月13日，雨果被任命为法兰西世卿（即贵族院议员）。

7月5日，雨果和莱奥妮·比阿尔在旅馆里被后者丈夫、画家奥古斯特·比阿尔当场捉奸。雨果享受豁免权，莱奥妮将入狱两个月。路易-菲利浦从中斡旋，丈夫撤诉。雨果为此暂停对外活动，至1846年2月。

8月14日，法院判比阿尔夫妇分居。

11月17日，雨果开始撰写《贫困》(les Misères)，即日后的《悲惨世界》(les Misérables)。

1846年　6月21日，朱丽叶唯一的女儿克莱尔因肺病逝世，年仅21岁。

6—7月，雨果对《圣经》的《耶利米书》和《约伯书》记下大量笔记。

11月19日，雨果续写《贫困》，至1847年6月7日。

1847年　4月5日，雨果去狱中访问死囚，记下大量观察材料。

6月14日，雨果发表演说，主张让波拿巴家族的成员返回法国。

7月，雨果为小说《贫困》紧张地写作，直到1848年2月。

8月，雨果成为女演员阿丽丝·奥齐（Alice Ozy）的情人。

10月，雨果和朱丽叶出游诺曼底。

1848年　2月22—24日，"二月革命"推翻路易-菲利浦。雨果在王家广场和巴士底广场向人民演说，主张由王媳奥尔良公爵夫人摄政，未果。拉马丁在市政府宣布成立共和国，成立临时政府。拉马丁建议雨果担任部长职务，雨果因忠于奥尔良家族而未接受。雨果对事件有大量笔记。

4月23日，雨果没有参加竞选，也没有当选议员。

6月4日，雨果在补充选举时以86 956票当选巴黎议员；路易·波拿巴以84 420票当选。

6月20日，雨果在"制宪议会"就"国家工场"发表演说。工人起义。

6月24日，雨果带领卡芬雅克的士兵向街垒进攻。雨果家中被搜查，但未遭洗劫。

7月1日，雨果搬出王家广场。多次为被捕的起义者说话。

8月1日，夏尔·雨果出面办的日报《时事报》(l'Evénement) 第一期出版。

9—10 月，雨果频频发表演说，和左派一起投票。

10 月，雨果又一次搬家。可能在搬家当天，雨果接见路易－拿破仑·波拿巴，后者寻求雨果对他的支持。雨果在《时事报》上支持路易－拿破仑·波拿巴竞选总统。

10 月 11 日，雨果发表新闻自由的演说。

12 月 10 日，路易－拿破仑·波拿巴成功当选总统。雨果希望在政治上能影响总统。

1849 年　5 月 13 日，雨果当选制宪议会巴黎议员，属保守派。

7 月 9 日，雨果发表有关贫困的演说。右派无法接受。

8 月 21 日，雨果主持国际和平代表大会，致开幕词，24 日致闭幕词。

9 月 8 日，雨果和朱丽叶出游：贡比涅、亚眠等，至 17 日返回。

10 月，雨果对路易－拿破仑的自由派立场感到失望，支持不再有力。

1850 年　1 月，雨果以后得到左派支持，不断受到右派攻击。

3 月 16 日，由内弟保尔·富谢改编的《巴黎圣母院》在"暧昧剧院（l'Ambigu）"首演。

5 月 22 日，雨果发表关于普选的演说。

8 月 18 日，雨果夜访垂危的巴尔扎克。

8 月 21 日，雨果在巴尔扎克的葬礼上发表演说。

1851 年　2 月，雨果和经济学家阿道尔夫·布朗基参观利尔穷苦人的地窖。雨果在制宪议会断然反对亲王总统。

5 月 16 日，夏尔·雨果因在《时事报》上著文反对死刑而入狱。

6 月 11 日，雨果为儿子辩护。夏尔被判刑 6 个月。

6 月 28 日，莱奥妮·比阿尔把雨果寄给她的信件寄给朱丽叶。朱丽叶 7 年间被蒙在鼓里，感到十分绝望。

7 月 17 日，雨果在制宪议会上发表修改宪法的演说，第一次提出"拿破仑小人（Napoléon le Petit）"。

9 月 15 日，次子弗朗索瓦－维克多和保尔·默里斯（Paul Meurice）也入狱。

9 月 18 日，《时事报》停刊。《人民掌权报》（L'Avènement du peuple）马上接上。新报也被封。

9 月 24 日，《人民掌权报》社长瓦克里被判入狱 6 个月。

10 月 20 日，雨果和朱丽叶去枫丹白露森林，24 日回。

12 月 1—2 日，政变。左派组织抵抗。当局派人逮捕雨果，雨果不在家。

12 月 2 日，雨果写《告人民书》（*Proclamation au peuple*）。

12 月 3 日，雨果在议员波丹（Baudin）死于街垒上之后，试图发动东郊民众，无效。

12 月 4 日，政变当局粉碎抵抗。牺牲者众多。

12 月 7 日，朱丽叶竭尽全力救助雨果，为雨果弄来一张护照。雨果以里维埃（Rivière）先生的名义躲藏。是夜，《玛丽蓉·德·洛尔墨》成功上演。

12 月 11 日，雨果带着排字工人朗万（Lanvin）的护照，越过边境，进入比利时，到达布鲁塞尔，住在布鲁塞尔大广场的"绿门旅馆"（Hôtel de la Porte-Verte）。

12 月 13 日，朱丽叶和雨果会合。

12 月 18 日，雨果夫人前来，和雨果会合。

12 月 23 日，雨果开始写《一件罪行的历史》（*Histoire d'un crime*）。

1852 年　1 月 5 日，雨果在布鲁塞尔的地址：大广场（又名：市政厅广场）16 号。

1 月 9 日，颁布一项法令：驱逐雨果及其他 65 名议员出境。

2 月 1 日，雨果住在布鲁塞尔大广场 27 号。

2 月 3 日，夏尔·雨果 1 月 28 日出狱，和父亲会合。

4 月 15 日，雨果写血书表明信念：《我相信上帝，我相信人民，我相信法兰西》（*Credo in Deum，in populum，in Galliam*）。

5 月，雨果夫人短期来布鲁塞尔逗留。

5 月 8—9 日，巴黎拍卖雨果的家具。拍卖收入极少，仅得 15000 法郎。

6 月 14 日，雨果开始写《拿破仑小人》（*Napoléon le Petit*），7 月 12 日完稿。

7 月 31 日，雨果夫人、女儿阿黛尔和瓦克里（5 月 8 日释放）先来英吉利海峡群岛的泽西岛（Jersey）。

8 月 1 日，雨果为避免《拿破仑小人》出版的后果，离开布鲁塞尔，从安特卫普登船。和友人伤心告别。同行的有朱丽叶和夏尔。

8 月 2—4 日，途经伦敦。

8 月 5 日，《拿破仑小人》在布鲁塞尔出版。当天，雨果到达泽西岛。第二天，朱丽叶到达。

8 月 16 日，全家住在"海景台"（Marine-Terrace）。

11 月 18 日，雨果开始写《惩罚集》（les Châtiments）中的诗篇。

12 月 10 日，费代法案（la loi Faider）禁止外国人在比利时从事任何政治活动。

1853 年　3 月 3 日，雨果脱离参加的两个流亡者组织。两者彼此不和，无法团结。

3—4 月，长子夏尔对摄影越来越感兴趣。

5 月 31 日，雨果写完《惩罚集》，最后又有增补。

7 月，全家去萨克岛（Sercq）小游。岛上的回忆日后写进小说《海上劳工》。

8 月，雨果的两卷《演说辞》（Oeuvres oratoires）在比利时出版，后收入《言行录》。

9 月 6 日，吉拉尔丹夫人（Mme de Girardin）从巴黎来到泽西岛。她是雨果的老朋友。

9 月 11 日，吉拉尔丹夫人教雨果全家玩通灵术游戏。灵桌（tables parlantes）晃动，亡女莱奥波尔迪娜说话。12 日，灵桌上拿破仑说话。吉拉尔丹夫人14 日离岛。

11 月 21 日，《惩罚集》的两个版本同时出版，一为节本，一为全本。

1854 年　1 月 10 日，雨果向邻近的根西岛居民发出呼吁，希望救死刑犯塔普纳（Tapner）一命。塔普纳于 2 月 10 日被绞刑处死。

1 月 20 日，雨果全力创作长诗《撒旦的结局》（la Fin de Satan），从 2 月到5 月。

3 月 23 日，"海景台"的幽魂"白衣夫人"（Dame blanche）借灵桌说话。

5 月，雨果和出版商埃采尔（Hetzel）通信，联系出版诗集《静观集》（les Contemplations）。

9 月，雨果部分完成哲理长诗《黑暗的大口在说话》（Ce que dit la Bouche d'ombre），10 月写完。

1855 年　1 月，灵桌的回答似乎证实雨果早前有关宇宙形成的观点。

2 月 7 日，雨果长兄阿贝尔死于脑溢血，和父亲一样，终年 57 岁。

9 月 31 日，《静观集》完稿。

10 月 15 日，由于流亡者的报纸《人报》（l'Homme）转载一篇攻击英国女王访问法国的文章，雨果等人接到离开泽西岛的命令。

10 月 31 日，雨果和全家去根西岛（Guernesey）。

11 月 9 日，住进高城街 20 号。

12 月 7 日，伦敦出版的《人报》发表雨果的《致英国人书》(*Lettre aux Anglais*)。

1856 年　4 月 23 日，《静观集》同时在布鲁塞尔和巴黎出版，十分成功。

5 月 6 日，雨果买下"高城居"(Hauteville House)，10 月 17 日迁入。

夏，雨果写一批哲理诗。

12 月，小小女儿阿黛尔出现精神危机。

12 月 5 日，雨果全家最后搬入高城居。

1857 年　1 月，巴黎上演威尔第 (Verdi) 根据《国王寻欢作乐》改编的歌剧《弄臣》(*Rigoletto*)。雨果企图告以侵权，但失败。

3 月 17 日，出版家埃采尔劝雨果不要在《静观集》后马上出版哲理诗《上帝集》(*Dieu*) 和《撒旦的结局》，而是先发表"小史诗"(Petites Epopées，即《历代传说集》)。

9 月 11 日，雨果签订出版《小史诗》的合同。

9 月 27 日，雨果开始写长诗《驴子集》(*l'Ane*)。

12 月 19 日，朱丽叶住进"拉法庐"(la Fallue)，靠近高城居。

12 月 25 日，雨果写完长诗《革命》(*la Révolution*)，后收入《精神四风集》中的"史诗卷"。

1858 年　1 月 1 日，雨果写完长诗《至悯集》(*la Pitié suprême*)。

5 月 23 日，雨果写完《驴子集》。

6 月 30 日，雨果重病，背上生痈，病至 9 月底。

10 月 5 日，雨果续写《小史诗》。

12 月 12 日，14 岁的诗人魏尔伦 (Verlaine) 给雨果寄诗。

1859 年　4 月 3 日，雨果最终为"小史诗"定名为《历代传说集》(*la Légende des siècles*)。

5 月 11 日，雨果、朱丽叶和夏尔在萨克岛逗留，搜集未来《海上劳工》的材料，至 6 月 10 日。

夏，写下大量日后为《林园集》所用的诗篇。

8 月 18 日，雨果拒绝拿破仑三世提出的大赦："自由回国之日，才是我回国之时。"

9 月 26 日，布鲁塞尔和巴黎同时出版《历代传说集》。

11 月 16 日，雨果续写《撒旦的结局》。

12 月 28 日，雨果闻知美国废奴主义者约翰·布朗（John Brown）被绞刑处死，大为震撼。

1860 年 4 月 15 日，雨果的《撒旦的结局》搁笔。

4 月 25 日，雨果重读 1848 年 2 月 14 日放下的小说《贫困》，至 5 月 21 日，开始撰写《悲惨世界》。

8 月，雨果写《悲惨世界》的"哲学序言"（*Préface philosophique*），生前没有发表。

1861 年 1 月，雨果患喉疾，开始留胡子。

3 月 25 日，雨果和朱丽叶出发去比利时。

5 月 15 日，雨果在滑铁卢战场附近住下，搜集资料，至 7 月 14 日。

6 月 30 日，雨果宣称《悲惨世界》完稿。

9 月 3 日，雨果返回根西岛。

9 月 16 日，雨果为《悲惨世界》画上句号。

10 月 4 日，雨果把《悲惨世界》版权卖给出版商拉克鲁瓦（Lacroix），30 万法郎，为期 12 年。

11 月 25 日，雨果写《致巴特勒上尉的信》（*Au capitaine Butler*），抗议英法联军焚毁圆明园。

12 月 25 日，雨果接受英国平逊中尉（lieutenant Alfred Pinson）作为女儿阿黛尔的未婚夫。

1862 年 3 月 30 日，《悲惨世界》开始出版，至 6 月 30 日出齐。

7 月 28 日，雨果离开根西岛，和朱丽叶、夏尔、保尔·默里斯去布鲁塞尔、卢森堡的菲安登和莱茵河沿岸游览。

9 月 26 日，雨果返回根西岛。

10 月 18 日，雨果开始写小说《九三年》（*Quatrevingt-treize*）、《笑面人》（*l'Homme qui rit*）。

1863 年 1 月 3 日，布鲁塞尔首演夏尔·雨果根据《悲惨世界》改编的剧本。

3 月 22 日，雨果夫人离开根西岛。

6 月 17 日，雨果夫人署名出版《雨果夫人见证录》（*Victor Hugo raconté*

par un témoin de sa vie）。

6 月 18 日，阿黛尔出走伦敦，接着去加拿大，寻找平逊中尉。

8 月 17 日，雨果出游：伦敦、比利时、特利尔、巴登和菲安登等地。

10 月 8 日，雨果返回根西岛。

12 月 1 日，平逊结婚。阿黛尔留居北美，丧失理智。

12 月 2 日，雨果完成《莎士比亚论》（*William Shakespeare*）初稿。

1864 年　4 月 14 日，《莎士比亚论》出版。

5 月，雨果为次子弗朗索瓦 - 维克多历时 7 年完成的《莎士比亚全集》译本写序。

6 月 4 日，雨果开始写《海上劳工》（*les Travailleurs de la mer*）。

8 月 15 日，雨果去阿登地区和莱茵河地区游览，至 10 月 26 日。

11 月 20 日，雨果夫人外出一年后返回根西岛。

12 月 25 日，朱丽叶第一次接到雨果夫人的邀请，但不便前来。

1865 年　4 月 29 日，雨果的《海上劳工》完稿。

6 月 18 日，雨果写短剧《玛格拉芙》（*Magrave*），即《老奶奶》（*la Grand-Mère*），24 日完成，后收入《自由戏剧集》（*Théâtre en liberté*）。

7 月 4 日，雨果和全家在布鲁塞尔团聚。

8 月 21 日，雨果游览斯巴（Spa）、科隆、美因兹、巴登、特利尔和菲安登，至 9 月 25 日。

10 月 17 日，夏尔和艾丽斯·勒阿纳（Alice Lehaene）在布鲁塞尔结婚。雨果参加婚礼。

10 月 25 日，《林园集》（*Chansons des rues et des bois*）出版。

12 月，雨果修改《海上劳工》完毕。

1866 年　2 月 5 日，雨果写剧本《一千法郎赏金》（*Mille Francs de récompense*），3 月 29 日完成。

3 月 12 日，《海上劳工》出版。

5 月 7 日，雨果写喜剧《求情》（*l'Intervention*），14 日完成。

7 月 21 日，雨果开始写《笑面人》。

12 月，雨果为 1867 年的巴黎世界博览会写《巴黎指南》（*Paris-Guide*）的导论。

1867 年　6 月 20 日，《埃尔那尼》重新上演，取得巨大成功。

8 月 28 日，魏尔兰在布鲁塞尔拜访雨果。

9 月，朱丽叶应邀访问雨果家中。

1868 年　8 月 16 日，夏尔的第二个儿子乔治（Georges）出生。

8 月 23 日，雨果的《笑面人》完稿。

8 月 27 日，雨果夫人在布鲁塞尔逝世，终年 63 岁，在维勒基埃村的教堂墓园下葬，和女儿莱奥波德蒂娜的墓一起。

1869 年　1 月 4 日，雨果开始写《宝剑》（l'Epée）等多部短剧，收入《自由戏剧集》。

4 月 19 日，《笑面人》开始出版。

5 月 1 日，雨果开始写诗剧《笃尔凯玛达》（Torquemada）。

8 月 4 日，雨果去布鲁塞尔。

9 月 11 日，雨果从布鲁塞尔去洛桑主持"和平代表大会"（le Congrès de la Paix）。

9 月 19 日，雨果经伯尔尼、吕塞恩、苏黎世、巴塞尔，于 29 日返回布鲁塞尔。

9 月 29 日，孙女让娜（Jeanne）出世。

11 月 5 日，雨果返回根西岛。

1870 年　2 月 2 日，巴黎重新上演《吕克蕾丝·博尔日亚》，获巨大成功。

7 月 14 日，雨果在高城居的花园中栽种"欧罗巴合众国橡树"（le Chêne des Etats-Unis d'Europe）。

7 月 19 日，普法战争爆发。

8 月 13 日，雨果在根西岛一家银行里存入一箱手稿，共 23 卷。

8 月 15 日，雨果离开根西岛去布鲁塞尔。

9 月 4 日，法国宣布成立共和国。

9 月 5 日，雨果从北站返回巴黎，受到人民的热烈欢迎。

10 月 2 日，法国第一版《惩罚集》出版，获巨大成功。

1871 年　2 月 8 日，雨果当选巴黎议员。

2 月 13 日，雨果出发去议会所在地波尔多。

3 月 8 日，雨果因不满议会不承认加里波第的议员资格，愤而辞去议员职务。

3 月 13 日，长子夏尔在波尔多猝死，终年 45 岁。遗体运回巴黎。

3 月 18 日，巴黎公社爆发。夏尔在拉雪兹神父公墓下葬。

3 月 21 日，雨果去布鲁塞尔处理夏尔逝世的遗留问题。

5 月 30 日，雨果因提出庇护公社社员而被逐出比利时。雨果去卢森堡。

7 月 2 日，雨果在选举中落败。

9 月 25 日，雨果返回巴黎。

11 月 2 日，雨果的《集合报》（le Rappel）于 5 月 23 日被禁，当天重新出版，但 25 日又被禁。

1872 年　1 月 7 日，雨果在新一轮选举中又一次失败。

2 月 17 日，小女儿阿黛尔从美洲回来，因精神失常住进医院。

2 月 20 日，《吕伊·布拉斯》再度成功地在巴黎上演。

2 月，《集合报》重新出版。

3 月 20 日，诗集《凶年集》（l'Année terrible）出版。

5 月 15 日，新的日报《人民至上报》（le Peuple souverain）问世。

8 月 7 日，雨果去根西岛。

11 月 21 日，雨果重新开始写《九三年》，准备不再中断。

12 月 16 日，雨果和朱丽叶的侍女白朗什（Blanche）开始相爱。

1873 年　6—7 月，雨果为《九三年》修改定稿。

7 月 31 日，雨果返回巴黎。次子弗朗索瓦－维克多抱病。

9 月 5 日，《人民至上报》停止出版。

9 月 19 日，朱丽叶对雨果和白朗什的恋情失望至极，出逃布鲁塞尔。

12 月 26 日，弗朗索瓦－维克多逝世，终年 45 岁。

1874 年　2 月 19 日，《九三年》出版。

2 月 28 日，雨果住在巴黎的克里希街 21 号。

10 月，雨果的《我的两个儿子》（Mes fils）出版。

1875 年　4 月 20 日，雨果又去根西岛。逗留一周。取出存在银行里的一箱手稿。

5 月 1 日，《言行录》（第 1 卷）出版。

11 月 6 日，《言行录》（第 2 卷）出版。

1876 年　1 月 30 日，雨果当选巴黎的参议院议员。

5 月 22 日，雨果在参议院发言，要求大赦公社社员。

7 月 5 日，《言行录》（第 3 卷）出版。

1877 年　2 月 26 日，《历代传说集》（二集）出版。

5 月 12 日，诗集《祖父乐》（'Art d'être grand-père）出版。

10 月 1 日，《一件罪行的历史》（Histoire d'un crime）（第一部分）出版。

1878 年　3 月，《一件罪行的历史》（第二部分）出版。

4 月 29 日，《教皇集》（le Pape）出版。

5 月 30 日，雨果发表纪念伏尔泰逝世 100 周年的演说。

6 月 2 日，雨果写遗嘱："我不要任何教会的祷告，但我要求为每一个灵魂祈祷。愿人类和平。"

6 月 17 日，雨果主持"国际文学代表大会"（le Congrès littéraire international）。

6 月 27—28 日，雨果脑溢血，幸好没有严重后果。

1879 年　2 月 28 日，雨果又一次在参议院主张大赦公社社员。《至悯集》（la Pitié suprême）出版。

4 月 4 日，雨果住在艾洛大街 130 号（今维克多－雨果大街），挨近儿媳、孙辈，直至逝世。

9 月，雨果在玫瑰沃勒市（Veules-les-Roses）和维勒基埃村两地逗留。

1880 年　2 月 26 日，纪念《埃尔那尼》上演 50 周年宴会。

4 月，《宗教集》（Religions et religion）出版。

7 月 3 日，雨果再一次为大赦公社社员发言。

10 月 24 日，《驴子集》出版。

1881 年　2 月 27 日，巴黎人民庆祝雨果 80 寿辰。

5 月 31 日，《精神四风集》（les Quatre vents de l'esprit）出版。

1882 年　5 月 26 日，剧本《笃尔凯玛达》出版。

8 月 21 日，雨果在玫瑰沃勒市逗留至 9 月 15 日。

11 月 20 日，《国王寻欢作乐》在法兰西剧院重新上演。

1883 年　5 月 11 日，朱丽叶·德鲁埃逝世，终年 77 岁。

6 月 9 日，《历代传说集》（三集）出版。

8 月 2 日，雨果立"追加遗嘱"："我拒绝任何教堂为我祷告，我请求为普天下的灵魂祈祷。我相信上帝。"

8 月，雨果在莱芒湖（即日内瓦湖）畔逗留。

10 月 6 日，《英吉利海峡群岛》（l'Archipel de la Manche）出版。

1884 年　2 月 26 日，雨果 82 岁。

5 月 15 日，音乐家圣桑在特洛卡台罗广场指挥自己的作品《雨果颂》，雨果本人到场。

9 月，雨果游历瑞士。

9 月 25 日，雨果在玫瑰沃勒市设宴，招待孩子午餐，并简单致辞。

11 月 29 日，雨果拜访雕塑家巴托尔迪（Bartholdi）的工作室，观看为美国纽约建造的"自由女神像"。

1885 年　2 月 26 日，雨果 83 岁。

4 月 5 日，《手记》里出现最后一次性生活的记录。

5 月 14 日，雨果设晚宴，招待莱塞浦斯（Lesseps），着凉，引发肺部充血。

5 月 19 日，雨果留下最后的墨宝："爱，就是行动"。（Aimer, c'est agir.）

5 月 21 日，巴黎红衣主教吉贝尔（Guibert）尝试在雨果儿媳身边活动，达成雨果和教会的和解。未果。

5 月 22 日，雨果于 13 点 30 分逝世。

5 月 31 日，雨果的遗体安放在凯旋门门洞下。守灵。

6 月 1 日，法国举行国葬。欧洲各国派代表团参加送葬行列。柩车行经的沿途，民众高呼："雨果万岁！"遗体安放在先贤祠（le Panthéon）。

附录二 雨果的中国情结大事记

CHRONOLOGIE DE L'AMOUR CHINOIS
CHEZ VICTOR HUGO

1811 年 雨果的母亲带三个儿子去西班牙马德里和丈夫雨果将军会合。雨果在玛塞拉诺宫（le Palais Masserano）中，第一次看到漂亮的中国大花瓶。

1841 年 雨果的游记《莱茵河》的"结论"中写道："此时此刻，英国在企图毒害、至少是企图催眠中国之后，正在猛力攻打中国。"

1851 年 12 月 1 日，雨果创作 12 行的小诗《中国花瓶》："赠中国小姑娘易杭彩"，收入遗著《全琴集》。

1852 年 3 月 30 日下午，雨果开始在比利时布鲁塞尔政治流亡，和情人朱丽叶访问一个中国家庭：广州的茶叶商人钟阿泰一家。这是我们目前了解到的雨果和中国人第一次面对面的接触。

1856—1859 年，雨果在根西岛购置房产，取名"高城居"。亲自设计和布置高城居的装修工程。高城居的每一层搂，每一间厅室，都有中国瓷器和中国艺术品。雨果的卧室里就有竹枕、竹凳、竹笔筒和官箱等。

1860 年 雨果在《见闻录》有两则和中国相关的文字，时间是 1860 年。第一则："欧洲正以大肆劫掠的方式，把文明传入中国。"第二则："此时此刻，欧洲正在砸碎中国。这个可怜的大花瓶，早已是满身裂痕了。"

1861 年 11 月 25 日，雨果写《致巴特勒上尉的信》，原信收入《言行录》的第二卷"流亡中"。

本书作者研究此信后，提出此信的写作时间（1861 年 11 月 25 日）和写信地点（根西岛高城居）应该是伪托。1861 年 11 月，是雨果创作《悲惨世界》的关键时候，没有可能撰写《致巴特勒上尉的信》。至于这封信确切的写作时间和地点，我们尚不得而知。

1864 年　雨果在根西岛为朱丽叶购置"高城仙境"，亲自为朱丽叶装修"中国客厅"，创作"中国题材画"，包括草图和烙画，多达 37 件之多。

1860—1865 年，雨果创作《莎士比亚论》时对中国艺术的思考，现收入《雨果全集》，在《莎士比亚论》之后，集结成"哲理散文"。

雨果写道："由此产生两首巨大的诗篇。此地是'太阳神'，那儿是"龙"……这两个世界属于最高的趣味，标志出这最高趣味的两极。这最高趣味的一端有希腊，另一端有中国。"

1860 年　8 月 22 日，雨果在根西岛。雨果在泽西岛上的"灵桌"活动旧病复发。"亚洲之灵"对雨果说："你等七个月亮，你会看到有大事发生。"

1865 年　雨果在根西岛的业余爱好之一，是和朱丽叶在岛上寻觅中国瓷器和艺术品。

3 月 23 日，雨果手记里记载："买下了一大批中国的丝织品，卖主是个参加远征军的英国军官，东西是他从中国皇帝的圆明园里抢来的。"这些来自中国圆明园的丝织品，现在陈列在高城居二楼的"红厅"和"蓝厅"里。

1867 年　雨果知道自己的中文译名："夷克裰诩拗"。这是诗人戈蒂耶的女儿茱迪特·戈蒂耶寄给雨果的。

1870 年　4 月 27 日，雨果写《全民公决》，再一次揭露法国联合英国在中国犯下的野蛮行径。

1877 年　4 月 4 日，雨果创作诗篇《跌碎的花瓶》，后收入诗集《祖父乐》，这首诗的起句突兀："老天哪！整个中国在地上跌得粉碎！"

1885 年　雨果 83 岁诞辰，中国人林忠正祝贺。中文竖写的贺词刊登在法国《吉尔·布拉斯报》（Gil Blas）上。

1903 年　巴黎孚日广场 6 号的雨果故居纪念馆落成开幕。朱丽叶在根西岛上"高城仙境"的"中国客厅"原封不动搬来巴黎雨果故居。

附录三 雨果主要作品译名索引（由法文查中文）

由法文查中文（以作品原名第一个词的音序排序）/ Du français en chinois

Actes et Paroles（1875）
　　《言行录》
　　　Avant l'exil 流亡前（1875）
　　　Pendant l'exil 流亡中（1875）
　　　Depuis l'exil 流亡后（1876）
Alpes et Pyrénées（1890）
　　《阿尔卑斯山和比里牛斯山》
Amy Robsart（publié en 1828）
　　《艾米·罗布萨特》
L'Ane（1880）
　　《驴子集》
Angelo, tyran de Padoue（1835）
　　《安日洛，或帕多瓦暴君安日洛》
L'Année Terrible（1872）
　　《凶年集》
L'Art d'être grand-père（1877）
　　《祖父乐》
Les Années funestes（1898）
　　《哀年集》
Athélie
　　《阿泰莉》（少作，诗体悲剧）
Bug-Jargal（1826）
　　《布格－雅加尔》
Les Burgraves（1843）
　　《城堡卫戍官》
Cahiers de vers français（*Trois Cahiers de vers français*，1952）
　　《法语诗稿》（三册）
Les Chansons des Rues et des Bois（1865）
　　《林园集》
Les Chants du Crépuscule（1835）
　　《暮歌集》
Châtiments ou *Les Châtiments*（1853）
　　《惩罚集》
Choses vues
　　《见闻录》
　　　第 1 卷，1887 年
　　　第 2 卷，1899 年
Claude Gueux（1834）
　　《克洛德·葛》

《宗教集》

Le Rhin（1842）

《莱茵河》

Le Roi s'amuse（1832）

《国王寻欢作乐》

Ruy Blas（1838）

《吕伊·布拉斯》

Théâtre en Liberté（1886）

《自由戏剧集》

La Forêt mouillée

《湿漉漉的森林》

La Grand'mère

《老奶奶》

Mille francs de récompense

《一千法郎赏金》

L'Intervention

《求情》

Mangeront-ils ?

《他们会吃吗?》

L'Epée

《宝剑》

Les Deux Trouvailles de Gallus

《加卢斯的两个宝贝》

Margarita

《玛尔加丽达》

Esca

《埃斯卡》

Torquemada（1882）

《笃尔凯玛达》

Toute la Lyre

《全琴集》

第 1 卷（1888）

第 2 卷（1893）

Les Travailleurs de la Mer（1866）

《海上劳工》

Victor Hugo raconté par un témoin de sa vie（1863）

《雨果夫人见证录》

Les Voix intérieures（1837）

《心声集》

William Shakespeare（1863）

《莎士比亚论》

附录四　雨果主要作品译名索引（由中文查法文）

由中文查法文（以作品译名第一、第二个字的汉语拼音排序）/ Du chinois en
français

《阿尔卑斯山和比里牛斯山》
　　Alpes et Pyrénées（1890）
《埃尔那尼》
　　Hernani（1830）
《艾米·罗布萨特》
　　Amy Robsart（publié en 1828）
《哀年集》
　　Les Années funestes（1898）
《爱斯梅拉达姑娘》
　　La Esmeralda（1836）
《安日洛或帕多瓦暴君安日洛》
　　Angelo, tyran de Padoue（1835）
《阿泰莉》（少作，诗体悲剧）
　　Athélie
《巴黎》
　　Paris（1895）
《巴黎圣母院》
　　Notre-Dame de Paris（1831）
《巴黎指南》（1867 年世博会用）
　　Paris-Guide（1866）
《悲惨世界》
　　Les Misérables（1862）
《冰岛魔王》
　　Han d'Islande（1823）
《布格－雅加尔》
　　Bug-Jargal（1826）
《城堡卫戍官》
　　Les Burgraves（1843）
《惩罚集》
　　Châtiments ou *Les Châtiments*（1853）
《东方集》
　　Les Orientales（1829）
《笃尔凯玛达》
　　Torquemada（1882）
《法兰西和比利时》
　　France et Belgique（1892）
《法语诗稿》（三册）
　　Cahiers de vers français（*Trois Cahiers de vers français*，1952）

《国王寻欢作乐》
    Le Roi s'amuse（1832）
《光影集》
    Les Rayons et les Ombres（1840）
《海上劳工》
    Les Travailleurs de la Mer（1866）
《海洋集》
    Océan（1942）
《见闻录》
    Choses vues
    第1卷，1887年
    第2卷，1899年
《教皇集》
    Le Pape（1878）
《静观集》
    Les Contemplations（1856）
《精神四风集》
    Les Quatre Vents de l'Esprit（1881）
《九三年》
    Quatrevingt-treize（1874）
《克伦威尔》
    Cromwell（1827）
《〈克伦威尔〉序》
    Préface de Cromwell（1827）
《克洛德·葛》
    Claude Gueux（1834）
《莱茵河》
    Le Rhin（1842）
《历代传说集》
    La Légende des Siècles
    第1卷，1859年
    第2卷，1877年
    第3卷，1883年
《林园集》
    Les Chansons des Rues et des Bois（1865）
《孪生子》
    Les Jumeaux（1889）
《吕克蕾丝·博尔日亚》
    Lucrèce Borgia（1833）
《吕伊·布拉斯》
    Ruy Blas（1838）
《驴子集》
    L'Ane（1880）
《玛丽·都铎》
    Marie Tudor（1833）
《玛丽蓉·德·洛尔墨》
    Marion de Lorme（1831）
《梦之岬角》（1863年12月2日完稿）
    Promontorium somnii（Fini le 2 décembre 1863）
《暮歌集》
    Les Chants du Crépuscule（1835）
《拿破仑小人》
    Napoléon-le-Petit（1853）
《求情》
    L'Intervention（1951）
《秋叶集》
    Les Feuilles d'Automne（1831）
《全琴集》
    Toute la Lyre
    第1卷，1888年
    第2卷，1893年
《撒旦的结局》
    La Fin de Satan（1886）
《上帝集》
    Dieu（1891）
《莎士比亚论》
    William Shakespeare（1863）
《死囚末日记》
    Le Dernier Jour d'un condamné（1829）
《颂歌集》
    Odes et Ballades（1826）
《颂诗及杂诗集》
    Odes et Poésies diverses（1822）
《文哲杂论集》
    Littérature et Philosophie mêlées（1834）
《我的人生附言》
    Post-scriptum de ma vie（1901）
《笑面人》
    L'Homme qui rit（1869）
《写给未婚妻的信》
    Lettres à la Fiancée（1901）
《心声集》
    Les Voix intérieures（1837）
《新颂诗集》
    Nouvelles Odes（1824）
《凶年集》
    L'Année Terrible（1872）
《言行录》

Actes et Paroles（1875）

流亡前（Avant l'exil）（1875）

流亡中（Pendant l'exil）（1875）

流亡后（Depuis l'exil）（1876）

《伊尔塔梅娜》（少作）

Irtamène

《一件罪行的历史》

Histoire d'un Crime（1877）

《伊内兹·德·卡斯特罗》（少作）

Inez de Castro

《一千法郎赏金》

Mille francs de récompense（1934）

《雨果夫人见证录》

Victor Hugo raconté par un témoin de sa vie
（1863）

《至悯集》

La Pitié suprême（1879）

《自由戏剧集》

Théâtre en Liberté（1886）

《湿漉漉的森林》

La Forêt mouillée

《老奶奶》

La Grand'mère

《求情》

L'Intervention

《他们会吃吗?》

Mangeront-ils ?

《宝剑》

L'Epée

《加卢斯的两个宝贝》

Les Deux Trouvailles de Gallus

《玛尔加丽达》

Margarita

《埃斯卡》

Esca

《宗教集》

Religions et Religion（1880）

《祖父乐》

L'Art d'être grand-père（1877）

最后一束诗

Dernière Gerbe（1902）

附录五 巴特勒上尉是谁？——论雨果关于圆明园的一封信

《圆明园学刊》第 12 集（2012 年 1 月）刊出本书作者法文论文《*Qui est le capitaine Butler? —A propos d'une lettre de Victor Hugo sur le Palais d'Eté*》的译文。学刊编辑部有按语如下：

《圆明园学刊》编辑部按语：

"法国文学史学会"（Société d'Histoire Littéraire de la France）出版的《法国文学史评论》《*Revue d'Histoire Littéraire de la France*》于 2011 年 12 月第四期，发表我国中山大学程曾厚教授的论文《巴特勒上尉是谁？——论雨果关于圆明园的一封信》《*Qui est le capitaine Butler? – A propos d'une lettre de Victor Hugo sur le Palais d'Eté*》。

《法国文学史评论》于 1900 年创刊，至今有 112 年的历史，这是法国研究法国文学的历史最悠久、也是最权威的刊物。

我们请论文作者程曾厚先生自己将法语论文译成中文，发表于此，供学术界参考。

2010 年 10 月 18 日，是北京圆明园被毁 150 周年。

1861 年 11 月 25 日，维克多·雨果从他流亡的根西岛，暂时放下他正全力以赴创作的大笔，从大西洋的波涛里，挺起身子，面向东方，面向大火已经熄灭一年的圆明园，此时的圆明园已是断垣残瓦，一片狼藉。写《悲惨世界》的小说家重又拿起写《惩罚集》的诗笔，写成一篇檄文：《致巴特勒上尉的信》。

《致巴特勒上尉的信》仅仅两页，深藏在洋洋一千页的《言行录》里。这封信，除了写作者本人，除了收件人巴特勒上尉，直到圆明园悲剧 15 年过后，《言行录》第二部《流亡中》出版时，才为读者所看到。

雨果在此信的前一半，以抒情诗人的身份，对圆明园作了介绍："圆明园在幻想艺术中的地位，就如同巴特农神庙在理想艺术中的地位……一千零一夜的一千零一个梦……"他兴致勃勃地反复给圆明园下了许多定义。作为讽刺诗人的雨果在文章的下半篇出现。他付之行动，采取十分鲜明有力的立场："有一天，两个强盗进入了圆明园……对圆明园进行了规模巨大的劫掠，由两个强盗分享。"这位法国诗人不仅是西方世界唯一拍案而起反对英法远征军的著名人士，而且在历史上绝无仅有地大声疾呼："我希望有朝一日，解放了的干干净净的法兰西会把这份赃物归还给被掠夺的中国。"

雨果两次感谢他的通信人：首先，"……多谢你对我的想法予以重视"，其次，"我先要抗议，感谢你给了我抗议的机会。"我们可以由此推论：没有这位巴特勒上尉，没有他的请求，就不会有雨果提出抗议的《致巴特勒上尉的信》。

这个巴特勒上尉是谁？一个巴特勒，有姓无名，虽然有军衔，却无从找起。要确定他的具体身份，法国和中国的雨果研究人员深感为难。本文作者于1984年在《人民日报》翻译了雨果的这封信，当时感到应该给巴特勒上尉的身份加一个注解。

迄今两部《雨果全集》，一是让·马森的《编年版雨果全集》，一是雅克·塞巴谢和纪·罗萨主编的《雨果全集》，巴特勒的名字，很遗憾都只出现过一次。巴特勒上尉，除了出现在《致巴特勒上尉的信》的标题里，没有留下任何踪迹。这让我们泄气，他的身份无从找起。马森主编的《编年版雨果全集》是有口皆碑的好版本，收录一部《根西岛纪事手册》，由贝尔纳·勒佑直接根据手稿整理成文。这部《手册》提供了很多雨果在根西岛流亡生活的重要细节。这是一部整整15年逐日写成的"言行录"。

我们在研究中要提出两件事情。

首先，我们在《根西岛纪事手册》里，在1861年11月25日之前，即《致巴特勒上尉的信》的写作日期之前，没有找到巴特勒上尉的线索。如果某个巴特勒没有出现在流亡者的生活里，我们可以怀疑其存在，而倾向于假设这是杜撰的人物。

我们在寻觅巴特勒上尉的过程中，并不甘心止于1861年11月25日。我们越过《致巴特勒上尉的信》的日期，大步前走。5年以后，在1866年年底前，1866年10月15日，巴特勒的名字冒了出来，几乎是个奇迹。

1866年

15日（10月），巴特勒中尉来访。

1867 年

11 日（1 月），巴特勒先生来向我告别。他去爱尔兰两个月。

21 日（3 月），巴特勒先生换防，今天上午出发。——（出发延期）。

29 日，——巴特勒先生今天肯定出发。"喜马拉雅号"来接 69 团。

5 个半月期间，有 11 则纪事提及巴特勒中尉路过根西岛，从他到达到最后离岛。

从中可以得出什么结论呢？

书信里是巴特勒上尉；生活里是巴特勒中尉。这两个"巴特勒"的共同点是，两人姓氏相同，都是军官；不同点是：书信里是上尉，生活里是中尉。

对，雨果曾多次会晤这个在根西岛驻防的英国军官。他们主要是在社交性质的饭局上见面。第一次来访更多的是礼节性拜访。巴特勒中尉并没有和他敬重的作家有私下的交谈。巴特勒中尉的出现，只在流亡者的生活里有过接触而已。这只是一个熟人，谈不上真正意义上的朋友。

从道理上讲，生活里的巴特勒中尉理应早于信件里的巴特勒上尉。而 1861 年的巴特勒上尉早于 1866 年的巴特勒中尉是完全不合逻辑的。这两个"巴特勒"的出现是彼此完全矛盾的。如何解释这个情况？途径之一，是知道巴特勒中尉是谁？

法国"雨果之友学会"副会长热拉尔·普香是研究根西岛的专家。他的贡献是第一个查明巴特勒中尉的身份：威廉·弗兰西斯·巴特勒（1838—1910）。

威廉·巴特勒生于爱尔兰，于 1858 年在英国第 69 团开始其军人生涯。1872 年，他擢升上尉，出版《孤独的大西部》，这是他描写自己穿越加拿大西部的故事。他于 1905 年以少将军衔退休。1910 年，他 72 岁逝世时正在写他《自传》的最后一章。

威廉·巴特勒 28 岁时被派驻根西岛。他当时只是个中尉。我们可以认为：他在根西岛的 3 个月，仅仅是他军功卓著的戎马生涯里平淡无奇的一个插曲。

我们可以提出第一个假设：直到 1861 年 11 月 25 日，雨果的生活里并不存在一个巴特勒上尉。

其次，1861 年是雨果创作《悲惨世界》的一年。《编年版全集》的"同步年表"向我们显示：雨果在 1861 年的创作并不多产。仅仅写了两篇作品：《悲惨世界》和《致巴特勒上尉的信》。

而从体裁、主题、目标和篇幅上看，我们可以说，从任何角度上看，这是两篇极不相称的作品，极不相称到了极点。不过，马森主编的"编年版"是有学术权威的"全集"。

1861年是写《悲惨世界》的一年，作者全力以赴，心无旁骛。1861年，也是写《致巴特勒上尉的信》的一年吗？我们表示怀疑。

请看"同步年表"上，《悲惨世界》的作者在写《致巴特勒上尉的信》的前前后后。

1860年6月24日

雨果给保尔·默里斯写信："我将竭尽全力，重新扑在《悲惨世界》上。

1860年7月19日

雨果给默里斯写信："我完全沉浸在《悲惨世界》里，而这件作品望不到头，会把我带到比我估计更远的地方去。"

1861年6月30日

"今天6月30日，早上8点半……我写完《悲惨世界》。"

雨果给长子夏尔写信："我还有整整两三个月的工作要做，包括全部有关滑铁卢的内容。重要的是书已经写完，结局已经写好，情节已经收场，剩下的是调整和细节。大厦已经立起来，这儿那儿有的地方，有的柱头要加几刀，滑铁卢的门楼要建起来。"

1861年9月16日

雨果手记："我重新投入《悲惨世界》（审阅和补充工作）。"——他开始最后一遍通读手稿。

雨果给妻子阿黛尔写信："我还有满满两个月写《悲惨世界》的紧张工作。写完后，我将在另一部作品里休息。"

1861年10月26日

雨果手记："我重新读完了《悲惨世界》。"

1861年11月25日

雨果写《致巴特勒上尉的信》（收入《言行录》第二集"流亡中"）

1861年12月5日

雨果把《悲惨世界》第一部分《芳汀》的手稿交给出版商拉克鲁瓦。

1862年1月9日

雨果收到《悲惨世界》的首批清样。他宣告："我给滑铁卢加的内容写完了。"

1862年3月30日

《悲惨世界》第一部分《芳汀》在比利时出版。

　　《悲惨世界》的不同创作阶段，可以比作一个婴儿的出生，从怀孕到生产。雨果酝酿一个宏大的构思，给世界产下一个巨婴。我们很难理解一个产妇在临盆之际，会在待产的时间分心做与自己婴儿无关的事情。1861 年 9 月 16 日，雨果给妻子阿黛尔写信："我还有满满两个月写《悲惨世界》的紧张工作。"1861 年 11 月 25 日，在他写《致巴特勒上尉的信》的这天，他已到临产的时刻。

　　我们很想提出第二个假设：雨果事实上不可能对北京圆明园被劫掠写抗议信。我们很高兴得到一个人的支持，此人不是别人，正是雨果自己。

　　由塞巴谢和罗萨主编的《雨果全集》里，《致巴特勒上尉的信》收录在"政治卷"里。1861 年仅《致巴特勒上尉的信》一篇文字，页码 527—528。1862 年第一篇文章是《夏尔罗瓦的判刑者》，写于 1862 年 1 月 21 日，页码是 529—531。两文首尾相衔接。我们惊讶地读到 1862 年首篇的开头："我在孤独中生活，尤其是两个月以来，工作——一件紧迫的工作——要我全神贯注，让我无暇他顾，对外界发生的事情毫不知情。"

　　从时间上说，1861 年 9 月 16 日以后两个月，几乎接上 1861 年 11 月 25 日。从时间上说，从 1862 年 1 月 21 日上溯两个月，是 1861 年 11 月 21 日。所以，《致巴特勒上尉的信》的写作日期接近 1861 年 9 月 16 日以后的"满满两个月"，而肯定包括在 1862 年 1 月 21 日以前的"两个月"内。

　　1861 年 11 月 25 日，对雨果来说，临产的阵痛已经开始，越来越紧迫。雨果自己否定了自己。唉，雨果给《致巴特勒上尉的信》签上 1861 年 11 月 25 日是个疏忽吗？

　　第一个假设加上第二个假设，我们可以肯定说：雨果没有在 1861 年 11 月 25 日写一篇题为《致巴特勒上尉的信》。写信日期是杜撰的。收信人也不是真实的。给我们留下的，只有这篇具有历史意义的文章。

　　这样的结论，会引出很多的后果。

　　我们能否接受雨果撰写《言行录》里的一篇文字，如同他诗集里写的许多诗篇？尤其是，他为什么，出于何种需要，要给《言行录》里创作和加上一篇如《致巴特勒上尉的信》这样的文字呢？

　　《言行录》里的每一篇"言"和"行"，都是文献，都依据某个具有政治意义或社会意义的事实，依据总是历史事件写成的文章。作者只需搜集或"言"或"行"的旧文，适当编排，辑成文集。《言行录》的体裁本身，应该遵循排除事后补写的基本原则。

法国读者都知道，雨果有更改抒情诗日期的特殊习惯。给抒情诗签注日期是他特有的艺术，所以，诗后的日期和手稿的日期会不相符合。诗后的日期对诗人具有感情的意义，比手稿的日期，对诗人更为重要。读者都接受这样的解释。可是，对诗篇适用的原则可引用到政论文吗？《言行录》是收录文献的文集。从体裁上说是如此，从原则上说是如此。不过对雨果而言，并非总是如此。

我们在《言行录》第三卷，1870—1876 年，读到一封有关巴黎公社的长信：《致默里斯和瓦克里两位先生的信》，雨果在信前有附言："下述信件由于众所周知的原因，没有能在公社期间出版，在书中按照信的日期自然有其位置：4 月 28 日于布鲁塞尔。"此信的开头："亲爱的朋友们：我们正经历一场危机。"结尾是："最后一句话。不论有哪些事情把我留在布鲁塞尔，不论因为什么，只要你们认为我来巴黎有用，只要向我表示一下，我会马上跑来的。维·雨。"

这封信"按照信的日期自然有其位置"。此信的日期是"4 月 28 日"，即 1871 年 3 月 28 日公社正式宣布成立后一个月，又是"浴血的一周"最后一天 1871 年 5 月 28 日前一个月。我们感到吃惊的是，这只是一篇以书信形式写成的文章，或是一封形式上的书信。这样一封具有重要历史和政治意义的书信竟是"事后"写成的。

玛丽-克莉丝蒂娜·贝洛斯塔是《言行录》第三卷题解和注释的作者。她对此信提供了让我们深感兴趣的说明："此信事后写成，日期未定，当在 7 月 29 和 9 月 15 日间，收入《言行录》第三卷。此信曾刊于 1872 年 3 月 6 日的《集合报》（有大量自我删节），并预告本集于 3 月 16 日出版。"

雨果有什么需要改写《言行录》里一篇文献的写作日期？雨果又一次自己给了我们解释。他在 1871 年 9 月 15 日给保尔·默里斯写道："在我写给你们两位的信中，此信概括了我在巴黎公社期间给你们写过的全部信件，更有所发挥……"。先是"概括"，更有"发挥"。雨果大大方方将此信收入《言行录》。他把此信"自然"收入集中。

不仅抒情诗的日期可以和手稿不相一致，而且，至少有一篇雨果《言行录》的散文步《静观集》诗人雨果的后尘。

《致默里斯和瓦克里两位先生的信》是《言行录》的唯一例外吗？我们表示怀疑。现在有《致巴特勒上尉的信》一文，需要给出解释。《致默里斯和瓦克里两位先生的信》中，只有日期是杜撰的，而《致巴特勒上尉的信》甚至收件人也不是真实的。

我们感到很遗憾，上述的两个假设，竟是有根有据的。上文的说明让我们表明：《言行录》中的《致巴特勒上尉的信》，既非"言"，亦非"行"。

剩下的问题是：雨果何时，又是为什么，写《致巴特勒上尉的信》？到目前为止的研究无法确切地回答这个问题。对于第一个问题，我们希望可以提出一些假设，而第二个问题，我们找不到任何离 1860 年悲剧已经远去的时间联系，也没有任何和雨果个人生活有联系的事情。我们只有遗憾。

雨果何时想到要写《致巴特勒上尉的信》？雨果亲自编排的《言行录》第二卷于 1875 年 11 月 8 日出版，这是《致巴特勒上尉的信》写作时间的下限。那上限呢？既然 1861 年 11 月 25 日证明是伪造的写信日期，我们倾向于上限在 1866 年 10 月 15 日，即巴特勒中尉来到根西岛的日子。我们承认：这个上限可以考虑，但说服力不强。

我们更倾向于认为：雨果此文写于 1875 年。时间在《言行录》第一卷出版的 5 月 1 日和第二卷出版的 11 月 8 日之间。肯定是在这 6 个月期间，雨果想到要增加一篇有关圆明园被毁的文章。随着《言行录》第一卷的问世，开始筹备第二卷（"流亡中"）的工作。他看到 1861 年忙于《悲惨世界》，整整一年没有文章。表面的理由是填补这空白的一年，实际上是圆明园事件始终萦绕在他的心头。这是可以了却他对圆明园悲剧采取明确立场的机会，以后再也没有机会了。

1875 年的纪事手册给了我们一些希望。

1875 年

10 月 27 日——我今天上午完成"流亡中"一书要写的文字。集子 11 月 1 日周一出来。

10 月 31 日——我给"流亡中"签署最后付印。

11 月 8 日——"流亡中"一书今天出来。

正常情况，《言行录》的准备工作只是搜集旧作，整理分类而已。不存在"要写"的问题。至于"流亡中"，有两篇文字增补：一是"序言"，《流亡是什么？》；二是一篇"事后"写的文字即《致巴特勒上尉的信》。

"'流亡中'一书要写的文字"是否就是指我们的《致巴特勒上尉的信》？不得而知。我们只知道长达 20 页之多的"序言"写于"1875 年 11 月"。

"编年版全集"的"同步年表"载：1875 年 11 月 3 日——《流亡是什么？》（《言

行录》"流亡中"的序言）。

纯粹出于假设，也是一点希望：雨果的《致巴特勒上尉的信》写成于 1875 年 10 月 27 日。

本文作者感谢希拉·戈东夫人，她帮助我看到了保存在国立法兰西图书馆手稿部里的《致巴特勒上尉的信》。

这是手稿？还是一份手抄件？

我们仔细看后，发现有如下特点：

文本有多处雨果的亲笔改动，有删除，有增补，我们觉得这是正常情况，未必是明确的特征。

第一页没有信函的抬头，开始便是"先生，你征求我的意见……"这正常吗？最不正常的是：没有写信的地点和日期，这和印刷的文本相反："1861 年 11 月 25 日于高城居。"两者不同说明什么？是否泄露出某些问题？

给我们印象更深的，甚至是决定性的，是在左上角，雨果斜写的三个小字："待插入"。我们的理解是："待插入"是原本没有此文的地方插入这篇文字。这是作者提醒自己，也是提醒印刷厂。确然，"流亡中"文集准备的时候，1861 年原本空无一字。我们有理由相信，这篇文章是有"待插入"，用于填补 1861 年的空白。

我们料想这是两页手稿，正是《致巴特勒上尉的信》，大致不会有错。这份保存在国立法兰西图书馆里的手稿，反映雨果对圆明园横遭劫掠的原始真实思想。印刷的文本有过修饰。

至于写《致巴特勒上尉的信》的真实动机，雨果没有留下片言只语，没有丝毫痕迹，可以让我们后辈回答这个问题。

1861 年 11 月 25 日是个方便的借口。一周年，本来是留下一篇历史性文献的绝佳机会。而雨果错过了这个机会。

岁月悠悠，圆明园逐渐淡出西方公众的视线。而诗人对此始终未能忘怀。

1870 年春，拿破仑三世感到有必要再一次得到人民的支持。他要求法国人民投票确认第二帝国。有人询问雨果如何看待这次公决。他回答："反对"。他谴责帝国的罪行，有"牺牲 70 万士兵去拆毁塞瓦斯托波尔的破房子，联合英国给中国看看欧洲这个文物破坏者的形象，用我们的野蛮行径让野蛮人目瞪口呆，和损毁巴特农神庙的额尔金的儿子合伙焚毁圆明园……"

引文至此，语调，甚至用词，和《致巴特勒上尉的信》极为相似。是否正是

1870 年的全民公决，促成雨果决定写一篇谴责文字，让他的谴责传之久远？不得而知。我们在他的手记里看到：

1870 年

（4 月）30 日——我给各报寄出有关"全民公决"的文字。

仅此而已。

我们在想，雨果为了给我们、给历史留下这篇《致巴特勒上尉的信》，非要有确切的理由？非要有明确的动机？非要有具体的联系吗？难道不可能他强硬的立场来自他长期的考虑和长期的酝酿？

他的考虑和酝酿，是他身为浪漫主义作家开始就对中国怀有的热爱。看到他在《莱茵河》游记里第一次站在中国一边的立场，确乎令人意外。

《莱茵河》于 1842 年出版，书后有一篇明显带有政治抱负的"结论"。"结论之四"："此时此刻，英国在企图毒害、至少是企图催眠中国之后，正在猛力攻打中国"。雨果的"结论"于 1841 年写成，即在英国和中国之间的鸦片战争或称第一次鸦片战争期间。我们看到法国诗人站在被毒害的中国一边。

第二次鸦片战争爆发，雨果留下若干片言只语，散见各处。《见闻录》：

1860 年

欧洲正在以大肆劫掠的方式，把文明传入中国。

1860 年

此时此刻，欧洲正在砸碎中国。这个可怜的大花瓶，早已是满身裂痕了。

和第一次一样，雨果的同情心和道义感，都在被砸碎的中国一边。这一次他感到更加痛苦。

他对中国的热爱，还有文化和艺术的一面。他直接接触中国艺术品，不晚于1852 年，这是他在比利时政治流亡的时候。雨果在忠心耿耿的情人朱丽叶·德鲁埃陪同下，于 1852 年 3 月 30 日周二，去布鲁塞尔的圣于贝尔商场，看望一个中国茶叶商人钟阿泰的一家。他对看到的多种中国艺术品很感兴趣。

他在英属根西岛流亡时，像是一个搜集中国艺术品的收藏迷。在他根西岛的纪事手册里反复出现购买中国艺术品的记载。

说来出于偶然，他居然买到直接来自圆明园的中国丝绸。

1865 年

（3 月）23 日——下雪。给玛丽亚·格林送去肉、面包和木炭。

——买下一大批中国的丝织品，卖主是个参加过远征军的英国军官，东西是他从中国皇帝的圆明园抢来的。（15 英镑）360（法郎）

中国皇帝的这些丝织品，今天还可以在高城居里看到，在二楼的红厅。

去参观流亡故居的高城居，不会不对故居里大量深藏的中国艺术品感到钦佩。

我们不会忘记《跌碎的花瓶》（诗集《祖父乐》）：

老天哪！整个中国在地上跌得粉碎！

这花瓶又白又细，像一滴闪光的水，

花瓶上画满花草和虫鸟，妙不可言……

花瓶死了。我非常珍惜这一个花瓶

1927 年 6 月 14 日，让·德拉朗德率领一个巴黎市政府代表团，正式访问高城居。他在事后出版的书中，对室内装修提出几乎全面的研究："雨果在这所英国 18 世纪的房产里，本能地布置了三种家具风格：哥特式、路易十五式和中国式。"他认为中国艺术在高城居的装修里占有第三的位置。我们完全同意让·德拉朗德的看法。

1864 年朱丽叶搬进"高城仙境"，和高城居近在咫尺。雨果亲自投入朱丽叶寝室和客厅的装修工程。他这位情人是天生的装修艺术家，以多种中国艺术品，布置成了一间"中国客厅"。1863 年 8 月 6 日，朱丽叶不无惊叹地感谢雨果："我再说说我对这间神奇卧室的赞美之情，这是一首真正的中国诗，我们以前的朋友李祖会毫无保留地表示赞同。我感到幸福，我以我爱情的全部力量再说一遍：我对此目眩神迷，我幸福，我感激……"

我们还要说，雨果的爱情梦，正是朱丽叶生活在由他创建的中国客厅里。

这一次，维克多·雨果一发不可收拾，"中国客厅"给了他灵感，让他的艺术天才继续装扮这首"中国诗"。他为客厅创作了 30 多幅绘色的烙画。1902 年，巴黎的雨果纪念馆开馆时，保尔·默里斯这位雨果的挚友和遗嘱执行人，把"高城仙境"的"中国客厅"移植到巴黎孚日广场6号的雨果故居。今天，这间"中国客厅"向游人开放。参观者可以在中国艺术的氛围之中，欣赏维克多·雨果的全部烙画，有一些烙画的签名妙不可言。

"高城居"和也许还有"高城仙境"里"中国客厅"的装修经验，还以理论文字的形式反映和浓缩在《莎士比亚论》的有关附录里，而最后没有收入《莎士比亚论》书中。《莎士比亚论》于1863年出版，留下很多没有收入的文字，马森的《编年版雨果全集》列为"《莎士比亚论》未刊稿"，而塞巴谢主编的《雨果全集》称为"1860—1865年哲理散文"。我们注意到有一章叫作"趣味"：

> 这至高无上的趣味，如同体现至高无上趣味意义的天才本身，无处不在，把东方一分为二，把高加索的一半当作"理想"的出发点，把西藏的一半当成"幻想"的出发点。由此产生两首巨大的诗篇。此地是"太阳神"，那儿是"龙"……这两个世界属于最高的趣味，标志出这最高趣味的两极。这最高趣味的一端有希腊，另一端有中国。

"理想"、"幻想"的用词和《致巴特勒上尉的信》里的用词相同，而且更早。雨果在《致巴特勒上尉的信》里说："艺术有两种起源，一是理想，理想产生欧洲艺术；一是幻想，幻想产生东方艺术。"《趣味》不仅早于《致巴特勒上尉的信》，而且还预示了《致巴特勒上尉的信》的第一部分。

至于"龙"，"龙"是中国精神的象征。我们今天发现高城居花园的草丛里有一个"龙"首。雨果的这个龙首是彩陶，本应是中国某地宫殿式屋顶上龙脊的一部分。我们尤其不要忘记，雨果作为艺术家，在"中国客厅"的烙画里还画有两条龙。

从1841年到1875年，中国始终吸引着雨果，从一切角度，从政治、文化和艺术的角度吸引他。远方的中国和中国的文化艺术，或在他心中熠熠发亮，或在他眼前熊熊燃烧。随着时间的推移，他对中国怀有的热爱，在根西岛化成激情，到1870年成为愤怒，而到1875年爆发成抗议。《致巴特勒上尉的信》在雨果和中国的关系中始终处于中心地位。《致巴特勒上尉的信》是他对"被砸碎"的中国之爱的最高表述，是他对"被掠夺"的中国之爱的盛大喷发。

难道绝对需要有一个非常具体的原因，有一个非常精确的联系，雨果才在 1875 年，在编撰《言行录》第二卷"流亡中"写下这篇《致巴特勒上尉的信》吗？那是否还有某些情况我们不得而知，至今没有掌握？为什么不？我们阅读马森主编的《编年版雨果全集》的"同步年表"时，我们要说，虽然我们对雨果的一生十分了解，而仍然会有某些我们不得而知的事情给了雨果启发。

> 1860 年 8 月 22 日
>
> 绝无仅有的旧病重犯，雨果参加一次"灵桌"活动。亚洲之灵说："你等七个月亮，你会看到有大事发生。"
>
> 1860 年 8 月 23 日
>
> 英法军队进入天津。
>
> 1860 年 10 月 18 日
>
> 中国：西方人入侵并劫掠北京的圆明园。
>
> 1860 年 10 月 25 日
>
> 被入侵的中国和侵略者之间签订不平等的北京条约。
>
> 1861 年 11 月 25 日
>
> （关于北京圆明园的劫难）《致巴特勒上尉的信》（《言行录》第二卷）

本文作者没有找到这次"绝无仅有的旧病重犯"的文字记录。"同步年表"是集体完成的。我们有幸摘抄到这些日期，而日期的总和可能会具有某种意义，而这是"同步年表"的作者们自己始料未及的。

后世的人们会如何看待雨果和中国的关系？让 - 克洛德·菲泽恩在塞巴谢和罗萨主编的《雨果全集》里负责"政治卷"。他在该卷"介绍"中引用雨果的原话："我在流亡中说的话不是我的话，这只是真理和正义在无限之中永恒而响亮的颤动。良心说话时，是上帝从人的身上走出来。上帝是光明，我只是灯而已。"

雨果借《致巴特勒上尉的信》说话，这是良心在说话，这是真理和正义在永恒地颤动。

后记

《雨果十八讲》的第一稿可以上溯到 2002 年。北京大学出版社于 2008 年出版《程曾厚讲雨果》，这是"未名讲坛"丛书之一种，有统一的篇幅规格，实收 13 万字左右。丛书也不便收录必要的图片资料。

《雨果十八讲》是按照学校每学期 18 周的教学进度撰写的，本意是为大学法语专业提供一册全面介绍法国作家雨果的普及读物。笔者介绍雨果的创作，包括雨果的诗歌、小说和戏剧，也介绍雨果的绘画创作。

我们更在全介绍雨果创作的同时，尝试介绍雨果毕生从事的政治斗争和社会活动。我们不仅把雨果的作品和雨果的事业相提并论，并且把他的作品和事业放在同等重要的位置上。雨果不仅是著名的作家、杰出的诗人和独特的画家，还是抱有崇高理想的社会活动家。他从人道主义立场出发，站在自己时代的前面，引领和推动法国 19 世纪社会向前发展。雨果给人类留下一份巨大的遗产。真是难得，雨果终身对中国怀有深厚的感情。

《雨果十八讲》一直等待机会完整地和读者见面。浙江大学出版社启真馆于 2014 年重新出版法国作家莫洛亚的《雨果传》，开始和雨果结缘。我们很高兴能把《雨果十八讲》的书稿交付浙江大学出版社出版。

笔者长期以来，在搜集雨果研究的文字资料的同时，努力积累雨果研究的图片资料。我们配合"十八讲"的文字内容，从自己的雨果图片库里选用一些原创照片和资料，希望《雨果十八讲》做到图文并茂，是一册全方位认识雨果的入门书。

笔者通过莫洛亚的新版《雨果传》，认识了编辑张兴文先生。浙江大学出版社出版《雨果十八讲》，张兴文先生是《雨果十八讲》的编辑。作者和出版社通力合作，认真为《雨果十八讲》做好各自的工作。我们衷心希望专家学者不吝赐教，我们也希望广大读者批评指正，提出宝贵意见。

研究雨果，积累资料，是一个漫长而复杂的过程。很多机构和学者，为作者在某个时期，为某个专题，提供图书，给予方便，促成美好的机遇和宝贵的机会。我们 1989 年初次出访法国，见到老一辈的雨果专家，到《雨果十八讲》最后完稿时，有的已经仙逝了。他们是雨果手稿研究专家儒尔奈（René Journet）先生，拉封版《雨果全集》主编塞巴谢（Jacques Seebacher）教授，和雨果戏剧研究家于贝斯菲尔德（Anne Ubersfeld）夫人。对于雨果研究的团体，我们感谢"雨果故居纪念馆"的前总馆长 Danielle Molinari 夫人和现任主任 Gérard Audinet 先生，感谢根西岛高城居的主管 Odile Blanchette。我们感谢"雨果研究会"（Groupe Hugo）的前身"大学校际雨果研究会"（Groupe Interuniversitaire de Travail sur Victor Hugo）的秘书长 Guy Rosa 教授，和"雨果之友学会"（Société des Amis de Victor Hugo）副会长 Arnaud Laster 先生和秘书长 Danièle Gasiglia-Laster 女士，以及"橘园美术馆"（Musée de l'Orangerie）馆长、雨果绘画研究家 Pierre Georgel 先生。

对于雨果专家个人，我们怀着感激的心情，首先感谢老一辈大师级雨果专家让·戈东（Jean Gaudon）教授和夫人希拉·戈东（Sheila Gaudon）。作者每有机会前去巴黎，总要到戈东先生家里拜访和请教。他们对笔者在国立法兰西图书馆手稿部找到雨果《致巴特勒上尉的信》的手稿，提供了宝贵的指导。我们和雨果戏剧和影视研究家拉斯泰先生认识以来，一直得到他和夫人的关注和热心帮助。笔者和雨果专家、前"雨果之友学会"副会长普香（Gérard Pouchain）先生有长期的友谊，令作者得益匪浅，铭感不忘。没有普香先生的长期细致的协助，我们会缺失很多雨果研究资料。最后，我们还要感谢以下给《雨果十八讲》作者提供过这样那样帮助的法国同行和朋友，他们是（以姓氏为序）：Michèle 和 Jean-Claude Fizaine, Stéphane Mahuet, Marie-Laurence Marco, Claude Millet 和"雨果文学之家"主任 Philippe Moine。

我们还对北京大学出版社的魏冬峰女士和浙江大学出版社的张兴文先生表示谢意，感谢他们对雨果选题的支持。

2015 年，是雨果逝世 130 周年。我们希望《雨果十八讲》能让更多的中国读者进一步认识雨果，熟悉雨果，喜欢雨果，走进雨果的天空，感受雨果世界的大美。

程曾厚识于广州中山大学

2015 年 2 月 25 日

VICTOR HUGO
RACONTE par CHENG Zenghou
en dix-huit leçons

De quelque mot profond tout homme est le disciple.

Victor Hugo

TABLE DES MATIRES

Leçon sept: Grandes oeuvres

Les Misérables（première partie）

Leçon huit: Grandes oeuvres

Les Misérables（seconde partie）

Leçon neuf: Grandes oeuvres

Le théâtre

Leçon dix: Grandes oeuvres

Les dessins

Leçon onze: Grandes causes

Les droits de l'homme

L'Extinction de la Pauvreté

Leçon douze: Grandes causes

Les droits de la femme

Les droits de l'enfant

Enseignement gratuit et obligatoire

Leçon treize: Grandes causes

La paix du monde

La conscience universelle

L'abolition de la peine de mort

Leçon quatorze: Grandes causes

L'amnistie

Le patrimoine

La protection des animaux

Annexes

Tableau de vie et oeuvre de Victor Hugo

Index des oeuvres de Victor Hugo, du français au chinois

Index des oeuvres de Victor hugo, du chinois au français

Chronologie de l'amour chinois chez Victor Hugo

« *Qui est le capitaine Butler?*»

texte en français publié dans

«*REVUE d'HISTOIRE LITTERAIRE DE LA FRANCE*»,

traduit en chinois par l'auteur de l'article.

Postface

图书在版编目（CIP）数据

雨果十八讲 / 程曾厚撰文、摄影 . —杭州：浙江大
学出版社，2016.6
ISBN 978-7-308-15611-0

Ⅰ . ①雨… Ⅱ . ①程… Ⅲ . ①雨果，Ⅴ .（1802 ~
1885）－人物研究 Ⅳ . ① K835.655.6

中国版本图书馆 CIP 数据核字（2016）第 031209 号

雨果十八讲
程曾厚 撰文 / 摄影

责任编辑	王志毅
文字编辑	张兴文
营销编辑	李嘉慧
装帧设计	罗　洪
出版发行	浙江大学出版社
	（杭州天目山路 148 号 邮政编码 310007）
	（网址：http:// www.zjupress.com）
制　　作	北京大观世纪文化传媒有限公司
印　　刷	北京中科印刷有限公司
开　　本	710mm × 1000mm　1/16
印　　张	32.5
字　　数	562 千
版 印 次	2016 年 6 月第 1 版　2016 年 6 月第 1 次印刷
书　　号	ISBN 978-7-308-15611-0
定　　价	69.00 元